高职高专
旅游管理类
规划教材

旅游市场营销

樊雅琴◎主编
白晓艳◎副主编

中国发展出版社

图书在版编目（CIP）数据

旅游市场营销/樊雅琴主编；白晓艳副主编．—北京：中国发展出版社，2009.6（2013.8 重印）
（高职高专旅游管理类规划教材）
ISBN 978-7-80234-423-5

Ⅰ.旅…　Ⅱ.①樊…　②白…　Ⅲ.旅游市场—市场营销学　Ⅳ.F590.8

中国版本图书馆 CIP 数据核字（2009）第 102115 号

书　　名：旅游市场营销
主　　编：樊雅琴
副 主 编：白晓艳
出版发行：中国发展出版社
（北京市西城区百万庄大街 16 号 8 层　100037）
标准书号：ISBN 978-7-80234-423-5
经 销 者：各地新华书店
印 刷 者：北京广益印刷有限公司
开　　本：787×980mm　1/16
印　　张：22.5
字　　数：440 千字
版　　次：2009 年 6 月第 1 版
印　　次：2013 年 8 月第 2 次印刷
印　　数：5001—7000 册
定　　价：35.00 元
咨询电话：（010）68990642　68990692
购书热线：（010）68990682　68990686
电子邮件：fazhanreader@163.com
网　　址：http://www.develpress.com.cn

白晓艳	河北政法职业学院
焦金英	郑州旅游职业学院
张红娟	杨凌职业技术学院
张燕屏	重庆工贸职业技术学院
王旭丽	呼和浩特化工职业学院
刘　娟	河北政法职业学院
陈道山	郑州牧业工程高等专科学校
安　兵	郑州牧业工程高等专科学校
王　爽	沈阳工程学院
栗洪伟	河南财政税务高等专科学校
曹　兰	河南商业高等专科学校
魏九峰	郑州牧业工程高等专科学校
高荣丽	信阳职业技术学院
阮跃东	郑州牧业工程高等专科学校
冯建本	郑州牧业工程高等专科学校
澹丰霞	郑州牧业工程高等专科学校
晏晓丽	河南商业高等专科学校
王　近	郑州牧业工程高等专科学校
张淋江	郑州牧业工程高等专科学校

Foreword | 前言

进入21世纪，电脑、互联网及IT技术已经在各行业、各领域普及，尤其是在发展势头最强劲的国际旅游业。我国旅游企业要在竞争发展中争得一席之地，就必须以市场营销为导向开展各项经济活动，才能迅速、有效地提高经营管理水平，增强竞争能力，提高经济效益。

针对新形势下高职课程新课改的需要，本教材以建立模块化项目教学体系来编写课程内容。全书共分11个模块，从旅游市场营销的概念入手，分析旅游企业营销的环境、面对的市场及市场调研分析、目标市场选择和营销战略等基本理论方法，总结产品、价格、销售渠道、促销等旅游市场的营销策略和旅游市场营销的管理，形成完整的旅游市场营销学学习体系。

本教材的特点：

(1)以高职人才培养目标为准线，以实际工作环境为背景，整个课程体系按模块化设计。

(2)课程设计项目化。课程项目设计先易后难，先简后繁；知识体系由浅入深，技能训练由分项目模拟到模块实训再到课程实习，循序渐进。同时，体现了在实际学习过程中教师、学生以及企业专家的高度参与其共同参与和协同运作。课程项目立足围绕学校、企业和学生多方面互利共赢的目标进行设计，课程项目化开发方案的设计既有利于学生学习，也有利于教师成长；既有利于学院发展，也有利于企业发展。

(3)课程内容体现"理论—实践"一体化。以项目为导向，在教学设计过程中融知识、技能于一体，培养学生综合运用的能力。另外，附有"知识链接"模块，以帮助学生理解一些比较抽象的理论概念；而实践性较强的知识，则通过"案例阅读"模块来加强学生的理解与掌握；每个模块后的"案例分析"、"技能训练"等，考查学生的学习效果。

(4)实用性。旅游市场营销学本身是一门应用性很强的学科。本教材在编写时理论与实践并重，并引用大量的国内外案例，同时考虑了案例的适用性和实效性。

本教材由杨凌职业技术学院的樊雅琴担任主编;河北政法职业学院的白晓艳任副主编;郑州旅游职业学院的焦金英、杨凌职业技术学院的张红娟、重庆工贸职业技术学院的张燕屏、呼和浩特化工职业学院的王旭丽、河北政法职业学院的刘娟等参编。

具体分工如下:

模块一由王旭丽编写;模块二、模块七由白晓艳编写;模块三、模块十由张燕屏编写;模块四、模块五由樊雅琴编写;模块六、模块八由张红娟编写;模块九、模块十一由焦金英编写。

尽管编者在编写时付出了最大的努力,但由于水平有限,疏漏和不当,甚至差错在所难免,希望同行专家和读者批评指正。

编 者

2009 年 6 月

Contents | 目录

模块一 1 旅游市场营销导论

基础知识目标

1.掌握旅游市场的三个不同概念及其含义。

2.熟悉三种不同导向的营销理念的主要内容和产生环境。

3.掌握推销观念和市场营销观念的区别。

基本技能目标

1.初步具备将旅游市场营销学的理论应用于实际的能力。

2.熟悉市场营销学在我国旅游企业的应用情况。

项目一

旅游市场营销的概念

项目要求

通过本项目的学习，需要掌握旅游市场营销的内涵及其概念，并能够从理论和实际的结合上对旅游市场营销中的基本概念加以分析和阐述。

在市场经济条件下，旅游企业必须与市场进行不断地交流，从市场中获取信息，同时把旅游企业相关的产品信息传播给市场。旅游企业只有与市场不断地交流沟通，才能求得生存与发展。旅游企业通过发现市场、占有市场、满足市场，使自己的供给与市场的需求协调起来，是旅游市场营销活动的关键和核心。

一、旅游市场的概念

旅游市场是研究旅游市场营销的前提，因此，首先我们要研究什么是旅游市场。旅游市场是从“tourism market”这一英文词组翻译而来的。但随着旅游需求的扩张和旅游产业的发展，旅游市场的定义也在不断发展变化，在不同的时期、不同的场合，旅游市场具有不同的含义。从人们对旅游市场的理解和认识角度看，旅游市场的定义有以下三种。

1. 传统意义上的旅游市场概念

传统意义上认为，旅游市场为旅游者和旅游经营者交易的地点，强调的是交易的地点，因此旅游市场是旅游产品和服务进行交换和消费的场所，即在一定的地理位置、空间和时间范围内，旅游者和旅游供给者双方进行旅游产品交易的有形地点。

自从有了旅游交换活动，就出现了旅游市场。哪里有旅游产品的交换，哪里就有旅游市场，旅游市场是人类旅游活动和旅游经济活动发展到一定程度的产物。旅游产品交换地点的构成比较简单，只要具有买卖双方、可交换的产品、可接受的价格、用于交易的设备便可形成旅游市场。

在人类旅游活动产生的早期，由于旅游和旅行的方式比较简单，交换场所可能是一些小客栈或驿站，也可能是某种交通工具。而现代旅游产品的交换场所却很多，且风格各异。在大型的国际、国内旅游交易会、博览会上，在豪华的商务酒店或特色度假村内，在风景秀丽的旅游景点、景区或旅游目的地，在大大小小的旅游公司所在地，在旅游购物品商店或礼品店内，都可以进行旅游产品的交换，只是交易的产品形式和交换的方式大相径庭而已。

2. 经济学意义上的旅游市场概念

经济学意义上的旅游市场被理解为交易所产生的经济关系，强调交换过程中反映的经济行为和经济关系。因此，这里的旅游市场是旅游产品买卖双方以及旅游中间商之间交换现象和交换关系的总和。

随着大众旅游时代的到来，旅游已经成为许多人的一种生活方式。在发达国家和地区，几乎每个人、每个家庭于每年甚至每个月都要外出旅游，进行旅游产品交换，这促使旅游市场和旅游经济快速发展，旅游产品交换活动日益频繁和广泛。在现代社会中，旅游已经渗透到社会、经济、文化、政治和人们生活的各个领域，特别是高新科技在金融、信贷、通信、交通领域的大量应用，使旅游产品的交换打破了空间和时间的限制，交换现象日益普遍，交换关系日渐复杂。在这种形势下，原来的有形地点市场的概念无法涵盖和解释现代旅游市场错综复杂的关系，新的旅游市场概念便应运而生，即旅游市场是供需双方以及中间商之间以各自的经济利益为纽带，为实现旅游产品交换的现象和关系的总和，这一概念展现了旅游经济高度发展状况下的无形旅游市场。

旅游市场经济学意义上的概念的产生是社会经济发展的产物，具体而言，有如下几点原因。

（1）随着旅游范围的扩大，旅游产品交换的范围也在扩大

在现代旅游中，洲际旅游、环球旅游已经成为最普通的旅游产品，旅游交换活动无法限制在某个固定的时间和地点范围内。特别是全球经济的一体化促进了世界旅游大市场的形成。今天，在全球范围内的任何时间、任何地点和任何情况下，只要旅游产品的类型、价格、数量、质量和交易条件能够满足供需双方的利益，交易活动就可以达成，这些交易活动就是旅游市场。

（2）旅游产品交换的类型繁多

在现代旅游市场中，进行交易的不仅是有形的物质产品，更多的是无形的服务产品。以酒店、交通、餐饮设施和旅游吸引物为依托的观光、度假、商务、休闲、体育、探险、生态、文化、探亲访友等丰富多彩的旅游产品令旅游者目不暇接。在现代旅游中，不管是何种旅游活动，只要有人愿意购买、有人愿意生产和出售，就可以成为旅游产品在市场上进行交易。

（3）旅游产品交换的方式复杂

在旅游活动的早期，供需双方一般是进行面对面的现金交换，而今已经发展到无现金、无场所、无现货的交易。特别是互联网络和信息技术在旅游产品生产和交易中的应用，使旅游产品变得更加丰富多彩，旅游市场变得更加扑朔迷离。

（4）旅游产品的交易者增加

过去参加交易的仅仅是旅游产品的买方和卖方，现在出现了第三者，即旅游中间商。在现代旅游市场的交换活动中，由于旅游产品通常以地理区域划分，以服务形式体现，所以绝大部分旅游产品是不可移动和无形的，这使旅游中间商的作用就更显突出。旅游中间商不单是一两个单位或个人，而经常是活跃在旅游产品生产者和最终消费者之间的众多中介机构。例如，饭店与最终顾客之间存在旅行社、航空公司、铁路公司、汽车公司、会议组织单位、客房预订机构等许多中间商。它们架起了旅游市场上买卖双方沟通的桥梁和纽带，传递着旅游信息、交换着旅游产品，对市场交易活动的成功起到了巨大的推动和协调作用。

随着现代科技的发展，信息技术在旅游市场交易中开始履行和替代旅游中间商的职能。世界上许多国家和地区出现了没有门市的旅行社、无机票航班、网上旅游购物、虚拟旅游景点景区、网上旅游交易等现象。传统旅游中间商的作用和地位正在受到严重的威胁和挑战，并有被替代的趋势。

3. 市场营销学意义上的旅游市场概念

市场营销学上的旅游市场是从其构成要素来分析的，强调的是旅游者、旅游经营者、旅游产品三要素的统一体。菲利普·科特勒（Philip Kotler）在他 1967 年出版的《市场营销管理》一书中给市场下的定义是："市场这一术语的用法很多。但对于市场营销人员来说，市场是指某种产品或服务的所有现实购买者和潜在购买者。"根据这一定义，旅游市场就是指在一定的时间和地点条件下，具有旅游购买能力、旅游愿望和旅游购买权利的消费者群体。

之所以将旅游消费者群体等同于旅游市场，其原因在于：旅游市场营销通常是站在旅游供给方的角度去研究旅游需求方的管理活动，即研究旅游者有哪些需求，在哪里有需求，如何通过市场营销去适应、满足和扩大旅游者的需求，从而实现旅游企业的经营目标。因此，我们每时每刻所面对的千千万万旅游者就是旅游市场。旅游市场不包括旅游供给者，因为旅游供给者构成旅游产业，旅游需求者才构成旅游市场。旅游市场营销人员常说要瞄准美国市场、东南亚市场、韩国市场、国内市场等，事实上，真正要瞄准的并不是这些国家和地区，而是处在这些国家和地区中现实的和潜在的、活生生的旅游者群体。将旅游者群体视为旅游市场，不仅是对旅游市场的一种定义，而是以消费者为导向、站在顾客的角度去认识和研究旅游市场的一种新理念。

二、旅游市场的特点及构成

1. 旅游市场的特点

和一般市场相比，旅游市场具有一定的特殊性。作为服务化、专业性的市场，旅游市场有以下特点。

（1）旅游市场的全球性

在市场营销意义上的旅游市场就是指旅游者本身，随着旅游业的迅猛发展，以及经济的全球化，旅游者来自于全球各地，又可以到全球各地旅游，因此旅游市场也就具有全球性。从市场的供需来看，旅游的供给与旅游的需求都是全球范围内的，一方面，世界各地都在积极发展旅游业，全球的旅游景点都可以成为旅游的供给，另一方面，旅游已经成为全球人们共同的愿望，因而旅游的需求也来自于全球。

（2）旅游市场的高弹性

旅游市场的高弹性是由于旅游需求的波动性决定的。影响旅游需求的因素有很多，如国际形势、突发事件、季节性、重大社会活动、节假日、汇率、物价以及人们的收入、心态等等都有可能影响旅游需求的变化。同时，旅游供给方面也可能出现波动，如突然发生的甲禽H1N1 流感，对发现这一病情的患者的所在国进行的监控等都会影响到旅游市场的发展。

（3）旅游市场的人格化

旅游市场最典型的分类就是依据旅游者进行细分，旅游市场常被定义为旅游产品消费者或购买者，因此旅游市场具有一定的人格化。

2. 旅游市场的构成要素分析

综上所述，旅游市场是由旅游者、旅游购买力、旅游愿望三个要素构成的。

（1）旅游者

旅游者是旅游市场上的主体。没有旅游者，旅游市场就失去了存在的基础。旅游者包括个体旅游者和团体旅游者。个体旅游者是指旅游者个人、小组成员和家庭成员；团体旅游者是指各类社会组织，如工商企业、政府机构、群众团体等。这是两类不同的旅游市场类型。

①旅游者数量。旅游者数量决定了旅游市场的规模和潜力。旅游者的数量是由客源国和地区人口的绝对数和社会经济的发达程度所决定的。例如，非洲的国家和北美的国家，我国的沿海开放地区和西部地区，无论是人口数量还是旅游市场规模，差距都很大。旅游企业应该瞄准和开发具有一定规模和潜力的旅游市场。

②旅游者质量。旅游者的质量决定了旅游市场的购买力、消费水平和需求特征。旅游者的年龄、性别、家庭结构、职业、受教育水平、经济收入、地理分布、民族与宗教信仰的差异都会影响旅游者的质量。这一点将在模块二中作具体分析。旅游企业应该瞄准和开发高质量的旅游市场。

（2）旅游购买力

购买力是指消费者支付货币商品和劳务的能力。购买力的高低通常是由消费者的收入水平决定的。旅游是文化性、享受性的高消费产品，只有当消费者及其家庭解决了温饱问题，家庭收入达到一定水平后，才有可能进行旅游消费。决定旅游购买力高低的主要因素有以下两个。

①个人可自由支配的收入。个人可自由支配收入是一个人的总收入扣除了基本生活支出、社会消费支出、个人所得税之后的余额。一个国家和地区的经济越发达，人们的可自由支配的收入水平越高，反之亦然。

②闲暇时间。人们购买普通的物质产品通常只需要金钱，但购买旅游产品不但需要金钱，还需要时间。与可自由支配收入一样，闲暇时间的多少也是一个国家和地区发达程度的标志和象征。一个国家或地区的社会经济越发达，人们所拥有的闲暇时间就越多；社会经济越落后，人们的工作时间和家务劳动时间越长，闲暇时间越少。

（3）旅游愿望

旅游者是由各种因素所驱动而产生对旅游产品的购买动机和购买愿望的，即旅游购买动机和购买愿望是由旅游者的某种需求而引发产生的。当人们有某种旅游需求时，才会产生旅游动机和旅游欲望，而后才会产生旅游购买行为。旅游者对旅游产品的购买欲望一般来自于如下五个动机。

①生理动机。需要到自然风光美丽、气候宜人的地方度假、休息、放松、疗养、“充电”，追求高质量生活享受等。

②社交动机。离开自己的常居地，外出探亲访友，进行人际交流，了解异国异地的民俗风情，改变原有的人际环境等。

③商务动机。由于经商、贸易、谈判、会议、公务出差等原因所产生的外出旅游要求。

④文化动机。希望外出修学培训，参观名胜古迹，增长见识、陶冶情操，进行文化交流，实现个人夙愿，满足个人兴趣爱好等。

⑤“爱顾动机”。以上四个方面仅是旅游者出游的一般动机，但是旅游者具体要到哪个国家和地区旅游，选择哪家饭店和航空公司，希望到哪个景点景区观光，最终是由“爱顾动机”所决定的。“爱顾动机”是由于旅游者所具有的购买经历和消费理性所形成的。例如，优质的旅游产品和令人满意的服务，合理的价格，良好声誉和形象，优越的地理位置和方便的交通等，这些因素都会使旅游者在第一次出游之后形成某种特定的购买动机，即“爱顾动机”。

一个人在金钱和闲暇时间两个客观条件具备的情况下，还必须具有外出旅游的主观愿望，否则旅游市场是无法形成的。

综上所述，旅游市场营销人员只有对旅游市场和市场构成要素具有清晰、准确、客观的认识和分析，才能正确发挥旅游市场的机制和作用，将旅游市场作为满足旅游者需求的前沿阵地，获取旅游者的信息，并且按照不断变化的市场需求进行市场细分，制定营销策略，实现旅游企业的营销目标。

三、旅游市场营销

1. 市场营销的概念

市场营销是根据英语“marketing”一词的释义翻译而来的。关于市场营销，有许多种定义，以下学者和机构从不同的角度加以表述。

1983 年，美国著名市场营销学家菲力普·科特勒（Philip Kotler）提出了对于市场营销工作产生影响最为广泛的市场营销概念：“市场营销是致力于交换过程以满足人类需要的人类活动。在交换过程中，卖方寻找买方，识别买者的需要，设计适当的产品，进行产品促销、储存和运输产品、出售产品等。最重要的市场营销活动是产品开发、市场研究、促销、分销、定价和服务。”

1984 年，菲力普·科特勒对于上述定义做了进一步的补充，即“市场营销是企业这样一种职能：识别目前未满足的需要和欲望，估计和确定需求量的大小，选择本企业能最好地为它服务的目标市场，并确定产品计划，以便为目标市场服务”。

1985 年，美国市场营销行业组织——美国市场营销协会，在吸收已有定义的精华的基础上，对市场营销做了更为全面的定义：“市场营销是对思想、产品及劳务进行设计、定价、促销及分销的计划和实施的过程，从而产生满足个人和组织目标的交换。”

综合以上不同的市场营销定义，我们可以得出，市场营销就是有明确目标的一系列与市场有关的经营活动。本教材给市场营销下的定义是，市场营销是指在变化的市场环境中，企业或其他组织以满足消费者需要为中心进行的一系列营销活动，包括市场调研、选择目标市场、产品开发、产品定价、渠道选择、产品促销、产品贮存与运输、产品销售、提供服务等一系列与市场有关的企业经营活动。

2. 旅游市场营销的概念与特征

旅游市场营销是市场营销学的分支学科，是市场营销在旅游业中的具体运用。

（1）旅游市场营销的概念

所谓的旅游市场营销，是指旅游企业或其他组织通过对旅游产品的构思、定价、促销和分销的计划与执行过程，以满足旅游者需求和实现旅游企业目标。从定义中我们可以看出，旅游的主体主要是各种旅游企业，如宾馆、饭店、旅行社和旅游景区等，也可以包括非营利性的政府有关机构，比如旅游管理局等；旅游企业和团体都有其自身的营销目的，要实现其营销目的，就必须通过市场交换其旅游产品，以满足交换者的需要和欲望；旅游市场营销的产品主要是以无形的服务为主，也有有形的实物，如旅游纪念品等；旅游产品是由食、住、行、游、购、娱六要素构成的，旅游市场营销也会涉及这些行业，因此具有综合性和全面性。

（2）旅游市场营销的特征

旅游市场营销是旅游企业生存和发展的有效途径，对旅游企业的影响巨大，其具有如下的特征。

①营销导向。旅游企业的一切经营活动都必须以市场需求作为出发点和归宿。旅游产品的服务对象是人，因此，如何针对不同的人的不同需求设计和开发旅游产品，成为旅游企业生存和发展的根本。旅游企业以旅游消费者为核心，通过满足旅游者的需求而获利。

②管理导向。旅游企业的营销环境是由许多因素构成的，如人口、政治、文化、经济、社会、技术等，这些因素随着时间和空间不断变化。而旅游市场营销则是根据这些变化，通过产品、渠道、价格、促销等实现对这些因素的运用和适应。因此，在旅游市场营销中的管理导向显得尤为重要。

③战略导向。旅游企业必须具有高瞻远瞩，制定长远的企业目标，对市场环境具有长期适应性。旅游企业需要依赖对环境的适应，贯彻社会市场观念，考虑社会的利益，制定出有利于社会和旅游企业利益的长期发展战略，并实施这种战略。

【知识链接】

现代营销之父——菲利普·科特勒博士

菲利普·科特勒博士，是科特勒咨询集团（KMG）的首席资深顾问，合伙人之一。他是当今世界公认的现代营销学的奠基人，被称为“市场营学之父”。他的市场营销著作和论文浩如烟海，其中《营销管理》第1版于1967年出版，目前已出版到第11版，被翻译成14种语言，并被业界赞为“营销圣经”，成为无数企业营销体系的基础。科特勒博士被欧盟管理中心称为“世界上最重要的营销战略实践专家”。他的《科特勒谈营销》被《时代》周刊评为现代最佳商业著作之一。菲利普·科特勒博士是美国西北大学凯洛格商学院的终身教授。

菲利普·科特勒提供给企业深刻的、全面的，以市场为基础的企业振兴方案。他经常亲自参与科特勒咨询集团的咨询项目，并先后参加了多家美国和国际公司的咨询项目，包括国际商业机器公司（IBM）、通用电器（GE）、美国电报电话公司（AT&T）、杜邦集团（DuPont）、美洲银行（Bank of America）、默克医药（Merck）、斯堪的那维亚航空（SAS Airlines）、米其林（Michelin）、冠军洲际（Champion International）、J. P. 摩根银行（J. P. Morgan）等。咨询领域包括：市场营销战略和计划、市场营销组织设计、品牌体系、国际市场营销战略和实施。

菲利普·科特勒获得了多项国际大奖，包括美国营销协会年度杰出营销教育者奖、美国医疗保健市场营销杰出奖等。

资料来源：http：//www. kotlermarketing. com. cn/。

项目二

旅游市场营销的产生与发展

项目要求

通过本项目的学习，了解旅游市场营销产生的背景及其在国际和国内的发展状况。

市场营销学是随着市场经济的发展而产生和发展起来的一门关于企业经营管理决策的科学。旅游市场营销学是市场营销学在旅游经济领域的具体应用。

一、市场营销学的发展历程

市场营销学从产生到发展，大致经历了以下几个阶段。

1. 初始阶段（19 世纪末到 20 世纪初）

在这一阶段，工业革命的爆发使资本主义世界经济迅速发展，市场需求极度膨胀。市场的总态势是供不应求的卖方市场。在这个阶段，现代市场营销的基本理论和原则还没有出现，市场营销学的研究内容着重于广告和推销方法，研究范围局限于学校和学者，还没有得到社会和企业界的重视。1921 年，哈佛大学的赫杰特齐（Hegertg）出版了第一本市场学的教科书，成为市场学以一门独立的学科问世的标志。

2. 应用阶段（从 20 世纪 30 年代到二战结束）

20 世纪 20 ~ 30 年代，资本主义国家爆发的严重经济危机引发了经济大萧条，整个资本主义经济受到了重大挫伤。当时，企业要解决的最尖锐的问题是市场疲软和产品的销路。在这个阶段，对市场营销学的研究虽然还局限于产品推销的狭窄领域，但开始在更深更广的基础上研究如何刺激顾客需求的推销术和广告术，并开始研究企业组织机构设置如何更有利于产品推销。市场营销学从大学的课堂走向社会，被广大企业界所重视。1931年，美国市场营销协会的成立，标志着市场营销的理论研究和实际应用已成为一种受到社会重视的管理活动。

3. 繁荣发展阶段（20 世纪 50 年代至 80 年代初）

第二次世界大战结束以后，各国经济由战时经济转入民用经济。战后经济的恢复及科学技术革命的迅速发展，使西方国家的经济迅速发展，生产力水平大大提高，产品数量急剧增加，商品供过于求成为严重的矛盾。这时，企业所面对的是需求复杂、竞争更加激烈的买方市场。面对买方市场，以研究广告和推销为主体的市场营销很难适应企业的需要，于是以消费者需求为中心的新理论开始出现，使市场营销的研究进入一个新的阶段。

这一时期市场营销的主要特点是：市场营销学的研究从流通领域进入生产领域，形成了以需定产的经营哲学；从静态研究转变为动态研究，强调供给和需求之间的整体协调活动。另外，一系列优秀的市场营销著作相继问世，如美国市场营销学家麦卡锡（McCarthy）的《基础市场学》和科特勒的《营销管理：分析、计划与控制》，全面提出了现代市场营销理论，形成了现代市场营销学的概念、方法与理论体系。20 世纪 70 年代之后，市场营销学开始与经济学、社会学、心理学、行为学、公共关系学等学科密切结合，成为企业经营决策的管理科学和热门的边缘应用学科。

4. 创新发展阶段（20 世纪 80 年代至今）

20 世纪 80 年代以后，随着国际竞争的日益激烈，营销环境复杂多变，对某些特殊复杂的营销环境而言，常规的市场营销理论及方法显露出某种局限和不足。1984 年，科特勒提出了大市场营销（meg - marketing）理论，认为在原有的营销组合中加上权力（power）和公共关系（public relations）两个新的重要因素。这为企业应付更复杂的国际、国内环境与竞争，打破封闭的市场壁垒，提供了最先进的理念和方法。

20 世纪 90 年代，世界的政治和经济环境发生了重大变化，如东欧剧变、欧盟的形成、北美贸易自由区的出现、东南亚金融危机等。这些重大事件的发生向世人展示了一种新的趋势：世界市场开始向纵深开放与发展，国际竞争空前激烈，国际经济与贸易全球化和一体化格局正在形成，这对以全球市场为目标的跨国经营企业形成了严峻的挑战。为适应世界市场经济的重大变化和发展趋势，全球营销管理（global marketing management）理论应运而生，它突破了国界的范畴，从世界大市场的角度来安排企业的营销战略，以取得企业的综合竞争优势。全球营销理论的形成与发展，在更大的规模和更广泛的意义上拓展了国际化企业在全球市场上开展营销活动的战略思想。同时，市场营销学开始呼唤社会责任和道德，并且延伸到学校、医院、教会、警察部门、公共机构等非营利组织，成为一种普遍的社会经营理念，即“大营销观念”。

市场营销学的发展过程表明，市场营销永远处于一个动态的发展变化之中，面对国际和国内出现的新问题而不断提出新的理论和新的方法。综观市场营销学的发展过程和主要内容，其最大的特点是：具有丰富的经验性，其原理和方法大多都是企业成功的经验和失败教训的总结；具有很强的实践性，其基本原理和方法来源于企业的经营管理实践，又反过来指导企业的经营管理实践；具有明显的综合性，市场营销学吸收了经济学、心理学、社会学、管理学、统计学等学科的研究成果，成为不同学科理论和方法凝练的集合体；具有精湛的艺术性，市场营销是一门管理艺术，而不是纯理论和教条，它往往能使面临山穷水尽的企业变得柳暗花明。

案例评析

里兹的顾客志向销售学

里兹的名言是：客人是永远不会错的（the guest is never wrong）。里兹了解客人，会投客人之所好，他的旅馆服务被认为已经达到登峰造极之地步。多年来的服务工作经验，使他养成了一种认人、记人姓名的特殊本领。门庭相见，一握手，寒暄之后便能知道客人的爱好。他常常告诫服务人员，要想使客人喜欢自己的旅馆，一再光顾，首先要让客人对那里的服务人员有好感。“客人永远不会错”是里兹的信条，宁肯自己担风险，也不轻易得罪自己的顾客。里兹也常遭受因顾客无知而提出的责难，但他总是心平气和地处理好。

评析

里兹经营饭店的成功之处在于他以顾客为中心的经营观念。他为满足顾客的各种需求，不惜重金创造各种活动，并引导消费新潮流。其顾客志向销售学的提出，开拓了饭店营销的先导。

二、市场营销学在中国旅游业中的应用

市场营销学是在20世纪70年代末被引进中国的。在此之前，中国的台湾、香港等地区就已经对市场营销进行了研究和实践应用。1978年改革开放之后，市场营销学才被正式引入中国内地。最早开设市场营销学课程的是广州的暨南大学。之后，北京和上海的一些

大学也开设了这方面的课程，并开始对市场营销学进行系统研究。1980 年，国家经委、国家科委和国家教委同美国政府合作，在大连建立了高级管理干部培训中心，主要由美国的大学教师前来授课，市场营销学作为一门核心课程讲授。1981 年 8 月，企业管理出版社将美国教授的讲课内容正式出版，取名为《市场学》，这是中国内地公开出版的第一本市场营销学教材，为市场营销学在中国内地的传播和推广发挥了重要作用。

在我国独特的国情、独特的旅游业发展模式和管理体制下，旅游企业的经营观念的发展大致经历了以下四个阶段。

1. 接待阶段

从 1983 年开始，中国改革开放的步伐进一步加快。市场对资源配置所发挥的调节作用越来越明显。各类旅游企业在不断发展壮大的同时也进入了竞争日趋激烈的旅游市场。特别是随着大量外资、合资酒店开始进入中国，他们的市场营销观念和营销活动所产生的效应引起了国内的旅游企业对市场营销理论和实践的重视，不少国内有经营自主权的旅游企业开始采用各种营销策略来增强自己的竞争实力，并很快显示出明显的效应。一些较早接受市场营销观念的国有企业也开始开展市场营销活动，有的还专门成立了市场部或营销部，对市场营销的认识明显提高。

2. 公关阶段

20 世纪 80 年代的 10 年中，市场营销理论在中国的旅游业中只是处于引入和启蒙阶段，旅游企业对市场营销理论普遍地接受和应用开始于 20 世纪 90 年代。这一结论的得出主要是出于对市场营销应用所必须具备的背景条件为依据的。如前所述，市场营销观念只有在旅游企业面临巨大的市场困境和竞争压力的环境条件下才会被真正接受，而中国的大多数旅游企业一直到 20 世纪 90 年代初期才正式面临了这样的市场环境。真正旅游市场供大于求和买方市场格局是到 20 世纪 90 年代中期才形成的。这时，中国的大多数旅游企业才开始认识到研究市场需求、研究顾客产品、价格和质量的重要意义，市场营销才开始被认为是一种经营思想，而不是一种时髦的标签。

3. 销售阶段

在 20 世纪 80 年代，中国的大多数旅游企业，特别是国有企业，实际上还称不上是真正的企业。因为它们并不具备企业经营所必需的法人财产，它们也缺乏独立自主的经营权，无法根据市场的变化自主地调整自己的经营，因此也就无法成为市场营销活动的主体。当旅游企业还不能成为营销主体的情况下，市场营销理论的普遍应用也就无从谈起。进入 20 世纪 90 年代之后，现代企业制度的建立和推广才使得中国的企业真正成为产权明确、独立自主的营销主体。

4. 市场营销阶段

20 世纪 90 年代之后，市场营销理论在中国的旅游业中进入了应用阶段。到 20 世纪 90 年代末，已产生了一批在旅游市场营销活动中取得显著成效的企业，它们的创新意识和营销实践已经引起了海内外企业界和学术界的重视。这意味着中国旅游市场营销的发展进入了一个新的阶段。

综上所述，中国的旅游企业在市场营销理论的探索和应用过程中作出了如下贡献。

（1）结合旅游行业的实践，探索新的旅游市场营销模式

近年来，中国的许多旅游企业结合市场和顾客需求的变化推出了品牌营销、价值营销、标识营销、公关销售、差异化产品营销、客户关系营销、个性化营销和互动营销等多种新的营销模式，在企业管理的实践中起到了良好的效果。但以市场为导向、以顾客需求为中心、以竞争为动力、以实现潜在的交换为目标的基本经营思想以及与此相关的各种经营规律，却并不会因环境的变化而改变，而是随着环境的变化以各种新的形式表现出来。

（2）致力于旅游企业的营销组织创新

传统的企业营销组织是金字塔形的销售队伍，虽然分工明确、层级清晰，但效率低下、沟通不畅、追求短期利益。营销组织的扁平化和信息工具、网络技术在营销中的应用，使旅游企业的营销组织得到了重新整合。面向顾客和市场，授权分工明确，高效率的地区化、产品化、客户化，营销流程革新的营销组织不断出现。

（3）开展营销活动创新

传统的营销手段，如调查研究、市场定位、产品开发、品牌决策、定价、促销等已经不能满足形势的发展需要。新时代的旅游企业开发了新的营销活动内容，如数据库分析、定制化服务、直复式销售、网络化广告、动态化控制等，使旅游企业的国际竞争能力大大提高。

（4）培养高素质的营销队伍

旅游产品的交换和消费自始至终都贯穿了营销人员和员工与顾客的接触和联系，营销活动包含在整个的服务现场和服务过程中。中国的旅游企业在服务和经营管理中培养了一大批有顾客意识、有职业道德、有营销技术、有创新营销理念的专业和业余营销队伍，并且建立了科学的招聘、培训、使用、激励、考核管理机制，成为中国旅游业进行国际竞争的中坚力量。

（5）旅游市场营销职业道德的树立

市场营销职业道德是指顾客对企业营销决策的价值判断，即判断企业的营销活动是否符合广大消费者及社会的利益，要求企业以道德标准来规范经营行为和履行相应的社会责任（崔荀，2004）。企业的经营行为经常涉及整个社会和其他人的利益。例如，餐厅里出

售用塑料泡沫饭盒打包的快餐，客人食后将饭盒扔进了垃圾桶。表面上看这是旅游企业和客人的一次简单交易，但制作餐盒需要成本，扔到垃圾场还需要处理。这样一来，社会将承担快餐的无形成本。所以，旅游企业及其营销人员必须遵守职业道德和法律的基本规定，诚实、公正地服务于消费者、客户、雇员、供应商、分销商和社会公众。近年来，很多旅游企业对自己的员工和销售队伍提出了营销道德方面的要求，如：不做误导广告、拒绝高压推销、不定掠夺性价格、公开产品风险、不做欺骗性推销等。这些都确保旅游企业的营销活动既符合社会的法律规范，又符合道德规范。在新世纪里，中国旅游企业界和学术界的重要责任是在学习和借鉴已有的市场营销理论的基础上不断创新，根据中国的旅游市场特征和社会文化环境，创造出成功的企业经营实践，并在理论上加以认真的总结和提炼，在市场营销理论新一轮的发展历程中留下中国旅游人的笔迹。

案例阅读

巴黎迪斯尼乐园的尴尬和困境

巴黎迪斯尼乐园（原欧洲迪斯尼）于1992年在法国开业。整个主题公园占地5000亩，投资44亿美元，是欧洲历史上除英法海底隧道之外最大的一个独立建设项目。

但是，乐园开业不久就陷于亏损。到1993年底，公园累计损失超过10亿美元，而且这个亏损额将以每天160万美元的速度增长。1994年10月，欧洲迪斯尼宣布到9月底全年亏损3.17亿美元，接待人数比1993年下降10%。公司股票价格从刚开业时的最高值68法郎降到1994年10月的6法郎。

乐园之所以出现如此尴尬境地，主要原因如下：

首先，欧洲迪斯尼乐园的规划假设和预测没能反映欧洲的经济情况，即没有准确地估计消费者是否愿意支付高额门票。规划人员还错误地认为乐园的季节需求曲线会像美国一样平滑，因为美国有学期中间和淡季时父母带孩子去游乐园的家庭游客，但欧洲迪斯尼实际的需求水平和需求结构从来就没有达到规划者预期的水平。

其次，这与欧洲市场一体化有关。美国迪斯尼的规划人员最初把欧洲看做是一个国家，而忽略了欧洲各国市场的传统差异性，而且美国很成功的市场营销方式并没有在欧洲移植成功。最后，美国的母公司不得不承认欧洲各国旅游者的习惯存在很大差异，而对于法国游客来说，乐园的门票价格太高了。

作为迪斯尼乐园发展财务来源的一部分，乐园还计划建设一些设备完善的高档酒店和其他设施，然后转卖给当地的经营者，从中获取利润。迪斯尼规划人员既不想遇到在美国曾遇到的土地使用问题，即为了以后的发展必须多购买土地作为发展的储备空间；也吸取了东京迪斯尼乐园的教训，即大部分利润被日本投资者占有了，而东京迪斯尼乐园只能获得骑乘项目总收入10%的毛利，餐饮收入5%的毛利。因此，规划人员希望能从这些附属设施上扩大赢利的机会。

但是，迪斯尼的规划人员忽略了20世纪90年代初期日益恶化的欧洲经济形势，这种经济颓势带来了房地产价格的严重下挫，而这时欧洲迪斯尼正在进行大规模的物业开发，包括酒店、商场、办公楼和住宅区，完全没有顾及到这种开发会给美国母公司带来什么样的财政压力。结果是，酒店并没有按计划卖出去，同时由于英国和意大利货币的贬值，抑制了这些国家出国旅游的需求。

再次，其他的规划问题。如酒店餐厅的设计没有考虑到客人不同的品味，餐厅通常设计得太小，因为规划人员认为没有几个欧洲人真能吃下一份全套早餐，结果造成客人排队和等候时间过长，激起了客人的不满和投诉。公园的饮食店设计都是快餐式的，但实际上，每到中午一点钟就会有很多人要求用正餐。另外，公园所有的餐饮设施都实施禁酒措施，这与法国传统的每餐必有葡萄酒的习惯格格不入。

迪斯尼乐园开业前期的报告中明确规定员工要按照迪斯尼的要求着装，这把问题变得更加复杂了。着装要求规定如女员工不能留长指甲，要穿合适的内衣，并对员工的发型有严格的要求。这种全球化的原则被法国人认为是一种侮辱，因为这有悖于法国文化中的个人主义和保护隐私的传统原则。结果是，这种隐含的文化冲突被报刊披露出来，如《费加罗报》指出："欧洲迪斯尼是以降低人的文化标准来追求金钱至上的典型。"

法国知识分子谴责迪斯尼扼杀了年轻人的想象力，把孩子们都变成消费者，甚至说迪斯尼制造了一个"文化性的切尔诺贝利"。此外，还有人指责迪斯尼的人物形象玷污了法国的文化。欧洲迪斯尼乐园在公共关系上犯了一个大错误，使乐园的形象进一步恶化，迪斯尼的高级官员公然声称这种批评是愚蠢荒唐的。不过，迪斯尼还是做出了一些让步，把基于欧洲童话的白雪公主和匹诺曹确定为乐园的主要卡通形象，而不是小鹿斑比和小飞象。另外，为了反映法国文化，公司创意设计师也对童话堡进行了重新设计，不再是其他迪斯尼主题公园的巴伐利亚新天鹅堡的复制品，而是根据法国15世纪的一份手绘的图画而建造的城堡。

经过1993年和1994年两年的惨重亏损和需求不足的窘境后，迪斯尼启用法国的高层管理人员对欧洲迪斯尼进行了一系列的改造。1994年主题公园改名为巴黎迪斯尼乐园，重新进行了产品评估，并实施了压缩计划，3万条纪念品生产线被缩减了一半，餐厅菜单品种从5400个减少到2000个。

该乐园还对市场营销战略进行了重新评价，调整了广告信息，在突出父母和祖父母更关注孩子们的情绪和愉悦的同时，强调成人身上的探险精神要素。为了吸引潜在消费者，乐园在冬天淡季的月份推出特殊折扣。通过市场调查发现，乐园的重游率很高，而且平均每 1 个游客可以向 18 个潜在游客推荐乐园。

另外，对门票价格也作出了调整，降低了夜间门票价格。公园还采取了灵活的工作安排，制定了顾客服务计划及其他措施。这些使得巴黎迪斯尼终于在 1995 年扭亏为盈，酒店的入住率稳步从 1993 年的 55% 上升到 1995 年的 68%，高出巴黎及其周边地区 60% 的酒店平均入住率。公园还采取其他措施，使平均接待每个游客的运营成本下降了 20%。

资料来源：Chris Cooper、John Fletcher 等著，张俐俐等译，《旅游学——原理与实践》，高等教育出版社 2004 年版。

项目三

旅游市场营销观念的演变

项目要求

通过本项目的学习，掌握旅游市场营销的几种观念，能够分析旅游企业的营销观念。

市场营销观念是贯穿于旅游市场营销活动的指导思想，也是旅游企业决策人员、营销人员的经营思想和商业观，它概括地总结了一个企业的经营状态和思维方式。即营销企业以什么样的观念或看法来看待组织、顾客和社会之间的关系，以什么样的理念来开展营销活动。旅游市场营销观念大致经过了以下几个演变阶段。

一、生产者导向的市场营销观念

生产者导向市场营销理念的基本内涵是：以产定销，先产后销，重产轻销，以产品生产和推销为中心。生产观念、产品观念和推销观念是生产者导向营销理念的代表。

1. 生产观念

生产观念是20世纪20～30年代流行于西方国家工商企业的管理理念。其特点表现为四点：一是企业将主要精力放在产品的生产上，经营目标是批量生产、降低成本、降低价格、提高生产效率；二是无须考虑消费者的需要和利益，只关注生产什么和生产多少产品；三是企业能生产什么就销售什么，而不是因为顾客需要什么而去生产什么和销售什么；四是生产部门是企业的重要部门，企业管理者没意识到顾客比生产更重要。“我生产什么就卖什么，我卖什么你就买什么”是生产观念的真实写照。

生产观念产生和适应的市场环境是：社会生产力水平低，物质匮乏，产品短缺；市场需求大大超过供给，形成卖方市场；消费者需求单一，通常喜欢那些随处可得、价格低廉的产品。例如，20 世纪 80 年代的中国饭店企业，一直处于卖方市场，饭店产品供不应求。在改革开放的大潮中，所有饭店的客房出租率都在 90% 以上，有的甚至达到了 110%。每当旅游旺季到来时，许多饭店的总经理因怕熟人来订房都要躲起来。当时中国的饭店是皇帝的女儿不愁嫁，根本用不着搞市场营销，也不设营销部，只有接待部。在这种市场环境下，只要多建饭店、快建饭店，保证床位的及时供给，缓解旅游市场巨大的过剩需求就够了。所以，中国饭店的许多管理者们都热衷于建设饭店，而很少考虑饭店建成后的客源和销路。

2. 产品观念

产品观念出现于 20 世纪 50 年代，其特点：一是企业以产品生产和产品改进为中心，追求质量高、功能多、性能好的产品，并力求产品精益求精；二是忽视顾客的需求，认为只要产品物美价廉，就能吸引顾客，推崇“好酒不怕巷子深”、“皇帝的女儿不愁嫁”的观点；三是生产部门仍然是企业的重心，但加强了生产过程中的质量控制，出现了质量监控部门。

产品观念产生和适应的环境是：市场上同类产品增多，消费者有了选择的余地；市场状况开始发生变化，虽然仍是卖方市场，但出现了竞争；消费者开始对产品挑剔，需求从单一转为多样。

产品观念曾经导致许多企业染上“市场营销近视症”，即过分重视产品而忽视了市场需求；在市场营销中目光短浅、目标狭隘，只追求自己的产品好，热衷于产品性能的改进和质量的提高；认为只要产品质量精良，顾客一定会自动找上门来，企业无须去推销。例如，我国某洗衣机厂为了宣传自己产品的坚固耐用性，曾在电视上做广告，将洗衣机的洗衣桶从四楼扔下去。为了保证这一产品特性，洗衣机厂要付出很高的成本，但并没考虑到有哪个顾客会从四楼扔下洗衣机，又有哪个顾客为了购买这多余的功能而多支付金钱。又如，我国的铁路部门在 20 世纪 90 年代末期之前，一直以“铁老大”自居，认为顾客需要的就是他们供不应求的火车，而不是安全、快捷、便利的运输服务，从而忽视了航空运输和公路运输的迅速发展，带来了中国人交通模式变化和竞争的挑战。火车的乘客很快被飞机、大巴、出租车、私家车大量分流，致使许多铁路线的运营量大幅下降、连年亏损，“铁老大”也不得不低下了高贵的头。这些实例都说明，只重视产品而忽视市场变化，必将对企业的长远发展带来危害。

3. 推销观念

推销观念从20世纪30年代出现起一直持续到50年代。其特点：一是在注重生产、多出产品的同时，开始重视广告和推销；二是企业建立了销售部门和销售队伍，开始研究吸引顾客的方法和手段；三是企业关注的不是顾客需要什么，而是如何让顾客购买企业的产品；四是以"强压"和"硬卖"方式推销产品，获得利润。典型的描述就是"怎样能把产品卖出去，我就怎么卖"，其中不乏假冒伪劣产品和坑蒙拐骗的手段。

推销观念产生和适应的环境是：供大于求的市场格局已经初步形成，卖方市场正在向买方市场过渡；市场竞争开始变得激烈，靠物美价廉已经无法有效地占领市场；不经过努力推销，消费者面对竞争企业的产品绝不会大量购买本企业的产品。

虽然推销观念在本质上与生产观念和产品观念一样，即都是以生产者为中心，但它是市场营销理念的一大进步和发展。直至今日，许多旅游企业都坚持推销观念，特别是对那些"非渴求商品"或"非必需商品"进行推销时，通常能够取得较好的效果。如前所述，我国的饭店业在20世纪80年代都是等客上门、无需推销。但到了90年代中期，由于国内外局势的急剧变化，供不应求的卖方市场很快就转变为供大于求的买方市场，顾客踏破门槛的红火场面一去不复返，大多数饭店陷入了经营亏损和财务困境。饭店的管理者不得不从原来的生产观念转变为推销观念。为了扭转不利的局面，各个饭店开始重视广告和推销，纷纷建立销售队伍，派销售人员到处拉客源，采取了令人眼花缭乱、急功近利，甚至是不正当的推销手段，竭尽全力争夺市场。这些促销措施在短期内能够刺激顾客的购买行动，起到立竿见影的效果。但由于饭店缺乏对顾客需求的了解，没有长远的市场营销规划，加之原有的产品已经定型，强力推销虽然可以满足饭店生存的短期利益，但却有损于饭店的形象和长期利益。

二、消费者导向的营销理念

消费者导向市场营销理念的内涵是：以销定产，先销后产，产销平衡，以满足顾客的需求为中心。市场营销观念和顾客满意营销观念是消费者导向市场营销理念的代表。

1. 市场营销观念

市场营销观念于20世纪50～80年代在西方国家的工商企业中最为流行，它是将注重满足顾客需求、坚持整体营销和谋求企业长远利益融为一体的新型市场营销理念。在这种营销观念的指导下，企业将这三个要素进行有机整合，形成了当时最为先进的市场营销构架和理念，如图1－1所示。

（1）满足顾客需求是市场营销观念的核心

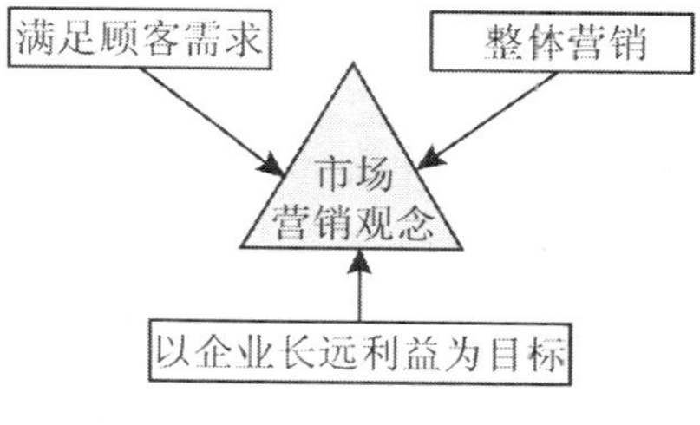

图 1－1　市场营销观念的构架实体

资料来源：何永祺，《基础市场营销学》，暨南大学出版社 2004 年版。

第二次世界大战之后，高新技术领域的革命推动了社会生产力的迅速发展，资本主义国家采取了高福利、高工资、高消费和缩短工作时间的政策，极大地刺激了居民的消费欲望，提高了他们的消费水平。市场环境由此发生了根本的变化。随着市场上产品日益丰富、市场竞争不断加剧、消费者越来越挑剔、需求变化的速度越来越快，供大于求的买方市场已经形成。许多企业开始感到，单纯以产品生产为中心、依靠广告和推销来销售产品在市场上已经难以奏效，必须彻底转变经营理念，按照消费者的需求去组织产品的生产和销售，即顾客需要什么，企业就生产和销售什么。如果企业深入地了解了顾客的需求，提供了适销对路的产品，用不着进行高压推销，顾客也会主动购买产品。因此，企业只有满足消费者不断变化的现实需求和长远需求，才有利可图，才能在市场上长期生存发展下去。并提出了“哪里有消费者，哪里就有我们的市场机会”，“顾客是上帝，顾客永远是对的，顾客永远不会错”等各种消费者导向的经营口号，有些至今都是企业的座右铭。

（2）坚持整体营销是落实市场营销观念的有效手段

生产者导向的市场营销理念认为，产品生产是企业的中心任务，其他部门都要围绕生产部门开展工作；产品推销固然也很重要，但那只是销售部门和专业推销人员的责任。因此，企业的各个部门和员工都在各自的岗位上工作，没有人去关心市场的变化、顾客需求的变化以及企业的长远发展等重大问题。整体市场营销是以满足消费者需求为中心，以谋求企业的长远利益为目标，将企业内部经营管理和外部环境都纳入市场营销中来，使企业成为以市场营销为龙头，带动各个部门和全体员工的整体营销系统。整体市场营销的内容包括以下方面。

①对供应商的营销。积极争取优秀的供应商成为本企业的合作伙伴，而不是为了节约成本，靠价格折扣从供应商那里获得一时的利益。

②对中间商的营销。站在中间商的立场，保证中间商的利益，与中间商开展联合营销，共同打造本企业的品牌，实现本企业与中间商的双赢。

③对最终顾客营销。视顾客为亲人和爱子，以“童叟无欺”的态度，最大限度地满足顾客的需求、保护顾客的利益，让顾客真正感受到亲人般的关爱和体贴入微。

④对内部员工营销。通过为员工提供优厚的福利待遇、有兴趣的工作、职业发展前途和培训开发潜能，让忠实、满意的员工创造忠实、满意的顾客，通过企业内部各个部门共同努力，来保证顾客的高度满意。

⑤对政府部门营销。支持政府的工作、满足政府的需求，以求得政府在政策、法律、

办事程序、社会影响等方面为企业创造良好的经营环境。

⑥对大众媒体营销。了解媒体的需求，主动接近媒体，与媒体建立良好的关系，利用媒体为企业树立良好的公众形象。

⑦对竞争对手营销。改变与竞争对手的敌对关系，避免两败俱伤的竞争冲突，在多种领域与竞争者合作，使竞争的事态向有利于双方的方向发展，取得最大的竞争收益。

⑧对公众营销。坚持“得民心者得天下”的理念，重视收集公众的意见，加强与公众的交流，为教育、扶贫、慈善和福利事业捐款捐物，以博得公众的好感，让公众的口碑对企业的发展产生重大的正面影响。

上述八个方面构成的整体营销体系是落实市场营销观念、满足消费者利益和企业健康长期发展的有力保障。

（3）谋求长远利益是企业市场营销的最终目标

市场营销观念的基本目标是满足顾客的需求，获得收益和利润。利润是每个企业生存发展所必需的物质基础。但随着环境的变化，通过满足顾客需求而获得利润，并不能解决企业长远发展中的重大问题，也不能保证企业的健康和长寿。一个企业要谋求长远发展和长期利益，必须以更加先进的市场营销理念来规划和实施企业的营销活动，具体内容包括以下几个方面。

①随着现代科技的飞速发展，消费者不知道或不了解的新产品、新技术将越来越多。企业不能消极被动地适应和满足消费者的需求，而要以科技进步为契机，积极主动地引导需求、改变需求、创造需求。现代企业的责任是，既要满足市场的现有需求，还要引导市场不断产生新的需求。如果完全为了满足顾客的需要和欲望去组织生产和营销活动，可能会忽视科技的进步，压制产品的创新，降低消费能力，使社会经济的发展保持低水平和低速度。这是因为世界上众多新产品并不是根据消费者的需求生产出来的，而是通过科技发明创造出来的。只有这样，才能在满足日益发展的消费需求的基础上促进人类社会的进步。

②20 世纪 80 年代以来，全球性的经济危机加剧了国际和国内的竞争，各个国家都面临着严重的生产过剩、需求疲软，失业人数连年增加，贸易壁垒使各国之间的贸易冲突越来越尖锐，政府也被迫加强了对国家经济活动的干预和控制。在这样的新形势下，即使企业的产品适销对路，市场营销的策略得力，产品也未必有好的销路，企业也会面临生存的危机和失败的困境。为了保证企业的生存和长远的发展，就要从过去消极被动地适应和受制于外部环境，转变为积极主动地去影响外部环境，必要时可以控制和改变外部环境，实现社会总需求和总供给的平衡，使之向着有利于企业的方向转化，使市场营销活动具有更大的主动性和灵活性。

③根据市场环境的变化，企业需要在可控制的 4Ps 营销组合中增加政治力量和公共关系（political power and public relations）两个重要策略，形成新的 6Ps 营销组合。这样可以

在宏观上获得各个方面的支持和合作，有效地影响和控制外部环境，成功地打破贸易壁垒，进入特定的市场，使企业的长期发展战略目标得以实现。

综上所述，从推销观念转变为市场营销观念，使企业的经营哲学发生了根本的变化，这也是市场营销领域的一次革命性演变。

归纳起来，市场营销观念与推销观念有五个根本的不同点：一是营销的重点不同。市场营销观念是以顾客为重点，推销观念是以企业自身为重点。二是营销的目的不同。市场营销观念是以满足需求为目标，推销观念是以推销产品为目标。三是营销的手段不同。市场营销观念注重整体协调营销，推销观念注重各种推销技巧。四是营销的过程不同。市场营销观念是通过满足消费者的需求来创造利润，推销观念是通过扩大消费者需求将产品变为利润。五是营销的着眼点不同。市场营销观念从长远利益出发，推销观念从眼前利益出发。简言之，市场营销观念的本质是顾客、市场需求、整体营销和获得长远利益，推销观念的本质是企业、产品、推销和获得短期利润。

2. 顾客满意营销观念

顾客满意营销观念是20世纪90年代出现的以顾客满意度为导向的营销理念。顾客满意是指顾客购买并消费产品的客观经历与主观期望之间比较的结果。如果客观经历低于主观期望，顾客就不会满意；如果客观经历符合或高于主观期望，顾客就会满意。顾客满意具体体现在对企业的经营理念、企业的运行机制、企业提供的产品和服务、企业一切外在可视形象等方面的满意程度。

菲利普·科特勒在他1994年出版的《市场营销管理》一书中创造性地提出了“顾客让渡价值”的概念，这里可以用“顾客让渡价值 = 顾客总价值 - 顾客总成本”的简单公式和图1-2来表达。顾客在购买和消费某产品过程中，通常希望获得的总价值包括产品价值、服务价值、人员价值、形象价值，所付出的总成本一般包括货币成本、时间成本、体力成本和精神成本。每一个顾客都会通过比较分析，选择购买总成本最低、总价值最高的产品，也就是顾客让渡价值最大和顾客满意度最好的产品。

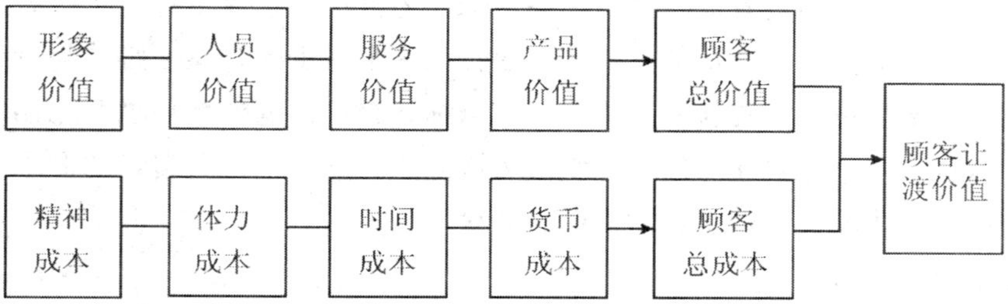

图1-2 顾客让渡价值示意图

资料来源：改编于何永祺，《基础市场营销学》，暨南大学出版社2004年版。

顾客满意营销观念就是这种营销新理论的反映，其本质是：企业在市场营销活动中要注重在顾客最敏感的产品、服务、人员、形象方面不断改进和提高，同时要努力降低成本使顾客少支付货币，提高工作效率让顾客节约时间，提供产品信息和购买便利条件让顾客节省精神和体力消耗，为顾客提供比竞争对手有更多让渡价值的产品和服务。在顾客利益增加的同时降低了成本，顾客的满意程度就会不断提高，从而获得更高层次和最大限度的满足。企业在最大限度地满足顾客利益的基础上，自身利益也将得到满足。顾客满意营销观念对服务企业，特别是对旅游企业尤为实用和重要。

三、现代市场导向的营销理念

20 世纪 70 年代之后，消费者导向的营销理念已经被经济发达国家广泛接受。随着社会的发展、时代的进步和现代市场环境的变化，20 世纪 80～90 年代又催生了许多新型的市场营销理念。生态营销观念、社会营销观念、绿色营销观念都是现代市场导向营销理念的代表。

1. 生态营销观念

生态营销观念是一种以满足消费需求为中心，同时要注重发挥企业自身特长和比较优势的营销观念。在消费者导向营销理念流行过程中，有些企业一味地追求最大限度地满足消费者的利益和需求，而忽视了企业自身的资源和能力是否能够满足这些需求的问题，经常生产那些企业本身不擅长或无竞争优势的产品。其结果是一方面浪费了企业的宝贵资源，削弱了企业的经营实力；另一方面使企业在竞争中处于劣势，缩小了市场份额，影响了企业的长远发展。

生态营销观念持两个重要观点：一是市场上顾客的需求是多种多样、千变万化的，任何一个企业都无法满足市场上所有不断变化的需求。最明智的营销策略是寻找那些最能发挥本企业特长，并且是消费者最需要的产品，来作为营销的主攻目标，集中人、财、物资源，比竞争者更有优势地去满足他。二是企业犹如一个有机的整体，必须与所处的内外部环境相协调。由于科技的发展和专业化分工的精细，企业的内外部环境互相制约、互相依存的关系日益紧密。企业要在与外部环境最为协调的状态下，将消费者的需求和自身的优势有机结合起来，才能实现消费者和企业的双赢。

2. 社会营销观念

社会营销观念出现于 20 世纪 70 年代，是在对市场营销观念修正和完善的基础上产生的。其基本观点是，企业的市场营销活动不仅仅是为了满足消费者现实的需求和欲望，而要统筹兼顾四个方面，即消费者的长远利益、企业的自身发展、员工的职业发展和全社会的发展和利益，促进社会经济的可持续发展。

社会营销观念产生的原因，一是企业倡导单纯的市场营销观念造成了满足消费者的需求和欲望与着眼于消费者的长远利益和增进社会福利之间的矛盾冲突，导致了有些企业打着为消费者谋利益的旗号却在以次充好、以假乱真、虚假宣传、欺骗顾客，损害消费者的利益；二是这种矛盾冲突又导致了环境恶化、资源浪费、人口爆炸、通货膨胀、失业增加等一系列日益突出的社会问题。例如，麦当劳按照消费者的需求推出了汉堡包和特有的服务方式，在迎合人们希望吃到快速、廉价、美味、卫生的食物方面是非常成功的，但这种做法带来的副作用是食物中的热量过多，吃多了使人发胖而损害健康，麦当劳所选用的食品包装材料和保温材料造成了资源的浪费和环境污染。又如，许多饭店为了让客人享受上帝般的舒适，每天都要更换、洗涤床单和毛巾，客房洗漱用品、餐厅用具许多都采用一次性的，这在表面上保证了客人的安全和卫生，实际上造成了社会财富的浪费和大量排污，危及生态的平衡。

鉴于上述状况，西方国家普遍兴起了一股以保护消费者利益为宗旨的消费者主义运动，并迫切要求企业树立一种能够超越单纯市场营销观念的经营管理哲学，将消费者利益、企业利益和社会利益三者有机结合起来，这就是社会营销观念。

案例阅读

肯德基的社会营销

改革开放初期，肯德基进入中国，首家落户北京，并取得了极大的成功。这让投资者喜出望外，意欲扩大餐厅规模。然而，考虑到过去的政治因素，公司对可否扩大规模心里没底，害怕许多人对美国还存在某种心理上的抵制，为此，肯德基公司的高层一筹莫展。

一天，肯德基北京公司总经理许喜林看到办公桌上有一本《半月谈》，封底是一幅题为《我要上学》的照片，翻开封二，那里有邓小平同志为“希望工程”的题词以及“希望工程”的简介。他陷入沉思。据有关资料显示，中国青少年基金会刚刚发起“希望工程”，缺少宣传和赞助，参加者并不成规模，还处在初步形成阶段。但是，这是一项国家重视、人民拥护的事业。如果肯德基领头响应“希望工程”的号召，对于改变由于历史原因造成的不良公众形象将大大有益。于是，肯德基开始策划这次活动。

公司在全国捐建几所“希望小学”的同时，许喜林建议让公司200多名员工每人捐助一名贫困儿童上学，这样有利于人与人的心灵沟通，更富有人情味。北京公司的这一举措得到了肯德基亚太地区总裁的认可。随后，亚太总部决定由亚太区追加10万美元，北京公司投资50万元人民币赞助“希望工程”，并在人民大会堂举行新闻发布会。发布会当天，时任北京市副市长陆宇澄和肯德基亚太区总裁田泰先生亲自到会讲话，《人民日报》、《经济日报》等全国30多家、海外20多家新闻媒体进行了大篇幅报道。

随后，他们通过北京电台邀请河北崇礼县几十名受捐助的孩子到北京参观旅游。北京电视台《18分钟经济·社会》以“圆梦”为题进行了专栏报道，博得了社会各界的广泛好评与赞誉。

通过这一系列的“希望活动”，肯德基在社会上树立了良好的企业形象，并得到媒体、政府和公众的高度赞扬。也正是通过这一系列的活动，营造了宽松有利的社会环境，使肯德基在北京、青岛、西安、上海等地的分店如雨后春笋般发展起来。

3. 绿色营销观念

绿色营销观念是对社会营销观念的细化和具体化，其中心思想是企业以生态环境保护为营销哲学理念，以绿色文化为价值观，以绿色消费为出发点，力求满足消费者的绿色需求，从而实现企业、消费者、社会与生态环境的健康、协调、统一和可持续发展。

绿色营销观念的产生有着深刻的时代背景。20世纪70年代之后，科技的快速发展和过度的生产开发对自然资源和生态环境造成了严重的破坏，世界范围内的生态系统出现了不同程度的失衡。人类赖以生存的地球已经变得千疮百孔、肮脏不堪，当代人和子孙后代的生存都受到了严重的威胁。仅以旅游业的发展为例，20世纪60年代兴起的大众旅游使旅游业成为世界上最大的“朝阳”产业，但大众旅游发展的同时也造成了对旅游资源的严重破坏。曾经被游人所青睐的许多著名旅游胜地都出现了不可逆转的环境危机，如澳大利亚的阳光海滩由于紫外线的强烈直射造成游客的皮肤癌而无人光顾，北欧的滑雪场在温室效应中逐渐融化消失，地中海出现的海藻和赤潮使海滨浴场无法对游客开放，巴黎的珍贵文物古迹和建筑被有毒的空气污染腐蚀，世界上许多珍贵的陆地和海洋野生动植物濒临灭绝等等。环境和资源的恶化使旅游业失去了生存发展和盈利的基础，致使许多旅游目的地的饭店、餐厅、娱乐场、购物商场等纷纷倒闭。与此同时，各国政府加强了政策和法律的干预，对“三废”处理和环保设施的要求使各类旅游企业的经营成本不断攀升；水、电、气、油等能源价格连年上涨，生态失衡导致了各种自然灾害频繁发生。这一切使旅游目的地和旅游企业遇到了越来越多不可抗拒的因素和生存危机。

为此，1992年联合国召开的环境与发展大会上提出了绿色营销的新概念，大会还通过了《21 世纪议程》，指出世界将进入一个既重视社会经济发展，又重视生态环境保护的绿色时代。绿色营销观念一出现，很快就受到了世界各国的普遍重视和赏识，一场以绿色经济、绿色消费、绿色营销为主题的绿色运动在全球迅速展开。仍然以旅游业为例，经济发达国家的旅游企业早已行动起来，自觉维护全社会、全人类和子孙后代的利益，并将参加绿色运动作为 21 世纪每一个人义不容辞的责任。他们倡导 21 世纪要开展“生态旅游（eco-tourism）”、“负责任旅游（responsible tourism）”、“绿色旅游（green tourism）”、“可持续发展旅游（sustainable tourism）”等保护资源和环境的旅游模式。旅游景点景区在开发中限制修路、限制使用私人交通工具，对垃圾进行分类处理，加强对游客的环保教育；饭店改造卫生间设施，减少更换和洗涤床单与毛巾的次数，污水处理后重复使用，减少使用一次性客人用品和一次性包装材料，鼓励创造和使用再生资源；餐馆杜绝餐饮浪费和餐饮垃圾，不食用野生动物、植物，尽量向客人提供高营养、无害健康的菜肴和饮料……旅游企业要超越顾客需求、企业和员工的利益，树立社会利益和环境资源优先论的观念，对凡是符合生态环境，符合全人类、子孙后代利益的顾客需求，要积极地去满足，凡是违背这些利益的顾客需要，应积极避免。

绿色营销的理念贯穿于企业经营管理的全过程，包括：绿色营销战略，开发绿色产品，使用绿色技术，进行绿色定价、绿色分销、绿色促销、绿色认证、绿色包装，创造绿色品牌，树立绿色形象，实施绿色服务、绿色管理等。企业还要引导每一个员工从今天做起，从我做起，从每一件小事做起，创造绿色企业和绿色社会，对消费者、对自己、对未来、对子孙后代的生存、发展和高质量的生活作出应有的贡献。

上述三种不同导向的市场营销理念的产生和演进都有各自的合理性和必然性，都是一定社会生产力水平的发展、市场环境变化、企业管理者思维方式转变的结果。尽管它们出现在不同的年代，但不存在彼生此亡的关系。即使在同一时期，不同的企业往往会坚持不同的营销观念。例如，我国旅游业仅有 30 年左右的发展历史，多数旅游企业，特别是旅游饭店、旅行社、航空公司等，在 20 世纪 80 年代都持生产观念和产品观念；90 年代虽然市场环境发生了根本的变化，但目前旅游企业仍处在以推销观念为主、市场营销观念和其他营销观念并存的阶段。也有许多企业在实际中开始以社会营销观念和绿色营销观念为导向，安排企业的营销计划和营销活动。然而，企业生存发展的要旨之一是不固守传统观念，而是随着环境的变化及时调整自己的营销理念和经营策略，跟上社会发展和市场的步伐，在竞争中永远处于不败之地。

阅读案例

美国波音公司的现代市场营销理念

波音公司是世界上最大的飞机制造公司，1991 年销售额为 293.14 亿美元，利润额为 15.67 亿美元，在世界 500 家最大的工业公司中排名第 32 位。该公司占领了 65%的世界商用飞机市场。巨大的市场成功和利润，不仅来源于优质可靠的产品，而且来源于及时全面的优质服务。为全世界 7 000 多架波音飞机提供维修服务，是波音公司的一项重要业务，也是该公司一个主要的收入来源。波音公司拥有一支高效率、技术过硬的维修队伍，只要顾客需要，波音的维修人员就会以最快的速度从西雅图赶到全世界的任何地方。

有一次，阿拉斯加航空公司急需一种特殊降落装置，波音公司立即送货上门。还有一次，加拿大航空公司的一架飞机排气管因结冰阻塞，发生故障，波音公司的工程师立即赶到现场，昼夜抢修，减少了航班误点时间。一架波音 747 飞机在新德里起飞时越出跑道，下腹部严重受损，波音公司接到求援后立即派出 12 名技术人员和 5 架装有零部件的 747 运输机飞赴新德里，维修人员冒着夏季的酷热，每天工作 12 个小时，使这架飞机很快又从新德里腾空而起。良好的服务，使波音公司赢得了顾客的信任，也得到了更多的飞机订单。1978 年 12 月，意大利航空公司因一架 PC—9 型客机在地中海坠海，急需一架替代飞机，要求波音公司迅速送来一架波音 727 型客机。按常规订购，这种客机至少要等两年才能交货，但波音公司想方设法在一个月内就送去了飞机，这使意航公司大受感动，取消了原来订购道格拉斯飞机的计划，改订了 9 架波音 747 客机，成交额高达 5.75 亿美元。

英国喀里多尼亚公司的工程部主任威廉·理查森曾这样称赞波音公司的服务：“我可以在星期一下午发出信号，说我们需要一个零件，这个零件在星期二上午就会运到伦敦。”《华尔街日报》的一位分析专家更以赞叹的口气谈论波音公司的售后服务：“几乎每一位‘波音’的技术人员都可以告诉你一个有关‘波音’如何在临危受命时，为顾客解决难题的故事。”正是这种优良的服务，使波音公司具有明显的市场竞争优势。

1985 年下半年，世界上连续发生了 3 起波音飞机空难事件，波音公司遭到沉重打击，华尔街股票市场上波音股票价格连降 3 个点。特别是发生在日本的空难事件，更使波音公司如坐针毡，当时波音公司正在与西欧的“空中客车”争夺全日空航空公司的一大宗生意。在这宗大交易上，两家公司的产品质量和付款条件都差不多，而空难事件无疑使波音公司处于十分不利的地位。面对不利的竞争局面，波音公司立刻采取了一系列新的服务措施和推销策略，终于赢得了日本顾客的好感。在空难事件的5个月之后，波音公司和全日空公司签订了15架波音767型客机合同，成交额达10亿美元。在非洲、欧洲及其他各国民航飞机市场上，波音公司也是以其优异的服务质量和供货条件，赢得了比“空中客车”公司更多的飞机订单。

资料来源：黄恒学，《市场创新》，清华大学出版社1998年版。

本模块小结

在现代社会中，旅游市场营销对旅游企业的经营活动具有普遍的指导意义。旅游市场是营销活动进行的基础，具有全球化、高弹性、人格化和越来越趋向于基本化、大众化的特点。旅游市场营销是针对旅游市场的特点，从市场的需求出发，通过设计、生产相应的产品和服务来满足旅游者的活动。它对营销企业具有营销导向、管理导向、信息导向和战略导向等重要的导向作用。

中国的旅游市场营销经历了接待阶段、公关阶段、销售阶段和市场营销阶段，总结出了适合中国旅游业发展状况的新模式。

在营销活动中，旅游企业在一定的营销观念指导下进行营销活动。在旅游企业的经营发展过程中，经历了生产者导向的市场营销观念、消费者导向的营销理念和现代市场导向的营销理念三种不同的经营观念。这些观念要求旅游企业从旅游者需要和利益出发来考虑和安排整个旅游业的营销活动。

本模块参考浏览网址

1. http：//baike. baidu. com/view/1760254. htm
2. http：//zhidao. baidu. com/question/58203758. html
3. http：//blog. sina. com. cn/s/blog_ 4a83581d0100chri. html
4. http：//ggxy. hqu. edu. cn/wayswang/
5. http：//www. 3722. cn/softdown/list. asp？ id =28109
6. http：//www. 51766. com/xinwen/11000/1100046845. html

基础知识思考题

1. 什么是旅游市场营销？它在旅游企业经营中有何作用？
2. 市场营销观念经历了哪几个演变阶段？
3. 我国旅游市场营销的发展经历了哪些阶段？有什么样的创新？

4. 推销和营销有哪些区别？

5. 结合实际分析加入 WTO 后，我国旅游市场营销所面临的机遇与挑战。

基本操作技能题

1. 去一家旅行社，了解他们是如何设计旅游线路的，又是如何将它销售给旅游者的？

2. 调查 1 ~3 家旅行社，看他们的观念处于哪个阶段，并写一份关于旅游企业营销观念的论文。

阅读分析题

贵族之旅

“贵族之旅”是春秋国际旅行社有限公司的旅游品牌，已经国家工商总局认证注册。“贵族之旅”定位于高端旅游客源市场，专业打造高品质旅游产品，“贵宾级的服务、贵族般的享受”是品牌孜孜以求的目标。该品牌旗下的“纯玩团”产品倡导“游程无购物 购物随客意”的旅游新概念，已成为引领高端旅游市场的主力军。“贵族之旅”纯玩团的出现被称为是一场抵制强迫购物的旅游革命，一次颠覆“低质”旅游的品质运动，受到社会各界的一致好评。

中国旅游市场中长期存在的恶性价格战，让本来纯净的旅游业正走向畸形道路。一些旅行社以低价吸引游客后，采用压缩游览景点，增加购物时间，强制参加各类名目的自费项目等方式，以此用购物佣金来弥补零团费、负团费操作中游客团费不足的差额，旅游团变成了采购团，导游变成了导购，游客与司机和导游斗智斗勇，游客丧失了旅游本该的开心与欢乐，旅游的质量因此大大降低。

春秋国旅“贵族之旅”旗下的纯玩团产品，倡导“游程无购物，购物随客意”的经营理念，把旅游过程中强制购物的时间还给客人，保证充足的游览时间，保护游客利益，以达到旅游过程中所期望的审美和度假目的。纯玩团是对旅游市场上恶性价格竞争、零团费、负团费操作、坑蒙骗现象的拨乱发展、正本清源，是让旅游真正返璞归真。

“贵族之旅”纯玩团从 2001 年起至今，已通过春秋遍布全国的网络分社得到广泛有力的推广。“贵族之旅”产品敢为人先的经营理念、人性化的品质服务，诚信可靠的品牌形象，在杂乱无章的旅游市场中刮起一股变革风暴。

（资料来源于 http：//baike. baidu. com/view/1514095. htm）

1. 春秋国旅采用了什么样的营销理念？采用此种理念的背景是什么？

2. 你认为春秋国旅的新理念发展前景如何？竞争商和旅游者能否接受？

3. 你认为我国旅行社的经营观念存在什么问题？该如何进行改革？

模块二 2

旅游市场营销环境分析与运筹

基础知识目标

1.认识旅游市场营销环境的概念及特点。

2.掌握政治法律制度等宏观环境对旅游市场营销的影响。

3.掌握旅游供应商等微观环境参与者对旅游市场营销的影响。

4.掌握评价旅游市场营销环境的方法，初步具备分析旅游营销环境的能力。

基本技能目标

1.具备分析旅游市场营销环境各类特性的能力。

2.具备分析营销宏观环境和营销微观环境的能力。

3.具备运用环境机会和应付环境威胁的能力。

项目一

旅游市场营销环境的含义及特点

项目要求

通过本项目的学习，掌握旅游市场营销的含义；掌握旅游市场营销的特性；具备分析旅游市场营销环境各类特性的能力。

在市场经济条件下，旅游企业在市场规律的支配下能否适应不断变化的旅游市场营销环境，是旅游企业能否生存和发展的关键。旅游企业的竞争力首先表现为在万变莫测的市场营销环境中，采取相应对策而谋求生存和发展的可持续性。

一、旅游市场营销环境的含义

任何企业都如同生物有机体一样，总是生存于一定的环境之中，企业的营销活动不可能脱离周围环境而孤立地进行。企业营销活动要以环境为依据，要主动地去适应环境；但是，企业可以了解和预测环境因素，不仅主动地适应和利用环境，而且透过营销努力去影响外部环境，使环境有利于企业的生存和发展，有利于提高企业营销活动的有效性。

旅游市场营销环境是旅游企业营销职能外部的不可控制的因素和力量，这些因素和力量是影响企业营销活动及其目标实现的外部条件。营销环境的内容比较广泛，可以根据不同标志加以分类。

基于不同观点，将旅游营销市场划分为微观环境和宏观环境。微观环境与宏观环境之间不是并列关系，而是主从关系，微观营销环境受制于宏观营销环境，微观环境中所有的分子都要受宏观环境中各种力量的影响。

旅游企业在社会主义市场经济中的经济活动过程有着强烈的社会性，其市场营销行为受到内外部可控与不可控因素的综合影响。也就是说，旅游市场营销是在一定的时空条件下开展的，这一时空条件就是旅游市场营销环境。旅游市场营销环境是旅游企业的生存空间。

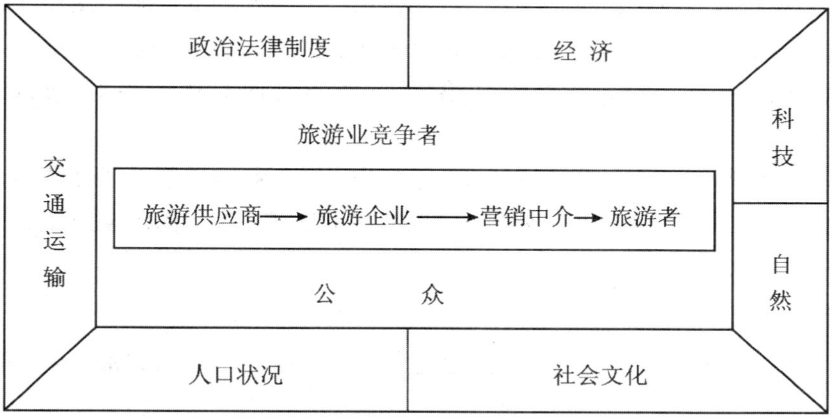

图 2－1 旅游市场营销环境

阅读资料

2001 年，受世界经济不景气、国际政治趋势不稳定和美国“9·11”事件的影响，全球旅游收入比 2000 年下降了 2.6%，国际旅游者的数量下降了 0.6%。2002 年，全球旅游业的发展环境与 2001 年相比依然没有太大的改观。但是，统计结果却出人意料：全球国际旅游者数量首次突破 7 亿人次大关，达到 7.15 亿人次，比 2001 年增长了 3.1%。通过仔细分析，得知支撑这一增长的主要因素是亚太地区旅游业保持了 7.9% 的高增长速度，这与欧美地区旅游发展的低迷形成强烈的反差。

2001 年和 2002 年，在不利的国际环境中，中国旅游业一枝独秀。入境旅游、国内旅游、出境旅游继续保持良好的增长趋势，是这段时期全球旅游业中为数不多的亮点之一，中国成为最具有生机活力的旅游目的地和旅游客源地。但是，自 2003 年 3 月开始，受突如其来的“非典”的冲击，国内旅游业遭受重伤，直到 6 月 24 日世界卫生组织宣布北京“双解禁”，全国旅游市场才开始升温。在此期间，政府及时调整旅游政策，旅游企业积极行动，各界相互配合，一直努力，才促使中国旅游业顺利恢复。

二、旅游市场营销环境的特点

1. 系统性

从整体上看，同一国家、同一地区的市场营销环境是相同的，旅游企业比较容易与之相适应。而不同国家由于社会经济制度、民族文化、经济发展水平等有所区别，社会使旅游市场营销环境显示出系统性，这一特性有助于旅游企业因地制宜地制定可行的市场营销因素组合方案。

旅游市场营销环境是一个系统，在这个系统中，各个影响因素是相互依存、相互作用和相互制约的。这是由于社会经济现象的出现往往不是某一单一的因素所决定的，而是受到一系列相关因素影响的结果。

2. 多变性

旅游市场营销环境是一个动态系统。构成营销环境的每一个因素都随社会经济的发展而不断变化。营销环境的变化，既会给企业提供机会，也会给企业带来威胁。虽然企业难以准确无误地预见未来环境的变化，但可以通过设立预警系统，追踪不断变化的环境，及时调整营销策略，满足旅游消费者对旅游产品的需求。同时，尽管每个人对旅游产品的要求不同，但其消费形式往往是以集团、群体的方式出现的，因而旅游消费需求在旅游市场营销上表现出消费群体性的特点。从旅游产品生产和供给来看，要很好地满足旅游消费者的需要，就必须科学地、合理地组合旅游产品，使旅游产品供应与旅游消费需求相吻合，也使旅游资源得以合理开发和利用。

旅游市场营销环境的各种因素的稳定是相对的，而不断变化却是绝对的。国家的政治经济制度，一般来说是比较稳定的，但随着国际影响的加深，人们认识宏观世界角度的改变，也可能导致一定程度的变化，甚至发生突变。这就要求我们必须对各国的旅游市场营销环境进行认真的研究，并站在变化的立场上去适应市场环境。

3. 可转化性

旅游营销环境诸因素相互影响、相互制约，某一因素的变化，会带动其他因素的变化，形成新的营销环境。例如，竞争者是企业重要的微观环境因素之一，而宏观环境中的政治法律因素或经济政策的变动，均能影响一个行业竞争者加入的多少，从而形成不同的竞争格局。又如，市场需求不仅受消费者收入水平、爱好以及社会文化等因素的影响，而且政治法律因素的变化，往往也会对其产生决定性的影响。

旅游消费者成为旅游市场上现实的旅游者，必须具有必要的旅费、强烈的旅游动机和闲暇时间。在其他条件不变的情况下，有无闲暇时间成为决定旅游消费者能否进行旅游活动的主要因素。由于大多数旅游者的旅游时间主要是利用工休假进行，因而在一年中，旅游市场中的游客量忽高忽低，随时间的推移而呈季节性的波动。旅游活动是由诸多方面、因素共同促成，并且只要其中某一重要因素的变化，如政治形势剧变、重大自然灾害发生、传染性疾病流行等，都会带来旅游市场的波动。而旅游市场的主体在短时间内并不因客源的急剧波动而相应变动，它们在一定阶段仍呈现出相对的稳定性。

项目二

旅游目标营销宏观环境及其影响

项目要求

通过本项目的学习，掌握旅游市场营销宏观环境的构成要素；掌握宏观环境中各要素之间的联系；具备分析营销宏观环境的能力。

旅游市场营销宏观环境是指旅游企业或旅游业运行的外部大环境。市场营销人员必须根据外部环境中的各种因素及其变化趋势制定自己的营销策略，以达到市场经营目的。在旅游市场营销中，宏观环境因素主要包括政治法律因素、文化因素、经济因素、技术水平因素及人口、地理因素等几个方面。

一、政治法律环境及其影响

一个国家或地区，总是要运用自己的法律行政手段，干预社会经济生活。因而政府的法令条例，特别是关于旅游业的立法，对旅游市场需求的形成和实现具有不可忽视的调节作用，而这些法律法规都在旅游企业的控制范围之外。比如，国家有关带薪假期、旅游签证问题的规定可能影响居民的收入状况或可自由支配时间。所以，旅游营销者必须了解本国及客源国的政治法律环境。

1．政局与形势

政局是否稳定直接影响整个旅游业是否发展。如果一个国家政局比较稳定，没有战争、罢工、暴乱、恐怖袭击等，国内外游客在此地旅游就会有安全感，旅游业就能顺利发展。相反，如果政局动荡，政变连续不断，政治风波此起彼伏，旅游者出于安全的考虑一般不会到此地旅游。如美国 2001 年发生“9·11”事件后，其旅游业受到重创，连续几个月旅游人数剧减；中东一些国家由于战火不断而使得旅游业趋于萎缩。

2. 国家的旅游政策和政府行为

国家旅游政策对旅游营销的影响，主要表现为国家是鼓励旅游还是限制旅游，旅游政策的变化对旅游营销有利还是不利。旅游政策是由某一国家的政府决定的。在分析政治环境时，绝不能忽视这个基本点，无论哪个国家，都会以维护本国的政治、经济、民族、利益为出发点，来制定具体的鼓励或限制旅游的政策，从而对旅游营销产生直接的影响。对旅游市场营销行为而言，应了解和研究本国和各客源国的旅游法规中的共性规定，不能因为对特性缺乏了解而引起失误。一些宗教信仰和历史悠久的国家，其政策法律与其民族文化和宗教信仰网织在一起，从而具有独特之处。

目前主要的政策、法规体现在六个方面：一是用以调节社会公共秩序、规范成员行为的法律；二是各级政府和有关部门制定的政策、条例和规定；三是有效的营销决策需要知晓、分析；四是为保护各个企业的合法权益，制定的有关约束企业行为的条文；五是为保护人们免受不公平商业行为伤害，制定的有关保护消费者权益的条文；六是保护整个社会利益的条文。

3. 有关社会团体、群众组织及其活动

政府对消费者权益问题的重视，消费者自我保护意识的觉醒，使社会上出现了各种以保护消费者权益为宗旨的团体、组织。它们的活动不仅会影响消费趋势和需求，而且可能影响政府的态度和决策。

一国政府对旅游业影响最大的是其态度，积极的扶持态度会使旅游业得到快速的发展。诸如对旅游的资助、关税减免、长期低息贷款、信誉担保、免除收入及不动产、公共事业费减免、特殊的旅游兑汇率，以及积极地提供各种优惠条件及鼓励投资者向旅游投资。

二、人口环境及其影响

人是市场的主体，人口容量决定了市场规模，人口因素与旅游市场营销的关系十分密切。旅游市场营销的人口环境因素包括人口数量、人口结构与人口城市化。因此，人口的多少直接决定市场的潜在容量，人口越多，市场规模就越大。而人口的年龄结构、地理分布、婚姻状况、出生率、死亡率、人口密度、人口流动性及文化教育等特性，会对市场格局产生深刻影响，并直接影响企业的市场营销活动和经营管理。

1. 人口数量

在收入水平一定的情况下，一个国家总人口的多少决定着市场容量的大小，即一般情况下，人口与市场成正比的关系，旅游市场也是如此。二战结束时，世界人口仅25亿，到2003年达到61.5亿。庞大的人口基数，使旅游者绝对数大幅度增加。据世界旅游组织统计，国际旅游人数从1950年的2528万人次增至2003年的69400万人次。我国拥有13亿人口，这就意味着我国的旅游市场潜力很大。2004年，我国国内旅游出游人数首次突破10亿人次大关，国内旅游收入达到4711亿元人民币。可见，人口的数量决定着旅游市场的容量。当然，经济水准不同，就不能类比。

2. 人口结构

（1）年龄结构

世界总人口的迅速增长，引起了人口年龄结构的明显变化。目前，世界人口年增长率为1.33%。尽管人口增长率在下降，但世界每年净增人口仍为7800万左右。世界人口平均寿命为64~66岁，其中，发达国家为74.5岁，发展中国家为63.6岁，欠发达国家为52岁。由此可见，世界人口中，老年人与成长中的青少年占很大比重。随着平均寿命的延长，收入和闲暇时间的增加，客观上增加了更多的旅游和娱乐活动，为旅游企业开展市场营销提供了更多的机会。

一般来讲，从旅游者的年龄来看，中老年人应为消费者主体，年轻人虽然数量很大，但由于受时间、收入等因素的影响，旅游消费有限，儿童的旅游消费更少。目前，我国也面临着人口老龄化的问题。许多老年人有退休收入，有充裕的时间，可是外出旅游的比例仍旧比较低，原因在于一方面是他们自身年龄较大，体力不支；另一方面也是旅游业缺乏适合老年人特点的旅游产品。针对这一特点，旅游营销人员应注重老年人的旅游需求，推出一些适合老年人特点的旅游产品，并提供更为周到的旅游服务。此外，我国实行计划生育政策以后，家庭对孩子的关注更加密切，让孩子在成长中接触大自然、接受传统与现代文化是很多家庭的愿望。为青少年开发一些富有教育意义的旅游产品，也是旅游企业面对的一个很重要的细分市场。

（2）性别结构

从世界各国来看，都在致力于妇女解放、男女平等、经济独立。参加工作的女性越来越多，女性旅游者迅速增加。这就要求营销人员必须注意到女性的旅游消费特征，设计一些能刺激女性出游的活动，如购物游、健美之旅、国际服装艺术节之旅等。

（3）职业结构

不同职业的人员，外出的机会也不同。比如，营销人员出差的可能性明显高于教师，但教师的寒暑假期为他们提供了出游时间。同时，职业与受教育程度不同，在经济收入上也会有差异，故旅游的愿望也会存在差异。旅游营销人员应针对不同职业主体，采取不同的营销措施。如对学生和教师群体的宣传应放在寒暑假前夕。

3. 人口城市化

城市化程度是指城市人口占全国总人口的百分比，它是一个国家或经济活动的重要特征之一。到2007年，大多数的世界人口居住在城市，人类历史上第一次出现城市居民多于乡村居民的状况。一般而言，城市居民参与旅游的人次比农村居民多，而且出游人数占总人数的比例也更高，其原因是：城市居民收入较高，旅游需求的条件较容易满足；城市交通发达，旅游信息灵通；城市人口稠密，环境污染严重，迫使人们外出旅游，以调节生活。企业在开展营销活动时，要充分注意到这些消费行为的城乡差别，相应的调整营销策略。

从种种因素来看，人不但是旅游市场营销宏观环境中的主体，而且是组成要素，这些人口因素影响企业的市场营销活动和旅游企业的经营管理。研究人口因素与可持续发展，制定与人口环境相适应的市场营销战略计划具有重大的理论和现实意义。

阅读资料

中国是世界人上口最多的国家。尽管人口增长率逐年下降，但净增人口依然在每年1400万人左右，这样庞大的人口数量带来了巨大的市场需求，形成较大的市场规模和容量。

从城乡结构看，现在的旅游市场主体还是城市居民，是城里人下乡或城里人的互相流动。农村还只是一个供给市场，提供了很多旅游产品，那里的旅游消费市场还没有真正启动起来。从地区结构看，东部和中部一些省区，工业生产增长较快，居民收入水平高，旅游消费势头强劲，居于全国旅游消费前五位的有上海、北京、天津、广东、辽宁，而西部地区旅游消费依然较少。

总体看来，现在的国内旅游市场基本上还只启动了40%，60%还没有启动起来。

三、社会文化环境及其影响

社会文化是精神财富与物质财富的总和，包括人类知识、信仰、艺术、道德、法律、风俗习惯等，它使人们形成不同的生活方式和价值观念，并表现为种种具体的市场需求，而旅游营销的根本目的，正是为了满足人们的需求和欲望。因此，旅游营销必须适应文化因素，必须随着文化的变化而变化，并且可以促进文化的变化。

旅游企业在开展旅游市场营销活动时，要自觉地考虑各国文化的特点，使旅游营销与社会文化因素之间相互适应。

1. 社会因素

（1）相关群体

所谓相关群体，就是能影响一个人的态度、行为和价值观的群体，如家庭、邻居、亲友和周围环境等。人或多或少都有一种从众心理，相关群体对个人的影响方式十分巧妙，一个人通常不知不觉就与相关群体协调起来了，可见群体的影响力很大。

（2）家庭

家庭是购买、消费的基本单位，它影响着每个家庭成员所做出的大部分决定。家庭分为两种具体形式：核心家庭和扩大家庭。一般来说，核心家庭中包括父母和未婚子女；扩大家庭常常几代同堂，家庭规模较大。家庭形式的区别主要是经济来源造成的，国家越穷，家庭规模越大。家庭成员对购买者的购买行为的影响最强烈。家庭旅游的促销对象主要是核心家庭。

（3）地位阶层

地位阶层可以定义为：按个人或家庭相似的价值观、生活方式、兴趣以及行为等进行分类的一种相对稳定的等级制度，各个阶层对市场上某种商品的需求是变化的，也是相对稳定的。

地位阶层甚至比购买力更能决定消费者购买商品的数额。对此，市场营销人员必须弄清楚哪些产品有变成地位标志的可能性，以便采取相应的市场营销对策打入新市场。

2. 文化环境

文化影响造就和支配着人们的生活方式、消费结构、主导需求以及消费方式。人类在某种社会生活，久而久之，必然会形成某种特定的文化，包括教育水平、宗教信仰、审美观念、价值观念、道德规范以及世代相传的风俗习惯等。个人爱好不同，消费习惯不同，从而导致不同的旅游需求市场。

教育水平反映着一定社会生产力、生产关系和经济状况，因此是影响旅游企业营销活动的重要因素。一般情况下，受教育水平高的国家比受教育低的国家具有更强的旅游需求，并且文化程度高的消费者对宣传工具接触得比较多，这对旅游营销广告获得良好效果非常不利。

宗教作为历史的产物，直接影响着人们的生活习惯和风俗喜好。不同的宗教有着不同的文化倾向和戒律，从而影响着人们认识事物的方式、行为准则和价值观念，也影响到人们的消费行为及企业的营销活动。由于宗教信仰普遍存在于世界各个角落并影响着人们的消费行为，所以旅游营销人员在国内外开展营销活动时，要注意不同民族、不同国家、不同地区之间的文化传统及宗教习惯的差异，针对差异进行区别性营销。如蒙古族有抢婚和聘婚两种婚姻制度，婚宴往往延续两三天，亲友才陆续离去。而女方送亲者还要留人陪新娘住 1 ~2 日。在以色列的法律中，吃肉和乳酪是合法的，但同时吃肉和乳酪却是违法的，所以麦当劳的广告在以色列曾一度受到宗教的阻挠。

阅读资料

是玛利亚，不是耶稣

一位西方客人下榻于内地某三星级酒店。这位客人要去教堂做礼拜，就问大堂副理本地有无基督教堂。大堂副理经请示后答应帮忙。但这位大堂副理是无神论者，对宗教知之甚少，在他的印象中教堂都一样。他记得该酒店附近有一所教堂较为富丽堂皇，于是画好交通草图交给客人前往。客人按图而行，到教堂后才发现是天主教堂。客人大为不满，回酒店后向总经理投诉其遭遇，说大堂副理指示给他的“是玛利亚，不是耶稣”。

就文化而言，旅游市场营销人员应当具备两类知识：一类是关于某种文化的具体知识，另一类是抽象知识。抽象知识要求具有一定深度的洞察力，要站在旅游者角度上考虑到底什么样的旅游才是受欢迎的。

四、经济环境及其影响

经济环境是影响企业营销活动的主要环境因素，它包括收入因素、消费支出、产业结构、经济增长率、货币供应量、银行利率、政府支出等，其中收入因素、消费结构对企业营销活动影响较大。

衡量这些因素的经济指标有：经济形势及趋势；商品经济发达程度；平均实际收入、消费水平、消费支出分配规模；实际国民生产总值、利率和通货供应量，政府支出总额。

1. 消费者收入分析

收入因素是构成市场的重要因素，甚至是更为重要的因素。因为市场规模的大小，归根结底取决于消费者的购买力大小，而消费者的购买力取决于他们收入的多少。企业必须从市场营销的角度来研究消费者收入，通常从以下几个方面进行分析。

（1）国民生产总值

它是衡量一个国家经济实力与购买力的重要指标。国民生产总值增长越快，对商品的需求和购买力就越大；反之，就越小。

（2）人均国民收入

这是国民收入总量除以总人口的比值。这个指标大体反映了一个国家人民生活水平的高低，也在一定程度上决定商品需求的构成。一般来说，人均收入增长，对商品的需求和购买力就大；反之，就小。

（3）个人可支配收入

指在个人收入中扣除消费者个人缴纳的各种税款和交给政府的非商业性开支后剩余的部分，即可用于消费或储蓄的那部分个人收入，它构成实际购买力。个人可支配收入是影响消费者购买生活必需品的决定性因素。

（4）个人可任意支配收入

指在个人可支配收入中减去消费者用于购买生活必需品的费用支出（如房租、水电、食物、衣着等项开支）后剩余的部分。这部分收入是消费需求变化中最活跃的因素，也是企业开展营销活动时所要考虑的主要对象。这部分收入一般用于购买高档耐用消费品、娱乐、教育、旅游等。

（5）家庭收入

家庭收入的高低会影响很多产品的市场需求。一般来讲，家庭收入高，对消费品需求大，购买力也大；反之，需求小，购买力也小。另外，要注意分析消费者实际收入的变化，注意区分货币收入和实际收入。

2. 消费者支出分析

随着消费者收入的变化，消费者支出会发生相应的变化，继而使一个国家或地区的消费结构也会发生变化。

（1）消费结构

德国统计学家恩斯特·恩格尔于1857年发现了消费者收入变化与支出模式，即消费结构变化之间的规律性。

（2）恩格尔系数

恩格尔所揭示的这种消费结构的变化通常用恩格尔系数来表示，即：

恩格尔系数＝食品支出金额/家庭消费支出总金额

恩格尔系数越小，食品支出所占比重越小，表明生活富裕，生活质量高；恩格尔系数越大，食品支出所占比重越高，表明生活贫困，生活质量低。

恩格尔系数是衡量一个国家、地区、城市、家庭生活水平高低的重要参数。企业从恩格尔系数可以了解目前市场的消费水平，也可以推知今后消费变化的趋势及对企业营销活动的影响。

3. 消费者储蓄分析

消费者的储蓄行为直接制约着市场购买量的大小。当收入一定时，如果储蓄增多，现实购买量就减少；反之，如果用于储蓄的收入减少，现实购买量就增加。

居民储蓄倾向是受到利率、物价等因素变化所致。人们储蓄的目的也是不同的，有的是为了养老，有的是为未来的购买而积累，当然储蓄的最终目的主要也是为了消费。企业应关注居民储蓄的增减变化，了解居民储蓄的不同动机，制定相应的营销策略，获取更多的商机。

4. 消费者信贷分析

消费者信贷，也称信用消费，指消费者凭信用先取得商品的使用权，然后按期归还贷款，完成商品购买的一种方式。

信用消费为人们购买超过自己现实购买力的商品创造了更多的消费需求。随着我国商品经济的日益发达，人们的消费观念大为改变，信贷消费方式在我国逐步流行起来，值得企业去研究。

五、自然环境及其影响

自然资源主要是指自然天成的、环绕在我们周围的各种自然因素的总和，即大气圈、水圈、岩石圈和生物圈所共同组成的物质世界——自然界。

社会生产不仅需要有一定的社会经济条件，而且需要有一定的自然条件，这种自然条件就是企业所面临的自然资源和自然环境。自然环境与自然资源有着密切的关系。从本质上看，社会生产活动赖以进行的自然环境本身就是自然资源。具体来讲，自然环境诸因素中，凡是人类已经或可能依一定的有用性将其投入生产过程的就是自然资源。自然资源的范畴十分广泛，依照再生产性可以将其划分为可再生资源、不可再生资源和恒定性资源。

我国是一个幅员辽阔的国家，从总体看资源比较丰富，然而由于人口众多，从人均水平来说，不论是不可再生资源还是可再生资源，又都是短缺的，绝大多数资源的人均占有量很低。而且，由于法制不健全、人们的环保意识差、缺乏全面效益观念等原因，对资源的破坏现象较为严重；同时，资源浪费问题非常突出，高投入低产出、好原料次产品等现象较为普遍。

在工业化和城市化的发展进程中，我国的环境污染也日趋严重，在许多地区已经严重影响到人民的身体健康、生态平衡和社会经济的长远发展，环境保护已成为我国最重要的社会经济问题之一。随着治理环境污染呼声的高涨和政府干预的加强，企业必须采取措施控制污染、治理污染，这给许多企业一种压力和约束，但其中也蕴含着许多新的市场机会。

【知识链接】

关于旅游可持续发展

1990年，在加拿大召开20世纪90年代全球可持续发展旅游组织行动策划委员会会议，提出了《旅游持续发展行动战略（草案）》，1992年里约热内卢环境与发展大会通过了《里约宣言》、《21世纪议程》等重要文件，签署了《生物多样性公约》。据此，中国政府也制定了《中国21世纪议程纲要》。1995年4月，联合国教科文组织、环境规划署和世界旅游组织在西班牙召开的会议上制定了《可持续旅游发展宪章》和《可持续旅游发展行动计划》两个重要文件，成为指导旅游企业可持续市场营销的纲领性文件。

旅游企业在景点的开发建设中要采用无污染或少污染的设施设备，并合理控制旅游者容量，以减少对生态环境的破坏。在交通设施上，寻找替代能源和采取节约能源的措施是旅游企业开展营销时要考虑的重要内容。在开展旅游活动时，还应当加强环境保护教育，倡导利用水资源，不随意使用一次性物品，严格遵守有关环境保护法令，增强旅游者的环境保护意识等。

阅读资料

哈尔滨的冬天也迷人

歌唱家郑绪岚一曲《太阳岛上》流行全国的时候，展示给旅游者的是哈尔滨迷人的夏天，对南方游客具有很大的吸引力。然而夏天一过，哈尔滨的旅游旺季也就降温了。随着气候的转冷，哈尔滨旅游逐步从热点到温点再到冷点直至冰点。为改变哈尔滨旅游冬季太“冷”的局面，旅游部门换位思考，进行市场动作，推出观看“冰雕”、“冰灯”、“雾凇”，体验“滑雪”、“狩猎”、“冬泳”等一系列冬季旅游项目，吸引了大批南方客人。展示在游客面前的是“哈尔滨的冬天也迷人”的新画卷，使哈尔滨冬季旅游柳暗花明，由“冰点”转为“热点”、“亮点”。

1. 结合以上案例分析说明有哪些环境因素对旅游业产生影响？
2. 分析一下哈尔滨旅游环境因素中的利弊？

六、科技环境及其影响

科学技术环境，指的是影响企业生产经营活动的外部科学技术因素。对科学技术环境的考察，主要涉及科学技术的发展现状、新的科学技术成果、科学技术发展的动向、科技环境的变化对社会经济生活的影响等方面的问题。

当前，世界范围内科学技术迅猛发展，主要特点是：以微电子为标志的尖端技术发展迅速，应用技术的发展速度加快，最新科技成果在民用产品上的应用受到重视，未来科技的研究受到了人们的普遍关注，人们已经在能源、原材料、制造、交通、通信、生物工程等方面的研究上做出了巨大的努力。

科学技术增加了旅游市场营销的创新机会，而生态环境、人口环境的可持续发展等更是离不开科技环境。如旅游业宏观信息管理系统、饭店的中央预定系统、航空业电子售票技术、银行“记录卡”技术等。几年前亚太地区几乎无人通过国际互联网进行营销，而今国际互联网已成为传播信息和营销的主要手段。

新技术的出现也使企业面临着挑战。科学技术在旅游市场营销中的运用，要充分考虑到营销技巧，并在旅游者购买力允许的范围内，将新技术产品导入目标市场，否则，科学技术就难以取得应有的价值，因而难以做到其在旅游市场营销中的可持续发展。

七、交通运输环境及其影响

根据我国的国土、人口、资源分布和产业布局等特点，综合评估各种运输方式造成的土地占用、能源消耗、运输费用、环境影响、运输安全等成本效应，通过增加铁路投资，加快铁路发展，逐步提高铁路在运输市场中的份额并维持在合理水平；确保公路、水运、管道稳步发展，实现航空运输快速发展；通过增量调整和存量升级，推动各种运输方式在发展过程中按照比较优势进行分工与协作，使运输结构和运输布局不断趋于优化。

交通运输环境的变化给不同地方人的沟通和交流带来了便利。人口的地区分布，指的是人口在地理空间上的分布状态。人们往往会因其所处地区的地理条件、气候条件、文化习俗、社会经济发展水平等的不同，而在生活方式、消费需求、购买习惯、购买力等方面呈现出明显的差异性。

随着现代交通工具和网络的不断投入使用，人们可以在家中通过网络系统订购车票、飞机票、戏票和球票。旅游、异地学习、因公出差等人口逐年增多，这种形式影响着企业的营销环境。因此，如果根据不同的人口地区分布制定出不同的交通运输策略，会大大增加该地区的旅游业发展步伐，但前提是必须把交通运输环境变成一个立体的结构建筑。

项目三

旅游市场营销微观环境及其影响

> **项目要求**
>
> 通过本项目的学习，掌握旅游市场营销微观环境的构成要素；掌握微观环境与宏观环境的联系；具备分析营销微观环境的能力。

旅游业是一个综合性强、易受影响、脆弱性强、关联性高的行业，不研究动态的环境变化和趋势，很难适应市场的发展变化。旅游市场营销微观环境影响企业为目标市场服务的能力。构成旅游企业营销微观环境的各种制约力量存在于企业周围，与企业形成协作、竞争、服务、监督的关系。旅游市场营销工作的成功，不仅取决于能否适应客观环境的变化，还取决于能否适应微观环境的变化。旅游市场微观环境主要包括旅游企业、旅游供应商、旅游市场营销中介单位、顾客、同行竞争者和社会公众。营销活动的成功，除营销部门本身的因素外，还要受这些因素的直接影响（见图2-2）。

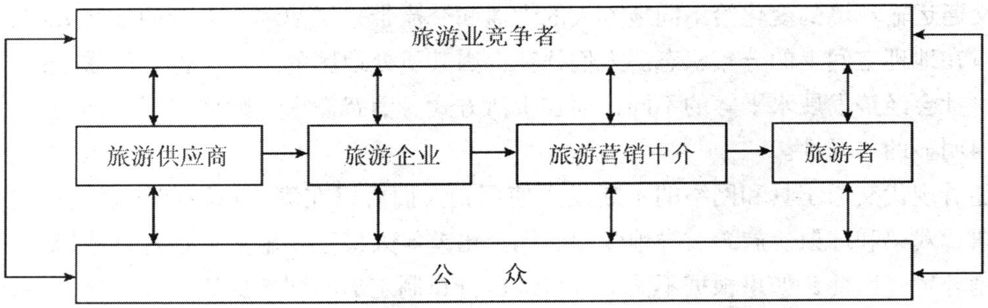

图2-2　旅游市场营销微观环境的主要参与者及相互关系

一、旅游企业

为开展营销活动，旅游企业必须设立某种形式的营销部门，而且营销部门不是孤立存在的，它还面对其他职能部门以及高层管理部门。在分析旅游企业的内部环境时，要重点考虑营销部门与企业其他部门的协调及相互关系。所谓其他部门，主要包括决策层、财务部门、研发部门、公关部门等，这些部门构成了旅游企业制定、执行、控制营销计划和实现营销职能的企业内部微观环境。这些部门的业务状况如何，它们与营销部门的合作以及它们之间是否协调发展，对营销决策的制定与实施影响极大。营销部门在高层管理部门规定的职责范围内做出营销决策，市场营销目标是从属于企业总目标，并为总目标服务的次级目标，营销部门所制定的计划也必须在高层管理部门批准后实施。

旅游企业营销部门在制定和实施营销目标与计划时，不仅要考虑旅游企业外部环境力量，而且要充分考虑旅游企业内部环境力量，争取高层管理部门和其他职能部门的理解和支持。

二、旅游供应商

旅游产品供应商是指向旅游营销组织及其竞争者提供营销活动所需的产品和服务的组织或个人。具体的旅游资源供应者包括旅游饭店、定点旅游用品商店、水电部门、公安部门、菜市场等单位。旅行社的商品供应者有旅游风景区、交通部门、宾馆饭店、娱乐区等单位。所有这些单位中，任何一个环节都不能放松，因为旅游产品的综合性也决定了它的脆弱性，任何一环的失误都会给全局造成不利影响。

旅游企业应掌握供应商品的价格变化情况，并尽可能加以控制，使综合报价中利润的构成达到最大。目前许多旅游企业采用“定点”制，使食、住、行、游、购、娱形成“一条龙”服务，各消费节点相互提供客源，又相互优惠，收效显著。

三、旅游市场营销中介单位

旅游市场营销中介单位主要指协助旅游企业促销、销售和经销其旅游产品，给最终旅游消费者的机构，包括旅游中间商、实体分配企业、旅游市场营销服务机构和金融机构。

1. 旅游中间商

旅游中间商是指在旅游生产者与旅游者之间参与商品流通业务，促使买卖行为发生和实现的集体或个人。它包括经销商、代理商、批发商、零售商、交通运输公司等。旅游中间商最基本的功能是简化交易程序，节约时间和费用。产品项目越多，消费者越多，中间商获得的利益也愈大。

（1）旅游经销商

旅行社经销旅游产品，将单个旅游产品进行有效组合后整合成一项整体旅游产品，但是不单项销售，而是找其他旅行社来购买。

（2）旅游代理商

旅游代理商也整合旅游产品，但主要是代理其他旅行社的品牌。旅游代理商在旅游需求者与旅游供应者之间扮演着双重角色，一方面代表旅游者向旅游批发商、经营商购买其旅游产品，另一方面又代表旅游批发商、经营商将其旅游产品出售给旅游者。其经营效益不是依靠旅游者收取服务费，而是来自被代理的旅游批发、经营商所支付的佣金。

2. 实体分配企业

实体分配企业的基本功能是调节旅游产品生产者与消费者之间的矛盾，弥合产销时空上的背离，提供旅游产品的时间效用和空间效用，以适时、适地和适量地把旅游产品提供给消费者。

3. 旅游市场营销服务机构

旅游市场营销服务机构的是协助旅游企业推出并促销其旅游产品到恰当的市场的机构，如营销研究公司、广告公司、传播公司等。旅游企业可自设营销服务机构，也可委托外部营销服务机构代理有关业务，并定期评估其绩效，促使其提高创造力、质量和服务水平。

4. 金融机构

金融机构是协助旅游企业融资或分担旅游产品购销风险的机构，如银行、保险公司等。财务中介机构不直接从事商业活动，但对工商企业的经营发展至关重要。在市场经济中，企业与金融机构关系密切，企业间的财务往来要通过银行结算，企业财产和货物要通过保险取得风险保障，而贷款利率与保险费率的变动也会直接影响企业成本，信贷来源受到限制会使企业处于困境。

四、顾客

顾客是旅游企业的目标市场，是旅游企业服务的对象，也是营销活动的出发点和归宿。旅游企业的一切营销活动都应以满足顾客的需要为中心。因此，顾客是旅游企业最重要的环境因素。各类市场都有其独特的顾客，他们不同的变化着的需求，要求旅游企业以不同的方式提供相应的产品和服务，从而影响旅游企业营销决策的制定和服务能力的形成。

1. 旅游消费者

旅游消费者是指最终完成旅游消费的购买者，也包括购买旅游产品的个人和家庭。旅游消费者购买旅游产品和服务是为了满足个人或家庭物质和精神需要，并无牟利的动机，这类顾客一般属于散客。旅游消费者主要分为以下几类。

（1）消遣娱乐型旅游者

这类旅游者的进行旅游活动的季节性强，对目的地及出游时间的选择拥有较大的自由度，在旅游目的地停留时间长，对旅游需求存在较大差异，对价格敏感。

（2）商务型旅游者

这类旅游者的出游无季节限制，出行次数频繁，强调旅游服务的舒适和方便，不在意价格，消费支出较高，对目的地选择余地小或根本没有选择余地。

（3）探亲访友型旅游者

这类旅游者大多数选择传统节假日外出探亲，对旅游价格敏感，选择目的地主要以亲友所在地及周边为主。

旅游企业营销人员应该分析企业所提供的产品和服务最适合于哪一种旅游者类型、购买行为以及消费方式，并根据不同类型消费的需求展开有针对性的促销攻势，以吸引顾客前来消费。

2. 机构购买者

机构购买者是指为开展业务或者奖励员工而购买旅游产品和服务的企业或机关团体组织，如企业到风景名胜区举行会议或者为创建企业文化组织大家假日出游等，都属于机构购买者。

机构购买者应是旅游营销的重要目标。这类顾客虽然购买的数量较少，但购买的规模较大。如保险公司的年会选在某宾馆会餐，一次性购买量比散客大很多。另外，企业购买的消费属于生产性消费，购买者是为开展业务、扩大“生产”而购买。其费用是生产性费用，所以不像散客那样在意价格，故而需求弹性小。企业营销人员在针对机构购买者进行营销时，一定要注重旅游产品或服务的质量、档次。

五、同行竞争者

任何旅游企业都不可能独占市场，都会面对形形色色的竞争对手。企业要成功，就必须在满足消费者需要方面做得比竞争对手更好。了解对本企业形成威胁的主要竞争对手及其策略，知己知彼，扬长避短，才能在顾客心目中确定其所提供旅游产品的地位。

1. 旅游市场竞争者的类型

（1）愿望竞争者

愿望竞争者是指提供不同产品或服务，以满足不同需求愿望的竞争者。比如带薪休假的人员，可以选择探亲访友，也可旅游观光等，满足这些人员出游愿望的，对于旅游营销者来说，就叫愿望竞争者。

（2）一般竞争者

一般竞争者是指提供能够满足同一种需求的不同产品或服务的竞争者。如旅游者在登山过程中可选择坐缆车、坐滑竿等几种不同的交通工具，它们互为一般竞争者。

（3）产品形成竞争者

产品形成竞争者是指生产同类产品或服务，但提供不同档次、规格、型号、款式的竞争者。如旅游者外出就餐和住宿的高档豪华旅馆与标准设施的旅馆就是产品形成竞争者。

（4）品牌竞争者

品牌竞争者是指产品规格、档次相同但品牌不同的竞争者。如香格里拉酒店与希尔顿酒店便是品牌竞争者。

2. 竞争环境分析

旅游营销人员在做出竞争决策之前，必须找准最关键的竞争对手，尤其是同行业的竞争对手，并具体分析行业以下三方面的内容。

（1）卖方密度

是指同一行业或同一类产品和服务经营中卖方的数目。在旅游需求量相对稳定时，卖方数目的多少，直接影响到旅游营销规模的大小和竞争的激烈程度。如在旅游需求相对稳定时，旅行社数目少，竞争就不太激烈；反之，竞争就激烈。

（2）产品差异

是指同一行业中不同产品或服务的差异程度，这种差异程度应该是购买者所能察觉的。如不同旅行社推出的同一旅游路线，由于报价不同及导游素质的高低不一，也就决定了旅行社竞争力的不同。

（3）进入难度

是指某个新营销组织试图进入某行业时所遇到的困难程度。各行业的特点决定了其进入程度的难易。旅游业的进入程度相对容易，因为进入旅游业不需要太多的投资，技术也不复杂，上马投产周期不长。

总之，营销人员要充分分析旅游企业所处的竞争环境，并使企业在市场上有显著的竞争优势。

阅读资料

麦当劳竞争力的建立与保持

麦当劳就是企业成功地建立与保持核心竞争力的一个典范。麦当劳并不是快餐业中的先行者，也不具备业内经验，在它开创初期，还有更大的快餐业巨头竞争者，如堪称美国快餐之父的、比麦当劳的历史悠久得多的艾德熊。但是，麦当劳的广告策略、定价策略、特许权经营策略、产品多样化策略共同构成了它的核心竞争力。例如，按照麦当劳的经营方案，利润部分首先将满足特许权经营者，然后剩余部分再满足特许权所有者。这个策略使其核心竞争力大大增强，于是企业的规模越来越大；如果企业的策略不当，那么它的规模就会越来越小，无法发展壮大。

六、社会公众

公众指对旅游企业实现营销目标的能力有实际或潜在利害关系和影响力的团体或个人。广大公众的态度，会协助或妨碍企业营销活动的正常开展。所以，企业必须采取积极措施，树立良好的企业形象，力求保持和主要公众之间的良好关系。

1. 媒体公众

媒体公众主要指报纸、杂志、广播电台和电视台等大众传播媒体。旅游企业必须与媒体组织建立友善关系，争取更多更好的有关本企业的新闻、特写乃至社论。

2. 政府公众

政府公众指负责管理旅游企业营销业务的有关政府机构。旅游企业的发展战略与营销计划，必须和政府的发展计划、产业政策、法律法规保持一致。企业应注意咨询有关产品安全卫生、广告真实性等法律问题，倡导同业者遵纪守法，向有关部门反映行业的实情，争取立法有利于产业的发展。

3. 民间团体

民间团体包括保护消费者权益的组织、环保组织及其他群众团体等。旅游企业的营销活动关系到社会各方面的利益，所以必须密切注意来自社团公众的批评和意见。

4. 社区组织

社区组织指旅游企业所在地邻近的居民和社区组织。企业必须重视、保持与当地公众的良好关系，积极支持社区的重大活动，为社区的发展贡献力量，争取社区公众理解并支持企业的营销活动。

项目四

旅游市场营销环境分析与运筹

项目要求

通过本项目的学习，掌握旅游企业内、外部环境给旅游企业带来的机会与威胁的分析与评价；具备运用机会和应付威胁的能力。

不论是旅游市场营销的外部宏观环境，还是内部微观环境，都会对旅游企业产生正负两方面的影响。旅游企业分析评价这些环境影响的目的在于：准确把握其影响程度，居安思危，权衡利弊，采取正确的态度和措施，充分利用机遇，减少负面因素影响，化消极为积极、变被动为主动。

一、旅游市场环境分析

1. 环境扫描分析

环境扫描是指旅游企业要浏览大量的信息资料，以觉察正在出现的趋势，又要从环境中辨别出对旅游企业有重要影响的因素，并建立一套设想方案。

环境扫描是由旅游企业的高层领导召集企业内外熟悉外部环境的管理人员组成一个分析小组，通过有组织的调查研究、预测分析，罗列所有影响企业经营的环境因素，然后加以评论，评审所列因素是否充分，从而筛选出一组大家一致认定的重要因素加以分析。

2. 成功关键因素分析

所谓成功关键因素，是指在旅游行业中占有重要地位，对旅游企业总体竞争力具有关键影响的少数因素。通过这种分析，能判断一个企业在竞争中所具有的优势和劣势。

不同的企业，其成功的关键因素不同。所以旅游企业要仔细研究所要进入的行业或所要经营的业务成功的关键因素。分析关键因素有两个思路：一个思路是比较法，即将旅游行业内成功与失败的企业进行比较，分析差别及造成差别的原因，差别可能就是成功的关键因素；另一个思路是市场细分法，即利用市场细分原理，找出关键性的市场和产品进行分析。

找出了关键因素，就可以通过关键因素评价表评价一个旅游企业的竞争水平。如表2-1所示。

表2-1　　某酒店某项业务的关键因素评价表

关键因素	权　数	评　分	加权分
营销能力	0.3	5	1.5
价格竞争力	0.3	4	1.2
质量竞争力	0.2	3	0.6
研究与开发能力	0.1	3	0.3
资金能力	0.1	4	0.4
合　计	1.0	—	4.0

3. 市场机会威胁分析

所谓市场机会，是指在营销环境中所出现的，对旅游企业的营销活动具有吸引力的，能使旅游企业获得竞争优势或更多营销成果的因素。它是旅游企业在旅游市场中的发展机遇。企业应及时抓住这些机会，以取得营销活动的成功。对市场机会的分析，可以按其吸引力的大小及每一个机会获得成功的可能性来加以分类，并重点关注对旅游企业有重要影响的一些机会。

阅读资料

因缺乏预见而失去的市场机会

2001年11月在上海召开的国际APCE会议，吸引了众多的国际友人来华旅游。国际性的会议给上海及周边地区带来了声誉和财源，这是预料之中的。但作为一个旅游企业的营销人员，是否能想到另外一个问题——它同时会给邻近上海的周边旅游城市带来什么样的机遇呢？事实上，许多国内旅行社的营销人员都没有把握机会，他们习惯地认为"十一"黄金周的高潮已经过去，旅游市场处于淡季，所以对这一事件引发的旅游市场的人数估计不足，致使在真正的旅游高潮到来时出现了旅客报名太多而旅行社却因人手不够无法组团，不能满足消费者需要的现象，眼睁睁地失去了一次良好的机遇。

所谓环境威胁，是指营销环境中所出现的不利于旅游企业发展或对旅游企业形成挑战的因素。对于环境威胁，旅游企业要采取果断行动，以降低或消除它可能带给企业的损失。否则，它将使营销企业的市场地位被侵蚀。旅游企业营销人员应善于识别所面临的威胁，并按其严重程度和出现的可能性进行分类，着重防范和处理对旅游企业造成重大损害的威胁因素。

将影响旅游市场营销的时间分为机会和威胁两大类，并按影响程度和发生概率大小分为高低两档，这就是矩阵分析法。借助矩阵分析法，可分别列出机会矩阵和威胁矩阵，参见图 2－2。

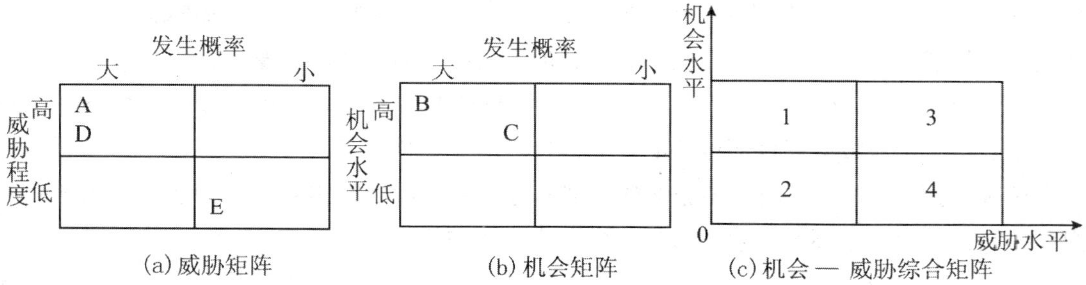

图 2－2　机会和威胁矩阵

从图 2－2（a）可见，A 类事件发生的概率大，且一旦发生对企业造成的威胁也大，因此经营者应把注意力重点放在应对 A 类事件的威胁上；D 类事件发生的概率较大，且一旦发生对企业造成的威胁也较大，因此经营者要适当的注意 D 类事件的威胁；E 类事件发生的概率不大，即便发生对企业造成的威胁也不大，因此经营者稍加注意即可。

从图 2－2（b）可见，旅游市场营销要充分把握 B 类事件的机遇，同时注意把握 C 类事件的机遇。

对旅游企业而言，环境机遇和环境威胁同时并存，既不存在只有机遇而没有威胁的环境，也不存在只有威胁而没有机遇的环境，因此经营者要综合分析旅游环境。从图 2－2（c）可见，处于"1"区间的旅游企业面临的环境机遇最佳，而受到的威胁最轻，是旅游企业梦寐以求的境界，被称为"理想企业"；处于"2"区间的旅游企业面临的环境机遇少，而受到的威胁也小，被称为“成熟企业”；处于“3”区间的旅游企业面临的环境和威胁都高，被称为“冒险企业”；处于“4”区间的旅游企业面临的环境机遇少，而受到的威胁大，被称为“困难企业”。

4. SWOT 分析

SWOT 分析就是对机会和威胁、优势和劣势的综合分析。其中，S 代表企业的优势，W 代表企业的劣势，O 代表外部机会，T 代表外部威胁。这四个要素组合成四个区域，在不同的区域中可以采取不同的战略，如图 2－3 所示。

Ⅰ区域为 SO 分析，将旅游企业的内部优势与外部机会组合进行分析，目的是制定发展战略，如市场开发、增加产品等。所有企业都要千方百计地利用自己的内部优势去抓住机会，来利用外部的发展趋势与事件所提供的机会。

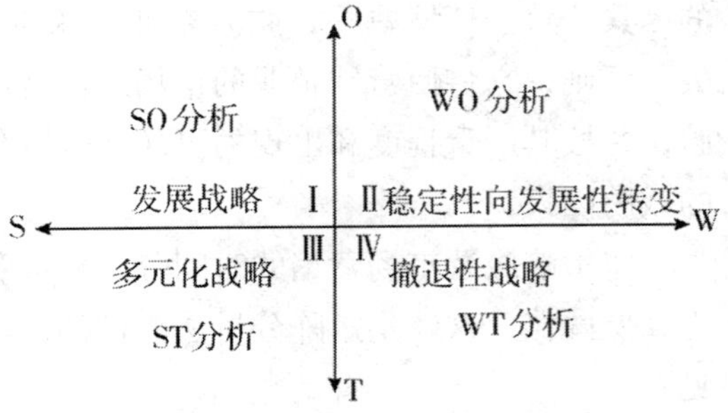

图 2－3　SWOT 分析矩阵

Ⅱ区域为 WO 分析，将旅游企业的内部劣势与外部机会相结合进行分析。企业面临很好的外部机会，但一些内部的劣势妨碍它利用这些外部机会，企业应进行内部调整，加强内部实力，然后再发展。

Ⅲ区域为 ST 分析，将旅游企业的内部优势与外部劣势相结合进行分析，目的是利用本企业的优势回避或减轻外部威胁的影响，再考虑多元化发展。

Ⅳ区域为 WT 分析，将旅游企业的内部劣势与外部威胁相组合进行分析，目的是减少内部劣势，回避外部环境威胁。这是为撤退战略而进行的分析。

通过 SWOT 分析，只是找出了旅游企业可行的备选战略，而不是确定最佳战略。在此基础上，旅游企业决策者通过战略制定过程来确定最佳战略。

二、旅游企业对环境的运筹

旅游企业环境机会与环境威胁、环境优势与环境劣势同时并存。任何旅游企业都要正确认识环境机会与威胁，并且能够充分利用环境机会和优势，尽量避免或减轻环境的威胁和劣势。

1. 环境机会的运筹

环境机会对于每个旅游企业都是公平的，但要把环境机会转化为市场利益，旅游企业就要善于发现机会、把握机会、运筹机会。

环境机会在状况上具有偶然性，在时间上具有不可预见性。旅游经营者要有“机不可失，时不待我”的紧迫感，看准机会要当机立断，并迅速行动。

旅游企业应当认识到环境机会和威胁之间转换的特性，特别是当企业处于最佳环境状态时，要居安思危，保持头脑清醒。不少旅游企业在惊涛骇浪的逆境中经受住了严峻考验，却在取得骄人业绩的情况下，由于对风险缺乏理性的认识，最终不能战胜威胁而陷入困境。旅游企业还要对“机会陷阱”有清醒的认识，当机会趋势十分明显时会吸引众多的追逐者，结果导致旅游产品的供给急剧增加，使环境机会失去其经济价值。

旅游企业的营销管理人员要善于辨别环境机会的发展趋势，大胆设想，谨慎思考，在环境变化中把握机会，一旦瞅准机会，就立即采取现实行动，充分挖掘机会价值并使之变成旅游企业的经济效益和社会效益。

2. 应对环境威胁的策略

当遇到环境威胁时，旅游企业可根据实际情况，采取以下四种策略。

（1）反抗

反抗即试图限制或扭转不利因素的发展。例如，国际上所有爱好和平的国家应该联合起来，共同反抗恐怖分子的恐怖行为，呼吁国际社会迅速建立有关的国际法规，维护国际秩序，为国际旅游事业的发展保驾护航。

（2）减轻

减轻即通过调整营销组合中的各因素来改善营销环境，以减轻环境威胁的严重性或环境给旅游企业所形成的压力。如在旅游市场上，所有企业在进行削价的同时，本企业可以另辟蹊径，通过提高产品质量或增加服务项目等方法来竞争。例如，对于非典型性肺炎、口蹄疫等传染病或突发事件，可通过各国建立意外事故的防范系统来预防或减轻它所带来的经济损失。

阅读资料

凯莱的应变之道

1998 年，由于受亚洲金融危机和中国部分地区洪涝灾害等影响，中国旅游饭店业出现了新中国成立以来的首次全行业亏损。1998 年和 1999 年出现了外汇收入率低于入境旅游人数增长率的现象和微观质量的整体下滑。面对这些威胁，许多饭店为了争夺客源，采取了原始的低价竞争策略，五星级饭店“卖”四星级的价格……造成饭店行业效益整体下滑。而著名的集体公司——凯莱国际酒店有限公司率先打破原始的价格竞争，采用现代的价值竞争手段，以物有所值和物超所值为竞争砝码，抵制了削价竞争的自杀行为，赢得了市场。

(3) 转移

转移即将环境威胁转移。转移有两种方式：一是将受环境威胁特别严重的业务转移到其他盈利更多的行业或市场；二是通过契约或合同将本企业应承担的财务负担和法律责任转移到非保险业者身上，以达到降低风险发生频率和缩小损失程度的目的。但这种转移并不能从根本上消除环境威胁。

(4) 转化

在面临环境威胁时，旅游企业如果措施得当，有时可化害为利。通过机会—威胁综合矩阵分析可见，不论是出于何种状况，旅游企业都有机遇，即使是“困难企业”也不是只有威胁而全无机会。通过转化，有时可化威胁为机遇。如 1994 年千岛湖突发治安事件，使游客锐减，当时旅游业陷入了生存危机。在此情况下，公安部门与旅游业主管部门、旅游企业联手打击刑事犯罪，狠抓社会治安综合治理，规范经营秩序，经过一年多的综合整治，社会治安好转，经营秩序良好，重新赢得了游客；又经过多年努力，该地社会治安良好，环境保护成效显著，文明经营形成风尚，游客又可放心地体验“千岛碧水画中游”的美妙意境，环境威胁终于转化为环境机会。

本模块小结

旅游市场营销环境是旅游企业营销职能外部的因素和力量，是影响企业营销活动及其目标实现的外部条件。环境的基本特征有系统性、多变性和可转化性，是企业营销活动的制约因素。营销管理者应采取积极、主动的态度，能动地去适应营销环境。宏观营销环境包括政治法律、人口环境、社会文化环境、经济环境、自然环境、科学技术、交通运输环境。微观营销环境包括旅游企业、旅游供应商、旅游市场营销中介单位、顾客、同行竞争者和社会公众等方面。按其对企业营销活动的影响，可分为威胁环境与机会环境，前者指对企业营销活动不利的各项因素的总和，后者指对企业营销活动有利的各项因素的总和，企业需要通过环境分析来评估环境威胁与环境机会，避害趋利，争取获得比竞争者更大的成效。

本模块参考浏览网址

1. http：//www. mhxly. com/
2. http：//www. studa. net/Travels/090226/10463751. html
3. http：//zhidao. baidu. com/question/1036897. html
4. http：//k. pconline. com. cn/question/847485. html

基础知识思考题

1. 旅游市场营销环境有哪些特点？分析市场营销环境的意义何在？

2. 旅游微观营销环境由哪些方面构成？竞争者、消费者对企业营销活动发生何种影响？

3. 旅游市场宏观营销环境包括哪些因素？各有何特点？

4. 结合我国实际，说明法律环境对整个营销活动的重要影响。

5. 旅游市场环境分析方法有哪些？用其中某一种方法剖析一个营销实例。

基本操作技能题

1. 以本地区一旅游企业为例，对其旅游市场营销微观环境进行分析。

2. 访问3名旅游企业家，请他们谈谈旅游市场营销环境对企业开展市场营销活动的影响。

3. 谈谈本地区人口数量及质量对旅游市场营销活动的影响。

阅读分析题

"9·11"事件对全球旅游市场的影响

1. "9·11"事件对美国旅游业的影响

2001年9月11日，在美国发生恐怖分子劫持飞机撞击世贸大厦和五角大楼的事件。这一恐怖袭击事件使美国旅游业遭受了前所未有的重创，尽管恐怖事件发生在东海岸，但位于西海岸的加州却是重灾区，因为旅游业是加州的经济支柱之一，该州2000年一年接待外国游客640万人，占全国的1/4，旅游收入高达70亿美元。洛杉矶会议与访问者接待局的负责人迈克尔·克林斯9月19日对记者说："要问现在的国际旅游业状况如何？它停止了！"日本是加州旅游最大的客源国，但也是这次旅游订单退订数量最多的国家。洛杉矶日本旅游局的经理滕本说，他在9月份原计划接待8000个日本旅游团，但恐怖事件后这些团全部取消了。更糟糕的是，10月和11月的旅游订单也撤销了一半以上。

由于外国游客急剧减少，许多旅馆和旅游胜地都感到了极大的压力。在洛杉矶市中心主要接待日本游客的纽奥塔尼饭店，事件后的客房入住率仅为25%，而往年这时是75%。专家认为旅游业这次遭受的损失超过了海湾战争的冲击。

内华达世界文明的赌城——拉斯维加斯平均每年接待大约3600万游客，其中外国游客占13%，受事件影响，许多外国旅游团也退了订单。会议访问学者接待局的发言人罗布·鲍尔斯说，这次打击与海湾战争不同的是“心理打击”，负面影响需要一年的时间才能消除。外国游客急剧减少，大量旅游计划被取消，旅游业均叫苦不迭。

2. 对其他国家旅游业的影响

美国遭恐怖分子袭击事件，既给了美国旅游业一次重大打击，也波及了英、法、德、日、澳、加等发达国家。美国、加拿大旅游业是直接受害者，各国纷纷取消前往两国的航班和旅行团队。当时由英国出发前往美国、加拿大的航班和旅行团全部取消。9月30日以前，德国几个大旅行社去往美国和加拿大的旅行全部取消。日本大量赴美航班被取消，许多旅行社赴美旅游团无法成行。受此事件影响，巴基斯坦、阿富汗及中东个别国家，也遇到了英、法、德等发达国家大量取消旅行团的情况。如英国前往中东的部分航班被取消。德国部分去丝绸之路旅游的客人，担心通过中东、巴基斯坦、阿富汗等敏感地区，已取消旅游预订。旅游安全一直是旅游者关注的焦点，恐怖活动给全球旅游者的心理投下了阴影。这次利用交通工具制造的恐怖事件，也增加了人们对旅游交通工具特别是对乘坐飞机的不信任感，进而影响旅游动机的形成和旅游行为。另外，由此次事件所引发的原油价格上涨，会增加飞机、船舶以及汽车等交通工具的运营成本，直接导致各国居民外出旅游费用的上升，对全球旅游业造成的影响将是长期的。

3. 对我国入境旅游的影响

此次事件对我国入境旅游也带来了直接影响。受取消航班的影响，美国来华入境旅游人数大幅度下降，受事件直接影响的个别专业团体退团。交通公社中国旅行大阪支店取消了两个原定来中国的旅游团，但其他国家和地区来华旅游团没有发生大规模退团事件。中国香港地区往内地的团队没有受到影响。这一事件短期内对中国入境旅游市场的影响不会太大。中国旅游的安全性，使得日本等国家部分原本打算赴美国的旅游客流由于受阻而转向中国，这也是中国旅游业的一个机遇。

美国作为我国入境旅游的第四大客源国，吸引其来华旅游人数是营销管理者的一个重大问题。美国的入境旅游、出境旅游和国内旅游均受到旅游者对安全的担忧和全球经济的影响，其他国家的来华旅游业也受到连带影响。

（资料来源于 http：//jpk. hbtvc. com/lyscyx/jxnr/）

运用环境分析的内容及方法，结合案例，分析环境因素对旅游企业的影响。

模块三

3 旅游购买行为分析

基础知识目标

1.了解旅游需求的概念及特点，掌握旅游购买行为的“黑箱”模式。

2.了解政治、经济、文化、社会等七大因素对旅游购买行为的影响。

3.掌握旅游购买决策过程。

4.了解组织机构和旅游中间商的购买行为。

基本技能目标

1.具备分析旅游市场需求的能力。

2.具备分析旅游购买行为受哪些因素影响的能力。

3.具备制定旅游购买决策的能力，学会制定让顾客满意的行动计划方案。

4.具备分析组织机构和旅游中间商购买行为的能力。

项目一

旅游购买行为概述

项目要求

通过本项目的学习，掌握旅游需求的概念及特点，掌握旅游购买行为的概念以及旅游购买行为的“黑箱”模式，了解旅游购买行为分析的作用；具备收集、整理和分析旅游市场需求的能力。

旅游企业要赢得旅游购买者的青睐，最重要的是必须了解他们的所思所想。例如，旅游购买者现在和未来需要哪些产品，乐意在何处、何时购买，谁来主导购买，吸引他们购买的因素是什么，旅游购买者对旅游营销刺激会做出何种反应，旅游企业如何满足需求、刺激需求、引导需求乃至创造需求，如何在与同行对手争夺旅游购买者过程中取得优势地位等等。

一、旅游需求及旅游市场需求分析

1. 旅游需求的概念

旅游需求是指旅游者对有能力购买的某个具体旅游产品所产生的欲望和要求。在当今社会，人们的物质需要得到极大的满足后，开始追求高层次的生活标准和生活方式，由此旅游的需求也就产生了。

（1）旅游需求的特点

①旅游需求的多样性。旅游需求是多方面的、复杂的，有生理性需要、安全性需要、社会性需要和精神性需要等多个方面。旅游者在旅游活动中首先表现出的需要是生理需要和安全需要。因为这两方面的需要是维持生命机体正常活动的基本条件，是其他需要满足的前提条件。他们希望整个旅游平安无事，没有疾病、不丢失东西；旅游目的地政局稳定，社会治安良好。其次表现出的是旅游者的社会性需要。旅游者的社会性需要主要包括交往和尊重这两方面。人们外出旅游，总希望与几个知心朋友同道共享旅游，愿意在旅游中结识新朋友；同时，旅游者也希望所到之处能受到当地居民热情友好地接待，彼此尊重各自不同的文化。最后，旅游者还有精神上的需要。许多旅游者为了探新猎奇或考察异地文化而外出旅游，希望拓宽视野，陶冶情操。

②旅游需求的层次性。同人的一般需要一样，旅游需求也表现出层次性。例如，有人为了解除紧张和压力而出游，有人为了获得友好的人际关系和尊重而出游，也有人为了好奇和求知而出游等。另外，不同旅游者由于经济文化基础不同，需要也有层次的差别，有的旅游者看重生理享受，有的看重人身安全，有的看重友谊和人际关系等。

③旅游需求的发展性。人类社会在进步，旅游需要也在不断发展。传统的观光旅游产品已经不能满足现代旅游者探索求知的需要了。为了适应旅游者需要的变化，旅游经营者需要不断地开发新的旅游资源，完善旅游接待设施，更新旅游产品。

（2）旅游需求的类型

旅游需要是人类总需要的一个组成部分，同人类总需要相比，其内容和范围相对地狭窄一些。但是，它的内容也是多方面的，可以从不同的角度进行归纳和总结。根据旅游需要对旅游活动的影响以及旅游的本来意义，可以将旅游需要分为两种：调节身心的需要和探索求知的需要。

①调节身心的需要。工作的重复性会给人们带来心理上的单调感和枯燥感，并造成心理压力和心理的疲惫。随着生活和工作节奏的加快，人们长时间地紧张劳动和工作，需要消耗大量的体力和精力，也会造成体力和精力的疲惫。因此，人们就需要暂时摆脱这种环境，改变一下生活和工作的内容，松弛紧张的神经，恢复精力和体力，调节身心活动规律。旅游可以使人暂时摆脱感到单调、造成身心紧张的工作环境和生活环境。因此，旅游成为满足这种生活规律需要的活动方式。人们的这种基本旅游需要，既包括生理的内容又包括心理的内容，开展满足这种需要的旅游活动应当注意这两方面的效果。满足这两种需要，可以通过在异地环境中进行休息、疗养、观看、参加体育活动，也可以参加其他娱乐性的旅游活动。

②探索求知的需要。人类改造世界的过程就是不断探索的过程。可以说，探索是在社会发展过程中形成的人类的特性之一。未知世界的各种客观现象吸引着人们去探索、去研

究，越是奇特的事物和现象，人们就越是要去揭示它的秘密，这就产生了探索求知的需要。人们探索外界事物的方式有很多种，而旅游却是最好的手段之一。因为旅游给人提供了一个突破自身有限空间，开辟外界广阔空间的条件。人们总是生活在一定的空间和一定的社会环境中，这种空间环境既为人们提供了认识外部世界的条件，但同时又成为认识外部世界的障碍。为了扩大认识的范畴，就可以通过旅游去开辟新天地，获取外部世界的新知识。

具体来说，探索求知的旅游需要包括两方面的内容。一是对自然景观的审美。人们常常对那些具有奇特自然景观的地方产生的强烈旅游愿望，就是这种旅游需要的反映。二是体验不同民族文化的需要。这是一种比较复杂和高级的需要，内容相当广泛，涉及社会生活的各个领域。例如，了解和体验异地的文化生活、社会经济生活、风土人情、民族传统习惯，以及欣赏异民族的文化艺术等。这种需要对人的旅游活动将会发挥越来越重要的影响。

当然，除了调节身心、探索求知这两种最基本的旅游需要外，还能通过旅游来满足社会交往、提高社会地位、获得荣誉和别人的尊重等需要。还要注意的是，人们参加其中一次旅游活动往往不只是为了满足某一种旅游需求，而是为了满足几种旅游需求。

2. 旅游市场需求分析

市场的含义之一是指有购买力、有购买欲望的顾客群体。现代旅游市场营销认为，旅游购买者是旅游营销活动所服务的主体，是旅游企业赖以生存发展的价值所在，旅游企业须以旅游购买者为导向，才能避免营销工作的盲目性。在旅游市场日趋国际化、对宾客的争夺空前激烈的今天，赢得客户、赢得旅游者已成为旅游企业生死存亡的关键。

这儿的旅游购买者不仅指最终旅游者，还包括组织机构的“团购者”以及旅游中间商的“中间性”（即购买后再转卖）购买者。其中，对旅游中间商的研究，将在“旅游营销渠道”中阐述。

二、旅游购买行为的概念及其“黑箱”模式

旅游购买行为是指旅游产品购买者在收集旅游产品有关信息的基础上，选择、购买、消费、评估旅游产品过程中的各种行为表现。

旅游购买者的购买行为复杂多样，旅游购买行为又受旅游购买者心理活动的支配。按照心理学的“刺激—反应”理论，旅游购买行为的动机是一种内在的心理活动过程，像一只“黑箱”，是由一系列看不见、摸不着的心理过程组成。旅游企业对旅游购买行为所研

究的核心问题是了解旅游购买者对各种营销刺激的反应，其中最具代表性的就是所谓的“黑箱”理论。

客观的刺激，经过“黑箱”（心理活动过程）产生反应，引起行为——购买者“黑箱”。只有通过行为的研究，才能了解心理活动过程。旅游购买者购买行为的“黑箱”模式如图 3 －1 所示。

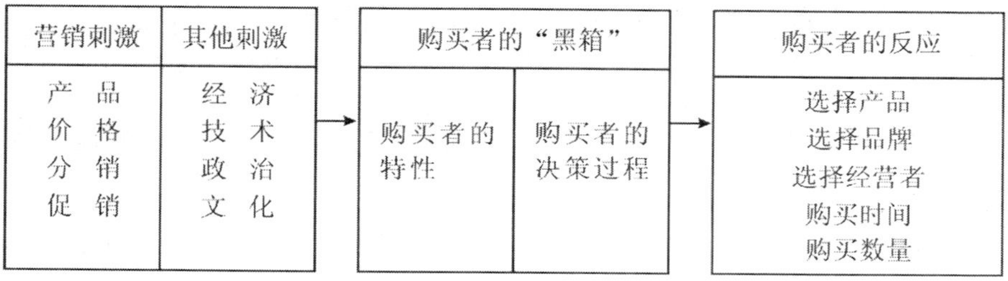

3 －1　旅游购买行为的“黑箱”模式

营销刺激，是指企业营销活动的各种可控因素，即产品、价格、营销、促销；其他刺激是指旅游购买者所处的环境因素（如经济技术、政治、文化等）的影响。这些刺激通过购买者“黑箱”产生反应，即旅游购买者行为。

刺激和反应之间的购买者“黑箱”包括两个部分：一是旅游购买者特性。旅游购买者特性受到许多因素的影响，并进而影响旅游购买者对刺激的理解和反应，不同特性的旅游购买者对同一种刺激会产生不同的理解和反应。二是购买者的决策过程，它直接影响最后的结果。

【知识链接】

什么是“黑箱”

“黑箱”是一个“控制论”术语。当人们观察自然界和人类社会中某一事物或某一系统时，如果对其内部结构以及运行机理能够全部了解，则这一事物或系统对于观察者来说，就是一个“白箱”；反之，对观察者来说，就是一个“黑箱”。比如，一辆旅游大轿车是一个较复杂的机械系统，但人们对它的内部结构和工作原理是完全清楚的，所以它是一个“白箱”；而人类对于太阳、地球等内部情况就不清楚，因此这些事物和系统对于人类来说就是“黑箱”（还有介于二者之间的事物和系统，即人类对于这些事物的内部结构和运行机理知道一些，但又没有完全掌握，这被称为“灰箱”）。

对于“黑箱”，人类的研究方法一般是根据其外部的表现，来尽量地“猜测”它内部的情况，通过不断地积累对它观察的资料，逐渐逼近对它的了解（即所谓的接近“最终真理”）。

三、旅游购买行为分析的作用

通过对旅游购买行为的分析，可以把握旅游购买者的行为特征，更好地为他们服务。具体作用表现在以下三个方面。

1. 是旅游市场营销决策的基础

研究购买行为是旅游市场营销的重要任务，通过分析和了解旅游购买行为、把握顾客心理，是旅游企业进行科学营销决策的基础。现代旅游市场营销所奉行的是以顾客为中心的经营理念，要求通过发现顾客需求、满足顾客需求来谋求企业利益。因此，研究旅游购买行为，有助于企业找准市场目标，提供旅游购买者欢迎的旅游产品和服务，以符合旅游购买者要求的营销组合，去适应旅游市场。

2. 是旅游企业提供个性化服务的条件

经营者研究旅游购买行为，充分关注不同类型旅游购买者的需求特点，提供不同的旅游产品和服务，以满足旅游者个性化需求，形成本企业的经营特色。

阅读案例

香格里拉的营销之道

香格里拉是国际著名的大型旅游企业连锁集团，它的经营策略很好地体现了旅游关系营销的内容。

香格里拉饭店与度假村是以 1971 年新加坡豪华香格里拉饭店的开业开始起步的，很快它便以其标准化的管理及个性化的服务赢得国际社会的认同，在亚洲的主要城市得以迅速发展。其总部设在香港，是亚洲最大的豪华旅游企业集团，并被许多权威机构评为世界最好的旅游企业集团之一，它所拥有的豪华旅游企业和度假村已成为最受人们欢迎的休闲度假场所。香格里拉始终如一地把游客满意当成旅游企业经营思想的核心，并围绕它把其经营哲学浓缩于一句话——“由体贴入微的员工提供的亚洲式接待”。

香格里拉有八项指导原则：

——我们将在所有关系中表现真诚与体贴；

——我们将在每次与游客接触中尽可能为其提供更多的服务；

——我们将保持服务的一致性，客人只需打一个电话就可解决所有问题；

——我们确保我们的服务过程能使游客感到友好，员工感到轻松；

——我们希望每一位高层管理人员都尽可能地多与游客接触；

——我们确保决策点就在与游客接触的现场；

——我们将为我们的员工创造一个能使他们的个人、事业目标均得以实现的环境；

——客人的满意是我们事业的动力。

与航空旅游公司联合促销是香格里拉旅游企业互惠合作的手段之一。香格里拉与众多的航空旅游公司推行“频繁飞行旅游者计划”。入住香格里拉饭店时，客人只要出示“频繁飞行旅游者计划”的会员卡和付门市价，就可得到众多旅游公司给予的免费公里数或累计点数，如每晚住宿便可得到德国汉莎航空旅游公司、美国西北航空旅游公司、联合航空旅游公司等提供的500英里的优惠。另外，香格里拉还单独给予客人一些额外机会，来领取奖金和优惠，如香格里拉担保的旅游公司选择价格。

游客服务与住房承诺方面，则体现了旅游企业在承诺、信任原则上的坚持。香格里拉饭店回头客很多。饭店鼓励员工同客人交朋友，员工可自由地同客人进行私人的交流。饭店建立的游客服务中心与原来的部门不同，客人只需打一个电话到游客服务中心，一切问题均可解决，饭店因此也可更好地掌握游客信息，协调部门工作，及时满足游客。在对待客人投诉时，绝不说“不”，全体员工达成共识，即“我们不必分清谁对谁错，只需分清什么是对，什么是错”。让客人在心理上感觉他“赢”了，而“我们”在事实上做对了，这是最圆满的结局。每个员工时刻提醒自己多为客人着想，不仅在服务的具体内容上，而且在服务的心理效果上满足游客。香格里拉饭店重视来自世界不同地区、不同国家客人的生活习惯和文化传统的差异，有针对性地提供不同的服务。如对日本客人提供“背对背”服务，客房服务员必须等客人离开客房后再打扫整理客房，避免与客人直接碰面。饭店为客人设立个人档案，长期保存，作为为客人提供个性化服务的依据。

3. 是旅游企业引导购买行为的前提

研究旅游购买行为，有利于企业正确引导旅游购买行为，通过针对性的营销刺激，使旅游购买行为朝着有利于本企业的方向转化。

项目二

旅游购买行为的影响因素

项目要求

通过本项目的学习，掌握政治、经济、社会等七大因素对旅游购买行为的影响；具备分析旅游购买行为受哪些因素影响的能力。

面对同样的市场营销刺激因素，不同的购买者会表现出不同的行为。这是因为，旅游消费者生活在纷繁复杂的社会之中，其购买行为受到诸多因素的影响。为很好地把握旅游购买行为，有效地开展市场营销活动，就必须分析影响旅游购买行为的有关因素。影响旅游购买行为的因素主要有两类：一类是内在因素，即旅游购买者自身因素，如个人因素、心理因素等；另一类是外部因素，如政治因素、经济因素、社会因素、文化因素、自然环境与交通因素等。

一、政治因素

影响旅游购买行为的政治因素包括政治制度、法律法规、政局、国家关系等四方面。

1. 政治制度

政治制度对旅游购买行为有较大影响，如我国实行的是社会主义政治制度，不准生产、销售和购买有违社会主义制度的旅游产品；而对属于体现社会主义制度和革命传统文化的某些旅游产品的生产、经营和购买，则受到鼓励和提倡，如“井冈山红色摇篮之旅”、

“革命圣地延安之旅”等。

2. 法律与法规

旅游产品的生产和经营必须符合国家法律、法规的要求，旅游购买行为也要受到国家法律法规的约束。在旅游市场全球化的今天，旅游产品的生产经营和购买行为还要受到国际法、国际惯例及国家之间所签订的具有法律约束力的相关协议的约束。对旅游者购买行为进行约束的法律法规一般包括以下两类。

（1）产品限制型

对旅游产品的购买有明确的法律、法规限制。如我国法律规定对涉及“黄、赌、毒”旅游产品不准购买；对违反民族政策的旅游产品禁止购买；对危及人身安全的旅游产品限制购买，如探险旅游等；对违反野生动植物保护法律的旅游产品禁止购买，如珍稀动植物等。

（2）旅游权限制型

有关法律法规对旅游权做出了一定的限制。国家间签有多边或双边协议，允许各自成为对方旅游目的地国，旅游者才可以前往旅游。有时，一个国家内也有一些地方对旅游权做必要的限制，如内地居民赴港旅游需办理有关证件等；有一些地区对旅游者进入的数量也有必要的限制，如自然保护的核心区等；还有一些地区禁止旅游者进入，如军事禁区等。

3. 政局

政局稳定，旅游者的安全有保障，他才愿意外出旅游，才会产生旅游购买行为；若政局动荡，旅游者唯恐避之不及，客源国政府也会警告本国居民不去旅游，甚至干脆不签发旅游护照，旅游购买行为会大为减少。

4. 国家关系

国家关系也是旅游购买行为的影响因素。当两国之间关系良好时，两国间的各种政治经济往来频繁，会促进旅游者相互访问，旅游购买行为也会相应的增加；当两国关系恶化时，旅游购买行为会大为减少，甚至完全停止。

二、经济因素

1. 国民生产总值

发达国家发展旅游业的经验表明，在人均 GDP 达到 1000 美元以后，旅游的大众化、普遍化便开始迅猛发展，我国已经超过这一值，旅游购买数量大幅增加。

2. 个人收入

个人收入水平特别是个人可任意支配收入水平的高低，决定了个人旅游购买力的大小。个人收入高，旅游购买数量则增加；个人收入低，旅游购买数量则减少。

3. 外贸收支状况

外贸收支状况其中之一表现则是汇率，汇率也是影响人们购买行为的重要因素。如近几年美元贬值，人民币升值，刺激国民赴美旅游，旅游购买数量增加。

4. 经济增长幅度

当经济繁荣，人们预期收入提高时，旅游购买欲望提高，旅游购买数量也增加；而当经济危机或经济萧条、人们预期收入下降时，往往会削减旅游开支，旅游购买行为会相应减少。经济增长幅度的高低直接决定了全社会旅游购买力的大小。如2009年的全球金融风暴，使欧美发达国家原打算出国旅游的游客纷纷取消了旅行计划。

我国改革开放后，伴随着社会经济的迅速发展，城乡居民普遍开始关注和重视自己的生活质量，于是度假、休闲等旅游需求急剧增加，旅游购买数量不断增加。

三、文化因素

1. 文化

文化是指人类从生活实践中建立起来的价值观念、道德、理想和其他有意义的象征的综合体。每个人都是在一定的社会文化环境中成长，通过家庭和其他主要机构的社会化过程学到和形成了基本的文化观念。文化是决定人类行为的基本要素，文化的差异引起消费行为的差异。文化因素对旅游者购买行为的影响尤为深远。

每个人都是生活在一个特定的文化环境之中，他从小就会受到周围文化的熏陶，并建立起与该文化相一致的价值观念和行为准则。不同国家、地域，不同民族、种族，不同经济发展水平，其文化传统与价值观念会有很大差异，因此在消费行为上不尽相同。如西方人忌“13”，认为这是不吉利的数字，所以他们在出游时回避这个数字的日子，住进饭店时回避这个数字的楼层和房间。因此，在为西方客人服务时要避免“13”。在全球化的今天，进行跨文化沟通、减少不同文化冲突是开展跨文化旅游市场营销的基础，提供让文化背景迥然不同的游客皆大欢喜的旅游产品和服务，带给游客以文化美的享受，是旅游企业影响旅游购买行为的成功之举。许多著名的旅游产品和项目都是借助文化打响品牌的，如中国山东泰山以文化名山成为吸引众多旅游购买者的最大卖点，埃及金字塔则以其古文化吸引八方来客。

阅读案例

你是要与我合住吗

亨利是位谈吐幽默、性格开朗的美国商人，总喜欢与他认识的人开几句玩笑。一次，因临时改变商务行程，他来不及向“商旅之家酒店”订房，便以“未经预约而来的人”的身份来到酒店前台。这已是他第四次光顾此店，与值班的严小姐早已认识。他们彼此问候、寒暄几句后，亨利提出要一间房。因为大床间尚未打扫出来，看着亨利疲惫的样子，严小姐为他安排了一个双床间，就在他从严小姐手上接过钥匙的时候，不自觉地幽默了一句：“do you share this room with me?”（你是要和我合住吗），严小姐不知所措，心情不快地转过身去故意和别人搭腔，以示冷落亨利。这时候轮到亨利不知所措了，他最终摇了摇头，跟着行李员默默地向电梯走去。

分析

亨利的一句玩笑话说明了他的无奈。大多数情况下，商务客人喜欢独居一室，以便于商务活动。严小姐考虑到客人的疲劳想尽早安排客人休息，这本是好意，但忽略了商务客人对房间的特殊需求。亨利只是以幽默的方式表达了他的不满。与欧美民族比较，我们缺乏幽默感，习惯于直观、直觉地表达或理解别人的意思，往往听不出一句玩笑话背后的真意。自尊自重是中国女性的传统，所以亨利的一句玩笑，很容易让严小姐觉得没有得到应有的尊重。同样，亨利觉得一句玩笑何必如此当真呢？殊不知，双方认识上的差异，是因为不同国家、不同民族的文化差异所造成的。

前台接待人员要学会并善于和不同肤色、不同民族的朋友打交道，多了解他们的文化背景，熟悉他们的民族特点，这对酒店服务工作是有益处的。

资料来源：李任芷主编，《旅游饭店经营管理服务案例》，中华工商联合出版社2000年版。

2. 社会阶层

人类社会是由一定社会阶层组成的社会群体。社会阶层是社会学家根据职业、收入来源、教育水平、价值观等对人们进行的一种社会分类，是按层次排列的、具有同质性和持久性的社会群体，它受收入水平、教育程度、职业及地位声望等综合因素的影响。

分析社会阶层对旅游购买行为的影响，对旅游企业的市场营销决策有一定的参考作用。如处于上层社会的旅游者虽然人数少，但购买旅游产品的次数多，是提供豪华型旅游项目和服务的旅游企业必须争取的客源；处于中等社会阶层的旅游购买者队伍庞大，是购买旅游产品特别是购买高中档旅游产品的主力军，是大多数旅游企业必须努力争取的对象；处于下层社会的人士虽然数量众多，但购买旅游产品的能力较低，偶尔出行也主要购买经济型旅游产品，是提供经济实惠型旅游产品的旅游企业应该重点争取的对象。

（1）同一阶层的旅游购买心理和行为的相似性

相似的价值观念和行为准则，使得同一阶层的人们在某些消费行为上表现出明显的相似性。例如，上等阶层的人社会地位和名誉较高，经济实力较强，外出旅游时，注重地位和成就感。他们对高级社团活动、高级宾馆、世界名胜、豪华交通工具等十分感兴趣。中等阶层的人，即我们通常所说的工薪阶层，他们是旅游队伍中真正的生力军。他们有一股积极向上的朝气，充满自信，爱冒险且乐于承担风险。他们重视道德、注意体面、关注孩子的教育。该阶层的人外出旅游时，一般表现为自信、开明，讲究体面，具有强烈的社会认同性。下等阶层的人外出旅游，常表现出一种立即获得感和立即满足感的行为。

（2）同一阶层的旅游购买心理和行为的差异性

处于同一阶层的人士由于其性格等方面的不同，在购买心理、购买行为的某些方面表现出一定的差异性。如同样是高收入阶层，有的偏好购买旅游产品，有的偏好其他享受形式却较少购买旅游产品；有的偏好观光型，有的偏好探险型，有的甚至偏好会产生“轰动效应”的旅游产品购买。如美国的富翁蒂托花2000万美元坐俄罗斯宇航船进行首次太空之旅。

（3）不同阶层的旅游购买心理和行为的相似性

处于不同阶层的人士虽然在收入、职业等方面有所差别，但在购买心理、购买行为的某些方面也存在一定的相似性。如有些高收入阶层的人士有时也会以经济实惠作为选择旅游产品的首要标准。人类需求特别是本能性的需求所产生的共同源动力，是不同阶层的旅游购买心理和行为具有一定的相似性的根本原因。虽然所处的阶层不同，但在旅游产品消费过程中的生理需求和安全需求却是各阶层人士共同关注的。

（4）不同阶层的旅游购买心理和行为的差异性

处于不同社会阶层的人士，其价值观、审美观、生活方式等方面有明显的差异，这些差异会导致旅游购买行为的差异。各阶层人士的购买力水平不同，对旅游产品的选择也有所不同，如上层社会人士多追求享受，多选择高档豪华的旅游产品；中层社会人士注重体现成熟感，多选择安全舒适的旅游产品；下层社会人士讲求经济实惠，多选择感受性观光旅游产品。

研究旅游者所处阶层、认识旅游购买行为的相似性和差异性，有利于营销管理人员根据各阶层旅游购买心理和旅游购买行为的共性和个性进行旅游产品设计和定位，运用适当的沟通工具与目标旅游市场进行对话与沟通，正确引导购买行为。

阅读案例

友谊宾馆餐厅：客源市场的细分

北京友谊宾馆成立于1950年。当时作为专门接待来华工作的外国专家。宾馆有过辉煌的时代。但随着京城星级酒店的增多，人员老化和餐厅分散似乎成了友谊宾馆的劣势。

2001年，友谊宾馆进行调整、改革。宾馆总监与餐饮部一起搞市场调研，分析市场，找出本宾馆优势，进行营销策划。友谊宾馆有2000多套客房、10个餐厅、400多位厨师，可同时接纳3000人就餐。来这里用餐的主要是商务客人、旅游团队、400多家驻华公司，也有会议客人和散客。宾馆首先针对过去餐厅各自为政的现象，进行各餐厅的品牌优化，10个餐厅按客源市场的需求进行细化。如有为高消费客人提供高档菜肴的友谊宫聚秀极品鲍翅餐厅、贵宾楼雅仕潮粤餐厅、友谊宫聚福淮扬餐厅等；而迎宾楼的家常菜、雅园的西餐等中低档餐厅，主要满足住店客人用餐。这改变了过去各餐厅之间相互竞争、互挖墙脚的局面，形成了优势互补。

资料来源：李任芷主编，《旅游饭店经营管理服务案例》，中华工商联合出版社2000年版。

四、社会因素

旅游购买行为还受参考群体、家庭、社会角色和地位的影响。

1. 参考群体

参考群体是指对一个人在认知、情感的形成过程和行为的实施过程中用来作为参照标准的某个人或某些人的集合。参考群体与购买者关系越密切，对购买者的影响程度就会越深。参考群体包括家庭成员、亲朋好友、同事、所加入的组织等，还包括对旅游购买行为有较大影响的崇拜性群体，如政界要人经常光顾的酒店，通常被社会称之为“政务酒店”，电影明星、体育明星、巨商大贾喜欢下榻的酒店被称为“明星酒店”，这些人士对其他旅游消费者的购买行为起到很强的引导和示范作用。参考群体的行为与生活方式对人们的影响较大，会形成引力或压力，影响人们对旅游产品品牌、品种的选择。

有的旅游企业在开业庆典或举办大型活动时，邀请政界要人、影视明星和歌星等光临，以映衬“明星企业”形象，希望通过这些相关群体来影响人们的旅游购买行为，吸引客人来消费。

阅读案例

群体对旅游决策的影响

某家人最近决定到北京旅游。但上中学的儿子积极提议到云南西双版纳去旅游。这家的亲友、熟人、同事、同学积极支持一家人去云南旅游，他们积极推荐云南的风景，并建议他们在另一季度去北京旅游。于是女主人决定近期先去云南旅游，下次去北京旅游。

分析提示

相关群体（亲朋好友）的积极推荐，改变了这家人的旅游购买行为。营业人员应广泛注意团体力量对旅游者购买行为的影响。

2. 家庭

旅游购买者是以个人或家庭为单位购买产品，家庭成员和其他有关人员在购买活动中往往起着不同的作用，并且相互影响，构成了消费者的购买组织。分析这个问题，有助于旅游企业抓住关键人物，开展营销活动，提高营销效率。家庭成员对购买行为的影响各不相同，每个家庭都有主要决策者。在对众多家庭旅游购买决策行为研究后，营销专家把家庭决策类型分为四类：一是丈夫主导型。即丈夫对决策起主导作用并在事实上做出最后的选择。二是妻子主导型。即妻子对决策起主导作用并在事实上做出最后的选择。三是孩子主导型。儿童对家庭旅游的影响作用很大，尽管儿童对旅游时间的长短、交通方式、旅游开支等决策没有多大的直接影响，但却可以决定选择哪一类旅游目的地，并影响着全家所共同参加的各种活动。四是民主协商型。这种决策是家庭成员共同做出的，家庭成员在决策过程中都起作用，任何一方对决策都没有明显的主导作用。

现代旅游企业营销人员在研究中发现，妻子在家庭旅游购买的决策权逐步扩大，孩子也越来越有发言权，特别在那些儿童、妻子、丈夫所谓的“太阳、月亮、星星”式结构的家庭，儿童对购买一些旅游产品购买决策有较大的影响力。旅游企业抓住儿童心理，引导儿童购买，会产生以小拖大、以一拖二的购买效果。

4. 社会角色和地位

每个购买者在社会上都扮演一定的角色，每个角色在社会上都处于一定的地位；在不同的场合，人们的角色也有差别。人们角色和地位的差异对购买行为有不同的影响，如一位男士作为父亲替孩子去酒店订餐和作为公司职员代表公司去酒店订餐，他所关注的重点会有所不同：作为父亲，所关注的重点是餐饮是否适合孩子；作为公司代表，所关注的重点在于是否让就餐客人满意、让公司管理层满意。

阅读案例

合家欢

H饭店是位于某滨海度假区的别墅式饭店。开业后，面对各家饭店对商务、旅行团等客人的激烈竞争，采取了“合家欢”的营销形式，对家庭旅游市场进行营销。饭店为开发市场，通过各种途径从记录在案的客户中寻找良好经历的家庭旅游者，为他们做出下一年的预订：饭店推出家庭价并免费为不同年龄的儿童提供体育活动、游戏、艺术和雕刻、短足户外活动，同时为13～17岁的少年免费提供冲浪、航行、高尔夫球、潜水、网球等培训课程，此外还组织主题比赛、填字游戏和与快餐店共同搞活动等来吸引儿童；饭店在下一季度的早期预订或淡季预定时，对携带孩子的家庭给予大幅度优惠。通过上述活动，使该饭店在当地激烈的市场竞争中达到了年均75%以上的出租率，比其他同行高出10多个百分点。

案例分析

本案例中H酒店产品营销成功的主要原因是抓住了家庭旅游市场的变化趋势，及时推出了适应市场变化的酒店产品。“合家欢”已成为全球旅游的流行趋势，注重家庭、回归自然已成为当今社会的一种普遍生活观念，“与孩子同游”项目受到大众的普遍欢迎。这一社会潮流为“合家欢”项目的推出创造了条件，使之具有广大的市场前景。“合家欢”项目的推出，将孩子作为促销的重点对象，通过吸引孩子以带动整体的促销，这是对现代家庭进行旅游消费决策的充分认识。据美国民意测验显示，10个家庭中有6个家庭认为孩子影响了目的地的选择，5个家庭认为孩子影响了住宿选择。在中国，“孩子中心式”的生活和消费模式也决定了孩子在消费决策中的重要作用。

资料来源：李任芷主编，《旅游饭店经营管理服务案例》，中华工商联合出版社2000年版。

角色代表一定的身份，旅游购买行为要与其角色相适应。如作为大公司商务谈判代表，为显示其所在公司的实力，会选择一流的酒店下榻，而不宜选择招待所入住。一些旅游企业为适应角色需要而给旅游产品正确定位，如有的高档酒店在旅游销售淡季宁愿整层停业，也不愿降格，以免影响其在目标市场中的形象定位。

五、个人因素

旅游购买行为既受政治、经济、文化、社会等外部因素的影响，还受个人因素等内部因素的影响。旅游者个人因素包括年龄、性别、所处家庭生命周期、健康状况、职业等。

1. 年龄

年龄一般分为儿童、少年、青年、中年、老年等五类，不同年龄段的旅游购买行为会有一定的差异。如少年、儿童购买行为更多地考虑是否“好玩”，青年人购买行为更多地考虑是否“新奇、刺激”，中年人的购买行为更多地考虑是否“成熟、可靠”，老年人购买行为更多地考虑是否“舒适、健康”。旅游企业可根据年龄把购买者划分为不同购买者群体，设计出对目标市场各年龄段有吸引力的营销组合。

2. 健康状况

旅游活动过程要付出一定的体力，健康状况决定了旅游者能否完成旅游过程。因此，人们在实施旅游购买行为时会视健康状况而定。健康状况不同的人，选择的旅游产品也有一定的区别。例如，年老体弱者不太愿意购买冒险旅游产品，如登山、蹦极、滑水、帆板等，而乐意购买疗养条件较好的旅游产品，如入住有温泉的酒店、选择有滋补价值的营养食品等，健康成为针对这类游客的最好卖点。

阅读案例

中医旅游成热点

近年来，北京中医学院除了接待专业参观交流团以外，还接待络绎不绝的普通外国团队。为此，中医学院在原来参观项目的基础上，又新增了太极拳表演和中医按摩、针灸、刮痧、拔罐等传统治疗手法观摩演示，以及中医讲座、药膳等服务项目，令外国游客“大开眼界”。2000 年，在北京推出的首批科技旅游线路中，中医学院名列其中。

由于目前越来越多的人崇尚自然、健康的生活方式，而中医讲求天人合一、养生保健的理念，恰好契合了这种时尚潮流。随着中医在世界范围内被越来越多的人了解，许多外国人把了解中医列入中国之行的重要一站，中医旅游成了热点。该院院长王莒生认为，中国的传统医学是中国文化传统的一部分，如何让更多的人了解、认识中医，关系到中医的生存与发展。通过国际旅游，外国游客既了解了中医文化，又能学到一些日常保健知识，同时也为中医文化的传播提供了一个非常好的渠道。

案例分析

随着现代人工作和生活方式的改变，释放紧张和繁忙带来的压力成了人们外出旅游的动机之一。此案例正迎合了现阶段人们“花钱买健康”的消费理念和价值观念，参加一种既有利于身心健康又可以增长日常保健知识，同时培养了意志和情趣的康乐活动正在变成旅游者的自觉行动。

作为旅游从业人员，应主动把握客人消费方式出现的新变化，设计和提供真正能够满足宾客需要的服务产品。

资料来源：程新造，《星级饭店餐饮服务案例选析》，旅游教育出版社 2005 年版。

3. 性别

性别不同，旅游购买行为也会有明显差异。女性比男性更关心旅游产品安全问题，男性比女性更乐意购买冒险性、刺激性强的旅游产品。男性和女性各自需要一些体现性别差异的旅游产品，如酒店在客房配备专门供男士使用的剃须刀，提供主要为女士使用的浴帽、发束。在购买过程中，女士一般比男士更细心，更会讨价还价等等。旅游产品经营者可根据性别不同，分别设计出让男士和女士都能满意的营销组合。

4. 职业

职业决定了人们的收入水平和社会地位，也决定了闲暇时间的多少和分布状况，进而影响到旅游购买行为。如担任企业高层主管职业的人士收入水平高、事务繁忙，多愿意选择放松型、闲暇型旅游产品；教师旅游购买行为主要集中在寒暑假；公务员旅游购买行为多集中在几个长假等等。

5. 居住地

见异思迁、追求差异是多数旅游者的共同心理，旅游目的地在气候、地形、地貌、水文等方面与居住地的差异是导致旅游购买的重要因素。如居住在内地的人们向往碧海、蓝天、沙滩、闲鸥的滨海风光，居住在沙漠戈壁的人们向往杏花、春雨的江南美景，居住在江南水乡的人们企望领略骏马、秋风的塞北豪情。旅游企业推出与旅游者居住地差异明显的旅游产品，将激发人们的购买兴趣。

六、自然环境与交通因素

影响旅游购买的外部因素除了政治因素、经济因素、社会因素和文化因素外，还包括自然环境和交通因素。

1. 自然环境因素

自然环境因素是旅游者选择旅游目的地的重要参考因素，旅游者会优先选择环境质量高的地区为旅游目的地。对于那些长期生活在“三废”污染严重地区的人们来说，回归自然、享受自然风光是旅游购买所希望实现的主要目的。

2. 交通因素

交通运输条件是解决旅游者可进入性、舒适性问题的基础。有的旅游景点观赏价值虽然很高，但由于进入的时间成本、金钱成本、精力成本较高，影响了旅游者的购买，如西部的黄龙、九寨沟等；而一些景点看起来平平，但由于交通条件好，旅游者购买热情往往很高，如一些城郊的景点就属此类。

七、心理因素

影响旅游购买行为的心理因素包括旅游者的旅游需要、旅游购买动机、感觉与知觉、学习、信念与态度等。

1. 动机

旅游购买行为过程一般会经过旅游需要——旅游动机——旅游购买三个阶段。当人们有某种需要时，会有一种内在动力驱使人们采取行动，这就是所谓的动机。旅游需要是产生旅游动机的基础，旅游动机是产生旅游购买行为的先导，旅游动机支配着人们的旅游购买行为。旅游动机主要包括身心健康动机、文化动机、社会动机、求名动机和经济动机等。

（1）身心健康动机

人们为了解除身体的疲劳、精神的疲惫，消除心理压力而产生了去旅游的动机。在这种动机下进行的旅游活动，主要是那些能够调节人们的生活节律、愉悦身心、增进身心健康的活动，要求参加轻松愉快或者休息疗养型的活动。如去自然名胜区、各种公园游览，去海滩及温泉区休息疗养，以及参加某些体育活动或艺术活动等。旅游企业可通过打“健康牌”来吸引旅游者购买。

（2）文化动机

为探索自然和社会奥秘，了解各地历史、民族文化、风土人情、政治经济，进行学术交流、科学考察、考古研究等而产生的旅游需要动机。如修学旅游、宗教文化旅游、民族民俗风情旅游等。旅游企业可通过打“文化牌”来吸引旅游者购买。

（3）社会动机

为社会交往而产生的旅游需要动机。人们为了满足探亲访友、结识新朋友的需要而进行旅游。除了个人具有这种旅游动机外，团体以至政府间的访问，人员间的公务往来、文化交流活动，也都包括这种动机的成分。旅游企业可通过打“社交”牌来吸引旅游者购买。

（4）求名动机

为体现个人成就和个人发展需要而产生的旅游需要动机。显示名望、地位的旅游产品是需求对象，如太空之旅、欧美之旅等。旅游企业可以通过显示声望的旅游产品和尊重型服务争取这部分客人。

（5）经济动机

它是人们为一定经济目的而产生的旅游需要动机。商务旅游产品是需求对象。旅游企业可以通过提供优质旅游产品和有价值的商业信息，提供理想的洽商、通讯、商务服务等满足客人的需要。如经贸会、博览会等。

不同人士旅游购买动机有时基本相同，有时有很大差异。即便是同一个人，其旅游购买动机也会因时间、地点的不同而异。人们的旅游购买动机是复杂多变的，但综合分析可以看到，旅游购买动机具有模糊性、复杂性、变化性、内隐性、冲突性等特点。

①模糊性。旅游购买者有时并不能确切回答旅游购买行为出于什么动机，跟着感觉走者居多。基于这一特点，旅游企业通过“意见领袖”来点评旅游产品，各类明星来消费旅游产品等，潜移默化地引导“模糊”一族加入购买者队伍。

②复杂性。产生旅游购买行为动机的原因是复杂的，既有物质上的原因又有精神上的原因，在众多购买动机中既有起支配地位和主要作用的主导型动机，又有居次要地位和起次要作用的辅助型动机。旅游企业分析旅游购买动机，分清主次，善于抓住主要动机，牵着影响旅游购买行为的“牛鼻子”，会产生事半功倍的效果。

③变化性。旅游购买的动机既会随着政治经济等环境的变化而变化，又会随着低层次需要不断满足而转移，还会随旅游者兴趣不断改变而改变。旅游企业应在动机变化中捕捉商机，进行旅游产品和服务等营销组合创新，跟上旅游消费潮流。

④内隐性。旅游购买行为所折射的旅游动机既可能有真实性的一面，也可能有扭曲性的一面。旅游企业应善于透过现象看本质，不应被表象反映的动机所迷惑。如一些公费参加出国游的管理人员往往在回答旅游动机时会说“出国进行商务考察”。

⑤冲突性。旅游购买动机既有理性成分又有非理性成分，在旅游购买行为实施过程中，理性与感性的冲突难以避免。旅游产品丰富多彩、目不暇接，旅游者选择余地大，人们做出购买决定时的矛盾心理、左右为难的情绪在所难免。旅游市场的参差不齐，增加了旅游购买选择的难度，购买风险加大，也使购买动机的冲突加剧。旅游企业应提倡理性科学的旅游购买行为，保持理性经营方式，做好旅游购买者的参谋，尽可能减少旅游购买者心中的矛盾冲突。

2. 知觉

感觉是指依靠人们的五官所获得的视觉、听觉、嗅觉、触觉和味觉。人们通过对客观事物的感觉得到相应信息，再经过大脑筛选加工分析，以各自的方式对客观事物进行解释，这就是知觉过程。

人们产生旅游购买动机后，是否采取购买行动，取决于对客观情境的知觉。旅游购买行在实施之前要经历一个从感觉到知觉的过程。

感觉与知觉对旅游购买行为影响较大。研究表明，许多人并不是依赖客观事实而是依据自己感知的“事实”，也就是自己所认为的“事实”来购买旅游产品。一些旅游产品经营者往往过于迷信自己所提供的旅游产品在质量、价格等方面的优势，认为至少与同类竞争产品不相上下，甚至在事实上还有优势，但生意却不如别人，虽不服气却不明白原因何在。殊不知，竞争对手有效地引导了客人的感觉和知觉，使客人认为其产品和服务质量更好，虽然价格贵点，但却能消费时尚旅游产品，不会做落伍者。

为给潜在旅游购买者以较强的感觉、感知刺激，旅游企业可以在凸显旅游产品特色和服务个性化上做文章，在广告和宣传上应别开生面，给客人以“不一样就是不一样”的感觉，以留下深刻的印象。

阅读案例

江南农村游

土色土香的农舍，虽没有城市宾馆的豪华设施，但有中国庭院式的建筑特色、充满了江南水乡特有的诗情画意。农舍面依小河，河岸柳色依依，菜花余黄，桃花火红，河岸古老的风车在慢悠悠地转动。到农家，手工织布和小车纺纱，特别吸引不少女宾排队等着上机操作。晚上，客人们分成若干小组，被农民请到家里做客。主妇端上农家小菜，客人们吃得眉开眼笑。饭后，清茶一杯。生活气息像一杯酽酽的茶。住的是农家的三室一厅的房子。客厅中靠墙摆一张大八仙桌，两边是靠背椅，墙正中挂着寿星图，左右红纸对联。卧房摆着三面雕花的大木床，床上有湘绣花布枕头，窗帘是蓝底白花的土布，门窗玻璃上贴着红纸剪成的窗花。游客离开时，依然兴味未尽。

这就是江苏某旅行社为游客推出的乡村生态旅游产品。

同样的客观刺激往往会引起不同的主观反应和不同的感觉。如面对万里长城，有的人会有雄浑壮观的印象，有的人会有古老文明、人民勤劳智慧的感觉，有的人会有物质长城和精神长城谁更坚固的比较，有的人会涌起“不到长城非好汉”的激情等等。究其原因，是知觉因素在起作用。知觉是个选择性过程，包括三种选择形式。

（1）选择性注意

人们每天都会受大量的外部信息刺激，不可能对所有信息都加以注意，绝大部分信息都会被过滤掉，只有对其目前需要有一定关系而能引起兴趣的东西，才会注意。如一个喜欢游山玩水的人，以自然风光为主体的旅游线路就能引起他的注意，而对其他旅游线路则会漠然处之；一个喜欢冒险的人，探险旅游会引起他的注意，而其他的旅游信息则难以引起他的注意。旅游企业可根据旅游购买者的对象不同，提供易引起他们注意的旅游信息。

（2）选择性曲解

一些被人们所注意的信息，往往出现与发布者的初衷不一致甚至完全相反的理解。这种以个人意愿对外界事物形成扭曲型看法、使之符合本人意思的倾向，就是选择性曲解。造成选择性曲解的原因可能是个人的偏见，如一位旅游者偏爱某旅行社，尽管其服务不到位、价格虚高、旅游过程安排购物活动太多等不良经营行为多次被媒体曝光，而这位旅游者仍会以偶尔现象、小题大做等理由予以解释。旅游企业应努力避免本企业及所提供的旅游产品和服务被负面地选择性曲解，一旦发生被负面地选择性曲解，要尽力化解购买者的偏见和顾虑，努力形成本企业品牌正面形象；还应利用旅游市场对同行竞争者负面曲解时机，进一步强化本企业品牌的正面形象。

（3）选择性记忆

各种信息只有少部分能引起人们的注意，即便如此，人们也不可能记住所有引起了其注意的信息，多数人往往只记得那些支持其看法的信息。旅游企业应充分利用选择性记忆的特点，多宣传那些有利于支持旅游购买者对本企业和本企业所提供的旅游产品正面看法相一致的信息，增强其购买信心。

3. 学习

学习指由于后天经验而引起个人知识结构和行为的改变。学习是人类在社会实践中，通过不断探索、不断积累知识和经验以适应和改变周边环境的过程。内在需要引起购买某种旅游产品的动机，这种动机可能在多次购买之后仍然重复产生，也可能在一次购买之后即行消失。为何会重复发生或消失？心理学家认为来自后天经验，可用图 3－2 学习的模式来表述。

学习使人们懂得了除本能需要以外的绝大多数需要。以旅游者为例，学习使他们懂得了旅游需要，学习使他们知道去什么地方购买，什么旅游景点和旅游产品是自己的“最爱”，大致什么价格可以买到，选择什么交通工具出行较为适宜等等。

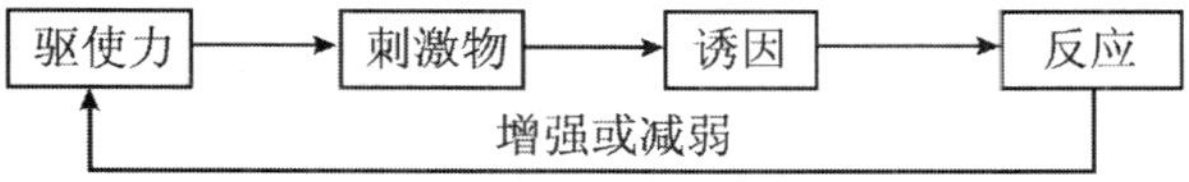

图 3－2 学习的模式

旅游购买行为主要依据后天学习所得到的知识和经验，因此，旅游经营者不仅要很好地满足旅游者的显在需要，而且还应“教会”旅游者产生新的旅游需要。旅游经营者不能只做“一锤子”买卖，不应认为旅游购买行为结束后就万事大吉，而应努力提供让顾客满意的产品和服务，使旅游购买行为进行下一轮循环。

阅读资料

一个外地游客在参观完西安钟楼后，感到有些饥饿，便产生了一种驱使力（就餐的需要），想去找酒店（刺激物），朋友告知东大街有一家老字号风味餐厅“老孙家泡馍馆”（诱因，具体地址）。他便去该店用餐，用餐后觉得餐厅环境幽雅，泡馍味道美、价格廉，确实独特，留下了深刻的印象（反映）。他想，如果下次再来西安，他还会主动去“老孙家”用餐（强化）。

4. 信念和态度

旅游者的信念和态度是影响其购买行为的心理因素之一，信念和态度从学习中获得，反过来又会影响购买行为。

（1）信念

信念是一个人对某些事物所持有的看法。人们对旅游企业、旅游产品的看法既可能建立在个人所拥有的知识、阅历基础上，也可能建立在别人的评价上；既可能是客观的看法，也可能是掺进了个人感情成分的看法。旅游企业要建立人们对本企业正确的信念，矫正其被误导的偏见性信念。

（2）态度

态度是一个人对某些事物或看法所持的评价。人们对政治、经济和社会生活的各个方面都持有某种态度，一旦形成某种态度，则很难改变。旅游企业经营者应努力在旅游购买者心目中留下良好的第一印象，避免给旅游购买者留下较差的第一印象。在旅游市场上，当人们持肯定态度时，对旅游产品就会采取追求行动；当人们持否定态度时，对旅游产品则会采取拒绝或躲避行动。

旅游企业争夺回头客的基础是尽可能让初次光顾的客人对本企业的服务留下好感，再次光顾则进一步加深这种印象，不断光顾则不断加深对企业的好感，最终成为本企业最忠诚的客人。

5. 人格

心理学上的人格又称为个性，指的是一个人与他人相区别的、比较稳定的心理特征的总和。由于每个人的先天素质和后天影响不同，就形成了人与人之间不同的人格。不同人格特点的人，他们的行为方式有很大的差别，对于旅游购买的选择也有很大的差异。例如，有的旅游者喜欢冒险，追求刺激，选择攀岩和漂流，有的喜欢在辽阔的草原上扬鞭策马，同是喜欢自然风光的旅游者，有的爱好登山，有的喜欢大海。所以，旅游营销要根据每个人的人格特点设计旅游产品，促进购买行为。

项目三

旅游购买决策过程

项目要求

掌握旅游购买决策过程；具备制定旅游购买决策的能力，学会制定让顾客满意的行动计划方案。

在分析影响旅游购买行为的各种因素的基础上，营销人员还要了解参与购买决策的有哪些人，各自在购买决策中担当什么角色，购买过程包括哪几个阶段，以便采取措施，有效地影响旅游者的购买决策。

一、旅游购买决策的参与者

参与旅游购买决策的可能有以下五种角色。

1. 倡议者

倡议者是第一个提出购买某种旅游产品或服务的人。如孩子可能提议父母某天去游乐园。首先提出倡议的是发起人，不一定是决策人，但如果响应者较多，将对决策者产生较大影响。

2. 影响者

影响者是指其看法和建议有形或无形地影响最后决定的人。那些虽不参加最终决策但对决策者能产生影响力的“意见领袖”、决策者的上司、亲朋好友等，对旅游购买决策往往产生举足轻重的影响。一些旅游企业营销人员通过影响与决策者关系密切的上司、同行、下属、亲友等，以达到促进决策者做出有利于购买本企业产品和服务的决定。

3. 决定者

决定者是指做出购买决策的人。决定者可能是一人，也可能是多人。如一个家庭旅游购买决策人可能是丈夫，也可能是妻子，还有可能是孩子，又可能是夫妻共同决定。

4. 购买者

购买者是指实际执行购买决策的人。在购买过程中，购买者对售中服务的满意程度，将对下一次购买决策产生一定的影响。

5. 使用者

使用者是指实际使用和消费旅游产品的人。使用者的满意与否的意见，会对下一次购买决策产生影响。

在实际经营中，旅游企业营销人员发现，参与旅游购买决策的各种角色可能是不同的人，有时要受几位在决策过程中起不同作用的人士影响和左右，如一个单位组织奖励型旅游，参与购买决策的人员既可能有单位高层主管，也可能有其他人士；而参加奖励型旅游的人中，可能既没有倡议者，也没有影响者和购买者，甚至没有高层领导。再如家庭旅游，参与购买决策的既可能有夫妻，也可能有父母、儿女，有时还可能有亲戚朋友。参与决策的各种角色或两种以上的角色也可能由一人担任，如倡议者也可能是决定者，还可能是使用者等。旅游企业了解参与购买决策的各种角色，有利于针对不同的角色确定相应的影响对策，引导购买决策向本企业倾斜。

二、旅游购买决策过程

人们的旅游购买决策既有简单的决策过程，又有复杂的决策过程。简单的决策过程如习惯性购买决策、冲动型购买决策等。复杂的旅游购买决策过程包括五个阶段：认识需求、收集信息、评估判断、购买决定、购后评价。这五个阶段如图 3－3 所示。

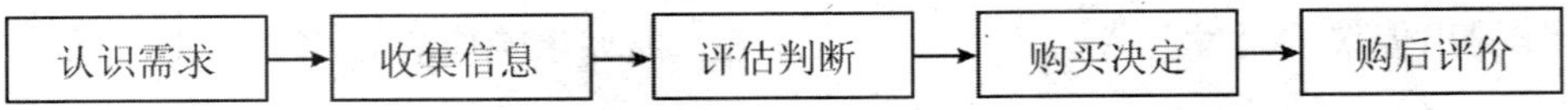

3－3　旅游者购买决策过程

在实际旅游购买决策过程中，有时会省去几个程序，有时甚至会颠倒其中的几个程序。如一个旅游者做出去某酒店就餐决定后，在就餐时无需收集信息和判断评估，就随意点了几道菜。需要说明的是，旅游购买行为始于实际购买行为之前，购后评价在一段时期内对旅游购买决策仍会起持续性的影响作用。

1. 问题识别

当人们意识到对旅游产品和服务有某种需求时，购买决策过程就由此拉开了序幕。人们的旅游需要主要是享受和发展的需要，总体上属于较高层次的需要。人们的旅游需要许多是由外部刺激引发的，据此，旅游企业通过设计最能激发需要的刺激物，使客人认识到对某种旅游产品的需要，强化满足这种需要的迫切性。

2. 收集信息

当人们有旅游需求时，如果驱动力十分强劲，则会很快导致购买行为；如果驱动力不强或所购买的产品价值高、数量多、风险大时，往往会举棋不定，此时就需要收集各方面的信息。旅游信息来源的渠道很多，其中较为典型的信息渠道有四种，即个人来源、商业来源、公共来源和经验来源。

（1）个人来源渠道

这是指人们从其家庭、亲朋好友、邻居、同事等处得到的信息。这类信息对旅游购买决策的影响较大。旅游企业应十分重视这一信息来源的作用，以优质产品、温馨服务赢得旅游消费者的口碑，发挥其影响潜在旅游购买者决策的作用。如一家酒店在宾客意见簿的扉页上写下这样一段耐人寻味的语言：“如果您满意，请告诉您的亲朋好友；如果您不满意，请告诉我们。我们将努力做得更好，一直到您满意。”

（2）商业信息来源渠道

这是指从旅游企业的广告、产品宣传材料、推销人员、旅游展览会、博览会、交易会等渠道得到的信息。这类信息数量多，对不同的对象的影响力有强有弱，而信息的可信度往往不如其他来源。

（3）公共来源渠道

这是指从政府机构、媒体报道、专家评述等渠道所得到的旅游信息，这类信息往往让人感到较为客观公正、可信度高。旅游企业应以守法经营和文明经营的行为、以支持公益的善举和义举，赢得社会各界的尊重，并通过公共信息渠道向社会传播，以影响旅游购买决策。那种违法违规经营的旅游企业，既会被购买者投诉，又会受到舆论的谴责，而且还会受到法律的惩处，最后企业形象一落千丈，甚至被迫退出旅游市场。

（4）经验来源渠道

这是指人们通过直接体验、消费旅游产品所得来的信息。这是旅游者认为最为可信的信息来源。

3. 评估判断

潜在购买者通过各种渠道得到旅游信息后，会对这些信息进行评估判断，在各种备选方案中进行比较，经综合评价后做出抉择。在评估判断阶段，潜在购买者往往对旅游产品的质量、品牌、价格、服务等较为关注。但不同的人在评估同一旅游产品时，所关注的重点往往有较大差异，如有的人更关注质量，有的人更关注品牌，有的人更关注价格，有的人更关注环境氛围。评估的模式有以下四种。

（1）理想产品评估模式

用此模式评估旅游信息，是指潜在购买者有一个完整的旅游产品理想属性，再把实际旅游产品和其心目中的理想产品进行比照，超过时最容易做购买决定，达到时也较容易作出购买决策，接近时也可接受，相差较大时则不考虑购买。一些旅游企业通过夸大宣传，给潜在购买者以很高的期望值，而把它与实际旅游产品进行比较时，往往因反差过大，使人们大失所望，所谓“希望越高、失望也越高”。

（2）最低接受评估模式

潜在旅游购买者对拟购买的旅游产品的主要属性设定最低可接受水平，其中任何一项主要指标低于最低可接受标准时，购买方案将予以舍弃。如当一个人认为其拟购买的包价旅游线路至少有六项主要指标达到他的最低要求时，他才考虑购买，即花费不超过2000元人民币、时间为四日游或五日游、地点为国内知名观光景点、下榻三星级酒店、旅途过程中无购物、运作较为规范的知名旅行社。那么这位人士就不会考虑花费超过2000元人民币的报价、少于三天或长于六天的旅程、名不见经传的景点、入住条件低于三星级的酒店、旅游中有购物安排的旅游线路、经营有欺诈行为的旅行社等旅游线路。

（3）重点评估模式

潜在旅游购买者在评估旅游产品时有重点的考虑，如对某项旅游产品评估的重点是经济实惠，只要价格低廉、质量可靠就可选择购买，而不考虑是否是品牌、是否时尚等其他内容。

（4）逐项评估模式

潜在旅游购买者对拟购买的旅游产品，按自己所认定的旅游产品的重要性，按次序逐项予以评估，逐项都达到一定标准（但不是最低标准）的方可接受。如某位人士认为对某项旅游产品属性的重要程度为安全性、品牌、时尚，对于安全系数低、品牌知名度达不到一定水平、不够时尚的旅游产品则不予考虑。

逐项评估模式与最低接受模式的区别在于：最低接受评估模式是对每一项都要进行评估，每一项都要达到最低标准方可接受；逐项评估模式是对主要属性进行评估，逐项符合一定标准即可接受。

旅游企业了解潜在旅游购买者评估模式，有利于把握目标旅游市场潜在旅游者所关注的重点，设计出符合相应的产品评估标准的旅游产品，同时避免把市场所广泛关注的重大缺陷产品如安全性差、质次价高的旅游产品投放市场。

4. 购买决策

旅游购买者经过旅游产品评估后会形成购买意向，但不一定导致实际购买。从购买意向到实际购买还有一些因素介入。

（1）他人态度

他人态度时常会改变潜在购买者的初步购买决定，特别是来自权威人士、“意见领袖”及与本人关系十分密切的家人等的反对态度，都有可能促使其修改购买决定。如父母决定携小孩去某酒店就餐，到该酒店门口后，小孩指着对面另一家挂着彩球的酒店说“很好玩”，拉着父母要去，父母只好改变原先决定，依小孩的心愿去对面那家酒店用餐。

（2）意外情况

旅游购买决策都是在一定的预期情况下决定的，一旦出现意外情况，人们会更改已经作出的购买决定。如旅游目的地政局变得不稳定，或突发自然灾害，或购买者突然被聘用单位解雇，或原订出行时间另有加班任务，或到购买现场后对服务不满意等等，都会导致购买决定的改变。

5. 购后评价

潜在购买者实际购买后，并不意味着旅游企业营销工作的结束。以个人购买为例，实施旅游购买后即成为旅游消费者，旅游企业必须提供所承诺的所有服务，以协助旅游者顺利完成旅游行程。如某位人士购买包价旅游产品后，企业还要通知游客有关注意事项，包括集合时间、出行时间、所须携带的证件等，还要准备组团、预订、导游服务等。

旅游企业应重视旅游者购买的购后评价，由于旅游产品主要是无形产品，购买风险较大，旅游购买者预期效果和实际效果差距较难预料，只有在消费过程中才能作出准确评价。在旅游消费过程中，当实际效果好于预期效果时客人才会满意。而客人的满意程度既会影响其下一次购买决定，其“口碑”又会影响其周围人士的购买决定。

事实上，旅游购买者的任何一次购买，或多或少都会有得到之后的莫名失落，旅游消费过程或多或少也有满足后的遗憾。与其他产品相比，消费旅游产品时，旅游者要付出更多的时间、精力，如出行过程中的疲劳、对陌生环境的不适应等等，这在客观上对旅游者的满意程度会产生一定的负面影响。为此，旅游企业除应创造良好的环境氛围、提供便捷舒适的旅游交通服务、保证旅游产品质量外，还应建立必要的购后沟通渠道，做好售后服务，进行必要的宣传，使旅游者相信其购买行为的正确性。同时，还应虚心接受旅游者投诉，尽量化解游客的不满情绪，不断提高游客满意水平。

项目四

组织机构购买和旅游中间商购买

项目要求

通过本项目的学习，掌握组织机构和旅游中间商的购买行为；具备分析组织机构和旅游中间商的购买行为的能力。

一、组织机构购买

此处的组织机构是指政府机关、事业单位、企业单位、社会团体等。对不少旅游企业而言，组织机构是购买大户，是最重要的客户资源，组织机构的购买行为对这些企业的旅游产品销售有举足轻重的影响。

1. 组织机构购买的特点

组织机构是不少旅游企业应当努力争夺的大客户。组织机构的购买行为与旅游消费者的购买行为相比较，既有相同之处，如购买行为都受政治等因素的影响，都要考虑旅游产品价格、质量、品牌等，又有不同之处，即组织机构的购买行为有其自身的特点。组织机构购买行为与旅游消费者购买行为相比，有如下三个方面的差异。

（1）购买主体、数量、目的的差异

旅游消费者购买行为的主体是单个消费者、是自然人，而组织机构的购买主体是机构、是法人；单个旅游消费者每次购买的数量一般较小，而组织机构每次购买的数量往往较大；旅游者购买的目的是供自己或亲友消费，而组织机构购买的目的是供单位消费。

（2）购买决策参与者的差异

对单个旅游者购买决策影响最大的是亲友，而对组织机构的团购决策影响最大的是法人团体的高层主管。

（3）购买者专业程度的差异

一般而言，法人机构的团购由训练有素的专门人员去洽购，旅游购买多为专家型购买；而绝大多数单个旅游消费者都属于非专家型购买。单个旅游者一般是单一产品的购买，对咨询服务、设计服务的要求也较简单；而团购多为综合购买，对咨询服务、设计服务要求较高，如某商社拟在酒店举行大型产品订购会，它除了要预订客房、宴会外，还要求提供会议服务、洽谈服务、商务服务、展览服务等，还会向酒店提出诸如协助设计等服务要求。

2. 组织机构购买的影响因素

影响对组织机构购买行为的因素是多方面的，既有政治因素，又有经济因素、技术因素，还有组织因素、人际因素、购买决策参与者个人因素等。其中，经济因素被认为是最重要的影响因素。

（1）经济因素

当组织机构经济状况较好时，购买旅游产品的可能性增大；反之，购买旅游产品的可能性减小。如一般企业单位的团购大多集中在下半年，就是因为上半年的业绩已知，下半年的预期业绩也已心中有数。宏观经济状况及预期也是影响其购买行为的重要因素。宏观经济景气时，其旅游购买数量会加大；反之，旅游购买数量会减少。

（2）政治法律因素

这与对个人旅游购买行为影响相类似。此外，国家在法律和政策上对国有企业、国家机关和由财政拨款的事业单位的旅游购买行为有一定的限制。如我国规定国有企业的招待费不得超过营业总额的千分之五，否则课以较重的税收，拿公款吃喝玩乐、问题突出的还会受到查处；即使是商务考察，也有报销额度的限制。

（3）供给条件

组织机构的团购每次购买量大，集中出行、集中进行旅游产品消费，对卖方的综合供给能力要求高。如一个大型企业一次组织 200 人集体度假，要求供给方提供的床位、餐饮座位、交通工具座位、景点容量、游乐项目、导游服务等都要能足以满足 200 人在同一时间内集体消费。

（4）组织因素

组织机构的目标、结构、政策等因素都会对其购买行为产生影响。如在推行“公司成长、员工受益”政策的企业，会在经济收益较好时，以奖励旅游的方式组织成就卓著的员工集体出行。再如，重视人才培训的机构，会创造条件组织有培养前途的员工进行修学旅游和考察旅游。组织因素还表现在与有业务合作关系的组织机构之间的互购行为。

(5) 人际因素

通常参与组织机构购买决策的人较多，高层主管往往有较大的决定权，组织机构内各类人士分工不同、地位不同，影响力也不一样。旅游企业了解购买决策中人际因素的目的，是为了有针对性地对购买决策的权威人士和关键人物施加影响。

(6) 个人因素

参与决策的有关人士由于年龄、教育、职业、个性等的差异会有不同的购买倾向，个人态度、偏好也会影响购买决策。

3. 组织机构购买过程的参与者

在组织机构购买旅游产品的决策过程中，有五种角色参与购买决策，即使用者、影响者、决策者、购买者、“守门人”。

(1) 使用者

使用者是指实际使用旅游产品和服务的人士。在通常情况下，观光型旅游、差旅型旅游的目的地选择由使用者提议，招待客人就餐、住宿等由组织机构的行政事务部门提议。

(2) 影响者

影响者是指对旅游产品购买决定能够直接和间接地施加影响作用的人士。如组织机构的“意见领袖”，对旅游产品和服务较熟悉的专业人士，有接待经验的行政人员，已卸任的高中层主管等。

(3) 决定者

决定者一般是一个集体，由高层主管、相关专业人士代表参加，由他们决定旅游产品的购买数量、价格范围、品牌和提供者，并指定购买具体负责人实施购买决定。作出最后购买决策的有时可能是一个人，在决策者为多人的情况下，最高领导是最主要的决定者，分管的高层主管是重要的决定者之一，其他高层主管是参与决定者。一些旅游营销人员通过参加企业家联合会、各类高层主管俱乐部等活动，与购买决定者进行面对面沟通，以期使他们作出有利于本企业的购买决策。得罪了决定者，往往会失去业务。

(4) 购买者

购买者是指根据购买决策具体购买旅游产品的人士。购买者代表组织机构与旅游产品提供者谈判并签约。

(5) “守门人”

“守门人”是指控制旅游企业推销人员或有关旅游信息进入决定者那里的人士。在许多组织机构中，“守门人”的角色通常由秘书担当。

在一些组织机构中，某位人士有时会担任其中好几个角色，如负责接待工作的行政事务主管既可能是购买决策的影响者，也有可能是购买决策参与者，还可能是“守门人”。

一般而言，组织机构的重大购买行为多为集体决策，参与决策的人士所起的作用各不相同，旅游企业营销人员不可能逐一进行宣传说服，而应把主要精力放在对决策起关键作用的人身上，了解其决策特点，有的放矢地进行沟通。

二、旅游中间商购买

有一定规模的旅游企业大都借助旅游中间商销售产品，这些企业的营销人员应研究旅游中间商的购买行为，并采取有效措施调动旅游中间商经销、代理的积极性。

1. 旅游中间商购买的特点

旅游中间商是指介于旅游生产者或提供者和消费者之间、专门从事旅游产品买卖活动的中介组织或个人。旅游生产企业的产品很大一部分是通过旅游中间商转卖或代理销售出去的。旅游中间商的购买具有如下特点。

（1）为了转卖而购买（或代理）

旅游中间商购买旅游产品的主要目的是通过批发销售和零售赚取其中的差价，或者通过代理销售赚取佣金。其市场行为的主要动机是利润，是为了转卖而购买或代理。

（2）购买数量大、专业性强

为了达到赚取差价或佣金的目的，旅游中间商通常购买或代理产品的数量较大。由于旅游中间商长期从事旅游产品的买卖，对旅游产品的生产者、旅游者、旅游产品、价格等都较为了解。因此，其多数为专家购买，购买的专业性较强。

（3）团体决策

旅游中间商的购买行为通常属于团体决策。它的购买决策过程与组织购买相似，不过它要更多地考虑有利于转卖。

（4）购买或代理灵活性强

旅游中间商购买或代理的灵活性比较强，它可以购买或代理某个或某些旅游生产企业的一种产品，也可以购买或代理某个或某些旅游生产企业的全部产品；既可能是购买或代理单项产品后再整合成配套产品，也可能是购买或代理现成的包价旅游线路；等等。购买或代理灵活性强的根本原因是其适应旅游市场快节奏的变化。

（5）对产品的需求属于派生性需求

由于旅游中间商只是转售或代理旅游产品，从中获得差价或佣金收入，所以其购买或代理的目的不是为了自身消费，而是为了转卖。因此，旅游中间商最终经营什么样的产品，还得看旅游消费者的需要。从这个意义上说，旅游中间商对旅游产品的需求本质上属于派生性需求，它的购买或代理要随着旅游市场消费需求的变化而变化。

2. 影响旅游中间商购买行为的因素

影响旅游中间商购买行为的因素有内部和外部两个因素。外部因素包括政治法律制度、人口、社会文化、科学、技术、自然环境、交通运输条件、竞争者等，这些因素对中间商购买行为的影响与对组织机构的购买基本类似；内部因素包括旅游中间商本身的组织机构设置和购买人员的个人因素，其中组织机构设置（包括中间商组织经营管理机构的层次和权力集中程度）对旅游中间商购买行为的影响较大。

本模块小结

对于旅游营销工作来说，旅游者需求及其购买行为是旅游企业制定经营战略的依据和基本出发点。根据旅游者购买目标的确定程度与决策行为、旅游者性格特点的差异，以及旅游者的购买兴趣表现、能力表现，可以分成不同类型；影响旅游者购买的主要因素有政治因素、文化因素、个人因素、心理因素等；旅游者购买的一般程序有：认识需求、搜集信息、选择判断、购买决策、购后行为。

本模块参考浏览网址

http：//www. aatrip. com/anli/mudidi/200511/1998. html

基础知识思考题

1. 旅游消费需求的特点是什么？分析旅游购买行为的模式。

2. 什么是旅游购买行为？有哪些类型？

3. 试述影响旅游者购买行为的主要因素。

4. 分析旅游者购买过程的主要阶段，在每个阶段旅游者的购买行为容易受到哪些因素的影响？可以采取哪些相应的对策？分析你的个性特征，说明它对你的旅游决策有什么影响？

5. 分析组织机构的团购行为和旅游中间商的购买行为。

基本操作技能题

1. 分析不同年龄旅游者对旅游购买行为的影响。

2. 进行一次调查活动，搜集旅游市场需求信息，分析旅游购买决策过程的形成。

3. 到一个大的机关单位，了解组织机构的旅游购买过程的产生。

案例评析

黄金周“稻城九寨之旅”亲历记

很久以来，我们就计划着一次“稻城九寨之旅”，2005 年的国庆黄金周，在这美好的旅游季节里，我们终于可以成行了。

出于多年的旅游经验，我们知道黄金周旅游肯定没法尽如人意，所以在出发前，在网上千挑百挑，终于觉得还是选择大旅行社才能放心，于是挑中了四川××旅行社。其理由是，四川××旅行社的品牌是最响亮的。在和四川××旅行社进行联系的时候，四川××旅行社的联系人许小姐的热情，也让我们觉得应该都没有大问题。我们是 9 个人的自主团，去过的朋友提醒我们，一定要坐宽松的车子才能在短时间内爬过几个高达 4500 米以上的大山，坐得舒服才会减少高原反应带来的痛苦。

我们在第一时间联系××旅行社门市部的许小姐时，关于汽车千叮咛万嘱咐，许小姐承诺给我们一部 12 座的新商务车，有行李箱，行李不占人的位置，我们 9 个人会很宽松。由于对车型不了解，加上对××旅行社的信任，同时许小姐的热情让我们觉得很有安全感。我们在网上比较过其他规模大的旅行团，从成都出发到稻城的七天游还不到 1500 元价格，我们仍然交付了每人 2500 元的自主团费用，成行前并付出了 5000 元定金，其中去海螺沟吃住还由我们自付，并且还付出每天 150 元的导游费。网上看到的 11 座的车子租车费用一般都是 700～1000 元，可许小姐给我们的租车费用是 1600 元/天，我们都仍然一厢情愿的相信，是 12 座的新商务车，并且带旅行箱，肯定会贵点。

10 月 4 日，这个风和日丽的日子，我们终于踏上了梦想的脚步，在 10 点 15 分准时到达了成都双流机场，在门口看到了两个女孩举着四川××旅行社的小旗，觉得这一次的旅游肯定会跟她们一样的美丽。她们一个是许小姐，一个就是我们的导游丁小姐。

我们拿着行李向汽车走去，路上许小姐笑容可掬地对我们说，请大家上车后把行李全拿出来，换成塑料袋的软包装，把箱子寄在我们公司。我们一听就觉得很奇怪，因为出发前许小姐曾交代我们要带齐四季的衣服，我们把所有的东西尽量的压缩成了一个可以放在飞机行李架上的小箱。我心里感觉有点不对劲，再三问许小姐，车子是 12 座吧？新车吧？有行李箱吧？终于到了车的旁边，原来是一部新的 11 座的瑞丰车，比金杯还小。我们觉得很生气，开始纷纷责问许小姐，许小姐一脸无辜地说：我早就告诉你们是这个车呀。我们投诉到旅游局，这才发现我们给了定金，却没有签合同。许小姐拿起传真给我们的行程表，原来她只写了 12 座的车子，并没有加上旅行箱的字眼，许小姐把第一排放茶水的位置一翻开，就成了 12 座了。

双方争执不下，许小姐动不动就说，那你们退团算了，他们完全看准我们已经没有退路了。一会儿，许小姐接到该旅行社经理打来的电话，许小姐告诉我们说，你们的投诉旅游局已经告诉我们了，但完全不是我们的责任，我们已经给了你们12座的车。我们问许小姐怎么解决，许小姐请示经理后说，让我们另外出钱，租一个长安之星，每天600元，我们一听，吓了一跳，有没搞错？那我们这趟旅游将会花费多少？我们坚决不肯出这个钱。双方在机场“拉锯战”3个小时不下。该旅行社经理和许小姐都明白无误地告诉我们：“照我们这么多年的旅游经验，你们再这样下去，吃亏的只有你们。”我们无可奈何，只好全部坐上车。上车后，许小姐把我们的行李箱压了又压，放到了后面的座位上，而我们随身带的小行李袋，就只好抱在胸前，车里的人挤得跟包粽子似的。许小姐拿出合同，要我们付清剩下的余款，却没有发票，我们坚决要留下10%的余款作为信用金，因为这个时候，再也没人相信那个美丽的许小姐了。当然，许小姐再也没有了可掬的笑容。

在我们的坚持下，该旅行社经理只好让我们留下了1000元作为信用金。我们一共交了27000元之后终于起行。这时，导游丁小姐见我们的汽车坐不下了，就说不去稻城了，并且声明她并没有去过。我们想已经付了每天150元的导游费，并且是长途旅游，如果什么事都要靠司机去解决的话，一旦司机开车分神会影响安全，这是我们一行人最担心的事情，于是，在我们的坚持下，丁导游终于上了车，大家只好挤在一起，前面的茶水座也真成了椅子，我们一行中的小徐就靠着它坐了整整7天。到下午三四点的时候，我们一行人终于向旅游计划行程中的康定出发了，大家心中的那种郁闷气就别提了。旅游第一天的半夜，我们一行人终于呕吐着到达了离康定30多千米的姑娘镇。

在姑娘镇住了一晚，按原旅游行程，第二天我们应该游康定城，但是导游说当天要赶路去稻城，由于路途太长，应该抓紧时间赶路，于是我们当天只好放弃了游康定城的计划。第二天是我们旅游行程中最辛苦的一天，汽车翻了好几座山，几乎全部的人都呕吐得乱七八糟。行车途中，我们问导游这是什么地方，导游都说不知道，一路上也没有给我们讲解任何景点，一问她景点在哪，她就说，这到处都是景点呀，名山大川呀，我们开始暗暗叫苦，这是什么导游？我们交了每人每餐20元的伙食费，一桌每餐有180元的伙食费，但只能吃到青菜汤和肥猪肉。

路上，导游让我们和司机签租车协议，原来该旅行社提供的车并不具有旅游资格，只是他们另外包租的车，一天是800元。导游和司机要我们假装是司机的亲属，要去甘孜州玩。他们威胁我们，如果不这样做，在甘孜州被查到的话，谁也走不了。

历尽千辛万苦，终于在晚上十二点到了稻城，这时导游才告诉我们，她们并没有安排好住宿，因为他们从来没走过这条线，这一次她是来踩线的，收集住宿和餐厅的资料。

终于在夜里1点钟找到了一家民居，一个大厅。按行程到稻城时应该送我们去泡温泉，但我们已经没有力气再抱怨，洗脸刷牙后上床睡觉。早上起床时，导游告诉我们，要我们立刻出发，景点在亚丁。我们后悔得不得了，因为漏了太多景点。后来向该旅行社经理投诉时，她的第一句也是：这不可能。然后居然又出了一句经典名言：车经过的酒店就算去了。这岂不是说，我们的稻城亚丁之旅完全可以不用下车了，反正车肯定是会经过的。

第五天，我们的行程表上写着游览新都桥摄影天堂，问导游在哪，导游说，这里全都是摄影天堂，意思就是新都桥很漂亮，那里都是风景。没有办法，我们只有沿路看到喜欢的地方就停。由于我们联系好要在七点前到海螺沟，导游说天气不好，如果要在七点前到达海螺沟，就要取消塔公草原（我们沿途问到发烧友的资料，说摄影天堂在塔公草原旁边，所以要求导游一定要去），我们一听，那也没办法，只好听从导游的话。汽车经过康定时，导游也没说这是康定，等我们说行程里面有康定，要求下来时，康定早已过了。

中午吃饭时间到了泸定，我们跑到店家的厨房去，自己点菜，并且叫店家做点合口味的东西，这几天的伙食把我们的胃折腾得很惨。当我们看到店家的鸡时，导游却走近店家身边对他说卖80元，店家转身对我们喊80元，我们也只能挨宰，有鸡吃都不错了。

午饭后，我们在中午1点钟左右到了接近海螺沟30多千米处时车被“卡住”了，才知道原来自雅江发水灾后，这里的路全部都是每天下午五点半才放行，总共260天了，而四川××旅行社居然连这么大的事情都不知道，漏了我们这么多的景点，跑到这个地方来静坐4个小时，浪费我们多少时间和精神?

到了海螺沟，第二天起床后，导游带大家去坐缆车时，居然找不到索道口，团友里面的医生黄阿姨终于忍不住，说导游不像导游，是我们出钱来请她导游的，可她一问三不知，而且态度很恶劣。结果该导游一路上都用成都土话骂黄阿姨。

由于封路、塞车，回到成都时已经是凌晨两三点，我们还要分两批参加她们隔天的九寨和峨眉山之旅。本来也想过另找旅行社，但是到了这么晚才到成都，也没有办法，他们派了一个轻言细语的美女来收钱。打电话向四川××旅行社的经理和联系人许小姐投诉导游时，她们的第一句就是：这不可能……并且该经理强调，该导游受过多少表扬之类，还有表扬信在她的手上。我们觉得很无奈，导游一路上都没给我们讲解过什么，她的表现让人觉得既没教养，又没品德，职业道德更不用提了，居然还受过表扬?!至于投诉漏景点时，许小姐竟然说：你们要玩文字游戏的话，我们可以陪你们玩到底，在写行程的时候已经考虑到这问题。

这次黄金周的旅游就这样乘兴而去，败兴而归，就像一场噩梦，终于醒了。

1. 这些游客为什么会选择这家旅行社？这些游客是从哪些渠道收集了信息？

2. 简述这些游客的购买决策过程？你觉得从游客的角度，他们有哪些问题？

3. 游客们有哪些不满的地方？产生不满的原因是什么？

4. 请你站在第三者立场上，客观评价该旅行社存在着哪些问题？应该如何改进？

5. 这些游客在网上旅游论坛发帖后，会对该旅行社产生哪些影响？该旅行社应该采取哪些措施消除不利影响？

6. 此次旅游经历会给这些游客今后的旅游活动产生哪些影响？

模块四 4

旅游市场调研与预测

基础知识目标

1.认识旅游市场营销信息系统在旅游市场营销中发挥的作用。

2.掌握旅游市场营销调研的步骤、方法。

3.掌握旅游市场营销预测的步骤、方法。

基本技能目标

1.具备收集、整理和分析旅游市场信息的能力。

2.具备旅游市场实地调查的能力。

3.初步具备市场预测的能力。

项目一

旅游市场营销信息系统

项目要求

通过本项目的学习，掌握旅游信息的含义及作用，掌握旅游营销信息系统的概念和构成；具备收集、整理和分析旅游信息的能力。

在信息革命和知识经济浪潮的推动下，信息已成为现代企业最重要的战略资源。对于旅游企业而言，营销的范围广、手段多，营销的信息性和知识性就强。在现代旅游市场营销活动中，能否及时、准确地掌握旅游市场信息，是决定旅游企业能否生存和发展的关键。由于旅游需求越来越多样化、复杂化，决定了旅游企业在不同的生产环境中需要收集大量及时有效的信息，并且科学分析、处理和使用这些信息。

一、旅游市场营销信息的含义及其作用

旅游经营者的所有决策是建立在必要的信息基础上，只有及时、充分、准确地了解相关信息，才能尽量保证营销决策在制定和实施时符合企业实际。

1. 旅游市场营销信息的含义

旅游市场营销信息是指与旅游企业的市场营销活动有关的各种内、外部环境的状态和特征，以及发展变化的各种消息、资料、数据等的总称。其中，外部环境信息包括与旅游企业经营活动有关的人口信息、经济信息、政治法律信息、社会文化信息、科学技术信息、市场竞争信息、市场需求信息等；内部信息包括旅游企业的营销成果信息、生产技术信息、资源供应信息等。

2. 旅游市场营销信息的作用

对于旅游企业而言，市场营销信息不但对其营销活动，而且对整个企业的未来发展都有重要的导向作用。其具体作用表现在以下四个方面。

（1）它是旅游企业制定营销战略的基础

旅游企业在制定营销战略前，首先必须了解有关的市场营销信息，研究旅游市场需求，从信息中了解市场、分析市场、把握机会，这是旅游企业经营者的共识。旅游企业必须要了解国内、国际旅游市场环境信息，把握宏观环境的变化，因为宏观因素的变化对旅游者和旅游企业的影响都是举足轻重的。如20世纪90年代末，一些投资者见旅游行业呈现蓬勃生机，在没有进行信息收集和分析的基础上，盲目投入巨资建立高星级饭店，以求早日跟上"朝阳产业"的步伐。而实际情况是旅游市场尽管兴旺，但由于竞争者蜂拥而入，一时间酒店供过于求，一些刚投入运行的饭店开业之际就开始亏损，最终损失惨重。

（2）它是旅游企业确定营销策略的导向

旅游企业在经营运作过程中，无论是对企业的营销目标及发展方向等战略问题，还是对企业的产品、价格、销售渠道和促销等战术问题，要做出正确的决策，这必须建立在准确市场营销信息的基础之上。没有相关的营销信息，旅游企业就会像迷失方向的小舟，盲目地漂浮在海面上。因此，准确、丰富、有效的旅游市场营销信息是旅游企业确定营销策略的导向。

阅读资料

好卖点？无市场？

北京飞扬旅行社为了迎接2000年圣诞节，策划了一个欧洲旅游的大项目。旅游团规模预计在200人左右。飞扬旅行社的促销口号是："到圣诞老人的故乡欢度新世纪的第一个圣诞节！"为此，旅行社从1999年11月中旬就开始启动市场，可到了12月10日，只有28人报名参团，无奈之下飞扬旅行社只好缩小组团规模，并取消了预订的大量客房、飞机票和交通工具等。

本以为这次销售活动有很好的卖点，可以获得非常火爆的市场响应，却没有料到会是如此惨淡的结局。飞扬旅行社总经理百思不得其解，怎么也不明白问题出在了哪里。为了找到答案，他进行了一次市场抽样调查。当市场调查报告出来后，他恍然大悟：在中国，圣诞节不是法定节日，没有假期，许多有意参团的旅游者只能忍痛放弃出游计划。总经理非常后悔没有在组织本次大型促销活动之前进行市场调查，如果事前进行了充分调查，就不会出现如此被动的局面，不会造成较大的经济损失。

资料来源：梁昭，《旅游市场营销》，中国人民大学出版社2006年版。

（3）它是营销计划和营销策略进行控制的依据

营销控制，是指按照既定的营销目标，对旅游企业的营销活动进行监督、检查，以保证营销目标顺利实现的管理活动。由于市场营销环境的不断变化，旅游企业在营销过程中必须随时注意市场的变化，进行信息反馈，以此为依据来修订营销计划，对旅游企业的营销活动进行有效控制，使旅游企业的营销活动能够按照既定的目标进行。例如，有些酒店在收集旅客意见时，发现许多旅客希望酒店能进一步满足他们个性娱乐的需求，因此，该项娱乐内容经过考证后，成了该酒店营销的一个亮点，深受旅客的欢迎。

（4）它是提高市场竞争能力的主要保证

随着现代科学技术的飞速发展，市场竞争在一定程度上已经表现为市场营销信息的竞争，谁先获得有关的市场营销信息，谁就将获得先机，如果能抓住市场机会，就能在相关的领域取得竞争优势。因此，如今的旅游企业都很重视营销信息的搜集工作，一些实力较强的旅游企业在其内部还设有专门的信息收集、分析、整理和研究机构，以便及时向企业的决策层提供可靠的市场营销信息，从而保证本企业在激烈的市场竞争中立于不败之地。

由此可见，现代旅游企业在经营活动中，越来越依赖于相应的旅游市场营销信息。为此，旅游企业根据自身需要，有计划、有目的的搜集相关信息便成了一项不可或缺的重要工作。

二、旅游市场营销信息系统

如今市场的信息繁而杂，如何有效地利用信息？这就需要制定相应的科学信息管理办法，建立相应的管理程序，来帮助收集、整理、分析信息，尽量避免信息太少、太杂、不专业、分析难度大等弊病，使信息真正发挥作用。

1. 旅游市场营销信息系统的概念

旅游市场营销信息系统是指一个由旅游企业人员、信息处理机器设备和运作程序组成的有机的、综合的系统。它承担的主要任务是准确、及时地对有关信息进行搜集、分析、评估、整理、分发，以供旅游营销决策者使用，从而做出科学的决策。

2. 旅游市场营销信息系统的构成

完整的旅游营销信息系统是由四个子系统构成的，即内部报告系统、营销情报系统、营销调研系统和影响分析系统。如图 4－1 所示。

（1）内部报告系统

内部报告系统管理的是旅游企业内部的重要信息，是旅游企业内部运作情况的反映。

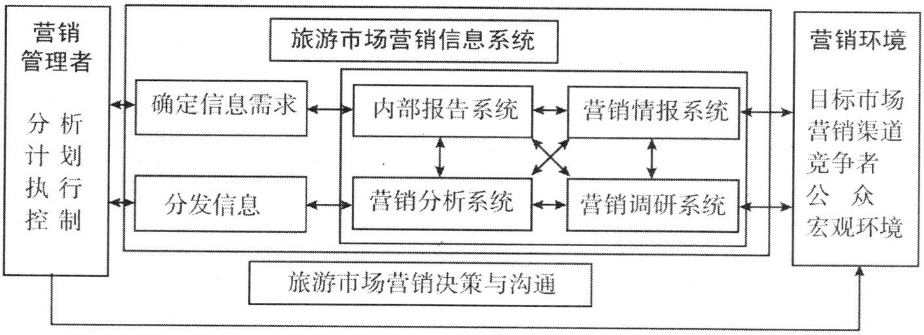

图4－1 旅游市场营销信息系统

它负责向旅游营销管理者提供有关销售、成本、现金流、应收账、应付账、人力资源状况等内部信息。如果获取旅游企业内部信息，就需要确切了解各旅游产品的销售情况，成本的核算结果，游客的来源特征、消费情况，同行之间的相关信息等，以便让决策者从所收集信息中确认所取得的业绩，并发现存在的问题，以找到发展的契机。

内部信息的了解相对来说比较便捷、成本较低，只要由相关部门及时提供，稍加整理就可以，但这并不能保证通过该系统就能进行有效决策。另外，在信息的分析和处理上，还要细化和科学化，才能更有效。

阅读资料

人走茶“热”——重视答复“宾客意见书”

雨花台饭店每日例行收集“宾客意见书”，并将所有的“意见书”上交主管销售的周副总。一日，周副总发现了一封充满失望和不满的“意见书”。原来，新疆五环外贸公司的一位陈先生出差期间下榻在雨花台饭店。住店期间饭店的服务一直非常周到，陈先生十分满意。然而在离店结账时，总台电脑显示陈先生曾在饭店歌舞厅消费过180元，但事实上陈先生并未进过酒店舞厅，他坚持要求复查。但复查两次后，电脑都显示陈先生有此消费，无奈之下，他只得付了这笔冤枉钱。陈先生越想越气，临走时在“宾客意见书”中写了一首打油诗：“饭店确实豪华，收费确实离谱，从未进过舞厅，还是被剁一刀。”

周副总发现这封“意见书”后，心生疑窦，于是亲自调查核实，发现原来是舞厅收银员记错了房号。周副总一面责成处理舞厅收银员的失职行为，一面着手联系陈先生，先是在电话里表达了歉意，后又送去鲜花和正式的致歉信，并将多收的180元如数奉还，从而获得了一个回头客。

分析提示

南京雨花台饭店的“宾客意见书”实际上是饭店收集有关信息的重要手段。能及时收到信息和处理信息，是饭店内部信息系统畅通的表现，重视答复“宾客意见书”，纠正错误，及时反馈，才将原本已失去的客人变成了回头客。

（2）营销情报系统

营销情报系统主要负责市场营销环境中来自外部的相关动态信息的收集和处理。决策者不能做井底之蛙，了解相关的外部信息是决策管理成败的关键。其信息主要通过以下渠道来获取。

①旅游企业内部人员所掌握的信息。内部员工需具备现代的市场意识，能随时捕捉有关各项环境指标变化的信息，通过各个不同岗位的人员，企业可以多层面地了解相关信息。

②经销商所掌握的第一手资料。企业的经销商处于市场的前沿，他们对于市场信息的敏感度更为直观，了解的信息幅度、可信度、可利用性往往更有价值。这具体有个途径：一是从中间商处获取信息。旅游中间商一头联系生产，另一头联系消费，其联系面广，掌握了大量关于旅游者、同行竞争者的信息。二是从专业信息提供机构购买信息。必要时，旅游企业可向专业信息供应机构购买所需要的信息。这种方式在有些情况下可为企业节省开支，并可保证信息的专业性。三是从企业自建的情报机构获取信息。由旅游企业的专门情报机构搜索和传递有关信息，本企业专门的情报机构搜集的信息针对性强、准确度较高。四是从媒体获取信息。媒体的信息最广泛，旅游企业可以充分利用大众媒体收集信息。电子媒体、印刷媒体均有非常丰富的信息资源，年鉴、报刊、电视、网络等都是获取信息的主要媒体。

技能训练

每班分为5组，按组完成下列内容：

1. 查阅旅游专业书籍和杂志，收集我国的旅游饭店的发展趋势。

2. 利用网络资源收集有关中国国际旅行社的经营状况。

3. 深入你所在城市的任意一家旅游企业，获取其经营的特色及竞争优势。

4. 你所在城市有哪些专业信息机构。

5. 利用广告、报刊等媒体，收集你所在城市的某4A级风景名胜区在某一双休日的接待状况。

（3）营销调研系统

营销调研系统是针对旅游企业所面临的特定营销环境下的具体问题，展开相关信息的收集、整理、分析并得出结论，以作为决策部门解决这一特定问题的参考。在现代旅游企业营销环境多变的情况下，该系统能够及时为企业解决特定的或突发性的问题提供准确的、非常规性的决策服务。比如，进行市场调查，评估市场潜力，分析市场趋势，预测广告效果等，要完成这些任务，旅游企业可以委托有关的咨询公司、大专院校的专家、科研机构等，也可以委托专业市场营销调研公司承担，还可以建立自己的营销调研机构。

（4）营销分析系统

营销分析系统也称为营销决策支持系统。在软硬件系统的支持下，利用科学的技术、技巧来分析营销信息，从中得出更为精确的研究结果，以帮助决策者更好地进行营销决策。

营销分析系统由统计库和模型库组成。统计库由一组较高级的统计方法组成，其目的在于采用各种统计分析技术，如回归分析、相关分析、因子分析、聚类分析等，从大量数据中找出相关因素之间的关系。模型库为一组数字模型，其目的在于借助文字、符号、图形、数学公式等来描述出事物的主要特征和变化规律，从而协助营销决策者确定最佳营销决策，如广告预算模型、投入—产出模型、价格模型、营销组合模型等。

项目二

旅游市场调研

项目要求

通过本项目的学习，掌握旅游市场调研的内容、类型、方法和程序；了解旅游市场调研的概念、技术等；具备旅游市场实地调查的能力。

现代企业正处在信息化的时代，及时、准确、有效的信息对旅游企业的营销活动至关重要。而如何获取这些信息呢？就必须进行市场调查。通过市场调查，了解旅游市场状况，掌握旅游市场变化趋势，抓住有利时机生产出适销对路的旅游产品，以获取经营效益的最大化，从而使营销企业在激烈的竞争中处于主动和优势地位。

一、旅游市场调研的概念

旅游市场调研是指运用科学的方法，有针对性地、有计划地、系统地收集、整理和分析有关旅游营销活动方面的信息，以了解旅游营销环境与市场状况，为旅游营销决策提供依据的活动。调研的目的是为营销决策服务，然而只有旅游市场营销调研的方法科学、目的明确、信息系统，营销决策才能高效。因此，要特别注意整个营销与调研系统的协调一致。

阅读资料

马里奥特饭店的市场调研

1986年的某天上午，6位马里奥特饭店的雇员在亚特兰大机场外的一家便宜旅馆登记入住。他们一住进房间，就开始工作：一个人呼叫前台，说他的鞋带断了，能否给他一副新的；另一个详细记下肥皂、洗发液和毛巾的商标；第三个人躺在床上，并开始呻吟、翻腾和敲击墙板。同时，隔壁的同事听见了这些声响，他们知道了此房间不隔音。

6个月来，马里奥特的情报队在全国各地收集关于经济连锁饭店（马里奥特公司极力希望进入的市场）的情报。当马里奥特饭店弄清了潜在对手的优势和劣势的详尽资料后，预算投资5亿美元建立一个新的饭店联号。该饭店打算从肥皂到服务到隔音客房，每个方面都能击败对方。

马里奥特饭店还私访了5家主要的经济型饭店联号的15名区域经理。从这些经理身上，他们了解到分部经理的需要和期望，获知了经理的职业期望、培训和报酬的信息，也洞察了各个连锁酒店的文化——价值观、信念和理想。

探查竞争对手的产品，是马里奥特获取有利于其开发新连锁店的一个渠道。他们还雇佣了猎头公司去会见其竞争对手的地区和区域经理。通过与雇员谈话和他们自己的观察，马里奥特发现了竞争者的弱点，并开发具有竞争力的产品。

马里奥特在每一个集市客栈旅馆开业之后继续收集市场情报，该公司还实施广泛的市场营销研究，包括电话和信件调查，跟踪调查其市场定位，研究调查客户对其服务的认知度。马里奥特饭店的经理们知道市场营销情报所具有的价值，不论是对开发集市客栈这样的具体项目，还是对其进一步的改进措施。这种注意收集、分析和运用情报的举措，大大促进了饭店的发展。

由此我们看出，旅游市场调研对于旅游企业的重要性。它是旅游企业获取信息的重要途径，是营销者认识旅游市场的基本方法，是进行旅游市场研究的有效手段，也是开展市场预测的必要前提，同样也为制定科学营销决策及提高营销效率提供了有力的资料依据。

二、旅游市场调研的内容

旅游业的交叉性和敏感性决定了旅游市场营销信息是复杂而多变的。营销人员在进行市场调研之前，首先要明确需要调研的内容。具体包括以下几个内容。

1. 旅游企业经营环境调研

通过旅游市场调研，使营销决策者了解旅游企业经营环境的性质。调研内容包括政治法律制度、社会经济、自然地理环境等方面。

（1）政治法律制度环境调研

主要内容包括：政治环境的稳定性；政府有关法规，如《环境保护法》、《旅游法》、《保险法》、《外商投资法》、与外国合资经营方面的条例等；政府的有关方针、政策，如价格、关税、外债、外汇投资、税收和财政政策，以及旅游发展等方面的方针政策；外国政局的变化，如外国政府的首脑变动，有关旅游机构的设置，战争、政治冲突，各种危机、罢工、暴乱等情况；旅游消费者的政治倾向性；旅游市场营销行为给旅游目的地或旅游客源国带来的政治影响。

（2）社会经济环境调研

调研内容主要包括：社会制度和经济制度的特点；人口及其增长情况；国民生产总值、国民收入、人均收入；城市居民存款情况；消费水平和消费结构；物价水平及其结构；投资状况；旅游目的地基础设施和配套设施建设情况。

（3）自然地理环境调研

调研内容主要包括：地理位置状况；物产状况；气候条件；地形、地貌。

2. 旅游企业经营潜力调研

通过对旅游企业内部资源状况的调查和外部市场的研究，判断企业的经营潜力。这项调研主要包括六项调研内容：旅游企业内部人力资源调研与分析；旅游企业内部财力资源调研与分析；旅游企业内部物力资源调研与分析；旅游企业内部竞争地位调研与分析；旅游企业内部销售状况调研与分析；旅游企业组织机构调研与分析。

3. 旅游企业经营效果调研

旅游企业经营效果调研包括总体经营效果的衡量和各经营项目的有效性研究。主要有四项调研内容：市场份额调研；产品线调研；广告效果调研；业务量调研。

4. 旅游消费者调研

旅游消费者调研包括对旅游消费者的年龄、性别、民族、受教育程度、职业、宗教信仰及这些人口统计变量对消费者购买行为的影响等因素的调查研究。主要有八项调研内容：旅游消费者的人口分布特点调研；购买能力、个人可任意支配收入、消费水平及消费结构调研；旅游消费者对本企业产品的忠诚程度调研；旅游消费者的欲望与购买动机调研；旅游消费者受教育程度和文化水平调研；旅游消费者的购买习惯、逗留时间调研；旅游消费者的宗教信仰、民族、种族、风俗习惯、审美观调研；家庭人口结构和家庭生命周期调研。

三、旅游市场调研的类型

旅游企业的营销人员往往根据企业的调研目的，选择适当的调研项目，确定相应的调研范围和合理的调研频率，并采取最为科学的调研方式和类型。通常情况下，不同的调研角度，就会有不同的调研类型。例如，从调研的空间，可将其分为国际市场调研和国内市场调研；从调研的频率，可将其分为经常性市场调研和临时性市场调研。而从调研的目的来划分是最基本、最普遍的分类，可以分为以下四个类型。

1. 探测性调研

此类调研主要是用来发现新机会，或找出对现有问题的可能解释，但不是要得出答案。当企业面临以下两种情况时，会采取这种调研方式。

一种情况是市场现象很复杂，实质性问题难以确认，为了确定调研的方向和重点，采用探测性调研帮助明确实质性问题，以便就此做更深入的调查；另一种情况是当旅游企业提出某些新的设想和构想时，可借助探测性调研来初步确认是否可行。此时，旅游企业会面临各种错综复杂的情况，如销售额下降，销售部门认为是产品及服务质量不能令人满意，具体运作部门感觉是竞争对手的销售更火爆，采购部门抱怨物价太高，而最高管理层则猜测宏观经济不景气是根源所在。探测性调研就是要初步收集资料，排除非关键因素，再有的放矢地进一步调研，以节约调研成本。

2. 描述性调研

此类调研是对市场的客观情况进行如实的记录和反映，如“对我国当前旅游企业发展状况”这样的题目进行调研。旅游企业的营销人员如果对所要调研的问题有一些事先的理解，或者对其调查方向较为明确，那么只需对营销活动中的现象进行观察，详尽地、如实地记录客观情况，描述旅游市场变化方面的数据资料，以便作为营销决策者的事实依据。

3. 因果性调研

此类调研主要是为了掌握有关市场现象之间的因果关系，也可用于某项市场试验。如为了研究广告效果，可以有计划地改变广告内容、广告频率、广告时间，然后收集有关销售额、品牌知名度、市场占有率等资料，从而掌握广告对销售的影响。但在使用因果调研时要防止片面性，因为同一现象或结果可能是由多种因素的变化引起的，如主要因素、次要因素、真实因素、虚假因素等，这些都需要调研人员加以分析和区别。

4. 预测性调研

此类调研是旅游企业为了推断和预测旅游市场未来变化而进行的调研，是旅游营销者制订营销方案、进行营销决策的前提和基础，对旅游企业的生存和发展具有重要意义。它涉及面广，研究方法多，研究方式灵活。如广告费用支出的变化会相应的改变销售量变化，它们之间存在着一定的因果关系，从而通过调整未来经营期广告费用的投入来预测未来销售量的多少。

四、旅游市场调研的方法

在旅游市场调研中，常用的方法有文案调研法、询问法、观察法、实验法等。

1. 文案调研法

文案调研法又叫间接调研法，是指通过搜集旅游企业内、外部各种现有的文献资料和数据进行营销分析研究的一种调研方法，主要用于不需要特别准确的数据资料，只需要了解旅游市场的发展动向的调研。此方法信息收集任意，成本低。但其时效性差，且受资料全面性、系统性的影响大，多用于旅游企业没有条件进行大规模实际调研的情况。

统计数据的资料来源主要有：旅游企业内部积累的各种资料；国家机关公布的国民经济发展计划，如统计资料、政策、法规、法令等；旅游行业协会和其他旅游组织提供的资料，或旅游研究机构、旅游专业情报机构和咨询机构所提供的市场情报和研究结果；旅游企业之间交流的有关资料；国内外公开出版的报纸、杂志、书籍及图书刊登的新闻、报道、消息、评论以及调查报告等。

获取以上统计数据的主要方法有以下三种。

（1）文献资料筛选法

这种方法通常根据旅游市场营销调研的目的和要求，有针对性地查找有关文献资料，从中分析和筛选出与旅游企业有关的信息情报。由于文献资料具有传播广泛、查找记录方便的优点，因而是旅游企业获取技术与经济情报的最主要来源。

（2）报刊剪辑分析法

这种方法是指调查人员平时从各种报刊中分析与收集旅游营销信息。旅游调研人员如果仔细去观察、收集、分析各种公开发行的报刊与杂志中与旅游企业市场营销有关的信息，就会收到意想不到的营销效果。因此，旅游企业应积极订阅与旅游相关的报纸杂志，同时还应该充分利用广播、电视、互联网等现代化通讯宣传渠道，收集情报信息，以及时发现市场机会，夺取和占领市场。

（3）情报联络网络

这种方法是指旅游企业在全国范围内或国外某些地区建立情报联络网，使商业情报资料收集工作的范围呈网状触及四面八方。旅游情报网的建立，一般由旅游企业派遣专门人员在重点营销地区设立固定情报资料收集点或同旅游相关部门以及有关情报组织定期互通情报，以获得有关旅游市场供求趋势、旅游者购买行为、价格情况等方面的信息。它一般适用于一些大型的旅游企业。

2. 实地调研法

实地调研发又叫直接调研法，是在周密的调查设计和组织下，由调研人员直接向被调查者收集原始资料的一种调研方法。根据调研方式的不同，实地调研法又分为询问法、观察法和实验法三种。

（1）询问法

询问法是通过向被调研对象提出问题而获取所需资料的一种方法。使用这种方法，可以获得其他调研法无法得到的信息，如被调查对象对某些问题的看法、态度等。因此，在进行描述性调研时，这种方法是最有效的。

根据旅游营销调研人员与被调查对象的接触方式不同，询问法还可以分为面谈法、电话询问法、邮寄调查法和留置问卷法四种。

①面谈法。面谈法是通过向被访问对象当面提问来搜集信息的一种方法。调研人员事先拟定调研提纲，然后才去访谈询问的方式向被调查者了解市场情况。

面谈法又可分为个人面谈与小组面谈、一次面谈与多次面谈等。

②电话询问法。电话询问法是调研人员通过电话与被调查者交谈获取信息资料的方式。这种方式速度快，且问题便于统一，但时间短，信息不深入、不详细。

③邮寄调查法。邮寄调查法是将调查问卷邮寄给被调查者，请他们按要求填写后寄回，从中获取信息的调研方法。此方法调研范围广，且被调查者在时间、环境较为宽松的情况下回答问题，信息较为真实。但往往存在问卷回收率低、拖延时间长的局限性。

④留置问卷法。留置问卷法是旅游营销调研人员将问卷交给被调查对象，说明回答方法后，将问卷留置于被调查对象手中，让其自行填写，再由旅游营销调研人员定期收回的方法。这种方法是面谈法和邮寄调查法的折中办法，因此其优缺点介于两者之间。

（2）观察法

观察法是调研人员在现场对被调研对象进行直接观察或借助仪器设备进行记录，以获取相关信息资料的方法。它最大的优点是能客观、真实地反映被调查者的实际行为和心理特征，资料真实可靠，较适用于对酒店服务质量、景点游客人数、旅游商场购物行为等方面的调研。如在酒店餐厅中，营销人员可通过观察顾客用餐时的面部表情，听其对菜肴的评价来判断顾客对酒店产品的满意度。

（3）实验法

实验法是指将被调查对象置于特定的控制环境下，通过测量外界因素变化和相应的结果变化来发现它们之间的因果关系，以获取信息资料的调研方法。它是因果调研法中经常使用的一种行之有效的方法。其优点是方法科学，资料真实。但由于客观市场营销环境异常复杂，从而严重影响实验结果的推广。

阅读资料

饭店营销调研的几个误区

对于饭店营销调研的重要性，从理论上来说人们并无疑议。但在现实操作中却陷入种种误区，影响了饭店营销计划的正确性和营销策略的针对性，从而难以达到预期的营销效果。所以，饭店经营人员需澄清这些不太准确的认识。

（1）对饭店营销的狭隘理解。不少经理人员认识比较片面，也有的人是习惯于主观臆断，认为营销调研工作不过是收集数据而已，而营销调研的方法也无非是“一把剪子，一瓶糨糊”，把营销调研看成是简单的文书性工作。在卖方市场情况下，此问题尤为突出。

（2）缺乏结论性营销调研报告。营销调研既耗时间，成本又颇昂贵，调研题目往往很宽泛，且不太具体，当前的营销调研结果仅是参考性资料，很少有结论性的报告，这就很难对营销计划、营销策略决策提供切实依据。

（3）临时“抱佛脚”。饭店决策遇到难题需要营销调研支持时，却感到缺乏资料，而经过调查研究，数据收集、整理、分析之后，问题的紧迫性又过去了，调研资料因错过最佳时机而失去实际价值。因此，针对一些饭店营销的重要信息，应加强常规性的调研。

资料来源：刘菲，《饭店业营销》（派力营销思想库46），企业管理出版社1999年版。

五、旅游市场调研的程序

为保证旅游市场营销调研的系统性与准确性，营销调研活动应依据一定的科学程序进行。一般来说，需要经过确定旅游营销调研项目、制定调研计划、组织调研实施、分析调研结果、编写调研报告五个步骤，如图4－2所示。

1. 确定旅游市场营销调研项目

在旅游市场营销决策的过程中，会存在许多不确定的因素，故应在调研实施前制定出有指导性的调研目标和项目。旅游目标是指为什么要进行调研，调研要了解什么问题，了解这些问题有什么用处等。调研项目是指调查什么样的对象，应该收集哪些方面的信息资料。在选择项目中，涉及哪些问题是关键。如果问题太宽、太广，容易得到许多不需要的信息，增加调研成本和时间；而问题太窄，又不能得到实际需要的信息，错失市场机会。

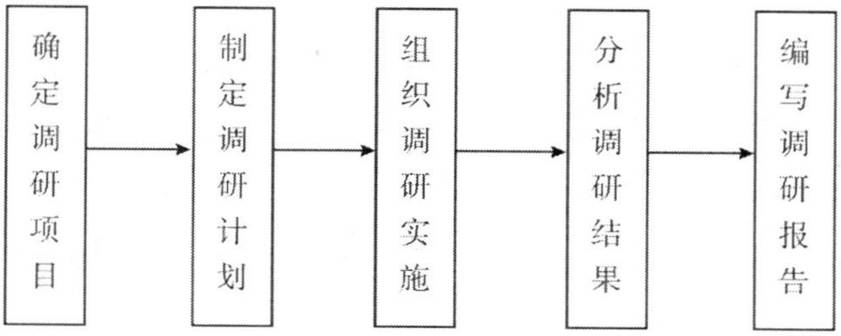

图 4－2　旅游市场营销调研的步骤示意图

2. 制定旅游市场营销调研计划

市场调研计划是旅游市场调研的行动纲领。它包括：采用什么调研方法，分几个步骤，调研人员的安排及其分工，整个调研工作的时间和进度，调研费用预算等内容。制定切实可行的调研计划，可以保证调研工作的顺利进行。

阅读资料

一般情况下，确定调研目标和内容可通过回答以下问题来加以明确。

（1）为什么进行调研？

（2）通过调研要收集什么资料？

（3）掌握这些资料有什么用？

同时要注意：

（1）应努力使调研问题定量化，提出具体的数量目标。

（2）内容不能太宽，也不能太窄。内容所涉及的范围太宽，会使调研人员在大量的信息面前无法判断，迷失方向；而范围太窄，则又不能反映出旅游市场的基本情况，使调研起不到应有的作用。

3. 收集信息资料

信息资料可以是二手资料，也可以是一手资料。二手资料可通过内部的客户订单和销售资料获取，也可通过外部的统计机构来收集；一手资料可通过询问法、观察法、实验法或问卷法获取。

现代的计算机技术和信息技术使得资料收集方法得到迅速发展，一些旅游企业在异地就可以进行全国性的访问工作。访问人员随机拨打国内电话，然后根据屏幕所示问题提问被访问者，再把答案输入计算机，接着就会输出统计结果。这样既减少了错误，又节省了时间。还有一些调研公司在调研地点设置交互终端，愿意接受访问的人坐在终端前阅读屏幕上的问题，并输入答案。而且大多数被访问者喜欢接受这种“机器人”的访问。

4. 分析处理信息

把采集到的零散数据转换为适合于汇总制表和数据分析的形式，然后进行数据分析。具体分析过程为：问卷检查、数据编辑、数据编码、数据录入和数据分析。

5. 提交调研报告

一份好的调研报告要以前面各阶段的细致工作为前提，调研人员必须高度重视调研报告。

一份市场调研报告，一般有封面、目录、概要、引言、数据分析、研究结果、结论和建议、附录等内容。

六、旅游市场调研的技术

进行旅游调研，不仅要制定周密的调查计划，选择合适的调查方法，还要善于运用各种调研技术，才能获得准确、完整、有用的资料。调查问卷的设计技术、调查提问技巧及抽样设计是旅游市场调研中常用的基本技术。

1. 问卷设计技术

（1）问卷的基本结构

完整的调查问卷通常包括以下内容。

①问卷的标题。概括说明调查的主题，标题要简明扼要，概括性强，易于理解并能引起被调查者的兴趣。如“旅游者消费状况调查”，“西安游客兴趣问卷”等。

②问卷说明。主要包括引言和注释，目的在于引起被调查者的重视和兴趣，放松他们的警觉，争取他们的支持和合作。引言包括调查的目的、意义、主要内容，调查的组织者、保密措施等；注释包括填写方式、填写要求，以及有关注意事项。

③被调查者的基本情况。如性别、年龄、职业、收入、民族等，根据调查目的而定，并非多多益善。

④调查的主体内容。主要是研究者所需要的信息内容，一般以提问形式出现。

（2）设计问卷时应注意的问题

①避免多义性问题。问卷的用词必须简单明了、含义清楚，切忌模棱两可、似是而非。

②避免一般性问题。问卷提问的目的通常是为了进行旅游研究、旅游管理、开发、规划等需要第一手资料所进行的调查，如果所提的问题过于一般化，就会使得获取的信息和资料没有实质性的价值，使得整个调研活动失去意义。

③避免引导性问题。问卷中采用的措辞或语气不能带有某种倾向，或对被调查人员带有提示性或暗示性，提问要客观、实用。

④避免困窘性问题。在设计的问题中不能涉及个人隐私、民族忌讳、敏感的国际或政治问题，避免道德规范和文化风俗不能接受的问题。

⑤避免假设性问题。先假设一种情况，然后要求被调查人员回答在假设的情况下将采取何种行动，这种提问在一般情况下是得不到真实答案的。

（3）问题设计的形式

①实质性问题。即了解实际情况的问题，包括事实问题、行为问题、观念问题和态度问题。

②功能性问题。即为被调查者发生某种作用而提出的问题，包括接触性问题、过渡性问题、连贯性问题和检测性问题。

③开放式问题。这类问题是希望被调查对象在回答时能自由作答，自由发挥。此类问题根据结构包括以下三种形式：

第一，完全无结构。即只提出问题，被调查对象可以毫无限制地回答。如：

“您对上海建迪斯尼乐园有什么看法?” __________

第二，文字联想。即给出一些相关的文字，询问被调查者相关的内容。如：

“您对西安旅游的第一印象是什么?”

导游服务__________________

交通状况__________________

旅游环境__________________

景点特色__________________

……

第三，补充句子。即提供一些不完整的句子，由被调查者补充。如：

“当您第一次出游时，考虑最多的是__________________。”

④封闭式问题。这种问题的答案事先由调研人员设计好，被调查人员只要在备选答案中选择合适答案即可。封闭式问题又可以分为两项式和多项式两种形式。

第一，两项式。即提供两个被选答案，或可回答的只涉及两个方面。如：

“您以后还会来西安旅游吗?”

A. 会　　　　B. 不会

第二，多项式。即提供三个或更多备选答案的问题，被调查对象可以选一个合适答案，也可以是多个。如：

“您是从哪儿得知翠华山的？”

A. 电视台的宣传片　　B. 报刊广告　　C. 别人介绍　　D. 网络

E. 旅游资料　　F. 旅行社人员介绍　　G. 来西安顺路　　H. 其他

“您对当地人的看法如何？”

A. 热情好客　　B. 淳朴善良　　C. 一般　　D. 有经济头脑　　E. 落后愚昧

⑤态度测量问题。这是用来测量态度强度的问题，形式有多种，下面介绍三种：

第一，顺位式问题。即从若干答案中排出自己看法、态度的先后顺序。如：

“您认为西安旅游的吸引力是什么？”（将数字1～5填入相应的括号，以表示吸引力从最强到最差）

A. 景点（　　）　　B. 环境（　　）　　C. 服务（　　）

D. 文化（　　）　　E. 民俗（　　）

第二，语意差别式问题。即从文字含义中区别态度的强度。如：

“来过翠华山后，您感觉如何？”

A. 比预期好　　B. 与预期的效果差不多　　C. 不如预期中的那么好

第三，数值尺度式问题。即用数值来表示态度的强度。如：

“您认为青年旅行社的服务质量如何？”

A. +2　　B. +1　　C. 0　　D. 1　　E. 2

（4）问题的排列

①相同性质或同类问题要集中排列。

②要按问题的难易程度，先易后难，由浅入深排列，即先列被调查者熟悉的问题，再排生疏的；先问事实行为方面的问题，再问观念、情感、态度方面的问题；先问一般性问题，后问特殊性问题，开放式问题放在问卷的最后。

③要按时间先后排列。

（5）回答的设计

问题设计的形式不同，回答的方式也不同。具体表现在：开放式问题的回答采用填入式；封闭式问题的回答根据问题的形式不同有二项式（或否定式）、多项式、顺序填答式、等级填答式、矩阵式、评分式、比较式、连线配合式等。

①列出的答案包括所有可能的回答。如：

“您此次来西安的主要花费用于？”

A. 交通　　B. 住宿　　C. 饮食　　D. 景点门票

E. 购物　　F. 旅游纪念品　　G. 娱乐　　H. 其他（或）

②不同答案之间不能互相包含。

③答案的表述须简单易懂，标准规范。

技能训练

每班分为六组，按组完成下列内容。

1. 帮旅行社（组团社）的（全陪）导游设计一份游客调查表。
2. 设计一份饭店客房的问卷调查。
3. 设计一份饭店酒店餐饮部的消费者调查表。
4. 设计兵马俑游客调查表。
5. 设计一份风景区的网上跟踪问卷。
6. 设计一份陕西旅游网上调查表。

2. 调查提问技巧

问卷的设计只是完成了旅游市场调研的基础工作，重要的步骤和核心的工作是找到适合的调研对象，以完成设计好的问卷。在调查中，要想得到调研对象较高的回答率和较准确的答案，一方面需要现场调查员具有良好的提问技巧，另一方面需要注意调查问卷的提问技巧。

（1）调查员的提问技巧

要保证所有的调查员以同样有效的态度对待问卷和被调查者，就必须对调查员进行培训，以使其采集的数据具有一致性和准确性。调查员培训的内容包括：如何接触调查对象、如何提问、如何追问、如何利用非语言控制、如何记录被访者的回答，以及如何判断结束访谈。

（2）调查问卷的提问技巧

调查问卷的提问技巧包括：所提问题必须简短，以免造成对方的混乱；直接提问与间接提问相结合；不要直接使用企业或产品的品牌；回答问题不需要太多的专业知识；问题不能有争议性或多重解释；不要涉及别人的隐私。

3. 抽样技术

因为普查的成本昂贵而且非常费时，对大多数旅游产品和服务而言都不现实，所以抽样调查是绝大多数企业调研中所运用的调查方法。抽样调查是对调查对象中的部分单位进行调查的方式。它要求所选的单位要具有充分的代表性，以反映出总体的特征。抽样调查又分为典型调查、重点调查、抽样调查几种形式。

（1）典型调查

指根据调查的目的和任务，从对象总体中选择一个或若干具有代表意义的单位进行深入调查的方式。

（2）重点调查

指在被调查对象中选择一个或几个市场现象比较集中、对全局具有决定性作用的重点单位进行调查的方式。

（3）抽样调查

指按调查任务确定的调查范围，从全体调查对象中抽选部分对象作为样本进行调查，用所得结果推断总体结果的调查方式。根据调查对象总体中每一个体单位被抽取的概率是否相等的原则，又分为随机抽样调查和非随机抽样调查。

随机抽样调查是指从调研对象总体中完全按照随机原则抽取一定数量的样本单位进行调查，以样本调查结果推断总体结果的一种调查方式。这种方法对调研总体中每一个样本单位都赋予平等的抽样机会，完全排除了人为主观因素的影响。常用的随机抽样方法有简单随机抽样、分层随机抽样和分群随机抽样。

非随机抽样调查是指根据调查人员的需要和经验，凭借个人主观设定的某个标准抽取样本单位的调查方式。在非随机抽样调查中，通过调查人员有意识地选择具有代表性的个体作为样本，以样本调查结果推测总体状况。常用的非随机抽样方法有任意抽样、判断抽样和定额抽样。

项目三

旅游市场预测

项目要求

通过本项目的学习，掌握旅游市场预测的概念、内容、方法和程序；具备运用定性预测、简单定量预测旅游市场的能力。

现代社会旅游市场环境复杂多变，旅游企业之间的竞争日益激烈。为了在未来的发展中占有一席之地，旅游企业就必须对旅游市场营销环境的发展趋势及其变化规律做出正确的判断，而正确的判断是建立在科学、合理的预测基础上的。

有效营销策略的制定取决于相关方面的准确预测，即只有通过准确的市场预测，旅游企业才能在确定目标市场之前，仔细的评价和衡量每一个市场机会潜在的规模、成长和利润，用合适的营销方式把握最合适的市场机会，从而避免盲目的营销决策，提高营销效果。

一、旅游市场预测的概念

旅游市场预测是指通过市场调查所取得的某一市场现象过去和现在的有关资料，用科学的方法寻找其演变规律，并以此为依据来推断该市场现象未来的状态，即市场前景，做出推断和估计。

阅读资料

旅游畅想

随着社会与技术进步，人们的休闲时间增多了。到2015年之前的这段时间，新技术和其他一些趋势可以让人们把生命中超过50%的时间用于休闲。

每周工作时间已逐步减少，从18世纪末的每周72小时减少到1859年的69.8小时，到20世纪90年代已不足40小时。在欧洲，每周工作30个小时并非是新鲜事。欧洲国家，尤其是在工党占主导地位的欧洲国家，正在讨论每周是否只工作20个小时。

假期的天数逐渐增多，众多的种族、民族和宗教利益团体会推动这个趋势。

休假的时间也会越来越长。目前，平均享有12天休假的美国人到2022年将享有40天休假。芬兰工人在1993年享有37.5天休假。西欧人享有的休假天数是美国人的2~3倍，荷兰人是32.5天，意大利人是32天，德国人是30天。无论是不是带薪休假，人们在休假期间的开销也变得越来越多。

人们的退休年龄也前所未有的提早。美国人的退休年龄在1950~1955年间平均是63岁，而1994年，60岁成为最普遍的退休年龄。但是，退休年龄以后将会回升。到2022年，符合社会保障的规定年龄将从65岁提高到67岁。到2025年，由于人们寿命延长，身体更为健康，退休年龄也会提高到70岁。假定生命延续在以后普遍成为现实，人们能活到120岁，如果70岁才退休，人们该如何度过余下的50年？

休闲会给人们带来许多新的生活态度、观点和活动。人们将购买经验而不是物品，提供奇遇和冒险的行业将尤为繁荣兴旺，人们希望亲眼看到世界上的其他地方。到2020年，中国将成为世界上旅游观光的首选旅游目的地。

资料来源：《未来学家预测——新世纪五大浪潮》，《现代工商》，2000年第5期。

二、旅游市场预测的内容

调查是预测的前提，没有调查就没有发言权。因此，旅游市场预测实际上是旅游市场调查结果的运用与延续。旅游市场预测的内容十分广泛。不同的市场主体或不同的预测目的，决定了市场预测有不同的侧重点。

1. 旅游市场营销环境预测

旅游环境是指旅游市场发展的营销环境，是指影响旅游市场需求和供给的行业不可控的因素。旅游环境发展趋势预测包括对宏观经济、政治和法律、科学技术、社会文化、人口以及自然环境等因素的预测。这类预测一般都表现为描述性的定性推断。

2. 旅游市场需求预测

旅游市场需求预测是旅游企业预测的重点，因为旅游企业最关注的是旅游市场需求的问题。旅游市场需求是指在特定时期、特定地域内，在特定的营销组合下，特定顾客群体对旅游产品和服务现实的和潜在的需求。

3. 旅游市场占有率预测

市场占有率是旅游企业产品的销售量占该产品市场总销售量的比重。对它的预测，可以看出本企业在旅游业中的实力以及本企业在旅游行业中的竞争力和所处的地位，以便掌握市场竞争的动态状况，采取相应的竞争策略。

4. 增长机会预测

旅游企业最有发展潜力的市场可分为两类：一类是对本旅游企业的需求量将增加的市场；另一类是本企业应当获得平均市场份额，但现在尚未达到平均市场份额的市场。

旅游营销预测人员应该将目前本企业所吸引的旅游市场分为增长、稳定和衰弱三种类型，再通过定量分析，预测各细分市场对本企业的需求量是增加或是减少，了解该市场以往的发展轨迹，征询旅游统计人员的意见，往往可以大大提高预测的精确性。

5. 竞争情况预测

旅游企业能否从增长型市场和稳定型市场中吸引更多的旅游者，还会受到竞争对手的营销战术的影响。本企业或竞争对手能否成功，在很大程度上是由企业的声誉和知名度、旅游产品和服务的质量、旅游企业所处的地理位置、市场对旅游企业产品的性价比、旅游促销的效率等因素决定的。

三、旅游市场预测的步骤

1. 明确预测目标

进行旅游市场预测，首先要确定预测对象和明确预测目标。这样才能有的放矢地制订计划，掌握工作要求，合理安排相关事宜。

确定预测目标，就是根据企业的经营活动和决策上的要求来确定企业的需要，预测解决什么问题，从而确定预测范围、目标领域和预测的时间要求，并拟定预测项目，制定预测工作计划，编制预算、调配力量，组织实施，以保证市场预测工作有计划、有步骤的进行。

2. 收集和分析资料

资料可分为原始资料和二手资料，又可分为直接相关资料和间接相关资料。若收集全部资料，则费时费力，因此，在资料收集过程中，要把握一个“度”。通过核实、整理、审查这些结果，全面、系统、准确地掌握信息资料和调查结果，才能保证预测的质量。

3. 选择预测方法和建立预测模型

根据预测的对象、目标及具体环境、人员、成本等情况，选择合适的预测方法。预测方法分为定性预测和定量预测。调研过程中若不能获取较充分的数据，或无法收集到有关数据，应借助于经验判断、逻辑推理，采用定性预测方法；若能够获取充分的数据，并且未来的市场变化与历史的规律差异不大时，宜采用统计分析、数学模型等定量预测的方法。

4. 提出预测报告

旅游市场预测报告是对整个预测工作过程的概括和总结，做出预测是在选择预测方法、建立预测模型的基础上，根据对未来的了解、分析，推测预测目标的可能水平和发展趋势。

市场预测报告的要求有：高度重视报告的阅读者或使用者的特征及需要；报告内容要实事求是，严禁虚假和夸大，预测只是估计和推测，不可能百分之百准确，要注明误差的大小和发生的概率；报告要突出预测的目的；报告的结构要完整，内容要有重点，注意运用图表和数字来表达意见。

5. 追踪反馈

旅游市场瞬息万变，预测结果与客观事实难免有不吻合之处，这就需要旅游营销人员时时监控，随时调整，使预测更具实用性、客观性、前瞻性。

四、旅游市场预测的方法

科学的市场预测需要应用定性分析和定量分析两种方法，并且要将两者有机结合起来运用。

1. 定性分析预测法

定性预测是由预测者根据自己所掌握的信息，结合个人实践以及自身的分析判断，对旅游企业的发展前景、旅游市场需求指标的变化趋势和未来结果进行直观判断的方法。此类方法简单易行，一般不需要系统和全面的数据资料，而且简便易行，成本低、费时少；但受个人主观因素和条件的影响较大。因此，较适合于预测趋势性、方向性的问题。常用的旅游市场预测的定性分析方法有以下几种。

（1）经验判断法

经验判断法也叫集体意见法，是由预测主持人召集旅游企业内有经验、熟悉业务和具有综合分析能力的主管人员、职能人员、业务人员，利用他们对事物的经验和判断对预测问题进行讨论、分析、判断的市场预测方法。

这种预测方法的一个重点是要选择企业中哪些人员作为代表发表意见；另一个重点是对参与人员的意见进行重要性权数分配，一般看这个预测者对这项决策是否有经验，是否有权威，职务高低等因素。

尽管它是通过主观估计的结果预测的，但由于预测人员都掌握一定的市场资料，具有相当的经验，因此在环境正常的情况下，预测结果具有较高的实用价值。

（2）专家意见法

专家意见法，就是根据市场预测的目的和要求，请有关专家就旅游市场未来的发展变化，运用集体的智慧，对某事件的未来做出判断，提出预测结果。专家意见法通常要事先向专家提供有关的背景资料，但若无背景资料或资料不完整的时候，仍然可以采用专家意见法。

专家意见法的运用非常广泛，基本上有以下两种形式。

①专家会议法。即头脑风暴法，就是专家通过会议形式，由训练有素的主持人以自然方式进行访谈，让专家对企业行为或市场前景做出评价。

②德尔菲（Delphi）法。是由美国兰德公司于20世纪40年代发明的有组织地征询专家意见的方法。它是专家独立思考、分析和假设市场前景的一种方法，从而减少或消除了群体之间的互相影响。通常的程序是：先确定好参加的专家，成立专家小组；将背景资料设计为问卷的形式，分别寄到专家手中；各个专家根据预测要求和目的独立做出预测，将结果寄回主持；经调查主持审查、修改、提出意见，再发回各位专家手中；专家根据综合结果再修正自己的预测结果，再寄回……如此往复（一般情况下需要3~4轮），直到各专家对市场未来的预测趋于一致，取一致意见中较为合理的值作为最终的结果。

德尔菲法的优点是：由于专家互不认识、互不讨论，因此不受外界干扰，更能客观地发挥自己独立的观点和见解；由于多次征询与反馈，使每位专家能够形成自己比较成熟的意见，又能够发挥专家相互借鉴的积极作用，所得结论较为科学、可靠。

德尔菲法的缺点是：信函方式耗时，且市场复杂多变，容易贻误时机；部分专家可能会中途退出，导致意见、结果受影响。

2. 定量分析预测法

定量分析预测法是指依据全面、系统、完备的历史和现实的数据资料，利用统计方法和数学模型近似地提出预测对象的数量变动关系及未来旅游企业发展的情况，并据此对预测对象做出定量测算的预测方法。常用的定量分析预测法有以下五种。

（1）简单平均法

简单平均法又叫算术平均法，是指使用预测对象过去时期某一研究指标的算术平均值预测未来变化趋势的一种方法。如简单地把旅游企业过去几年的接待量进行算术平均，取得的平均数作为下一年接待量的预测值。

（2）移动平均法

移动平均法是在简单平均法的基础上发展起来的一种方法，即对历史数据按顺序逐点分段移动平均，以反映预测对象的变化趋势。这种方法克服了简单平均法对所有历史数据一次平均而不能反映出预测对象长期趋势的缺陷。移动平均法还可以根据需要分为一次移动平均法和二次移动平均法两种。

（3）指数平滑法

利用本期的观察值和预测值用平滑系数加以修正，得到下期预测数的一种方法。此方法的突出特点是，既考虑了历史数据和近期实际统计数据对预测的影响，同时又反映出两者对预测结果的影响程度不同的事实（实际上近期实际数据对预测趋势的影响较大），而且预测者有很大的灵活性。利用平滑系数来调整近期观察值和预测值之间的相对强度，从而提高预测的准确度。

（4）季节模型法

旅游企业常常面临旅游需求季节性变动的情况，因此，旅游营销人员应进行季节变动预测。利用预测变量的时间序列资料来测定季节的变动，首先收集有规律的时间序列内的数据及每一时间周期数据的季节性变化规律，然后再根据序列时间范围内的季节数据变化规律来预测下一周期内的季节预测值。

（5）回归分析预测法

回归分析预测法也叫因果分析预测法。事物的发展变化都是相互联系、相互依存的，许多事物、现象、因素彼此关联而构成关系、过程、系统，预测对象的变化往往是由于多种影响因素变化引起的，与这些影响因素之间有某种依存关系。

本模块小结

旅游市场营销信息是旅游企业营销活动的重要影响因素，是旅游企业最重要的战略资源。在现代市场经济下，旅游企业营销人员不仅要掌握获取、分析和利用信息的相关知识，而且要建立专门的、能够高质量快速处理信息的系统。旅游市场营销信息系统包括内部保护系统、营销情报系统、营销调研系统和营销决策分析四各子系统。

营销信息的获取要靠有组织、有计划、有步骤的旅游市场调研。调研内容一般包括旅游企业的外部环境信息和内部管理信息两大部分。调研的信息资料可通过文案调查法和实地调查法来收集。针对调研所要解决的问题不同，可进行探测性调研、描述性调研、因果性调研和预测性调研。

旅游市场预测是根据市场调研所获得的有关过去和现在的数据资料，推测旅游市场未来发展，并通过分析研究，为旅游企业营销决策提供最佳的营销方案的活动过程。旅游市场预测的内容十分广泛，一般包括旅游市场营销环境和趋势、旅游市场需求、旅游产品市场价格等。可通过定性和定量两种方法精心预测。

旅游企业通过特定的营销信息系统，不仅要获得并利用好相关信息，还要对它进行科学、有效的管理。

本模块参考浏览网址

1. http：//www. docin. com/p－8120735. html
2. http：//www. gznc. edu. cn/jpk/lyxy_ scyx/jiaoan/ch3. htm
3. http：//www. cmir. com. cn/cmir_ report/scdy/17062. shtml

基础知识思考题

1. 旅游市场营销信息对旅游企业营销活动能起到什么作用?
2. 旅游市场营销调研的主要类型和方法有哪些?
3. 旅游市场预测的方法有哪些? 对于一个小企业而言，最好用什么方法进行市场预测?
4. 网上调研有什么优点和缺点?

基本操作技能题

1. 试为一家旅游企业设计一份“黄金周”旅游需求调查问卷，并说明所设计问题的理由。
2. 运用所学的调查方法，选择当地2～3家著名的旅游景点，自拟调查目的，进行一次有组织的调查活动，并写出一份调查报告。

阅读分析题

旅游业市场状况调查报告

改革开放30年来，我国的旅游业取得了长足的发展，实现了由旅游资源大国向亚洲旅游大国的历史性跨越。从国内旅游业的收入看，仅从1985~1998年的14年数据表明，除1989年外，13年都保持了两到三位数的增长速度。1999年入境过夜者2700万人次，外国旅游者人数可达840万人次，比1998年增长18%，比历史上最高年份1997年还增长13%；国际旅游外汇收入可突破140亿美元，比1998年增长12%左右，提前一个实现“九五”计划指标；国内旅游蓬勃发展，势头良好，全年国内旅游预计达7.1亿人次，旅游收入超过2800亿元人民币，发挥了刺激内需，活跃市场，拉动经济的作用；全国国际国内旅游可突破4000亿元人民币，比1998年增长17%左右。

世界旅游组织预计国际旅游业前景继续看好，21世纪，旅游业将成为世界头号产业，到2001年全球游客人数达15亿人次，总收入达2万亿美元。世界旅游组织的调查报告认为，无论是工业化国家还是发展中国家，旅游业作为经济支柱的地位不会改变。

虽然市场前景十分诱人，但是，我国的旅游业存在很严重的问题。这主要表现在：首先，旅游基础设施相对薄弱；其次，全国共有6000多家旅行社，但企业规模实力小，经营管理分散，体制不活，营销手段滞后，技术依托和网络化水平低，市场尚不规范，绝大部分的旅行社为“小作坊”经营方式，只有几个员工，服务质量低下，这些旅行社从表面上看隶属于不同的行业和部门，关系错综复杂，国旅、青旅和中旅三家骨干旅行社也仅仅占30%左右的市场份额；再次，产品创新不足，小的旅行社没有能力开发新产品，大旅行社又没有动力创新；最后，在缺乏产品创新的情况下，当前的旅游业市场竞争是单一的价格竞争，这是一种低层次的恶性无序竞争，恶性价格竞争最终导致行业利益的损失和消费者所应享受的服务质量下降。

改变旅游市场这种状况，唯一的出路是产品创新，为未来投资。对于公司来说，就需要考虑改变产品创新周期。在传统的业务模式下，产品的提供基于物理网点，以点对点（人对人）的形式进行。在这种情况下，市场需求分散，难以产生规模效应，制约了新产品的开发和推广销售，也就延长了产品创新周期和推广销售周期。所以，应通过互联网集中需求，并对需求进行迅速分析。集中需求能够产生规模效应，使需求在一个层面上表现出来，同时促使企业产生新的营销方式，实现了新产品的开发和迅速推广销售。

加入 WTO 后，旅游业对外放开，大量的外国公司涌入中国旅游市场，中国的旅行社面临更加激烈的竞争。而且，国外旅游电子商务的高度发展远非国内旅游业电子商务发展所能比的。所以，仅仅依靠现在旅行社传统的产品和营销、经营方式，将无法应对国外企业的竞争，必须尽快发展电子商务，改变原有的经营方式，开发新的产品，提高人员素质。

（资料来源于 http：//wendang. freekaoyan. com/xindetihui/lvyouwaishi）

1. 该项调研有何价值和意义？
2. 你是如何看待中国未来的旅游市场？
3. 根据此报告涉及的内容设计一份某旅游地的市场调查表。

模块五 5 旅游目标市场营销

基础知识目标

1.了解旅游市场细分、目标市场定位和旅游市场定位的概念。

2.掌握旅游市场细分的标准、旅游目标市场策略和旅游市场定位的方法和策略。

3.了解旅游市场细分的原则、目标市场的覆盖范围和旅游市场定位的过程。

基本技能目标

1.能够选择合适的标准进行旅游市场细分。

2.具备为旅游企业选择目标市场的能力。

3.具备为旅游企业和旅游产品进行正确定位的能力。

项目一

旅游市场细分

项目要求

通过本项目的学习，掌握旅游市场细分的标准；了解旅游市场细分的概念、作用及进行旅游市场细分的原则；能够选择合适的标准进行市场细分。

从企业市场营销的角度来看，旅游市场是潜在旅游者对某种旅游产品或服务的整体需求。但由于旅游市场本身的广阔性和复杂多变性，任何旅游企业或任何旅游产品都不可能满足所有旅游者互有差异的整体需求。这不仅仅限于资源，也是为了保证效率。一个企业要想在市场中生存或发展，都应为、也只能满足全体买主中的某一类或某几类特定买主的需求。实践证明，成功经营的企业，不仅要明确为什么样的需要服务，尤其要明确为谁的需要服务（目标市场）。

因此，旅游企业只有在做好充分的市场调研基础上，正确地细分旅游市场，识别市场机会，才能找到适合企业自身生存与发展的空间，从而迈向成功之路。

一、旅游市场细分的概念

按旅游市场的不同特点，可将其细分为若干小块，把基本需求相同的列为一个细分市场，叫做旅游市场细分。经过市场细分后，每一个具有相似需求特点的旅游者群体就是一个细分市场。

市场细分的概念从根本上改变了人们对市场的看法。过去人们把市场看做一个整体，认为所有的旅游者对产品的需求是大致相同的，只需要单一品种、单一性能和单一包装的产品；认为企业占领市场的主要办法是保证产品质量、降低成本和价格。实际上，企业还可以通过有针对性地提供不同的产品去满足不同旅游者的需求，来达到占领市场、提高市场占有率的目的。

【知识链接】

市场通常可分为同质市场与异质市场两类。同质市场是指消费者对某一产品的需求、欲望、购买行为以及对企业策略的反映等方面具有基本相同或极为相似的一致性，这种市场就属于同质市场；异质市场是指消费者或用户对某种产品的质料、特性、规格、档次、花色、款式、质量、价格、包装等方面的需要与欲望是不同的，或者在购买行为、购买习惯等方面存在差异性。

旅游市场属于异质市场。

二、旅游市场细分的作用

实践证明，科学合理地进行市场细分，对于旅游市场营销活动具有积极的指导意义。具体作用表现在以下三个方面。

1. 有利于企业找到最佳的市场机会

通过市场细分，可以发现旅游市场尚未满足的要求，从而找到对旅游企业最有利的市场营销机会。一个未被竞争者注意的较小的细分市场，可能比有众多竞争者激烈争夺的大市场带来的效益还要多，特别是对于知名度不高或实力不强的小企业来说，更有价值。因为这些小企业通过市场细分，有可能找到营销机会，在大企业的空隙中求得生存和发展。

2. 有利于按目标市场的需要改良现有产品和开发新产品

通过市场细分，旅游企业往往会发现旅游者需求的新变化，现有产品已难以满足其需要。所以，旅游企业必须对现有产品进行改良或开发新产品，才能适销对路。例如，英国（原为美国）假日集团在市场细分的基础上，又推出了高档商务旅馆及低档的经济型旅馆，很好地满足了不同旅游者的需求，因此假日集团生意兴隆，发展神速。

3. 有利于旅游企业集中使用资源

正如在战场上全面出击往往不如集中优势兵力打歼灭战一样，旅游企业在整个市场上到处开花，不如集中力量投入目标市场，发展特色产品，这样更能提高企业的知名度和市场占有率，从而使企业得到发展和壮大。

在旅游市场上，一方面总会有一些尚未满足的需求无人关注，另一方面大家却又争相经营某些热门项目，殊不知热门会变冷，而冷门有时却可能变热。其实，每个企业都应根据自身的条件，选择合适的目标市场，不应一哄而起“赶浪潮”。20 世纪 80 年代末至 90 年代初，国内一些地方不顾市场条件，盲目兴建高档宾馆而带来巨大损失的深刻教训值得汲取。近年来，有不少企业在运用市场细分策略和目标市场理论时，取得了显著成效。例如，北京永安宾馆把目标市场定位于长住客市场，针对长住客的需要，把宾馆建设成公寓式宾馆，很好地满足了长住客的需求。在北京饭店业竞争极其激烈的 20 世纪 90 年代，永安宾馆的预订率高达 110%，创造了良好的经济效益。

三、旅游市场细分的原则

旅游企业进行市场细分要注意细分的实用性与有效性。一般说来，旅游市场有效细分的条件与原则有以下几点。

1. 可衡量性原则

可衡量性是指市场细分的标准和细分后的市场是可以衡量的。可衡量性一方面包括所选择的标准要能被定量地测定，明确划出各细分市场的界限；另一方面指购后行为能被明确地区分开来。

如果某些细分标准或旅游者的特点和需求很难衡量，那么这个细分市场的大小就很难测定。一些带客观性的细分标准，如年龄、性别、收入、受教育程度、地理位置、民族和种族等，往往易于确定，并且有关它们的信息和统计数据，通过统计部门是比较容易获得的。但是一些带主观性的细分标准，如心理因素，则较难断定。同时，经过细分后的市场的范围、容量、潜力等也必须是可以衡量的，这样才有利于确定企业的目标市场，这样的细分方法对企业才有实际价值。

2. 可进入性原则

可进入性包括两层含义：一是可接近性。可接近性是指旅游企业对细分的旅游子市场能够有效接近和为之服务，也就是旅游细分子市场是旅游企业能够通过开展营销活动对旅游者产生影响并占据一定市场份额的市场。这主要表现为旅游企业既要考虑自身的人力、财力、物力，又要考虑这一市场旅游销售渠道是否畅通。二是可行性。可行性是指旅游企业能为其细分市场，并设计有效的营销计划。

3. 可赢利性原则

可盈利性体现在三个方面：一是不能过分细分旅游市场，使之失去一定的规模和经济效益。二是细分市场的开发成本不能太高。三是规模和购买力可达到盈利水平。旅游企业必须在市场细分所得收益与市场细分化所增成本费用之间做权衡，即旅游细分市场必须有适当的规模、现实与潜在需求，旅游企业选择其作为目标市场，由此提供旅游者适销对路的旅游产品中获利。否则，得不偿失，市场细分也失去了本身的意义。

4. 稳定性原则

稳定性是指细分后的旅游市场应该具备一定的规模性。规模性是指细分市场的规模应达到值得单独营销的程度，即划分出来的细分市场必须是值得采取单独营销方案的最小单位。这种规模不但能使企业从中获取一定的销售额，保证企业的短期利润，还要使企业有一定的发展潜力，以保持较长时期的经济效益。例如，在内地一个普通的县城，如果要满足少数人喜欢西餐的要求而专门开设一个西餐厅，就有可能由于这个细分市场太小而得不偿失。

5. 竞争性原则

竞争性是指旅游市场细分的结果应能够显出各细分市场需求方面的特色。这些特点的差异使细分出来的市场对企业市场营销组合有独特的反应，即通过某种特定方法细分出来的市场，其成员对企业市场营销组合的反应必须是不同的。如我国早期的餐饮业，由于当时人们对食品的需求基本相同，因此当时没有必要进行市场细分，后来，随着人们生活水平的提高，人们外出用餐的需求有了较大的差异，这时就有必要将餐饮客源市场细分为高档餐饮、中等餐饮和大众餐饮等。

四、旅游市场细分的标准

旅游市场从本质上看是把旅游者需求按照特定标准加以分类的过程。差异性是市场细分的前提，引起差异性的原因十分复杂，通常根据人口、心理、行为和地理四大因素或这四个因素的组合来细分市场。

1. 人口统计变量细分法

（1）年龄

根据旅游者的年龄结构，可将旅游市场分为老年旅游市场、中年旅游市场、青年旅游市场、儿童旅游市场。年龄层次不同，其需求特点也有明显的不同，旅游企业可根据不同的市场采取不同的办法。

老年旅游市场以度假旅游和康复保健旅游方式居多，他们一般选择较著名的旅游景点或参加有益于健康的游览活动。老年人对旅居条件、旅游交通的便捷性和舒适性、旅游项目的安全性以及旅游服务质量尤为关心。老年人市场是近年来比较引人注目的市场，特别是随着世界人口老龄化的加剧，老年旅游市场的开发将会产生很大的市场潜力。

中年旅游市场是旅游市场的重要部分，这一市场人数最多，购买力最强。中年人以观光旅游、会议旅游、度假旅游居多，注重食宿与娱乐条件，看重与自己身份、年龄相称的游览项目。这一旅游市场是旅游市场中最具有经济实力的市场，也是较为理想的目标市场。

青年旅游市场以探险旅游、修学文化旅游居多，追求旅游活动项目的刺激性与情调性，对食宿条件不太重视，这一市场整体消费水平不高。

阅读案例

青年旅舍

1909 年，德国一位名叫理查德·斯奇曼的教师带领一班学生徒步旅行，途遇大雨，他们只能在一个乡间学校里以稻草铺地当床，度过了艰难的一夜。彻夜未眠的教师萌发了建立专门为青年提供住宿旅馆的想法。

理查德·斯奇曼主张青年人走出校门，亲近自然。他说："所有的男孩、女孩都应该走出校门，参加远足，留宿青年旅舍。"他带着这一想法四处游说，最终为人们所接受。

1912 年，世界上第一个青年旅舍在德国一个废弃古堡中诞生，并奠定了青年旅舍的基本结构，它以"安全、经济、卫生、隐私"为特点，室内设备简朴，备有高架床、硬床垫和被褥、带锁的个人储藏柜、小桌椅、公共浴室和洗手间，有的还有自助餐厅、公共活动室，受到了青年人的广泛欢迎。仅一年后，青年旅舍即达到 83 家。到 1997 年，国际青年旅舍联盟在全球共有 65 个成员国，共有青年旅舍 4500 家，有国际会员 350 万人。

今天，青年旅舍已成为世界上最大的住宿连锁组织，世界上有约 1000 万青年旅游者在使用青年旅舍。

儿童旅游一般由学校组织或家长带领，一般选择教育性强、娱乐性强、安全性强的旅游活动项目，注重食宿的卫生与安全，对美食、旅游纪念物也有浓厚兴趣。儿童旅游市场是有巨大潜力的市场，旅游企业如能成功开发，不仅能满足儿童本身的旅游需要，还促进父母带着孩子出行。

阅读案例

海外旅行社开掘家庭游

在2004年上海世界旅游资源博览会上，许多父母趁着最后一天的假日，带孩子一起“周游世界”。不少旅行社纷纷在家庭旅游项目中绞尽脑汁。新加坡旅行社的英语假日营、德国旅行社的童话之路以及日本童话世界游等亲子游吸引了家长和孩子们的目光。

在新加坡展区，许多带着孩子的母亲正在询问精英主题英语假日营，该地推出的假日营主要是在旅行过程中对孩子进行英语会话教学。孩子们的上课地点安排在新加坡著名旅游景点、公司、购物中心。10日游的价格是1139新币，除了教学活动外，旅行社还为父母提供同行的旅行内容。

“卡塞尔和德国童话”的展台前更是聚集了众多携子参观者。据了解，德国童话之声是德国最古老、最受欢迎的假日旅行路线。正在参观的李女士曾经去德国出差，若是带着孩子出游，她会选择这样的童话之旅。她认为有孩子的家庭的旅行线路不同于成人旅游，旅游过程中要寓教于乐。

我国香港旅游发展局也表示，香港将利用本身适宜合家旅游的优势，大力拓展属高消费的家庭旅游。家庭旅游的增长是复式的，通常是3~4人来港，父母对子女亦较“阔绰”，会给香港带来更多的收益。对此，香港旅游发展局还特别制作了香港亲子游手册，列出全港适合全家游玩的地点、购物场及建议行程等。另外，亦制作了专供小孩用的小小旅行家护照，里面提供了多种优惠。

国旅境外游的项目负责人表示，家庭游正在成为常规旅游项目的一种补充，尤其在寒暑假来临前，学生市场自然成为“香饽饽”，不少旅行社会将亲子游作为一个力推项目，但是家庭游的费用较常规线路要高，所以家庭游主要还是针对一些高收入家庭。

资料来源：http：//www. why. com. cn/epublish/gb/paperl/1695/class000100017/hwz32416. htm。

（2）性别

在对产品的需求、购买行为、购买动机及购买角色方面，两性之间有很大的差别。在购买旅游产品时，男性通常对价格反应较迟钝，而女性则较敏感。又如过去的酒店客房产品大都是为男人设计的，只考虑了男宾客的需要，却忽视了女宾客需要。为弥补这一不足，有的酒店对部分客房进行了改造，增设化妆间、提供女性有偿使用的化妆品，有的酒店还改变给住高级套房客人千篇一律送巧克力、口香糖之类礼品的做法，对女宾客改为赠送小丝绢、小小首饰盒等价值虽然不高、但做工精美的纪念品，这些改变备受女宾客称赞。随着女性社会地位的提高，所谓“辫子细分市场”日益受到旅游企业的关注。

（3）职业、收入和受教育程度

美国夏威夷大学旅游学院院长朱卓任教授在《胜地开发和管理》一书中指出：“家庭收入越高，旅游的可能性越大”。这说明现今社会中，人们的文化程度和社会地位、经济地位是密切相关的。有钱，才能接受较高的文化教育；文化程度高，才能有较好的职业，得到较高的收入，获得较高的社会地位。

文化程度越高，旅游的欲望越强；文化水平越高，一般工作职位也越好，经济收入越高，旅游支付能力越强，出去旅游的可能性越大。在知识经济时代，许多靠知识致富的年轻人也加入了豪华旅游团的行列，成为高档酒店和娱乐场所的常客。

小思考

除了以上三个主要因素以外，影响旅游市场细分的还有哪些人口统计因素？试对其进行分析。

2. 心理图示变量细分法

旅游者心理因素十分复杂，是一个内涵十分广泛、丰富的概念，它不仅与旅游者的收入水平有关，而且与旅游者的文化素养、社会地位、价值观念、职业等因素密切相关。因此，运用心理因素这一变量细分市场是一项非常有趣但又非常艰巨的工作。

（1）按生活方式细分

生活方式是人们生活和花费时间及金钱的模式，是影响旅游者的欲望和需要的一个重要因素。目前，越来越多的企业按照旅游者的不同生活方式来细分旅游市场，并且针对生活方式不同的旅游者群体来设计不同的产品和安排市场营销组合。例如，家庭观念强的旅游者，外出旅行更多是家庭旅游；事业心强的旅游者，外出旅游则以公务旅游、修学旅游为主。

对于生活方式不同的旅游者群，不仅设计不同的产品，而且产品的价格、经销方式、广告宣传等也有所不同。许多企业从生活方式细分中发现了更多、更有吸引力的市场机会。

为了进行生活方式细分，企业可以通过“AIO 尺度”来测量旅游者的生活方式，即：活动（activities），如旅游者的工作、业余消遣、休假、购物、体育、款待客人等活动；兴趣（interests），如旅游者对食品、娱乐、服装的式样等的兴趣；意见（opinions），如旅游者对自己、对社会问题的意见及对相关政治、经济、产品、文化、教育等问题的意见。

（2）按态度细分

它是指旅游企业根据旅游者对该企业及其商品的态度进行分类并采取相应的营销措

施。如对待“我曾听说过某品牌，但我并不真正了解它”之类持中间态度的旅游者，应通过提供详细资料，大力开展有说服力的促销活动；对待“某品牌是市场上最好的产品”之类持积极态度的旅游者，应利用持续的促销活动和与旅游者签订合同的办法加以巩固；对“某品牌比另外某品牌差”之类持消极态度的旅游者，要改变其态度是较困难的，应把促销工作做细，并进一步改进产品质量，提高企业形象。一般说来，企业放弃“消极态度”的细分市场是合适的，因为企业进行市场细分并不是要利用一种营销努力来满足所有旅游者群体的要求。

（3）按个性细分

个性是指一个人比较稳定的心理倾向与心理特征，它会导致一个人对其所处的环境做出相对一致和持续不断的反映。个性通常会通过自信、自主、支配、顺从、保守、适应、冒险等性格特征表现出来。旅游者在选择旅游产品时往往会受到个性的影响。例如，高山滑雪旅游者普遍被认为是独立、善于适应环境文化和自信心较强的旅游者群体；欧美观光旅游者则被普遍认为是开放的、进取和追求先进生活方式的旅游者群体。

旅游企业应努力使这些个性不同的旅游者对本企业的服务产品产生兴趣，吸引他们消费。

技能训练

对自己所在城市的旅游市场进行调查，根据调查结果对旅游者的心理因素进行分析，总结出影响本市旅游活动的心理变量有哪些？应该怎样提供旅游服务以满足他们的心理需要？

3. 购买行为变量细分法

（1）购买时机

根据旅游者对旅游产品产生旅游需求、购买、享用的时机加以区别。例如，航空业务与人们出差、度假或探亲等时机有关，航空公司还可以在这些时机中选择为人们的特定目的服务。我国不少旅游企业在春节、中秋节等传统节日期间大做广告，借以促进旅游产品的销售；在西方，消费者一般都是在早餐时饮用橙汁，某饭店与橙汁生产厂商一起向广大消费者宣传在午餐或者宴会上饮用橙汁的好处，以促进橙汁销售。

（2）旅游产品带给旅游消费者的利益

按旅游者购买旅游产品所追求利益上的侧重，可以设计开发专项旅游产品以满足其需求。如为新婚旅游者设计浪漫、舒适、愉快、安静的旅游产品，为商务客人提供优质、快捷的旅游服务，为工薪阶层与学生提供质优价廉、经济实惠的旅游产品等，都是考虑到旅游产品带给旅游者的利益。

（3）购买形式

根据旅游方式不同，旅游市场可划分为团体旅游市场与散客旅游市场。其中，旅游团体又可依据团队性质与档次，划分为观光团或专业团、普通团或豪华团。旅游营销产品与服务的内容应当与他们的主要旅游目的和消费档次相一致。散客旅游也分两类：一类属于经济收入较高的人，他们习惯于高档消费，不愿意参加团队旅游；另一类为工薪族或学生，由于收入低，或为追求新奇与自由，他们不愿随团旅游。这类旅游者要求旅游条件方便、卫生、价格合理。

（4）购买数量与频率

根据旅游者对某种旅游产品的购买数量与频率，可将其分为少量购买者、中量购买者、大量购买者。大量购买者往往在实际和潜在的旅游者总数中所占的比重不大，但他们所消费的服务数量在旅游消费总量中很大。旅游市场营销研究证明，某种服务产品的大量消费者往往有某些相似的人品、心理特征和接受广告媒体的习惯。比如，我国一家市场研究公司发现，大量喝啤酒者大多数都是男人，他们年龄在25～50岁之间，每天看电视3.5小时以上，而且喜欢看的是体育节目。旅游企业掌握了这些市场信息，就可以根据它来合理定价、撰写适当的广告词和选择适当的广告媒体。

4. 地理环境变量细分法

所谓按地理环境进行市场细分，是指企业按照旅游者所在的地理位置来细分旅游市场，以便企业从地域的角度研究各细分市场的特征。如按区域、国家、地区、城市、乡村、气候、空间、距离等，将旅游市场分为不同的细分市场。其主要理论依据是：处于不同地理位置的旅游者，对企业的产品各有不同的需求和爱好，对企业所采取的市场营销战略、市场营销策略也各有不同的反应。例如，我国北方人饮食口味偏重，而南方人口味偏清淡，餐饮企业应“因地而异”提供不同

口味的产品。按地理环境进行市场细分，又有以下四种具体形式。

（1）按主要地区细分

世界旅游组织将国际旅游市场划分为六大区域，即欧洲旅游区、美洲旅游区、东亚及太平洋旅游区、南亚旅游区、中东旅游区、非洲旅游区。据有关统计，欧洲和北美出国旅游者及所接待的国际旅游者最多，国际旅游收入也最高，占有霸主地位；而近20年来，旅游业发展和增长最快的地区则是东亚及太平洋地区，南亚、中东和非洲旅游区目前还只是机会市场。

（2）按客源国细分

按国别进行旅游市场细分的方式，是旅游目的地国家或地区细分国际旅游市场最常用的形式。由于国界因素的强化，一国内部的消费需求往往有许多相似性，而国与国之间则

往往出现较多的差异性。这些差异性表现在旅游者的文化习俗、购买能力、带薪假期等方面。

（3）按气候细分

各地气候的不同会影响旅游产品的消费，影响旅游者的流向。例如，在冬季，对于我国的国内旅游市场而言，南方游客外出旅游的热点常常是北京、哈尔滨等地，而许多北方游客则把海南、桂林、云南等地作为外出旅游的首选。从国际旅游市场看，凡气候寒冷、缺少阳光地区的旅游者一般趋向于到阳光充足的温暖地区旅游，这也是地中海地区、加勒比海地区旅游业发达的主要原因。

根据气候特点的不同，企业可以把旅游市场细分为热带旅游区、亚热带旅游区、温带旅游区和寒带旅游区等。

（4）按距离细分

从来华国际旅游者的地理分布看，中国远离两大主要客源输出地——欧洲和美洲区域市场，中国的国际旅游市场呈现“远国模式”。从国内旅游者的地理分布看，拥有 13 亿人口的国内旅游市场呈现明显的“大国模式”，而且旅游市场规模由东到西大致呈现由大到小的状况。

项目二

旅游目标市场选择

项目要求

通过本项目的学习，能够寻找、认识旅游目标市场；掌握旅游目标市场选择的策略；能够根据市场细分结果为企业选择合适的目标旅游市场。

旅游企业的一切营销活动都是围绕目标市场进行的。旅游企业在市场细分化的基础上，结合企业自身的资源条件选择和确定目标市场，明确企业的具体服务对象，实施相应的目标市场营销策略，这是实现企业顺利运作、提高经济效益的重要途径和手段。

所谓目标市场，是指旅游企业选出并准备进入的细分市场。对旅游市场细分后，旅游企业面临如何进入最合适的细分市场，来作为自己的目标市场。一般情况下，首先是进行细分市场的评价，在此基础上根据旅游企业自身的资源特点、经营状况和竞争机制等做出合理的选择，采取适当的市场和产品策略来覆盖目标市场。

一、选择目标旅游市场的覆盖范围

旅游企业在选择目标市场范围时，有五种战略可供选择，如图 5－1 所示。

1. 产品—市场集中化

旅游企业营销决策者决定只生产一种产品，只满足某一旅游者群体。对于资源有限、实力不强的小企业，这种战略是一种较合理的选择。

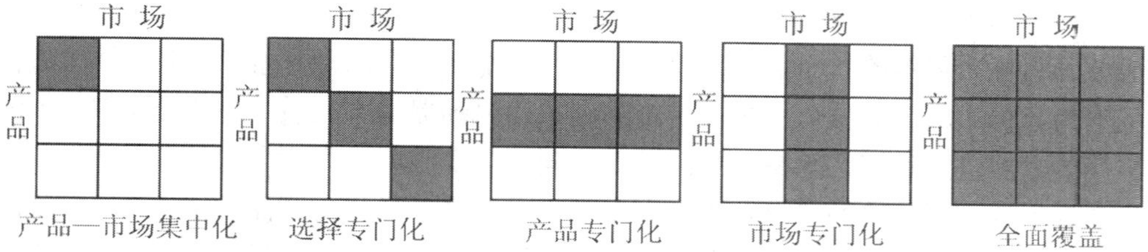

图 5－1　旅游目标市场的五种模式

2. 选择专门化

即选择若干个客观上都有吸引力并符合旅游企业的目标和资源的细分市场，为不同的旅游顾客群提供不同类型的旅游产品。各细分旅游市场之间很少或没有任何联系，然而每个细分市场都有可能盈利。这种目标市场模式有利于旅游企业分散经营风险，即使某个细分市场失去吸引力，旅游企业还可以继续从其他细分市场获取利润，但它有赖于旅游企业各细分市场的潜量、企业产品的竞争力以及企业资源的合理配置。

3. 产品专门化

即旅游企业生产一种旅游产品，向各类旅游消费者同时销售这种产品。当然，由于面对不同的消费群，旅游产品在档次、质量、功能以及促销上可以有所不同。旅游企业通过这种战略，可以在某个旅游产品方面树立起很高的声誉。例如，名小吃店。

4. 市场专门化

即旅游企业向同一旅游消费群提供性能有所区别的同类旅游产品，从为这个顾客群体服务而获得良好的声誉。例如，西安一旅行社以学生为目标市场，主要为学生设计一系列适合其年龄、心理特征的修学、奖励、观光等旅游产品，制定适合其接受能力的价格以满足该市场的需求。

5. 全面覆盖

旅游企业决定为不同旅游者群体生产与之相对应的各种产品。但从目前市场情况看，这种企业很少，几乎没有。

二、目标旅游市场策略

旅游企业确定其目标市场涵盖战略，是指该企业必须决定为多少个子市场服务。具体的战略有三种：无差异目标市场策略、差异性目标市场策略和集中性目标市场策略。

1. 无差异目标旅游市场策略

无差异目标市场策略指企业无视整体市场内旅游者需求的差异性，求同存异，把整体大市场作为目标市场，只推出一种旅游产品、采用一种促销方式、一种销售渠道，向全部细分市场的顾客进行销售，为满足旅游者的共同的需求服务。

无差异目标市场策略的优点在于：大批量生产，降低了旅游产品的成本；不必细分市场，减少了旅游市场调研费用和销售宣传费用；规模效应显著，容易形成名牌超级旅游产品的声势。我国著名的旅游景点如长城、黄山、西湖、长江三峡等都是靠无差异目标市场策略成为国际名牌旅游风景区的。

无差异目标市场策略的缺点在于：消费者往往不作第一选择；容易形成旅游企业相互间的过度竞争。如随着社会经济的发展，旅游者个人兴趣以及生活方式的不断发展变化，无差异目标市场策略已不适应现代国际旅游的竞争，所以像黄山、长江三峡等著名景区都增加了特色旅游项目，改变了传统的无差异目标市场策略。

无差异目标市场策略的适用范围：当某种产品表现为供不应求时；当旅游产品降低价格时，需求大量增加；产品差异性较小的同质市场；购买者转移成本低的旅游产品。

2. 差异性目标旅游市场策略

差异性目标市场策略指旅游企业针对不同细分市场的需求特点，提供不同的旅游产品及定制不同的营销组合，来满足不同细分市场需求。这种策略要求旅游企业提供一种有别于竞争对手的产品，以巩固产品的市场地位。

差异性目标市场策略的优点在于：有利于提高旅游产品的竞争力和扩大旅游企业的销售总额；有利于取得连带优势；有利于降低旅游企业的经营风险。

差异目标市场策略的缺点在于：影响旅游企业经营成本；影响旅游企业的生产效率；影响旅游企业优势的发挥，无特色。

差异性目标市场策略的适用范围：购买者对旅游产品的需求、购买动机和行为差别较大，如酒店的餐饮食品；旅游产品差异性较大时；当市场竞争较大时。

3. 集中性目标旅游市场策略

集中性目标市场策略指企业只选择其中一个或少量细分市场作为目标市场，集中全部营销力量实行高度的专业化经营，为充分满足特定的需求服务。

集中性目标市场策略的优点在于：占用资金相对少，企业资金周转快，开发成本低；容易形成特色经营，如老孙家泡馍、德发长饺子宴等地方特色餐饮店。

集中性目标市场策略的缺点在于：经营风险大；使竞争者有机可乘。

集中性目标市场策略的适用范围：原适用于资源有限的公司，但是现在的市场竞争使得企业营销观念发生了很大改变，一些实力雄厚的著名企业也采取这一策略。

三、目标市场选择原则

1. 旅游企业自身的实力

旅游企业自身的实力主要包括人力、物力、财力及其生产能力、技术能力和销售能力，具体表现为旅游企业产品的设计和生产能力、宣传促销能力、经营与管理能力等。如果旅游企业实力雄厚，资金充足，规模大，资源设施先进，可以采用差异性目标市场策略；如果旅游的企业生产能力较差，则适合采用无差异的目标市场策略。

2. 产品特点

旅游产品或服务的功能较为相似时，可以选择无差异目标市场策略；而旅游产品或服务的差异性较明显时，采用差异性目标市场策略。如酒店的餐饮产品及服务、客房设施设备及服务、康乐设施及服务差异性较大，采用差异性目标市场策略。

3. 市场特点

当旅游市场上的消费者在某一时期，或在特定区域的需要与偏好很接近，市场类似程度很高的旅游产品市场，适宜采用无差异目标市场策略，如火车的硬座车厢。

4. 产品生命周期

旅游产品的生命周期包括投入期、成长期、成熟期和衰退期四个阶段。旅游产品处于生命周期的不同阶段，由于产品特点、市场规律、旅游企业的营销策略都有很大的差异性，所以应选用不同的目标市场策略。

5. 旅游市场竞争状况

如果竞争者数量较少或竞争不激烈，且旅游产品具有垄断性时，可采用无差异目标市场策略；如果竞争较激烈时，采用差异性目标市场策略；如果竞争者采用无差异目标市场策略，本企业则采用差异性目标市场策略或集中性目标市场策略。

综上所述，旅游企业应该从实际出发，在综合考虑以上各种因素的基础上选择恰当的目标市场策略。一般情况下，旅游目标市场策略选择与确定后应保持相对稳定，但可随着市场环境与旅游企业经营状况的变化做适当的调整。

项目三

旅游市场定位

项目要求

通过本项目的学习，理解旅游市场定位的概念、步骤和作用；掌握旅游市场定位的方法和策略；能够根据旅游企业旅游市场细分和目标市场选择的结果，给旅游企业进行市场定位。

经过市场细分和目标市场选择，旅游企业终于确定了自己的经营空间和营销对象。为了使目标市场顾客能够非常容易地识别本企业的旅游产品，以便与竞争对手区别而形成自己独特的经营风格和做法，就需要对旅游产品实行市场定位。

一、旅游市场定位的概念

旅游产品市场定位指企业根据目标市场上旅游者偏好、竞争状况和竞争优势，确定自身产品在目标市场上应处于的竞争位置。市场定位的实质就是使本企业与其他企业严格区分开来，使顾客明显感觉和认识到这种差别，从而在顾客的心目中占据特殊的位置。

旅游市场定位的核心内容是努力实现旅游产品差异化与旅游形象差异化。

二、旅游市场定位的步骤

1. 发掘竞争优势

旅游企业定位的关键是企业要设法为自己的服务产品找出比竞争者更具有优势的特

性。竞争优势有两种基本类型：一是同样条件下比竞争者制定出更低的价格；二是提供的特色可以满足顾客的特殊需要，从而抵消更高价格的不利影响。在前一种情况下，企业应千方百计地降低产品的单位成本；后一种情况下，则应努力发展特色产品，提供有特色的服务项目。这样，就能在市场上居于竞争的优势地位。

2. 选择相对竞争优势

相对竞争优势是旅游企业能够胜过竞争者的能力。这种能力既可以是现有的，也可以是潜在的。旅游企业在面对多种竞争优势的情况下，要运用一定的方法进行评估比较，选出自己最适合、最强的优势加以开发。评估时可以采用评分法，将本企业同竞争对手在经营管理、技术开发、采购、生产、市场营销、财务、产品等各项目中的得分加以比较，选出最适合本企业的优势项目。

3. 传播定位特色

市场定位应当是一个连续的过程。旅游企业应通过一系列的宣传促销活动，将其独特的竞争优势正确地传播给目标顾客，并给他们留下深刻的印象。为此，旅游企业首先应使目标顾客知道、了解、熟悉、喜欢、偏爱和认同本企业的产品形象；其次，大力开展宣传，把旅游企业的市场定位观念正确地传播给目标市场上的潜在顾客。除此以外，旅游企业应注意目标顾客对其市场定位理解出现偏差或者由于企业宣传上的失误而造成的目标市场的曲解或误解，对此一定要及时纠正。

三、旅游市场定位的作用

旅游市场定位对于饭店与旅游企业的作用与意义表现在以下几方面。

1. 有利于旅游区与旅游企业有针对性地开展营销活动

旅游市场定位的前提与基础是进行旅游市场的细分。经过科学、准确的市场细分，选择目标市场和旅游市场定位，旅游企业便可以对各细分市场中旅游者的消费需求和市场竞争状况加以充分的比较，掌握各细分市场中旅游者的需求满足程度，以及自身的优势和劣势，采取有针对性的营销措施。

2. 有利于旅游区与旅游企业强化在旅游者心目中的地位

旅游市场定位是通过为旅游区或旅游企业的产品创立鲜明的特色或个性，从而塑造出独特的市场形象来实现的。旅游市场定位是一个持续性的过程，旅游者由产生兴趣与注意到深入认识了解旅游区与旅游企业产品的特色与形象这一系列活动，强化和巩固了旅游区与旅游企业在他们心目中的地位。

3. 有利于旅游区与旅游企业拓展目标市场潜力

通过市场营销定位，旅游市场的范围更加清楚与明确，反馈变得迅速而敏捷，旅游区与旅游企业可以据此来开展集中有效的营销活动，并且可以充分发掘市场潜力。另外，旅游区与旅游企业可以充分合理地安排营销投入，避免了由于过度开发而造成的人力、财力、物力浪费，也避免了因开发不足而失掉有效的市场。

【知识链接】

饭店目标市场确立的步骤

确立目标市场是饭店最重要的营销活动之一，也是饭店市场定位的重要组成部分。饭店目标市场是那些最有潜力并且饭店最有能力经营的细分市场，它可能是一个，也可能是多个，要视饭店实际情况而定。

通常，饭店目标市场的确定有一个具体步骤，即大致确定饭店经营范围→制定一张综合性饭店定位因素表，并进行市场细分→对各细分市场进行定性分析→对各细分市场进行定量分析→根据大量性、可接近性、适应性等，推测评估细分市场，确立饭店目标市场。

四、旅游市场定位的方法与策略

旅游企业在目标市场上可展现多种竞争优势，旅游市场定位也有很多种形式，以下是主要的目标旅游市场定位形式。

1. 在具体产品特色上定位

旅游产品在某些方面总会有一些与众不同的特性，旅游企业可据此进行市场定位。如自然景观和人文景观有不同的属性，同样是自然景观或人文景观也各具特色。华山旅游资源的特色定位的是“自古华山一条道”，突出其险峻奇天下，将自己与其他山岳旅游资源区分开来。下列案例中的海南岛旅游资源特色也很成功。

阅读案例

热带中国——海南岛

多少年来，人们赞誉海南岛是“东方夏威夷”、“东方大花园”、“东方伊甸园”等。这些宣传口号听起来都很美，但却不尽如人意。例如，“海南岛，东方夏威夷”是人们听得最多的赞美词。这句话看起来是欲借夏威夷之名扬海南岛之名。然而，海南岛就是海南岛，她不是夏威夷第二，更不应该成为夏威夷第二。否则，潜在游客就会在心中发问：“为什么我不到真正的夏威夷去走一走，瞧一瞧呢?”因此，这种没有自身特色的宣传，只能是为他人作嫁衣，其最终结果是世人只记住了夏威夷，却并不清楚海南岛。

1999 年，世界旅游组织秘书长加利先生参观游览海南岛时，被海南岛原始、纯净、美丽、神奇的特色所折服，建议将“热带中国——海南岛”作为海南岛的市场定位。该定位突出了海南岛的地域、气象及相关旅游产品的特色，使人们自然而然地联想到：海南岛在中国，热带海岛风光，一年四季如春，绿色的草地，盛开的鲜花，茂盛的热带雨林，清澈的河水，纯净的空气，热情的岛民，以及阳光、大海、沙滩、椰树、海风、珊瑚、海螺……

事实证明，这种定位是成功的。

资料来源：冯冬莲、谭白英、黄铁牛，《旅游营销》，湖北人民出版社 2000 年版。

2. 在产品所提供利益上定位

这里所讲的“利益”不仅指经济利益，而且泛指能带给旅游者的各种利益。旅游企业可按特定旅游市场特定的利益来确定本企业或本企业产品在目标市场上的定位。对经济型旅游市场的游客，可定位于“物美价廉”，以吸引这一细分市场客人购买。如经济型快捷酒店在酒店竞争中，就突出强调自己带给消费者的利益——经济、舒适、安全、洁净的住宿环境。

阅读案例

如家酒店带给消费者的利益

如家经济型快捷酒店正是针对物美价廉需求的旅游者把自己的定位明确锁定在一点上——如家的住宿。床上用品和卫生间是如家快捷酒店的重点所在，卫生上达到甚至超越传统酒店的卫生条件，保持叫早服务，同时在房间的颜色上增添变化，增加温馨感；在如家酒店客房的书桌上，常常为客户摆放几本书，文学的、历史的、旅游的都有，客人可以随意阅读；一盏家用普通台灯，提供免费上网等，如家快捷酒店在细节上尽可能营造出家的温馨。同时，由于经营成本的降低，酒店的价格要低于传统的三、四星级酒店。如家经济型快捷酒店正是靠这个独特的定位在竞争愈演愈烈的酒店市场上占有一席之地。

3. 为特定使用场合定位

不少旅游产品都有一定的使用场合，按特定使用场合定位可充分显示产品的特殊价值。例如，会议旅游服务除了为会议安排食宿、会议室和参观以外，还为每位与会者预订各自的返程交通票。再如，黄山观日点为游客提供的出租棉衣的服务等等。

4. 根据使用者差别定位

有的旅游企业根据目标市场的消费行为、购买方式和消费习惯对自己的产品进行定位。例如，商务酒店和度假酒店分别根据自己选择的目标市场群——商务客人和度假客人进行定位，在提供客房服务中，分别满足商务客人和度假客人的差异性需求。

5. 寻找旅游市场空当定位

有时，旅游市场虽有特定的需求，但尚没有旅游企业进入。经营者经反复权衡后可采取拾遗补缺策略进入，填补特定旅游市场空当。例如，不少中国游客希望有综合性的可以供一家人游玩的游乐场，香港迪斯尼弥补了这一空缺，成了综合性的主题游乐场。当然，由于旅游产品较容易模仿，一旦同行认识到有机会，会竞相加入，这要求先填补空挡者要尽快在市场上树立“领袖”地位，否则可能会被有实力的跟进者挤出市场。

6. CIS 定位

企业识别系统（Corporate Identity System，CIS）作为一种功能，CIS 可以被理解为企业形象的定位战略。CIS 理论产生于 20 世纪 50 年代的美国，70 年代完善于日本，80 年代风行世界。许多旅游企业在市场营销中纷纷导入 CIS，借以塑造良好的企业形象。

旅游企业的 CIS 定位，是指经营者通过把旅游企业及旅游产品形象中的个性与特点有效地传达给一切可接受该信息的旅游消费者，使其对本企业及产品产生统一的认同感和价值观，从而达到旅游企业及其产品更能引起外界注意、树立企业形象、扩大市场占有率的目的。

旅游企业的 CIS 定位由三个部分构成：理念识别（Mind Identity，MI）、行为识别（Behavior Identity，BI）、视觉识别（Visual Identity，VI）。

（1）理念识别

理念识别是企业识别的核心和精神所在，是旅游企业识别系统的原动力，也是旅游企业文化的重要组成部分。它包括旅游企业的价值观念、经营方针与路线、精神与道德风尚、规章制度等。

在旅游企业理念的开发中，一个重要的环节就是将理念条文化，即将抽象的理念变成可以把握、便于理解的条文。无论是为了规范员工的行为，还是向社会大众传递旅游企业的理念信息，该条文都必须容易阅读和理解，要简明扼要。除了做成宣言、行为规则、旅游企业公告外，还可做成精神标语、歌曲等。很多旅游企业还制定了表达企业理念的广告口号。例如，波音航空公司的“让人们走到一起”，南方航空公司的“您的空中之家”等。

由于旅游企业提供给旅游者的是人对人的服务，在经营接待与服务的过程中，旅游企业管理人员、服务人员与旅游者之间有更多的思想、情感的交流与对话，旅游者对管理人员、服务人员的经管理念的感受比对其他企业更为直接和强烈。同时，旅游者在消费过程中最为重视的是，在接受服务时所获得的精神、文化方面的享受。因此，旅游企业在理念识别上更需要具有自身的特殊性，在向旅游者传递旅游企业理念和表明旅游企业的社会意义的广告口号中，应特别注重对旅游者的尊重与服务，语言应充满情感。例如，假日酒店集团的“一切为顾客着想，质优价廉”，希尔顿的“高效、诚实、守信、承担责任”，地中海管理集团的“娴熟的技巧、开朗的性格、面向世界”等等。而在旅游企业内部，则应强调发挥人在经营中的主体作用，创造良好的人际环境。如一些饭店推出“你选择了一家旅游饭店，你同时也选择了一种生活方式”、“我们是为女士们和绅士们服务的女士和绅士”之类的口号就可以促进群体意识和心理的培养，提出“如果你不是直接为客人服务的，那么你的职责就是为那些为客人服务的人服务”的口号来创造管理者与一般员工之间的和谐关系。

（2）行为识别

行为识别指的是在旅游企业理念指导下的全体员工自觉遵循的工作与行为方式，是旅游企业识别系统中的动态系统，它把理念化为有生命的行为。行为识别必须与理念保持一致性，旅游企业的一切行为都应当上下一致、内外一致，都要围绕塑造良好的旅游企业形象这一中心。旅游企业的行为识别包含着它的经营管理、业务活动的一切领域，有对内、对外两个部分：一是旅游企业内部行为识别，包括旅游企业内部的传达与沟通、员工教育培训及行为规范化管理等；二是旅游企业对外行为识别，包括市场调查、产品开发、公共关系、服务活动、广告活动、人员推销活动等。

旅游企业给旅游者提供的主要是面对面、劳务性强的服务。员工的言行、态度、处事方式、敬业精神、专业水平等几乎都毫无保留地展现在旅游者面前，成为旅游企业形象的窗口。旅游企业在行为识别上必须形成自身的个性与特色，以使自身的服务既能满足旅游者的需要，又能超越通常的规范化、标准化服务的约束，才会给旅游者留下难忘的印象。

行为识别要达到预期的效果，员工审美修养的提高有着特别的意义，在接待服务中，具有较高审美修养的旅游企业员工才能与旅游者建立起一种美好、和谐的人际关系，给旅游者提供主动、热情、真诚、细心、周到的服务。这种服务超越了一般的规范化、标准化服务，是主动寻找、发现旅游者需求的个性化服务，是没有或仅有极少交际障碍的服务，体现了服务者与服务对象在服务行为过程中的统一，在服务行为中还可以显现出特有的旅游企业形象风采。

（3）视觉识别

视觉识别是通过组织化、系统化、统一化视觉传播媒体的设计，将旅游企业的经营理念和各项信息有计划地传达给社会，塑造旅游企业良好的独特形象。它是理念识别的具体化和视觉化。

视觉是人们获得信息的最主要渠道之一，视觉传达无疑是旅游企业形象传播的主要途径。视觉识别的设计与传播不仅要与理念识别和行为识别相统一，而且其自身系统内的各部分也应具有一致的风貌、个性和特色。只有具有统一的设计思想，才能够产生巨大的社会影响，给人留下难以忘怀的印象。

旅游企业视觉识别的主要内容是企业的标志、旗帜、招牌和基色以及旅游企业的企业字体、印刷品、事务用品、交通工具和员工的服饰等。

CIS 的最终目的是为塑造良好的旅游企业形象服务的，其作用在于确立并明确旅游企业的主体性，把本企业与其他旅游企业区别开来，保持本企业的一贯风格特点，塑造统一良好的企业形象。

CIS 具有以下四大特点。

①系统化。即 CIS 组合（理念识别、行为识别、视觉识别）把企业的生产、经营、管理有机地联系起来，形成完整的企业形象系统。它既是企业文化的形象化整体再现，也是企业全面参与并赢得市场竞争的战略性系统工程。

②形象化。即 CIS 通过专门设计的识别系统，将企业生产、经营、管理的特征集中在企业象征图案等标志上，便于接受、识别和记忆，对于社会公众具有很强的感染力和冲击力。

③个性化。CIS 的基本出发点是依据企业性质、特点进行个性化的塑造。这不仅体现在企业产品的设计、经营宗旨、企业风格上，而且表现在企业的商标、广告、色彩、招牌上。个性化的形象识别系统具有更强烈的表现力，使人过目不忘，在感官和心理上引起长久的记忆、联想和共鸣。

④传播性。CIS 的目的在于让更多的人了解企业。它借助各种媒体（如广播、电视、报纸、刊物等）进行信息传播，使企业在消费者中引起反响，并得到社会公众的认同。

我国旅游市场 CIS 定位存在的问题：

第一，重心失衡。CIS 定位过分强调视觉识别部分，而对理念识别部分的核心地位往往缺乏正确认识，对行为识别部分重视不够，往往偏重以“硬性”广告传播视觉形象、策划宣传事件以制造“轰动”效应，很容易使旅游者产生抵触情绪，甚至引起旅游者的反感。一些旅游企业求名心切，不顾市场需求和自身能力，不计成本大做广告，往往还未等广告把企业“吹”出名，游客对“硬性”广告的不满却进一步加剧，企业也陷入危机之中。

第二，中心偏移。今天的旅游市场已从卖方市场转入买方市场，旅游者在市场上处于中心地位，而 CIS 仍然是以企业为中心，偏重于关注品牌、产品、企业的印象度和知名度，特别是视觉识别部分取得一定成效后，一些企业更是漠视旅游者的需求，进一步滋长了以“我”为中心的自恋情结，从而导致旅游者更大的不满，最终付出了告别市场的代价。通过提高销售额或降低顾客价值，来降低成本有一定的限度，靠广告打出知名度来提高销售额在短时间又难以奏效，旅游企业往往会把目光瞄向降低顾客价值，如降低产品质量等，以此来提高利润。由于价值观扭曲而引起了游客的不满，最终也会伤及企业自身。

小思考

饭店 CIS 导入的意义是什么？

7. CS 定位

20 世纪 90 年代，企业经营管理领域引发了一场变革，产生了顾客满意（Customer Satisfaction，CS）定位理论。它的指导思想是“使顾客的购物风险趋于零——企业商品价廉物美、企业服务及时周到、企业形象重在信誉”。

CS 定位系统包括三个方面的内容，即理念满意（Mind Satisfaction，MS）、行为满意（Behavior Satisfaction，BS）、视觉满意（Visual Satisfaction，VS）。它主张旅游企业的理念、行为、视觉系统都必须以旅游消费者的满意为出发点和归宿点。

（1）MS——“心”系游客

如果把 CS 系统看成是一个人的话，那么 MS 就相当于人的心脏，它对 BS、VS 起着支配作用。要想使游客满意，旅游企业首先必须塑造一颗让游客满意的、温暖的“心”。为此，旅游企业要从三个方面努力：

①以游客满意为出发点，更新经营理念。旅游企业要赢得游客，必须跳出以“我”为中心的狭小圈子，真正树立以旅游者为中心的经营理念，以游客满意作为一切工作的出发点。正像业内一些有识之士所认为的那样：旅游者是企业的衣食父母，满意的顾客造就不败的企业。

②植根中华文化沃土，树立新型价值观。构建 MS 应汲取中国优秀传统文化的营养，中国优秀传统文化崇尚“君子谋财，取之有道”，这种“道”，在今天来看，应该是令游客满意的各种方法和措施，不能通过牺牲游客利益谋取不义之财，否则会损人害己。

③顺应时代潮流，培植新型营销管理文化。游客满意延伸到旅游企业定位中，要求在营销管理中真正树立“以人为本”这种顺应时代潮流的新观念。真正的以人为本，会产生巨大的向心力和凝聚力，结成企业与员工的命运共同体，形成员工与企业的共振。

（2）BS——“行”为顾客

BS 是 MS 的具体落实。BS 好比是一个人的手，最根本的是将旅游者购买的便捷性作为重点，重建销售网络，如推行电话预订、网上交易等新型交易方式。

（3）VS——“容”悦游客

视觉形象满意的功能是塑造令游客满意的、美丽的“脸”。所包括的内容是多方面的，可以概括为以下四方面：

①企业外部环境、建筑形象让游客满意。

②企业内部环境令人满意。营造有文化品位、有特色的内部环境氛围，使经营区域环境整洁有序、生活区域环境宁静卫生、行政区域环境优美高雅，让员工和宾客在企业得到视觉和听觉两方面的享受。

③企业名称和标志等让游客满意。

④按游客满意的原则进行沟通与促销设计。

技能训练

用 CS 理念分析你所熟悉的一家酒店的形象设计。

本模块小结

旅游市场战略主要包括旅游市场细分、旅游目标市场选择和旅游市场定位。旅游市场细分是根据旅游者需求的明显差异把旅游产品的整个市场划分为若干旅游者群的行为过程，是旅游目标市场选择的前提；目标市场是旅游企业为实现预期目标而要进入的特定市场。选择了目标市场之后，旅游企业才可以确定其经营的空间和营销的对象；而旅游市场定位则是通过塑造鲜明的市场形象和产品个性来达到目标市场识别、关注、喜爱、购买本企业产品的目的。旅游市场定位会随市场环境的变化而变化，当原来的市场定位效果不佳时，应考虑重新定位。

本模块参考浏览网址

1. http：//coast2coast. blogchina. com/viewdiary. 22778499. html
2. http：//www. studa. net/Travels/090226/10463751. html
3. http：//zhidao. baidu. com/question/1036897. html
4. http：//k. pconline. com. cn/question/847485. html
5. http：//travel. sina. com. cn/hotel/2009－03－09/091767667. shtml

基础知识思考题

1. 试述旅游市场细分的方法。
2. 简述旅游市场定位的含义。
3. 差异性目标市场策略和无差异性目标市场策略的区别。
4. 旅游目标市场选择的原则是什么？

基本操作技能题

1. 采访一位专业的旅游市场营销人士，请他（她）谈谈旅游市场细分实践工作的体会。完成采访笔记。

2. 解析你所在地区的2～3家酒店（或餐饮店），研究它们的目标市场策略。

3. 为你熟悉的某一风景区进行市场细分并选择合适的目标市场，为其制定相应的市场定位方案。

阅读分析题

主题酒店“小块头”有“大智慧”

亚龙湾环球城大酒店，是按国际高星级标准建造，拥有客房、中西餐饮、会议、娱乐、沙滩等各项设施齐全的大型度假酒店，也是海南最具文化特色的主题酒店之一。酒店主要围绕两个概念形成特色：

特色一：非洲文化主题酒店——非洲城堡式度假酒店

酒店打造非洲城堡式度假酒店，主要原因是在国内这个主题几乎是空白。神秘的非洲对许多人都有很大的吸引力，若能形成主题，将清楚地区别于其他酒店，由此在市场竞争中形成很大的竞争力。因此，在设计上，酒店的造型很别致：从外观上看，无论是远眺，还是近看，酒店本身犹如一座神秘的城堡，充满了诱惑。

在“硬件”上，添加了非洲的元素，如酒店门口的大象群像、大堂中央的大象喷泉景观，大堂内的非洲野生动物壁画、带有斑马纹的家具和地毯、雕刻着非洲原始图腾的圆形巨柱等等，都体现着浓郁的非洲风情。

在“软件”方面，酒店给员工配备非洲服饰，有非洲籍员工表演文艺节目，还有非洲背景音乐及影片、非洲工艺品等；在餐饮方面，酒店推出了非洲特色菜系等。这些“软件”从多方面彰显了非洲的文化内涵，从而让客人足不出户便可体验到非洲的真实生活，更加突出了酒店的非洲文化特色。

特色二：海南本土文化主题——《海南传说》

为了让游客带走当地的精神产品，使游客不断“回头”，给当地旅游的可持续发展带来商机，酒店推出了大型海南民俗文化歌舞表演《海南传说》，作为酒店的第二个文化主题。

环球城大酒店拥有海南酒店业中唯一的大剧院，其设计气势磅礴。大型海南民俗文化歌舞《海南传说》即在此上演。整台节目采用国际理念创作，浓缩了海南本地自然风光和风土民情，通过现代舞台艺术手段呈现。与此同时，为了更好地突出本土的餐饮文化特色，酒店制作了与《海南传说》的六个节目同名字的六道特色海南菜，与《海南传说》节目相互辉映。

主题酒店是市场竞争的必然产物，也是酒店从单靠服务竞争赢得顾客进入高层次文化竞争争取市场的象征。随着酒店业的发展，消费者在酒店中已不再局限于单纯的物质满足，而希望在接受服务的同时得到更大的心理满足和精神享受。而主题酒店正是充分发掘和利用当地的资源优势，让消费者在吃、住、娱的过程中感受到趣味性、知识性的特色文化，并获得超乎寻常的享受。

为酒店创立主题，可以避免或减少重叠性的市场竞争，实现有序的和细致的市场分割，从而打破传统酒店粗放式的市场定位。“市场定位就是牺牲”这句话蕴藏着深刻的哲理，预示着经营者们要有所为，必须有所不为。对大部分饭店而言，只有主动放弃一部分“地盘”、舍弃一部分市场，而大规模密集地主攻适合本饭店的客源市场，才有可能稳固自己的“革命根据地”，从而争取大局上胜利。

1. 主题酒店的开发有何前景？
2. 分析案例中三亚亚龙湾环城大酒店的定位特色？
3. 谈谈你对案例中“市场定位就是牺牲”这句话的理解。

模块六 旅游市场营销战略与营销组合策略

基础知识目标

1.理解旅游市场营销战略的基本内涵。

2.了解旅游市场营销战略的制定程序、旅游市场营销竞争环境的基本内容。

3.了解旅游市场竞争战略、市场发展战略和市场营销组合战略的基本内容。

基本技能目标

1.学会分析旅游市场营销竞争环境。

2.学会分析旅游市场竞争战略、市场发展战略和市场营销组合战略的几种构成要素。

3.学会制定旅游市场营销战略方案。

项目一

旅游市场营销战略

项目要求

通过本项目的学习，掌握旅游市场竞争战略与市场发展战略；具备制定旅游市场营销战略方案的能力。

市场营销战略起源于早期的西方管理理论。20世纪60年代以后，市场竞争日趋激烈，商业环境发生了巨大的变化，而社会、技术、经济和政治等环境因素变得越来越复杂和难以预测，这使得人们更加意识到营销战略对企业成功的重要意义。

一、旅游市场营销战略的概念

旅游企业要在激烈的市场竞争中求得生存和发展，首先要确定本企业的长远目标，找到本企业的发展方向，也就是要解决旅游市场营销的战略问题。

旅游市场营销战略是指在市场调查研究和预测的基础上，根据市场环境并结合自身能力，对旅游企业发展方向和长远目标所做的全局性的定性安排。

二、旅游市场营销战略的特点

1. 全局性

旅游市场营销战略所决定的是旅游企业经营的长期目标和为实现这一目标的战略方

法，它不是局部的、零星的战术性的安排，它要达到的目标可形象地描述为“赢得一场战争而不是打赢一场战役”。从全部性和整体性出发，旅游市场营销战略要体现旅游企业发展的整体和长远要求，处理好全局与局部以及整体与个体的关系。

2. 长期性

旅游市场营销战略立足当前、放眼未来，对旅游企业经营起到长期的指导作用。因此，旅游企业的经营者要以战略家的气度和前瞻性，处理好长远利益与眼前利益的关系，要以“风物长宜放眼量”的眼界来制定旅游市场营销战略。当然，制定了正确的市场营销战略并不意味着成功，根据美国麦肯锡咨询公司的看法，战略只是最佳管理企业的七个要素之一。

对一个成功企业而言，要有三个“硬件”：一个好的战略（strategy）以达到其目标，还要有保障其成功的另外两个“硬件”——结构（structure）和系统（systems），即有最有效的信息系统、计划系统和激励制度的组织，以保证各项任务的完成；另外还有四个“软件”：作风（style）、员工（staff）、技能（skills）和共同价值观（shared values）。虽然旅游市场营销战略长期性的特点要求战略决策注重长远、放眼未来，但也不能把未来与现在的经营割裂开来。立足当前，从现实出发，认真组织实施，旅游市场营销战略才能真正体现其价值。

3. 系统性

旅游市场营销战略是一个系统性很强的有机整体，以整合的观点从系统的角度去考虑，会产生类似于 $1+1>2$ 的系统效果。这就要求旅游企业经营应从系统角度出发，综合运用各种资源，发挥各层次、各子系统的作用，达成统一的战略目标。

4. 权威性

旅游市场营销战略应具有权威性指导作用，各部门都要以战略为指导，在此基础上充分发挥其作用，而不能各自为政、各行其是。旅游市场营销战略的权威性不仅是指依靠组织所形成的所谓“权力型”权威，更重要的是指它首先应具有科学性。只有建立在科学性基础上的营销战略，对旅游企业经营才有真正的指导价值，才真正具备权威性。一个科学的营销战略是旅游企业在市场调研和科学预测的前提下，群策群力，经过自上而下、自下而上反复修改和完善而形成的。

5. 稳定性与适应性

旅游市场营销战略制定后应保持相对稳定，不能朝令夕改，否则各战略业务单位会感到无所适从。但保持相对稳定不等于一成不变，因为旅游企业内外部环境在变，营销战略也应随之作必要的调整。当环境发生较小变化，可适度微调；当环境发生大的变化时，旅游市场营销战略就需要作重大调整，以提高战略与环境的适应性。

6. 机遇性与风险性

旅游市场营销战略是对市场未来的预测性决策，如果抓住了旅游市场的机遇，将给企业带来新的发展机会，这就是营销战略的机遇性。旅游企业的经营者也应当清醒地认识到，旅游市场是在不断发展、不断变化的，常常会有“意料之外”的事件发生，这种变化的不确定性往往对旅游企业有深刻的影响，有时甚至会导致灾难性后果，这就是营销战略的风险性。

营销战略的风险性还表现在，对许多旅游企业来讲可能是机遇环境，而对某个特定的旅游企业而言，因受自身经济实力、管理能力方面的限制，进入某个充满机遇的市场后却发现这是“机会陷阱”。

三、旅游市场营销战略的制定

市场营销战略是旅游企业在分析外部环境和内部条件后所做出的具有全局性和长远性的一套满足旅游市场竞争需要、应付竞争状况的总体设想和规划，必须在充分了解和认真分析旅游市场营销竞争环境的基础上才能制定出来。

1. 确定旅游企业的任务和目标

没有明确的任务和目标，企业就无法进行正确的决策，也无从制定具有可实施的市场营销战略。目标是任务的个体化，而任务则是实现目标的具体途径。对于具体的旅游企业来说，其任务具体表现为企业的业务经营范围和领域，是企业寻求和判断战略机会的活动空间和依据。

企业在确定其具体任务时，必须回答以下几个问题：本企业是个什么企业？应该是个什么企业？将是个什么企业？企业的主要市场在哪里？主要顾客是谁？顾客真正需要的是什么？如何满足顾客的需要？如何进入市场？最有发展前途的市场是什么？要回答这些问题，就要明确判定企业的任务，进行战略分析。

任务确定后，就要进一步把任务具体化为企业的经营目标。企业的目标是一个综合的或多元化的目标体系，而不是单一的或孤立的单个目标。旅游企业的经营目标是由贡献目标、市场目标、发展目标、利润目标、创新目标、企业素质和管理工作效率目标等构成的目标群，并表现为旅游产品类型、数量、销售额、利润率、市场占有率、产品创新和企业形象树立等一系列综合目标值。

2. 态势分析

态势分析就是通过旅游营销环境分析、区位分析、营销组合分析、营销能力分析、主要竞争者分析、市场潜力分析等找出本企业所具有的优势和劣势、机会和威胁，又称为SWOT分析。

（1）优势（strength）

从现有顾客和潜在顾客的角度来分析企业优势，主要包括企业声誉、位置、技术水平、人员素质、服务标准、产品质量、亲和友善和形象良好的团队等。

（2）劣势（weakness）

从顾客角度分析，旅游企业的劣势与上述优势的内容基本相同，如缺乏市场营销经验、产品或服务同质化、企业不良声誉、营业场所不符合顾客偏好、产品或服务存在质量问题等。

（3）机会（opportunity）

旅游企业的机会是指采取适当措施可以有效提高销售量、改善企业形象或扩大企业影响的时机。如日益新兴的市场（互联网）、进入某个细分市场获取更多盈利、新兴的旅游市场、竞争对手退出的市场和兼并、合资、战略联盟等。

（4）威胁（threat）

旅游企业所面临的威胁多种多样，而且是随机出现的，如果企业能提前准确预测就可以化解危机，甚至将其转化为企业的机会。

进行态势分析，必须对旅游营销环境、行业现状和发展前景、产品或服务差异化、企业的市场地位、竞争对手、企业的资源状况和市场营销能力等进行全面评价，做到强化优势、抓住机会、弱化威胁、克服劣势。

3. 营销战略选择

战略分析的目的是为战略选择和战略规划提供依据，而战略选择的目的在于确定各备选战略方案的有效性。战略选择主要比较分析各方案的优缺点、成本、风险及效果。可供企业选择的营销战略主要有市场竞争战略、市场发展战略和营销组合战略三种类型。选择营销战略，应考虑与现有营销战略的关系、外部和内部营销环境的依赖程度、企业主管的价值观和对待风险的态度、竞争对手的市场地位和竞争实力、企业资源状况、市场发展变化趋势等因素，以便及时调整企业的营销战略方案。

4. 营销战略规划

营销战略规划的任务就是确定企业的营销战略任务、战略目标、战略重点以及战略措施等方面的内容。战略任务是在一定时期内，企业旅游市场营销服务的对象、项目和预期要达到的目的，如为哪些旅游者服务、向旅游者提供什么样的产品和服务、企业服务的市场范围有多大等。战略目标是企业在较长时期内预期达到的营销目标，是企业营销战略任务的具体化，具体包括市场目标、发展目标、效益目标和社会贡献目标等四个方面的内容。战略重点则是对企业实现战略目标具有决定意义的工作、措施和环节，是企业旅游市场营销工作的重点。在进行营销战略规划时，要特别注意企业资源的配置，如瑞士酒店业就做到了使其旅游资源效益最大化。

5. 财务可行性分析

企业营销战略是否可行，不仅要看其市场操作上的可行性、技术上的可行和应对竞争环境的针对性，还要分析其财务上的可行性。财务可行性分析的主要目的是评估企业制定的营销战略在实施过程中的财务保障状况、可能的风险和盈利状况等。主要内容有：财务能力分析，如偿债能力、营运能力、获利能力和发展能力分析；财务结构分析，如收入利润结构、成本费用结构、资产结构、资本结构分析；财务预算分析；财务信用与风险分析；财务总体与趋势分析；等等。

6. 综合评价选优

综合评价选优是制定旅游营销战略的关键性步骤，通过对市场的分析和财务论证，综合比较各个可能的营销战略方案，择优选取更有利于达到预期目标的方案。如果预期目标能达到，说明方案是可行的；否则，方案是不可行的。

四、旅游市场竞争战略

根据在旅游市场竞争中的地位，企业可采取不同的市场竞争战略，可供选择的市场竞争战略有市场领导者、市场挑战者、市场跟随者和市场补缺者四种形式。

1. 旅游市场领导者战略

市场领导者是指旅游产品市场上占有率最高的企业，该领导企业的产品拥有最大的市场份额，而且往往在价格改变、新产品引入、分销的覆盖面和促销费用等方面引领其他企业，是市场竞争的导向者，也是竞争者挑战、效仿或回避的对象。市场领导者必须保持高度的警惕，不断进行市场研究，以调整其产品和修正其营销战略，避免其他企业将差距缩小。为了维护自己的优势，保持自己的领导地位，市场领导者通常采取扩大整个市场的需求，采取有效的防守措施和攻击战术，以保持现有的市场占有率，即保持现有市场规律不变并进一步扩大市场占有率的战略。

阅读案例

中国国旅和美国运通联合成立"国旅运通"

美国运通和中国国际旅行社的合资企业——国旅运通在上海的成立，标志着国旅运通全力进军日益重要的上海市场。这是国旅运通在中国设立的第二家商务旅行管理公司。据估计，中国每年的旅行及餐饮支出高达100亿美元，其中40亿~50亿美元为商务旅行支出。同其他市场相比，中国商务旅行市场的发展潜力惊人，规模已达法国、德国等欧洲主要国家的水平。

作为全球最大的旅行管理公司，全球财富500强中的70%企业都是美国运通的客户，国旅运通作为中国商务旅行市场的领导者，是中国商务旅行服务的首创企业，迅猛发展的中国市场及其增长潜力使中国业务成为美国运通公司的重中之重，国旅运通经融入美国运通的客户系统、供应商系统和信息网络系统，使合资公司的技术水平、管理水平与美国运通全球标准接轨，从而为各地的客户提供全方位、高质量、一站式的服务。

中国国旅总裁曾表示，作为中国知名的国际旅行社，国旅希望为中国人带来旅行的概念，而不仅仅停留在旅游的层面上，随着跨国公司越来越多地涌入中国市场，如何对跨国公司进行商务旅行服务成为新的旅游需求，美国运通是全球商务旅行服务市场的领导者，中国国旅与美国运通通过全面战略合作，为在中国的跨国公司提供商务旅行服务，适应了跨国公司在中国经营活动的市场需求，商务旅行服务日益成为完善的中国投资环境的一个有机部分。

中国国旅总裁在评价合作伙伴时深有感触地说："比建立合资企业更重要的是，美国运通带来了全新的经营理念，它进入中国并不是去争抢竞争激烈的旅游市场和票务市场，而是看准了尚未全面开推的中国商务旅行市场，通过与美国伙伴的合作，我们获得了两个方面的收获：一是经营理念的革新，即当今的社会需要这样的一个公司，它能够为集团客户提供差旅管理，通过悠闲的设计、分析、策划，达到省钱而有效的目的；二是运通之所以有能力为全球庞大的市场包括中国市场提供全方位、高质量、一站式的服务，是因为支撑这种管理服务的是严谨科学的数据管理和分析，是高科技助其成功的"。总裁还表示，跨国公司和国内企业客户得益于这项发展计划，享受国旅运通在全国各地提供的统一水准的优质服务，美国运通的专业知识和国旅在中国市场的占有率，将使国旅运通成为商务旅行市场上的双赢组合。

2. 旅游市场挑战者战略

市场挑战者战略是指在一个行业中位居第二、第三或更低位次的企业在市场竞争中向市场领导者和其他竞争者发动进攻，以夺取更大的市场占有率而采取的竞争战略。

市场挑战者向市场领导者和其他竞争者挑战，首先必须确定自己的战略目标和挑战对象，然后再选择适当的进攻策略。挑战者通常使用的策略是提供较低价格的旅游产品和服务，或提供更好的服务使顾客感到物超所值。例如，为在英国—美国跨大西洋航线业务中争取到较大份额，维京大西洋航空公司一直在与英国航空公司竞争，维京大西洋航空公司的机票售价汇总包含着飞行中使用健身俱乐部和图书馆、享受更舒适的座位、更高质量的饭菜和电视娱乐的费用，并通过宣传说服横渡大西洋的旅客坐他们的航班。

阅读案例

黑龙江冰雪旅游的挑战者

一说起冰雪旅游，人们就会认为这是黑龙江的地理优势，纬度高，冬季寒冷，有冰雪资源。其实，凡事有其利，也有其弊。应该看到，黑龙江的地域劣势所带来的负效应也是很大的。

由于黑龙江省地处中国最北方，给旅游者的交通带来诸多不便，从东南亚和我国港、澳、台或南方各省来黑龙江的旅游者，都要付出很大的时间成本和货币成本。因此，从南到北每一处新型的冰雪旅游景点都会截留来黑龙江的客源。

首先，吉林省已成为黑龙江省强劲的对手，吉林省的地域条件优于黑龙江省，南方各省飞往长春的机票价格都低于到哈尔滨的价格，长春市还借承办2007年亚冬会的机会，提出了建设中国冰雪旅游名城的目标，这对哈尔滨的冰雪旅游是一个极大的威胁。

其次，2003年春节期间，北京周边滑雪城天天游客爆满，大众滑雪旅游的热潮已在北京形成。北京和黑龙江相比，具有更多的地域优势，地域经济发达，人均GDP高，有钱的人多，地域文化先进，人的素质高，时尚的人多，中外合作广泛，国际化水准高，外国人多，纬度低，气候适宜大众滑雪等等。

另外，韩国、日本也是黑龙江冰雪旅游的挑战者。由于国际航班价格策略灵活，从广州到日本和韩国的机票价格也低于到哈尔滨的价格，从广州到韩国滑雪旅游地只要3600元，而从广州到哈尔滨冰雪旅游地要5000元。花钱便宜又可以领略异国风情，当然具有更大的吸引力。

2003年雪季，来黑龙江滑雪的客流比2002减少了约15%～20%。地域劣势所带来的问题如果不能很好的解决，将给黑龙江的冰雪旅游带来不小的负面影响。

3. 旅游市场跟随者战略

市场跟随着与挑战者不同，它不会向市场领导者发起进攻并图谋取而代之，而是跟随在领导者之后自觉地维持共处局面，市场跟随着满意或认可自己在市场上的次要地位，以不扰乱现有市场格局为目标，保证获取自己应有的利润。处于市场跟随者地位的企业通常自觉维持现状，不互相争夺客户，不以短期的市场占有率为目标，而是找到一条不致引起竞争性报复的发展战略。

可供企业选择的市场跟随着战略主要有紧密跟随战略、距离跟随战略和选择跟随战略三种形式。麦德俱乐部在很长时间一直是这个市场的领导者，它开创了一种度假理念，即机票、住宿、餐饮、娱乐等所有度假活动开销实行通票制、全包价。这种做法逐渐流行后，吸引了许多全模仿者和追随者。每个旅游度假区为相同的目标市场提供了可供选择的地点和差别不大的项目。市场追随者们相信，如果人们对全包价度假地的需求增加，他们将能分享这个扩大的市场，

4. 旅游市场补缺者战略

一些小企业专门服务于市场中被大企业忽略的某些细分市场，在这些小市场上通过专业化经营来获取最大限度的收益，这种战略称之为市场补缺者战略。市场补缺者的主要特征是有足够的市场潜力和购买力，市场有发展潜力，对主要竞争者不具有吸引力，企业具备有效地为这一市场服务所必需的资源和能力。

阅读案例

更细化的专业化老年旅游产品开发

有专家提供养生咨询，免费学习保健舞蹈和拳术，专职人员提供保健服务——针对越来越火的中老年旅游市场，重庆旅行社2006年推出了比普通夕阳红老年旅游产品更细化的专业化老年旅游市场。

推出该旅游产品的旅行社负责人介绍说，该专程旅游实行的是一种候鸟式生活方式，冬季可安排旅客到三亚、云南丽江等南方地区活动，夏季则可安排其在北京、大连、青岛等北方地区旅游，老年游客在这些地区短则疗养数天，长可达一个月，这种旅游方式主要以健身、养生、养老为主题，如每天向游客提供有专业营养师安排的膳食，入住地的游泳池、健身房、娱乐室等设施全部免费开放，同时配有设施完备的医疗中心，由全国知名医疗机构的专家定期提供保健、医疗及心理咨询服务。

五、旅游市场发展战略

旅游市场发展战略是指企业选择用什么方式使市场扩展和企业发展的战略，可分为内部发展战略和外部发展战略，前者是利用企业内部资源和力量来发展企业的战略；后者是利用企业外部资源和力量，与其他企业联合求发展的战略。外部发展战略与内部发展战略相比，虽然管理难度大、风险大，但发展速度快，发展范围广，已经越来越受到企业的重视。总体来讲，旅游市场发展战略可以分为集约化发展战略、一体化发展战略和多元化发展战略。

1. 集约化发展战略

集约化发展战略属于内部发展战略，即企业在原经营领域内集中力量挖掘市场潜力，改进产品和服务，扩展市场。主要有市场渗透、市场开发和产品开发三种形式。

（1）旅游市场渗透

就是通过加强宣传促销和销售力度，使老顾客增加购买数量和购买频率，吸引竞争者的顾客和刺激潜在顾客购买，在现有旅游市场上增加现有旅游产品的销售额。这是一种比较保守的发展方式。

（2）旅游市场开发

指将旅游产品推广到新的客源地，将现有产品推销给新顾客和推广到新的目标市场。如将旅游探险项目从青年扩展到少年儿童和中老年等，旅行社不断推出越来越远的旅游目的地和国际旅游项目等。这种方式往往需要做大量的市场调研工作，分销和促销的费用较大。

（3）旅游产品开发

就是通过增加产品的品种、规格、款式、功能和用途，提高质量、改进包装来吸引和满足顾客的需求，它适用于已饱和、产品易老化、竞争激烈的现有市场。

2. 一体化发展战略

在竞争激烈的旅游市场上，企业为了生存和发展而寻求各种形式的联合是必然趋势。企业的联合形式主要有合并、兼并和并购，也可以采取联合结盟的形式在资金、科研、生产和开拓市场等方面建立合作性利益共同体。一体化发展战略主要包括水平一体化、后向一体化和前向一体化三种形式。

（1）水平一体化战略

是指一家旅游企业接管或兼并它的竞争对手，兼并和重组同行业内相类似的企业，以寻求增长的机会。这种方式可以扩大旅游产品和服务市场，提高规模经济效益，风险较小。

（2）后向一体化战略

是指旅游企业通过自办、联营或兼并等形式，对其供给来源取得控制权或所有权，实现供产一体化。如旅游批发商后向一体化尽可能控制旅游包价中的许多因素，如饭店房间、包机座位等。

（3）前向一体化战略

是旅游企业通过一定形式对其旅游产品的加工或销售单位的控制权或拥有权，以拥有和控制分销系统，实现产销一体化。如许多旅行社或旅游集团拥有饭店、航空公司的所有权，以控制包价旅游的分销与销售。

3. 多元化发展战略

多元化发展就是打破行业界限，新增与现有业务有一定联系或者毫无联系的业务，进入新的经营领域，实行跨行业经营。当企业所属行业发展潜力有限，而其他行业有很好的发展机会时，可采用这种战略。

（1）同心多元化

即以现有旅游产品和服务在市场上的优势、特长和经验为同心向外扩展经营业务，提供多种旅游产品和服务，充实旅游产品系列结构。如公交公司同时经营轮渡运输等。同心多元化的发展有利于发挥企业原有的优势、特长和营销经验，风险较小。

（2）横向多元化

即针对现有市场和现有顾客，开发与企业现有产品在技术和性质上不同的新产品，如旅游景区增加餐饮、住宿等业务。实行横向多元化发展，企业面对的是原有的顾客，市场开拓较为容易，但企业将进入一个全新的经营领域，风险较大。

（3）综合多元化

即企业开发与现有业务、技术和市场无关的新业务或新产品，把经营范围拓展到多个行业，如一个酒店企业同时涉足金融业、房地产业、旅游及餐饮服务等新业务。综合多元化发展的风险很大，一般只有实力雄厚的大企业方可采用。

一般来说，企业在选择上述发展战略时，应先从集约型发展战略入手，再尝试一体化发展战略，最后才选择多元化发展战略。

项目二

旅游市场营销组合策略

项目要求

掌握旅游企业的营销组合策略4P、4C和4R。

随着著名的营销专家科特勒在1995年第八版的《营销管理学》中首次增加了关于顾客价值和顾客满意度的讨论，一时间，“关系行销”、“一对一营销”等微行销的名词和观点越来越为人们所接受，标志着微营销时代的来临。（周庭锐，2000）原来的大众营销、分众营销发展到品牌营销，到现在的一对一微营销。

所谓微（micro）营销，是强调消费者自身的特性和主体需求，要求我们去了解他们的核心价值（core value），然后在企业核心能力的策略方向与控制下，发展最有利益（benefit）点的产品或服务，（周庭锐，2000）最大限度的满足消费者的需要。

旅游业作为21世纪的“朝阳产业”、国民经济支柱产业之一，具有创汇增收、带动相关产业发展、提供就业机会，扩大国际的经济技术合作与增进同世界各国人民的友谊、促进区域经济协调发展以及旅游扶贫等功能。

目前，政府主导下的大旅游、大产业、大市场的旅游格局，在中国已经形成。但是，旅游企业在经营发展中依然存在很多问题，表现在市场营销方面，主要是：知名度低、市场份额达不到应有的目标、销售收入不能令人满意、销售渠道单一且脆弱、企业利润率普遍很低等。因此，本项目以市场营销学的经典理论为依据，单项分析旅游业内企业的市场营销策略，概括为：4P+4C+4R。

一、营销中的4P策略

旅游企业的市场营销，根本问题在于解决好以下四个基本要素。

1. 旅游企业营销产品策略（product）

它是旅行社营销战略中的首要因素，旅行社必须营销消费者市场所需要的旅游产品，才能求得生存和发展。在旅游市场营销组合中，产品是最重要的因素。

（1）旅游产品的基本概念

众所周知，旅游产品是旅游经营者提供的为满足旅游者旅游消费所需要的旅游设施、旅游服务以及具有吸引力的旅游项目和线路，是食、住、行、游、购、导、娱等要素的载体组合，由实物和服务构成，属于服务性产品。对旅游者来说，就是旅行经历或旅游体验。旅游产品作为一种组合型服务产品，具有综合性、无形性、不可移动性、非贮存性、生产与消费的同步性等特点，有别于物理形态表现出来的具体劳动产品。

（2）旅游产品的构成

鉴于旅游消费的综合性和多样性，相应要求旅游产品同样具有结构的多元组合性，实际构成内容也是如此。其形态构成，既包括实物形式的有形产品，如旅游汽车、旅游饭店、旅游购买品等，也包括服务形式的无形产品，如导游服务、购物服务、餐饮服务等接待服务产品；按其功能划分，可包括观光旅游产品、度假旅游产品、专项旅游产品、特种旅游产品等。

（3）旅游产品的营销

随着旅游业的深入发展，旅游者文化素质的提高，对一些观光产品“大路货”已不感兴趣，因此，应实施观光旅游产品的精品战略、品牌经营。可以预见，21世纪是中国观光旅游产品的精品世纪。同时，随着休闲时代的来临，中国人民的生活由温饱型进入小康型，这为大众化的休闲度假产品发展创造了条件。因此，家庭休闲度假，城郊休闲度假、乡村休闲度假、海滨休闲度假，节假日和双休日休闲度假乃至出境休闲度假产品都将有广阔市场。

2. 旅游企业营销价格策略（price）

旅游产品的买卖过程，实际就是消费者（旅游者）实现时空范围的自由移动、高水平服务的购买与享受的过程，这些都是市场经济的活动，必须按照市场规律、经济原则实行等价交换。掌握旅游产品价格的形成过程与产品定价的方法，灵活运用各种定价策略，是旅游管理和组织者进行市场营销活动的主要手段。

3. 旅行企业营销渠道策略（place）

市场营销渠道决策是旅游企业的重要决策之一。客户网络是重要的外部资源，通常经过多年才能建立起来，它可以和旅游企业的重要内部资源如导游、营销队伍等相提并论。旅游产业逐渐呈现规模发展态势，因此，营销渠道以及与之相适应的配销系统的建立是必要的。不能忽略的是，网络经济的发展，可以使消费者和营销者之间建立更直接和快捷的营销渠道，甚至省略了以往传统的营销渠道和环节，这就要求我们的营销队伍、营销体系完整、高效，体系统一、办公环境的网络化、智能化程度要高。

4. 旅游企业促销组合策略（promotion）

旅游企业的市场营销不仅是开发旅游产品，制定出合乎市场需求的价格来占领市场，还必须同现实的、潜在的消费者进行沟通，承担起沟通与促销的职责。保证沟通信息有效，关键的是沟通的内容、对象和频率。配置完整的市场营销沟通系统是十分必要的。旅游企业必须同关联企业、消费者及各类上下游企业、政府相关部门、行业协会，甚至企业内部员工进行彻底的沟通。各个群体的沟通均反馈给企业。旅游企业制订销售计划、培训营销人员、设计优秀的广告、开展各种促销活动，就是市场营销沟通组合——促销组合运作的内容。促销组合有四个工具：广告、销售促进、推广、人员销售构成。

二、营销中的4C策略

1990年，美国的劳特朋教授提出了4C理论：把产品搁置一边，赶紧研究消费者的需求与欲望（consumer wants and needs），不要再卖你所生产的产品，而要卖别人想购买的产品；暂时忘掉定价策略，快去了解消费者为满足其欲望所想付出的成本（cost）；忘掉通路策略，应当思考如何给消费者方便（convenience）以购得商品；最后忘掉销售促进，90年代正确的词汇是沟通（communications）。4C理论同样适用于旅游产品的营销。

1. 顾客

旅行社开发了新的线路，选定了新的市场和产品后，不要急于考虑推销给客户，而是先了解自己的客户需要什么样的旅游产品，他们的购买力如何等，再去为他们寻找到适合的推介。

2. 成本

了解你的顾客的内在需要后，先不要考虑用什么样的价格策略确定投资回报率，而要先计算提供给顾客的产品需要付出多大的成本，然后结合了解到的顾客想为这次旅游付出的成本，决定价格策略和利润目标。

3. 便利性

忘掉固定的销售渠道，选择更能让消费者接近的销售方式，包括选线、组团方式、交通方式、付款方式，办理途中各种入住、接待手续，实施旅游服务等使客户轻松满意。

4. 沟通

最后忘掉促销，用服务和产品与顾客沟通，使顾客得到充分的真实的信息，做出满意的决策，最终建立顾客与企业的高度忠诚关系。

三、营销中的4R 策略

美国学者舒尔茨（Done. Schultz）提出了营销组合的最新理论——4R 营销组合理论，即市场营销包含四个要素：关联（related）、反应速度（response speed）、关系营销（relation）、回报（return）。

1. 关联

它是指在竞争的环境中，厂商、经营商、零售商都必须时刻关注顾客的需求及其变化，提高顾客的满意度和忠诚度，同时必须注意与上游企业形成一个卓越的价值让渡系统或战略网，提高整个战略网的竞争力。

2. 反应速度

它是指企业应在顾客的需求变化时，甚至在变化前做出适当的反应，以便与顾客的需求变化相适应。

3. 关系营销

它是指企业应当与顾客建立长期、稳定、密切的关系，降低顾客流失率，建立顾客数据库，开展数据库营销，从而降低营销费用。

4. 回报

它是指企业营销的真正动机在于为企业带来短期的利润回报和长期的价值回报，这是营销的根本出发点。

4R 理论使企业清醒地认识到营销的战略是以客户服务为中心的发展战略。4R 理论根据市场不断成熟和竞争日趋激烈的形势，着眼于企业与客户互动双赢，不仅积极地适应客户的需求，而且主动地创造需求，运用优化和系统的思想去整合营销，通过关联、关系、反应、回报等形式与客户形成独特的关系，把企业与客户联系在一起，形成竞争优势。

4R 理论是新世纪营销理论的创新与发展，必将对旅游企业的营销产生积极而重要的影响。

关联要素要求旅游企业（旅行社）需要尽快转变观念，为旅游者提供全方位的服务，与之建立关联，形成一种互动、互求、互需的关系，提高顾客满意度，进而培养顾客忠诚度，把客户与企业紧密联系在一起。此外，旅行社不能再把酒店、景区、交通部门等视为成本中心，而要与它们联盟，制定互利战略，构筑顾客价值让渡系统。

反应速度要求面对迅速变化、复合发展的旅游市场，旅游企业要提前洞察到市场的变化趋势，开发出符合顾客需求的产品，这样才能在市场竞争中获胜。最成功的项目或服务往往都是最先推出的、具有特色的、迎合了市场需求的项目。

关系营销要求旅游企业在营销中必须重视与游客关系的重要性。因为旅游产品具有综合性、无形性、不可移动性、非贮存性、生产与消费的同步性等特点，消费者只有在旅游结束后才能完成对此次购买的评价。因此，旅游企业营销的核心就是要处理好与顾客的关系，把质量、服务、营销有机结合起来，从交易变成责任，从单纯客户变为关系，从管理营销变成管理与客户的互动关系，与客户建立起稳定友好的关系。

回报是营销的源泉，也是市场营销的价值所在。一方面回报是营销发展的动力，另一方面回报是维持市场关系的必要条件。企业要满足客户需要，为客户提供价值，旅游企业的一切营销活动都必须以为客户、股东、社会创造价值为目的。

本模块小结

旅游市场营销战略是指在调查研究和市场预测的基础上，根据市场环境南瓜饼借个自设能力，对旅游企业发展方向和长远目标所做的定性安排。旅游市场营销战略有全局性、长期性、系统性、权威性、稳定性和机遇性与风险性等六大特点。

旅游市场竞争战略包括旅游市场主导者战略、市场挑战者战略、市场跟随者战略、市场补缺者战略；旅游市场发展战略包括集约型战略、一体化战略和多元化战略。

旅游营销策略具有可控性、系统性和层次性三大特点。传统的4P策略包括产品策略、价格策略、渠道策略和促销策略，在原来4P策略的基础上又提出了4C策略和4R策略。

本模块参考浏览网址

1. http：//www. davost. com/Item/3093. aspx
2. http：//www. nanyue. net. cn/news. php？ id＝218
3. http：//www. dss. gov. cn/Article_ Print. asp？ ArticleID＝277137
4. http：//gov. finance. sina. com. cn/city/2007－03－22/56889. html
5. http：//www. gznc. edu. cn/jpk/lyxy_ scyx/main. htm

基础知识思考题

1. 旅游企业应如何制定市场营销战略？

2. 试述旅游市场领导者、旅游市场挑战者、旅游市场跟随者和旅游市场补缺者营销战略的区别？

3. 旅游市场发展战略的类型有哪些？

4. 4P 理论与 4C 理论的根本区别是什么？

基本操作技能题

1. 通过实践训练，学会分析旅游企业所处的竞争环境和所采取的市场营销战略，并提出建设性意见和措施，帮助企业完善、修正或制定其市场营销战略。

2. 指出某个行业或某种类型公司（当地酒店、景区景点、航空公司、游船公司、汽车租赁公司、旅行社或豪华度假胜地）的市场领导者、市场挑战者、市场跟随者和市场补缺者，调查并分析其市场营销战略的优缺点。

3. 采用 4P 战略和 4C 战略对某企业实施营销策划，并分析两种组合策略的优缺点。

阅读分析题

环球泛太平洋饭店的营销战略

1. 饭店现状

位于泰国曼谷的环球泛太平洋饭店集团，是环球饭店旅游集团的分公司，其总部在多伦多市，是加拿大最大的一家独资企业，经营业务遍布加拿大、美国、古巴和泰国等。环球泛太平洋饭店集团建于1993年，位于曼谷商业旅游地区之一的中心地带一座20层综合型大厦。它将自己定位于一家提供四星级以上住宿、五星级服务的宾馆。饭店主要迎合两种截然不同的消费者：国际商务人员和寻欢作乐的游客。它的约60%的年利润来自客房服务以及如洗衣商务服务等相关项目，其余40%则来源于酒水饮料、食品等服务项目。客房服务项目的综合销售比率：商务客人为55%～60%；游客及广告会议为25%～30%；航空公司员工为15%。

近年来，由于曼谷地区旅游业的迅速发展，许多新建饭店陆续开业。这一趋势给饭店带来了极大的挑战。而且，它的一位重要客户——某国际航空公司停止续签与饭店的订房合同。这使得饭店客房上房率出现较大的下跌，更使饭店经营雪上加霜。

2. 饭店旅客情况介绍

环球泛太平洋饭店一直致力于吸引商务旅客的入住率，因为这一类型消费群体的利润产出要高于其他类型的消费群体利润产出，这类房客更乐意使用饭店其他服务设施——餐厅、洗衣房、电话电传等。休闲旅游类房客可分为两大类：单身游客和团体游客。这两类游客服务的利润产出低于商务旅客。由于饭店周边各类饭馆、饮食店星罗棋布，他们使用饭店内设餐厅的可能性要小得多。这一状况迫使环球泛太平洋饭店集团必须注意吸引曼谷地区当地居民来饭店餐厅用餐。

日本商务游客在环球泛太平洋饭店经营业务项目占有不小的份额，大概占该饭店经营利润额的30%、旅游住客服务利润额的40%左右。饭店因此特别注意吸纳这一类型的房客。在过去的数年中，日本人一直是泰国数量最大的外国投资者，这一趋势还将持续下去。

对于各个饭店来说，争取航空公司机组人员的订房合同具有极大的竞争性。这些订房合同有助于各家饭店实现自己的上房率指标。各个航空公司选择长期包订饭店合同的关键因素在于有客房价格、饭店安全程度和卫生条件。

3. 饭店的营销机遇

在开发一种确保充分发挥饭店在区域市场中作用的市场营销战略计划时，销售与营销部经理卡林汗先生发现，实现饭店更高上房率和客房平均利润率的目标可以有多个市场营销创新选择方案。

首先，可以考虑组织下属营销人员在饭店所在区域市场中实行闪电式大规模促销活动，提高人们对环球泛太平洋饭店价值的认同以及饭店服务项目的知名度。这类促销活动需要注意一些细节，进行客户开发活动必须采用适当的方式，不能让泰籍营销人员感到不适。与亚洲其他地方一样，在泰国从事经营活动的关键在于企业与消费者群体之间建立良好的个人关系。卡林汗先生认为，他的营销人员擅长于为现有客户服务，但在同其他潜在客户交往时就显得比较勉强。

其次，必须考虑让饭店营销人员在曼谷地区周边两个较大的卫星城市去开发新的商务客源。这两个卫星城市分别位于环球泛太平洋饭店以东20千米处和30千米处，是几个新近获得较大发展的实业集团公司总部所在地，还有规模不小的外贸开发特区。正好这两个新兴城市目前缺乏四星级以上的饭店。这一举措就是针对这一地区为数不少的全球知名企业集团驻当地人员的具体需求而决定的。当地这些外资企业集团中有不少是日本人开办的企业。卡林汗先生注意到日本人习惯在一些娱乐性强的环境氛围中谈生意、做买卖。因此，他肯定日本商务人员乐意在环球泛太平洋饭店所在区域的宾馆饭店里从事业务活动。另外，在曼谷以北30千米和50千米处还有两个小型城镇，它们均可为环球泛太平洋饭店提供新的商务客源。卡林汗先生考虑的另一个选择方案是将饭店客源新目标对准旅游业中的经纪人，特别是当地的旅游经纪人。这些旅游经纪人由于控制着当地一些相关旅游市场，往往被视为是带旅游团体的关键环节。同时，他们也以自己的信誉对外提供海外旅游导游担保。卡林汗先生认为与这些旅游经纪人保持良好的关系，休闲娱乐业的现状将会得到根本性的改善。

环球泛太平洋饭店与他的最大客户——某航空公司之间关系的冷淡，迫使环球泛太平洋饭店与其他航空公司加强联系，以保证饭店的上房率不受大的影响。卡林汗先生已经与其他几条国际航线就相关业务方面的合作问题进行过磋商，已经有一家航空公司有需求意向。

此外，环球泛太平洋饭店还存在其他选择方案。曼谷作为全球各国外交使馆最集中的地区之一，拥有约50多个国家的驻泰使馆和领事馆，其中一半左右距环球泛太平洋饭店的路程在3千米以内。曼谷作为泰国的首都，从各个省府来曼谷的各级政府官员络绎不绝；而且国家政府机关在萨丽凯特女王会议中心召开的各种会议数量也很多。

环球泛太平洋饭店周边有众多的饭店，形成了激烈的市场竞争环境。卡林汗先生在对饭店区域市场存在更为激烈的竞争有了充分的了解后，必须决定如何通过营销创新战略推动环球泛太平洋饭店的继续成功。

（资料来源于 http：//www. gznc. edu. cn/yxsz/lyxy/index/jpk/alfx）

1. 简要分析环球泛太平洋饭店面临的营销环境和竞争压力。
2. 利用市场发展战略理论分析卡林汗先生提出的营销创新举措。
3. 你能否为环球泛太平洋饭店具体设计几项旅游营销创新战略措施?

模块七 旅游产品策略

基础知识目标

1.认识旅游产品的概念、内容、特点。

2.掌握旅游产品的生命周期及其阶段。

3.掌握旅游产品组合策略的实施。

基本技能目标

1.具备分析旅游产品不同的生命周期及其营销策略的能力。

2.初步具有将不同品种的旅游产品进行组合的能力。

项目一

旅游产品的概念及特点

项目要求

通过本项目的学习，掌握旅游产品的含义及特点；了解旅游产品的体系；具备分析旅游产品构成要素的能力。

旅游产品是旅游市场营销组合四大要素之一，不仅是旅游企业赖以生存和发展的基础，也是旅游企业开始其经济活动的出发点。从经济学角度看，只有旅游产品策略属于生产领域，其他的价格、渠道、促销均属于销售领域。制定合理、有效的旅游产品策略，直接决定着价格策略、销售渠道策略和促销策略。换言之，其直接决定着旅游企业的市场营销成败。

一、旅游产品的概念

旅游产品有广义和狭义之分。狭义的旅游产品是指旅游商品，即由物质生产部门所生产，由商业劳动者所销售的物品，它包括旅游者期间购买的生活用品、纪念品等各种实物商品。它仅满足旅游者外出旅游购物时的需求。广义的旅游产品是指旅游企业经营者在旅游市场上销售的物质产品和活劳动提供的各种服务的总和。它以旅游路线为主体，与各部门、各行业结合，从而满足旅游者伴随旅游所产生的行、游、购、食、住、娱等六大基本需求。它既能满足旅游者的物质需求又能满足旅游者精神方面的多种需求。这也是本书的研究对象。

二、旅游产品的构成

旅游产品从整体来讲，是指通过交换以满足消费者某种需求和利益的有形物体和非物质性的无形服务。从这一角度出发，可从核心产品、形式产品和延伸产品三个层次来理解旅游产品，如图 7－1 所示。

1. 核心产品

核心产品是指旅游产品中向旅游消费者提供的基本的、直接的使用价值。具体来讲，行、游、购、食、住、娱等六大要素构成了一件旅游产品的核心层次。

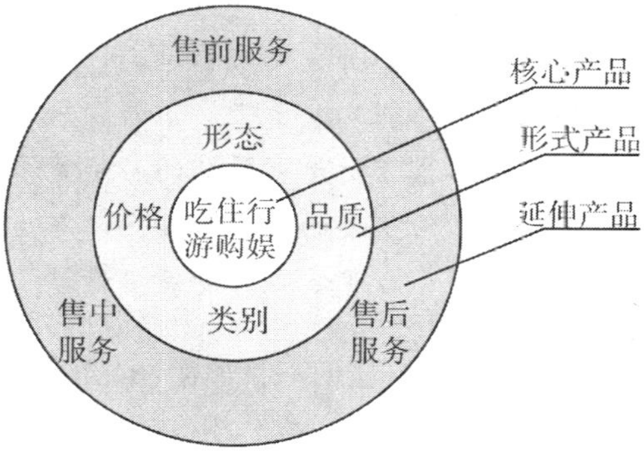

图 7－1　旅游产品的三个层次

2. 形式产品

形式产品是指核心产品借以实现的形式，即在市场上出售旅游产品的实物或劳务的外观。在旅游市场上，产品的基本使用价值必须靠某种形式来承载，以便在市场上实现交换。任何一件旅游产品都具有某种确定的外观，其形式产品包括品质、形态、商标、价格、旅游类型。

阅读资料

风格独特的“红楼宴”

中国四大名著之一《红楼梦》作者曹雪芹一生过半时间居住在江苏扬州，著作中贾府菜就是扬州菜。扬州宾馆巧打文化特色牌，利用名人、明书，以“红楼梦”为主题，设计“红楼宴”，建造了充满古香古色的“红楼厅”。大厅门口“红”、“楼”、“梦”三个大红灯笼高悬，厅内漏花窗口上镶嵌金陵十二钗仕女图，宾客进入红楼厅，耳际飘荡着电影《红楼梦》的插曲，“贾府丫环”装扮的服务员引宾入座。“红楼宴”设计匠心独具，如：“一品大观”由一个五彩拼盘和为一个“品”字，以姜丝衬干丝的“金钗银丝”与“红楼梦”相映；洁白高雅的“雪底芹菜”；造型奇特的“宝钗借扇”、“晴雯包”、“如意饺”等令人赞不绝口。游扬州、逛瘦西湖、品“红楼宴”、饮茶于富春茶社等已成为扬州旅游的特色项目。

3. 延伸产品

延伸产品是指在购买者购买之前、之中和之后所得到的附加服务和利益，诸如售前咨询、售后服务及销售过程中的其他服务。

阅读资料

“冰雪风光摄影”游

冰雪旅游很多北方旅行社都有，没有特别突出的内容，但大连华荣旅行社却通过常规旅游产品的附加值，来吸引更多的游客，获得了成功。

旅行社在滑雪游的基础上，推出了“冰雪风光摄影”活动。他们在做滑雪项目的同时，还组织众多摄影爱好者报名，到吉林赏雾松、去黑龙江拍雪乡。这显然与普通的冰雪旅游是有区别的。华荣旅行社总经理李利夫说，“冰雪风光摄影”活动是以汽车为主要的代步工具，以写生、休闲为主，让更多的摄影爱好者到北方品味千里冰封、万里雪飘的磅礴与奇妙。

由此可见，任何一种旅游产品的消费都是一个整体系统，不单满足某种需求，还能得到与此有关的辅助利益。相应的，旅游企业所出售的旅游产品也应是一个整体系统。在激烈的竞争中，只有向游客提供更完善的服务，才能满足游客所需。

阅读资料

就差一点点儿

餐厅：环境幽雅，但备餐台上却堆着高高的待清洗的盘子；客人已经等候多时了，却无人递上菜单；菜价已上菜单，酒价却不好询问；主人已与宴请的客人道别了，最后一道水果却姗姗来迟。

客房：豪华、考究，但某某客房的房客尚未离店，新房客已被派到该房；频繁的房务服务，使新入住的客人连去洗手间都觉不便；常住客面对每个服务员千篇一律的“你好”问候声不胜其烦……

康乐：客人定了6：00打壁球，6：10服务员才开门；明明已付账买了单，却不知道“小费”价更高；游泳池对社会开放，人气很旺，但水却难“清澈见底”……

前厅：装修金壁辉煌，入住登记却要等很久，结账半天却走不了，忘了付行李员小费，看到的是微笑的面孔“晴转多云”；店门口送客人，门童说：“欢迎下次光临”，回店时还是那句“欢迎光临”。如此循环往复……

三、旅游产品的特点

旅游产品既具有一般商品的基本属性，又有自身的特殊性。这种特殊性主要体现在以下几个方面。

1. 生产与消费的同步性

其他产品的生产和消费在时间上和空间上一般是分开的。而旅游服务往往是一种“面对面”服务，在旅游者到达以后，旅游服务人员和旅游者是在双方在场的情况下开始进行的，所以，旅游产品的生产和消费在时间上和空间上往往同时进行，这使得旅游产品具有生产和消费同步性的特点。比如导游员的服务、餐厅服务员的服务等都是如此。

2. 无形性

虽然旅游产品构成中确有一部分物质产品供应，如客房、餐饮、景点设施等，但它们只是作为生产旅游服务的条件而存在。服务性的产品供应如导游、接待服务、旅游线路、日程、节目的设计编排等占有很大比重，属于构成旅游产品不可缺少的软件部分。因而，旅游产品的无形性首先表现在旅游产品的主体内容是旅游服务。而当旅游者在选择旅游目的地时，一般是见不到旅游产品的形体的，在旅游者心目中只有一个通过媒介宣传和相关渠道介绍所得到的印象。只有当旅游者到达旅游目的地享受到旅游服务时，才能感受到旅游产品的使用价值。旅游产品的无形性要求旅游企业在推销其产品时，要把无形产品有形化，把旅游产品的特征和质量转化成旅游者能看得到或感觉到的信息，而传递给潜在的目标市场。在大体相同的旅游基础设施条件下，旅游产品的生产及供应可能具有很大差异，因此旅游产品的深层开发和对市场需求的满足较多地是依赖于“软开发”，即无形产品的开发，切实提高旅游服务的质量和水平。

3. 不可存储性

旅游产品不存在独立于消费者之外的生产过程，生产的结果不表现为一个个具体的物品，而是通过服务直接满足旅游者的需要。因此，只有旅游者购买它并在现场消费时，旅游对象资源、旅游设施与服务的结合才表现为旅游产品。如果没有旅游者的购买与消费，旅游对象资源、旅游设施与服务就不能实现这种结合，也就不成其为旅游产品。可见，旅游产品的生产、交换与消费具有同一性，具有不可贮存性。旅游产品实现的时间性很强，如果它一天无人购买，那么它这一天的价值就白白丧失了。这就要求从事旅游业者切实树立“顾客第一”的经营宗旨，努力开发旅游对象资源、改善旅游设施、充实服务内容、提高服务质量，树立区域或企业旅游产品的“名牌”形象，争取更多的客源。根据旅游地的游客容量与接待能力，通过各种措施与途径平衡游客的时空分布，以提高旅游对象资源、设施的利用率，实现更多的旅游产品价值的转移，获得尽可能多的经济收益。

4. 不可转移性

旅游产品实现交换后，旅游者得到的不是具体的物品，而只是一种感受或经历。旅游产品不同于物质产品可以运输并在交换后发生所有权转移，旅游者购买旅游产品，得到的并不是旅游对象资源或旅游设施本身的所有权，而是“观赏和享用”或“操作和表现”的权利，获得的是一种“接受服务”和“旅游经历”的满足感。在旅游活动中，发生空间转移的不是旅游产品，而是购买旅游产品的主体——旅游者。旅游产品的不可转移性说明，它的流通不是以物流形式出现的，而是以信息传播以及由此而引起的旅游者的流动表现出来的。旅游产品信息传播速度快、效率高，对消费者的旅游需求刺激影响大，其价值就易于实现。这就要求从事旅游业者重视旅游产品的促销，采取各种有利的促销方式，建立、完善促销系统，加速旅游产品流通，提高旅游经济效益。

5. 旅游产品的替代性

虽然现代社会已经进入大众旅游时代，旅游度假正在成为人们现代生活的必要组成部分，但它毕竟不同于基本物质生活消费，而是要受到政治、经济、社会等各方面复杂因素的影响，表现出较高的需求弹性和替代性。首先，旅游产品与其他商品之间存在互相替代关系，旅游产品的价格同其他商品价格的不同变化，会引起旅游产品需求量的变化。其次，旅游产品本身也具有很强的替代性。外出旅游是为了获得一种新鲜的体验，不同的旅游目的地各有其特点，消费者选择的余地很大，且带有随机性，这就导致不同旅游目的和不同类型的旅游产品相互替代性很强。实践表明：旅游产品的需求价格弹性、需求收入弹性和交叉弹性都比较高，从而使得旅游产品经营具有较大风险，竞争也很激烈。

6. 后效性

旅游者在实际购买旅游产品之前，根据所获得的相关信息对产品质量做出预期判断，这是旅游者对旅游产品的期望质量。只有旅游者在完成其旅行活动之后，才能根据实际感受对旅游产品质量做出全面而确切的评价，这是旅游者对旅游产品的经历质量。旅游者对旅游产品质量的理解是其期望质量与经历质量相互作用的结果。因此对游客面对面服务的结束并不等于整体营销活动的终结，必须对市场进行跟踪调查，通过分析市场反馈，及时发现旅游产品存在的问题并加以改进，以及与顾客保持长久的关系是旅游企业取得营销成功的关键所在。

7. 综合性

旅游产品的综合性表现为它是由多种多样的旅游对象资源与旅游设施以及其他旅游服务构成的，其中不仅包含了劳动产品，而且包含非劳动的自然创造物；既有物质成分，又有社会精神成分，是一种组合型产品。旅游产品的综合性是由旅游活动的性质与要求决定的。旅游是一种综合性的社会、经济、文化活动，其主体是旅游者，旅游者的需要是多方面的，不同旅游者的需求是有差异的，在市场经济条件下，旅游业者经营旅游产品，是为了通过满足旅游者的多种需要而获取利润，因此，旅游产品包含的内容必然十分广泛。

阅读案例

旅游产品应该从其实际功能和价值上去细分。旅游产品可以颜色来进行大的分类：2005 年红遍全国的“红色之旅”，其产品功能就是传统教育和爱国主义教育，是寓教于游的产品；具有休闲度假、体验农家乐等功能的产品，我们可以把它归类到“绿色之旅”；追求浪漫情调的产品，我们可以归到“蓝色之旅”；像满足老年人心理和生理需求的产品，我们可以把它归类到“银色之旅”；等等。

资料来源：梁昭主编，《旅游市场营销》，中国人民大学出版社 2006 年版。

项目二

旅游产品组合技巧

项目要求

通过本项目的学习，掌握旅游产品的具体组合策略，认识产品组合的要素；具备分析影响旅游产品组合因素的能力。

一、旅游产品组合及其类型

要想在国际旅游市场中争得一席之地，靠单一的旅游产品是不行的，旅游企业应生产出许多产品，形成自己的产品体系。旅游产品策略中对产品科学合理的组合，已引起现代旅游企业经营者的高度重视。

1. 旅游产品组合

旅游市场营销学中讲的旅游产品组合，是指旅游企业通过生产不同规格、不同档次的旅游产品，使其旅游产品结构更为科学、合理、更能适应市场的需求，从而能以最小的投入进行最大限度地占领旅游市场，实现经济效益的最大化。

2. 旅游产品的类型

根据旅游产品的功能和市场存在形态，可以大致分为观光旅游产品、度假旅游产品、事务旅游产品和专题旅游产品。

（1）观光旅游产品

观光旅游产品是满足旅游者观赏游览自然风光和人文风情等为目的的旅游产品。观光旅游产品是一种古老而又在现实市场很常见的旅游产品。也是我国目前旅游市场上的主导旅游产品。由于旅游需求差异，使观光旅游产品的表现形式多种多样。常见的有自然观光和文化观光。

（2）度假旅游产品

度假旅游具有旅游度假地点的相对固定、在度假地停留时间相对较长、对旅游环境质量和休闲娱乐设施要求较高以及度假旅游者多次在同一度假地消费等特点，这使度假旅游产品开发对资源、环境的依赖性很强，须更加注重休闲与康乐项目的开发。

（3）事务旅游产品

国际以及地区间有关人员交往数量的快速增加，形成了特殊的事务旅游消费者群。事务旅游的过程就是事务旅游者花钱购买旅游产品和其他服务的综合消费过程。它具有目的地选择取决于工作需要或由他人决定、在目的地停留时间短、对服务要求高、消费水平高以及受季节影响小的特点。

（4）专题旅游产品

专题旅游产品是为满足人们特定旅游需求而开发的旅游产品。所谓特定旅游需求，是指旅游者有着除观光、休闲、度假以外的带有明确主题的旅游目的，其目的可能是修学、教育、科考、探险或宗教等。旅游者明确主题的目的性对专题旅游产品的开发提出了资源、技术、人才方面的更高要求。

3. 旅游产品组合对旅游企业市场营销的作用

如果说旅游产品的生产是一种“硬操作”的话，那么，对已经生产出来的旅游产品，通过一定的组合推向旅游市场，则是经营管理中的“软操作”。这种经营的“软操作”配以生产的“硬操作”，会促使企业不断向前发展。总体而言，旅游产品的组合对旅游企业市场营销具有以下几方面的作用。

（1）满足旅游消费者需求，确保市场营销的成功

所有旅游产品都是用来满足旅游消费者的需求的，不同档次的旅游产品满足不同档次的旅游消费者需求，不同数量的旅游产品则不同程度地满足旅游消费者需求。同时，这种产品组合科学与否，直接决定了企业进入旅游目标市场的成败与快慢。

（2）树立旅游产品形象

各旅游企业总是通过不同的旅游产品组合来打造自身独特的形象。而主导产品组合的推出使企业的形象更加鲜明，符合旅游企业的长远发展战略。

（3）产生良好的经济效益

如果旅游产品的组合科学合理，就能适应旅游市场的发展，分散旅游企业投资风险，

使产品适销对路，取得较为理想的市场份额。若产品组合不合理，适应不了市场需求的变化，即便是高质量的新产品也不能在短期内进入市场，而且需要花费较多的人力、财力、物力，开展较多的营销工作，其结果还往往事倍功半。

二、旅游产品组合的技巧

进行旅游产品组合时，除了要注意其影响因素外，还须注重组合策略。旅游产品的组合策略实质上就是针对目标市场，对产品组合的广度、深度以及相关性等进行选择、决策以使组合更优。

1. 产品组合的要素

（1）产品组合的广度

产品组合的广度是指旅游企业生产和经营旅游线路的多少。企业的旅游线路多，则为宽产品线，反之，则为窄产品线。旅游企业增加旅游产品组合的宽度，可以充分发挥企业的特长，使企业尤其是大企业的资源、技术得到充分利用，提高经营效益。此外，实行多角化经营还可以减少风险。而窄产品线的产品组合，可使企业集中力量进行生产和营销，有利于提高旅游产品的质量和服务的专业化水平，降低旅游企业经营成本。

（2）产品组合的深度

产品组合的深度是指某一旅游路线中旅游活动项目的多少。如果某一旅游线路中旅游活动项目多，游客逗留时间长，则谓之产品组合较深，反之，谓之产品组合较浅。企业增加产品组合的深度，可以迎合广大旅游消费者的不同需要和爱好，以招揽、吸引更多的顾客。而较浅的产品组合便于企业集中力量发挥专长，创名牌产品，吸引稳定的旅游消费者群体，通过增加旅游产品销售量，并进行批量生产，可求得规模效益，降低生产成本。

（3）产品组合的相关性

产品组合的相关性是指旅游企业在进行各种旅游产品的生产时，对旅游生产设备——饭店、宾馆、交通设施、旅游景点、娱乐设施、旅游购物等要求达到一致性。一致性程度高，则产品组合相关性就大，反之，产品组合相关性就小。产品组合相关性大，有利于企业精于专业，提高旅游企业与产品的市场地位，提高企业经营管理水平。而产品组合相关性较小则是企业具有较强的垄断性，但由此所带来的成本则是十分高昂的。一般而言，中小企业宜于生产相关性大的产品组合。

2. 具体组合策略

旅游产品组合的基本思路有二：一是向旅游产品组合的深度发展，二是向旅游产品组合的广度发展。具体实施产品组合时可采用以下几种策略。

（1）扩充产品组合策略

即开拓产品组合的广度，增加旅游线路的数量。一种途径是增加和扩充产品线，拓展企业的经营范围；另一途径是增加原有产品项目的品种。

（2）缩减产品组合策略

当市场繁荣时，较长、较宽的产品组合会为企业带来较多的盈利机会，但当市场不景气时，缩减产品组合反而可能会使总利润上升。这是因为从产品组合中剔除那些获利很小甚至无利的产品大类或产品项目，可使企业集中力量发展获利多的产品大类与产品项目。

（3）完善产品组合策略

即增加产品组合的深度，提高产品质量，改变旅游方式，扩大旅游者的参与范围，使产品以新的形式出现在市场上。

（4）高（低）档产品策略

高档产品策略指在原有的旅游产品路线中增加高档产品项目，以提升同类旅游产品的知名度和企业的形象，增加销售量。相对应的，低档产品策略则是在原有旅游产品路线中增加低档产品项目，使旅游产品日益大众化，利用原有产品的声誉吸引能力有限的低层次旅游消费者。

3. 旅游产品最优组合

衡量旅游产品组合的优劣，通常要借助各项经济技术指标，如组合中产品项目的销售率、企业利润率和市场占有率等，以此判断各产品项目的发展潜力和趋势，开发旅游新产品，淘汰疲软产品，调整企业的产品组合。在现实经济活动中，任何旅游产品的销售率、盈利能力、市场占有率都是动态变化的，因而不能强求任一旅游产品组合都能达到最优状态，即便达到这一状态也不是永久的。旅游产品组合的最优化是通过不断发展新的旅游产品和不断淘汰疲软产品来实现的，理论上的最优状态是不可能出现的。

项目三

旅游产品的生命周期及营销策略

项目要求

过本项目的学习，掌握旅游产品生命周期的各个阶段，具备分析在旅游产品不同生命周期阶段的营销策略的能力。

一、旅游产品生命周期的含义

旅游产品的生命周期是指某旅游产品从进入市场，经过成长期、成熟期，到最后淘汰的整个市场过程。是由需求与技术的生命周期决定。旅游企业开展市场营销活动的思维视角，是从需求出发的。任何旅游产品都只是作为满足特定需要或解决问题的特定方式而存在。

二、旅游产品生命周期的意义

研究旅游产品生命周期主要是从产品销售额的变化，去分析研究旅游产品的市场需求量在时间上的变化（见图 7－2）。对旅游产品生命周期的规律性分析，具有以下几点意义：

——任何旅游产品都具有一个有限的生命，大部分旅游产品都经过一个类似 S 型的生

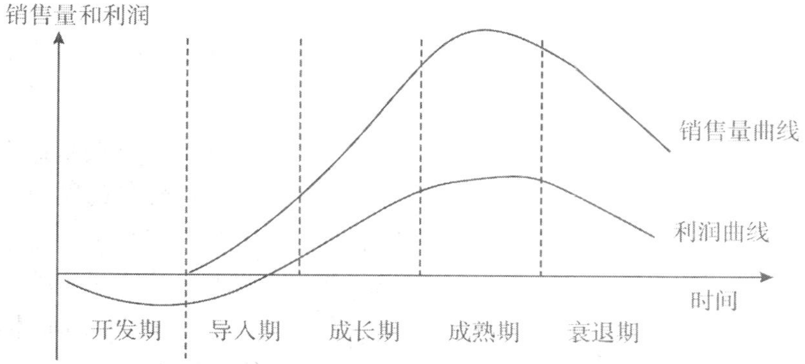

图 7－2　产品生命周期各阶段的销售量和利润

命周期。

——每个产品生命周期的长短因旅游产品不同而异。

——旅游产品在不同生命周期阶段中，利润高低差异很大。

——旅游企业对处于不同生命周期阶段的旅游产品，需采取不同的营销组合策略。

——针对市场需求及时进行旅游产品的更新换代。

应该指出的是，旅游产品生命周期是指旅游产品的一般规律，不能用来套用于每个旅游产品进行生命周期分析，不同的旅游产品其生命周期不同，其生命周期所经历的阶段也不可能相同。

三、旅游产品生命周期各阶段的营销策略

旅游产品的生命周期，在理论上可分为投放期、成长期、成熟期和衰退期四个阶段，不同阶段会呈现出不同的特点。并非所有旅游产品都会经历上述四个阶段。无论旅游产品的生命周期长短如何，作为旅游生产者都必须认真研究产品在生命周期各阶段的特点，以制定其市场营销策略。

1. 投放期

（1）投放期的特点

这一时期是旅游产品投入市场的初始阶段。此时旅游产品品种少，顾客对产品还不了解，除少数追求新奇的顾客外，几乎无人实际购买该产品。旅游生产者为了扩大销路，不得不投入大量的促销费用，对旅游产品进行宣传推广。广告费用大，销售量极为有限，旅游企业通常不能获利反而可能亏损。

（2）旅游产品投放期的营销策略

根据旅游产品在投放期的特点，旅游企业所采取的营销策略都是新产品营销策略，有下述四种营销策略可供选择，如图7－3所示。

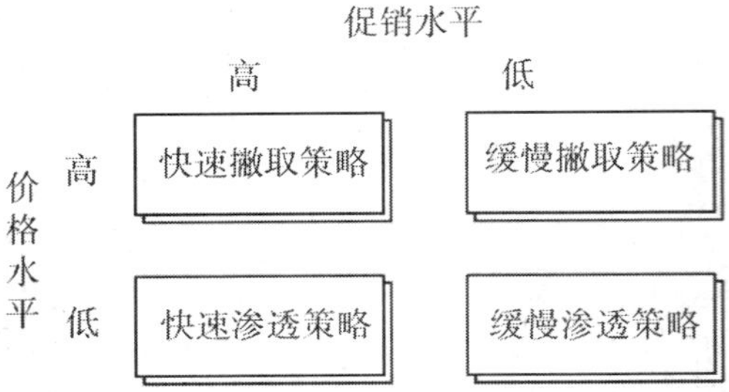

7－3　投放期旅游产品营销策略

① 迅速撇脂策略——高价高促销。这种策略的形式是：采取高价格的同时，配合大量的宣传推销活动，把新产品推入市场。其目的在于先声夺人，抢先占领市场，并希望在竞争者还没有大量出现之前就能收回成本，获得利润。适合采用这种策略的市场环境为：

——必须有很大的潜在市场需求量；

——这种旅游产品更具个性化、趣味性和健康性，功效又比较特殊，具有明显的优势，很少有其他产品可以替代。消费者消费水平较高，大量重质量轻价格的成熟消费者 一旦了解这种产品，常常愿意出高价购买；

——产品知名度很低，企业面临着潜在的竞争对手，想快速的建立良好的品牌形象。

②选择渗透战略——高价低促销。这种策略的特点是：在采用高价格的同时，只用很少的促销努力。高价格的目的在于能够及时收回投资，获取利润；低促销的方法可以减少销售成本。这种策略主要适用于以下情况：

——产品规格档次较高，服务质量好，基础设施齐全；

——旅游市场规模小；

——旅游市场已基本了解这类产品；

——潜在的竞争对手少，产品具有很大的垄断性。

③低价快速策略——低价高促销。这种策略的方法是：在采用低价格的同时做出巨大的促销努力。其特点是可以使商品迅速进入市场，有效的限制竞争对手的出现，为企业带来巨大的市场占有率。该策略的适应性很广泛。适合该策略的市场环境是：

——商品有很大的市场容量，企业可望在大量销售的同时逐步降低成本；

——消费者对这种产品不太了解，对价格又十分敏感；

——潜在的竞争比较激烈。

④缓慢渗透策略——低价低促销。这种策略的方法是：在新产品进入市场时采取低价格，同时不做大的促销努力。低价格有助于市场快速的接受商品；低促销又能使企业减少费用开支，降低成本，以弥补低价格造成的低利润或者亏损。适合这种策略的市场环境是：

——商品的市场容量大；

——消费者对商品有所了解，同时对价格又十分敏感；

——当前存在某种程度的竞争。

2. 成长期

（1）成长期的特点

旅游产品进入成长期是指产品通过试销效果良好，购买者逐渐接受该产品，旅游产品在市场上站住脚并且打开了销路。这是需求增长阶段，需求量和销售额迅速上升。生产成本大幅度下降，利润迅速增长。与此同时，竞争者看到有利可图，纷纷进入市场参与竞争，使同类旅游产品供给量增加，价格随之下降，旅游企业利润增长速度逐步减慢，最后达到生命周期利润的最高点。

（2）旅游产品成长期的营销策略

成长期旅游产品的销售应注意两个方面：一方面巩固已有的销售成果，另一方面进一步扩大市场占有率，尽快提高销售量。这一时期，潜在竞争者已经出现，旅游企业可以采用的具体策略有以下几种：

①积极筹措和集中必要的人力、物力和财力，进行基本建设或者技术改造，以利于迅速增加或者扩大生产。

②进一步进行市场细分，积极开拓新的市场，创造新的用户，以利于扩大销售。

③努力疏通并增加新的流通渠道，扩大产品的销售面。

④改变企业的促销重点。例如，在广告宣传上，从介绍产品转为树立形象，以利于进一步提高企业产品在社会上的声誉。

⑤充分利用价格手段。在成长期，虽然市场需求量较大，但在适当时企业可以降低价格，以增加竞争力。当然，降价可能暂时减少企业的利润，但是随着市场份额的扩大，长期利润还可望增加。

3. 成熟期

（1）成熟期的特点

这一时期是旅游产品的主要销售阶段。经过成长期之后，随着购买产品的人数增多，市场需求趋于饱和。此时，旅游产品达到普及并日趋标准化，成本低而产量大。销售增长速度缓慢直至转成下降，由于竞争的加剧，导致同类产品经营企业之间不得不加大在旅游产品质量、服务、档次、包装等方面加大投入，在一定程度上又增加了成本。

（2）旅游产品成熟期的营销策略

这一时期旅游产品已基本定型，其市场营销模式也日趋成熟，市场已趋于饱和状态，产品销售量已基本稳定，而同类产品的生产企业却不断增加，因此市场竞争异常激烈。企业为了保持产品的优势地位，可采取如下营销策略。

①市场修正策略。即通过努力开发新的市场，来保持和扩大自己的商品市场份额。

——通过努力寻找市场中未被开发的部分，例如，使非使用者转变为使用者；

——通过宣传推广，促使顾客更频繁的使用或每一次使用更多的量，以增加现有顾客的购买量；

——通过市场细分化，努力打入新的市场区划，例如地理、人口、用途的细分；

——赢得竞争者的顾客。

②产品改良策略。企业可以通过产品特征的改良，来提高销售量。

——品质改良，即增加产品的功能性效果，如游览的参与性、体验性等；

——特性改良，即增加产品的新的特性，如温泉美容项目、山地攀岩娱乐等；

——式样改良，即增加产品视觉美感上的需求。

③营销组合调整策略。即企业通过调整营销组合中的某一因素或者多个因素，以刺激销售。

——通过降低售价来加强竞争力；

——改变广告方式以引起消费者的兴趣；

——采用多种促销方式如大型展销、附赠消费券等；

——扩展销售渠道，改进服务方式等。

4. 衰退期

（1）衰退期的特点

这一时期是旅游产品逐渐被淘汰的阶段。随着科技的发展以及消费习惯的改变等原因，旅游产品的销售量和利润持续下降，产品在市场上已经老化，不能适应市场需求，而市场上已经有其他性能更好、价格更低的新的旅游产品，足以满足消费者的需求。此时，成本较高的企业就会由于无利可图而陆续停止生产，该类产品的生命周期也就陆续结束，以至最后完全撤出市场。

（2）衰退期的营销战略

旅游产品一旦进入衰退期，对于旅游企业而言，便面临一次严峻的考验。企业能否果断、合理的调整产品营销策略，直接关系到企业未来能否生存和发展。一般而言，企业应尽可能地缩短产品的衰退期，能采取的主要策略有如下三个。

①维持策略。即企业在目标市场、价格、销售渠道、促销等方面维持现状。由于这一阶段很多企业会现行退出市场，因此，对一些有条件的企业来说，并不一定会减少销售量和利润。使用这一策略的企业可配以商品延长寿命的策略。企业延长产品寿命周期的途径是多方面的，最主要的有以下几种：

——通过价值分析，降低产品成本，以利于进一步降低产品价格；

——通过科学研究，增加产品功能，开辟新的用途；

——加强市场调查研究，开拓新的市场，创造新的内容；

——改进产品设计，以提高产品性能、质量、包装、外观等，从而使产品寿命周期不断实现再循环。

②缩减策略。即企业仍然留在原来的目标上继续经营，但是根据市场变动的情况和行业退出障碍水平在规模上做出适当的收缩。可以把所有的营销力量集中到一个或者少数几个细分市场上，以加强这几个细分市场的营销力量；也可以大幅度降低市场营销的费用，以增加当前的利润。

③撤退利润。即企业决定放弃经营某种商品，以撤出目标市场。在撤出目标市场时，企业应主动考虑以下几个问题：

——将进入哪一个新区划、经营哪一种新产品，才可以利用以前的那些资源；

——品牌及生产设备等残余资源如何转让或者出卖；

——保留多少零件存货和服务，以便在今后为过去的顾客服务。

项目四

旅游新产品开发策略

项目要求

通过本项目的学习，掌握旅游新产品的类型；掌握新产品的概念；初步具备开发新的旅游线路的能力。

一、旅游新产品的概念及类型

1. 概念

一般说来，新产品是与原有产品相对的概念。在旅游市场营销中，新产品的概念需要从产品整体概念的角度来理解。即产品整体概念中任何层次的更新和变革，所引起产品在内容、质量、档次、品种、特色、结构、服务等某一方面或若干方面的变化，而与原有产品有一定的差异，并为顾客带来新的利益的产品都称为新产品。也就是说，只要具备以下条件之一的产品都可以称为新产品：新的原理、构思与设计；新的原材料；新的功能；更高的质量与服务；新的用途；新的市场或带给顾客新的利益。

2. 类型

（1）全新旅游产品

全新旅游产品，也称创新产品，指新技术、新材料及新工艺应用于生产过程而制造出的过去从未有过的产品，常常代表科学技术发展史上的一个新的突破。这类产品一旦在市场打开局面，将会表现出强大的生命力，能够为企业带来较长期的利润。诸如锦绣中华、民俗文化村的出现，在旅游产品的生产上带来一种新的革命；绿色旅游、森林旅游更使人们解脱了日常生活的压抑，使人们能完全、彻底的回归大自然。

（2）换代新产品

这是指产品的性能有重大突破和改进的产品。开发换代新产品的难度要比创造全新产品小得多，也能使企业较快地获得收益。如我国在最初观光型旅游产品的基础上，将旅游城市西安、兰州、张掖、敦煌、哈密、乌鲁木齐、喀什等连接起来，推出大型专线旅游产品——丝绸之路，这是一种经过组合的主体观光产品，对于观光旅游来说，是一种换代产品。

（3）改进新产品

即在原有产品的基础上，将其材料、结构、性能、造型乃至包装等的一个或几个方面进行改进而制造出的适应新用途、满足新需求的产品。如三峡旅游，初期只有两艘豪华游轮，为适应市场需求，在游船的规模、等级、游线的安排上进行改进、提高。

（4）仿制新产品

仿制新产品是指企业对自己尚未生产过的、市场上已有的产品进行仿造而推出的新产品，亦称企业新产品。这种旅游新产品在旅游市场上极为普遍，如仿照锦绣中华、民俗文化村而产生的北京世界公园等一批人造景观即属此类。

阅读案例

美国《美食家导报》做了一个统计，1991 年头 5 个月，全美国超市中推出了 6125 个新产品，其中只有 5% 是新品牌，6% 是品牌延伸的新产品，89% 都是品牌边界延伸的新产品。可见，许多新产实际上是稍加改进的老产品。

二、旅游新产品开发的意义

从发展的角度来看，企业可通过增加原有产品产量和发展新产品来谋求发展。前者在短期内是有效的，但长期来看，产量越多则风险越大。因为产品具有自己的生命周期，在成熟期及衰退期里，增加产量会导致产品积压；同时，当原有产品进入衰退期时，企业也随之走向衰退。企业若不发展新产品，则无法生存，不断创新才是企业生存与发展的唯一途径。

新产品开发不仅是提高企业核心竞争力及促进企业持续发展的需要，也是适应消费市场需求及社会、经济、科技发展的要求。

三、旅游新产品开发的原则及要求

1. 旅游新产品开发的原则

从旅游市场营销的角度看，开发新的旅游产品应遵循四个原则：市场需求与经济效益原则、竞争与技术优势原则、连续性原则、时效性原则。

2. 旅游新产品开发的要求

从旅游市场营销的角度来看，对新产品的开发主要有以下六点要求：

①能够采用新原理、新材料、新技术、新工艺，创造出并率先在市场投入的产品。

②拥有新产品线，能够创造出使旅游企业首次进入新市场的旅游产品。

③现有产品的改进和更新。在旅游企业现有产品的基础上增补的新产品，包括旅游产品质量、服务、规格等方面的变化。

④重新进行市场定位，将现有产品打入新的细分市场，或改变原有市场定位，推出的新产品。

⑤能够以较低的成本推出同样性能的产品。

四、旅游新产品开发的程序

1. 创新构思

产品构思不依赖于偶然发现，也不是无穷尽的搜索。高层管理部门需指出重点研究的各种产品和市场的未来方向，阐明该新产品的目标，如该产品的现金流量如何，能否在市场份额上占优势等。还应该阐明在开发原始产品、改进现行产品和仿造竞争者产品上，应做出多大的努力。

新产品构思的来源很多，如顾客、科学家、竞争者、雇员、渠道成员和高层管理部门等。企业应根据市场营销观念，将顾客需求作为新产品构思的逻辑起点。

2. 过滤筛选

在筛选阶段，公司必须避免两种错误：一种是当一个公司对某一有缺点但能改正的好的构思轻易放弃，它就犯了“误舍”的错误。对他人的构思挑错是再容易不过的事了。有些公司想起曾经舍弃的某些构思时，常常会感到不寒而栗。另一种是公司容许一个不良构思投入开发和商品化阶段，就会出现“误用”错误。

产品失败通常有三种类型：一是产品的绝对失败，它损失了金钱，其销售额连变动成本都不能弥补；二是产品的部分失败，它也损失了金钱，但它的销售额可以弥补全部的变动成本和部分固定成本；三是产品的相对失败，它能产生一定的利润，但是低于公司的目标收益率。

所以，筛选的目的是尽早发现和放弃不良构思。因为产品开发的阶段越往后，开发费用就越大。当产品到最后阶段时，高层管理往往会感到对该产品开发投资已够多了，产品应该推出去收回一部分投资。然而，这只能是良币驱逐劣币，而真正的解决方法是不要让不良构思发展得这么远。

3. 概念发展

有吸引力的产品构思需要发展成可测试的产品概念。我们可以区分产品构思、产品概念和产品形象。产品构思是公司希望提供给市场的一个可能产品的设想。产品概念是指企业从消费者的角度对这种创意所做的详尽描述。产品形象是消费者从实际产品或潜在产品中得到的特定形象。

例如，一块手表，从企业的角度看，主要包括齿轮、轴心、表壳、制造过程、管理方法和成本；从消费者的角度看，则主要是外形是否漂亮、价格是否合理、准确性如何、是否保修、适合什么人使用等。企业必须根据消费者的要求把产品创意发展成产品概念。一种产品构思可能会形成几种产品概念。

确定产品最佳概念后，还应当对产品概念进行产品和品牌定位。然后对产品进行测试，即用文字、图画进行描述或用实物将产品概念展示给目标顾客，观察他们的反应。

4. 营业分析

就是从经济效益的角度分析新产品概念是否符合企业目标。这包括两个步骤：预测销售额和推算成本与利润。预测销售额，可参照市场上类似产品的销售发展历史，并考虑各种竞争因素，分析新产品的市场地位、市场占有率等。

5. 产品开发

就是把以文字、图画及模型等描述的产品设计变成实体产品。需要注意的是：产品概念能否变成技术上和商业上可行的产品。如果不能，除了在全过程中取得一些副产品即信息情报外，所耗费的资金将全部付诸东流。

6. 产品试销

在管理部门对产品功能测试的结果感到满意以后，就要准备为该产品确定品牌名称、包装设计和制定一个试行营销方案，在更可信的消费者环境中对它进行测试。市场测试的目的是了解消费者和经销商对处理、使用和再购买该实际产品的反应，以及该市场的大小。

市场测试的规模取决于两个方面：一是投资费用和风险大小；二是市场测试的费用和时间。投资风险和费用越高的新产品，测试的规模应越大一些；反之亦然。

7. 正式上市

如果公司决定将该产品商品化，这时企业要支付大量费用，建造或租赁一个全面的制造设施。工厂的规模将是关键的决策变量。为了安全起见，公司可建立一个比销售预测小的工厂。另外，还要决定何时、何地、给谁、用什么方式的问题。

（1）何时（时机）

假如公司即将完成其新产品开发工作，但此时却听到竞争者的产品开发工作也将完成，那么公司面临三个选择：一是首先进入。首先进入市场的公司通常能得到“先行者优势”，包括主要的分销商和顾客，以及有声望的领导地位。二是平行进入。目的是与竞争对手共同负担产品上市推广的促销费用。三是推迟进入。这样做有三个潜在的好处，即竞争者已经为培育市场付出了代价，竞争对手的产品可能暴露出缺陷，而后进入者可以避免，公司可以了解到市场规模。

（2）何地（地理战略）

公司必须决定新产品是推向单一的地区、一个区域，还是几个区域、全国市场或国际市场。

在扩展营销中，公司必须对不同市场的吸引力做出评价。

（3）给谁（目标市场展望）

在扩展市场时，公司必须把它的分销和促销目标对准最有希望的购买群体。新消费产品的主要潜在购买者应该具有下列特点：他们将成为早期采用者；是大量使用的用户；是舆论领袖并对该产品赞不绝口；和他们接触的成本不高。虽然同时具备这些特点的群体是很少的，但是公司可以根据这些特点对各种预期的群体加一评价，然后把目标对准最有希望的顾客群体。公司的目的在于尽快地获得高销售额，以激发销售队伍的积极性和吸引其他新的预期购买者。

（4）用什么方法（引入市场的战略）

公司必须制定一个把新产品引入并扩展市场的实施计划。它必须在营销组合要素中分配营销预算，并对每项活动排列一个次序。例如，一种新汽车的推出，可以在该汽车进入陈列室以后先开展一个争取舆论的公开宣传，然后赠送礼品，以吸引更多的观众到陈列室来参观。公司必须为每个新市场准备一个单独的营销计划。为了对新产品推出工作的活动进行排序和协调，管理部门可采用各种网络计划技术，如关键路线排序法等。

阅读资料

情人节新产品策划

A酒店在总结去年情人节（2月14日）销售不佳的教训时，发现推出时间过晚、落入俗套是重要原因：2月13日才在店内贴出告示，千篇一律的假面具舞会、双人套餐、赠女士一朵玫瑰花等。为此，今年精心策划的情人节新产品为：改放卡拉OK舞曲为爵士乐队现场演奏，邀请当地被授予“文明家庭”的代表——三对“金婚”夫妇出席舞会，邀请电视节目主持人现场颁发“金婚”纪念品，并请三对夫妻介绍互敬互爱的经验，同时配套推销夫妇套房、情人套餐等。酒店于情人节前10天即在店外挂出广告标语，在店内贴出广告画，并接受预订。结果，因预订宾客太多，不得不开设两个场，把多功能厅也拿出来使用。别具一格的构思，恰逢其时的推出时机，使这项策划大获成功，取得了良好的社会效益和可观的经济效益。

项目五

旅游产品品牌策略

项目要求

通过本项目的学习，掌握商标的内涵及其构成；掌握旅游产品商标策略；具备合理的使用商标、传递商标、直至创造商标的能力。

品牌印象度、知名度和美誉度是每个旅游企业必须重视的问题。品牌是旅游企业的无形资产，塑造品牌、经营品牌是旅游市场营销的重要内容。

一、品牌与商标

1. 品牌的概念

品牌，也称产品的牌子。它是用以识别某个销售者或某群销售者的产品或服务，以便同竞争者的产品或服务区别开来的商业名称或标志，通常由文字、标记、符号、图案、设计和颜色等要素或它们的组合所构成。

2. 商标的概念

商标是一个品牌或品牌的一部分，已获得专利权，受到法律保护。销售者使用品牌名称和品牌标记的专用权受商标的保护。

二、旅游产品品牌的作用

1. 品牌代表着一定的产品附加价值和品质

品牌的附加价值是指那些品牌中所包含的、中肯的、被消费者欣赏的东西和产品的基本功能以外的东西，也就是通过品牌给消费者提供的信任感、满足感和荣誉感，它能通过其商品形式维持一种溢价。如北京喜来登长城饭店和国际青年旅舍，总统套房、高档商务客房、普通标准房，这些品牌所代表的品质和价值是各不相同的，消费者可以根据个体情况而选择适合自己的品牌。

2. 通过品牌可以很方便地识别旅游产品

很多旅游企业的品牌很容易识别，这也就很容易被消费者记住并给他们留下深刻的印象。通过识别品牌，消费者能从众多的旅游产品中轻松找出自己所需要的产品和服务，进而形成品牌偏好。品牌的树立有利于产品的销售。

3. 品牌化将促进旅游企业迅速扩张

旅游企业实行品牌经营，需要宣传品牌、推销品牌，其间必然支出大量的促销费用。而企业如能迅速扩张，实现规模经营，则能增大成本的分摊规模，从而降低成本、增加利润。但要注意的是，在品牌尚不为消费者广泛认知、形象并未完全树立时，盲目扩张是不妥的。

4. 品牌具有一定的象征意义

不同的品牌代表着消费者可以得到不同档次的服务，如麦当劳意味着可以快速地填饱肚子；莫斯科餐厅则意味着顾客不仅可以吃饱，更能吃好、吃出文化、吃出层次，并获得舒适优质的服务。人具有社会属性，除了生理需要以外，还有许多特定的需要，如满足虚荣心、回避风险、节省时间和精力等，知名品牌往往更能满足顾客这些方面的需要。

【知识链接】

2007 年亚洲十大著名品牌酒店有八家花落中国

被誉为全球酒店业界“奥斯卡奖”的全球酒店“五星金钻奖”、“五星勋章”的盛大颁奖典礼在海南三亚揭晓，国内外业内知名酒店和行业精英各有斩获，其中“五星金钻奖”亚洲十大品牌酒店有八家花落中国。

2007 年全球酒店论坛将中国酒店业终身成就奖颁发给开创中国酒店分等级制度先河的袁宗堂和中国合资酒店的缔造者侯锡九，肯定了他们对中国酒店业的贡献。

在著名的全球酒店“五星金钻奖”奖项中，上海锦江国际酒店股份有限公司和首旅建国酒店管理有限公司获得中国酒店集团特别荣誉奖。上海和平饭店、北京民族饭店等获颁中国民族特色品牌酒店（五星）大奖。北京饭店、上海金茂君悦酒店、三亚凯宾斯基度假酒店等八家国内知名酒店与印度泰及酒店、韩国济州新罗大酒店共同获得亚洲十大品牌酒店称号。

全球酒店论坛是一个立足中国本土、重视中国和国际酒店业发展状况及前沿理论的行业盛会，全球酒店“五星金钻勋章”、“五星金钻奖”是由全球酒店论坛组织创办的全球酒店业权威奖项。

资料来源：http：//news. xinhuanet. com. 2007－06－16。

三、品牌决策中应注意的问题

品牌是产品整体概念的重要组成部分，具有深刻的内涵和丰富的市场信息。在进行品牌决策的过程中，要把握品牌的深刻内涵，应从以下六个方面加以考虑。

1．属性

品牌代表着特定的商品属性。例如，豪华游轮不仅意味着工艺精湛、制造优良、装修奢华、住宿舒适、饮食精美，还是昂贵、高贵、体面的象征。这些属性是宣传或做广告的主要内容。

2．利益

品牌不仅代表着一系列的属性，还体现着某种利益。顾客购买某种商品的实质是购买某种利益。因此，属性需要转化成功能性或情感性的利益，如豪华游轮工艺精湛的属性可以转化为安全、舒适、有面子等利益；价格昂贵可以转化为身份高、令人尊重、受到羡慕等利益。

3．价值

品牌能够体现生产者的某些价值。例如，坐豪华游轮出游体现了安全、身份、名望等方面的价值品牌，营销人员必须分辨出对这些价值真正感兴趣的消费者群体。

4．文化

品牌还可能代表一种文化，反映文化的特质或蕴藏着的内涵。如豪华游轮代表着硬件设施设备的完美，服务人员体贴入微的服务。

5. 个性

品牌也反映一定的个性。如果品牌是一个人、动物或地理区域的名字，则会令人产生许多联想。如香格里拉可能会让人联想到地球上最美的地方，人间的天堂等。

6. 用户

品牌还暗示着购买或使用产品的消费者类型。如果人们看到一个20来岁的毛头小伙子跟随“夕阳红”团队出游，可能会觉得有点奇怪，人们更愿意看到游客是“银发一族”。

阅读资料

“三峡”商标纠纷

1997年4月，湖北省巴东县三峡旅行社向国家工商行政管理局申报注册“长江三峡”、“大三峡”等多个商标，并先后公告生效。之后，该旅行社发现宜昌市共有20多家旅行社使用了该商标，并于1997年5月向宜昌市工商局申请制止宜昌旅游公司等20多家旅游企业在其名称后出现“长江三峡”、“大三峡”等名称，认为侵犯了该旅行社使用“长江三峡”等名称，申请未果后，又于1998年6月向宜昌市西陵区人民法院起诉宜昌市两家旅行社侵权。此事在当地引起轩然大波，并在一定程度上影响了当地旅游业的正常运转。国家工商行政管理局作出决定，撤销湖北省巴东县三峡旅行社注册的“长江三峡”、“大三峡”和“三峡”服务商标。

四、旅游产品品牌策略

1. 品牌有无策略

使用品牌和商标有助于对旅游产品的宣传，帮助消费者识别本企业的产品，但也会增加企业相应的成本费用。企业是否采取商标，主要根据产品性质、消费者购买习惯及权衡使用商标的得失来决定。下列产品通常采用无商标决策：农、牧、矿业初级产品；电力、煤炭（不会因为生产者不同而形成不同的特点）；消费者习惯上不辨认品牌和商标的产品，如盐、糖及品种繁多、技术含量不高的小商品。

品牌给厂商带来的好处是：可以增进市场份额；可以增强产品的价格刚性；可以扩展产品组合。

购买者从品牌中得到的好处是：可以提高购买效率；可以促进产品质量的提高；可以

维护自身权益。

品牌化要付出的成本是：包装费、标签费、商标注册登记费、广告宣传费、打假费等。

建立品牌必须注意的是：要有意义，能显示产品质量和效益；简明、易读、易认、易记；有鲜明独特的个性；有广泛的适应性；易于注册登记和取得法律保护。

2. 品牌使用者策略

产品可能以制造商品牌（又叫全国品牌，制造商决定使用自己的品牌）推入市场，也可能以分销商品牌（又叫零售商品牌、商店品牌或私人品牌，制造商决定将其产品卖给中间商，中间商再用自己的品牌将货物卖出去）推入市场，还可能以特许品牌推入市场。有时，制造商还可能将某些产品标上自己的名称，而将某些产品标上分销商品牌出售。

3. 品牌统分策略

如果企业决定大部分或全部产品都使用自己的品牌，还要决策：是统一使用一个品牌，还是分别使用几个品牌。这种策略称为品牌统分策略，它有四种策略可供选择。

（1）个别品牌

它是指企业各种不同的产品或服务分别使用不同的品牌名称。如万豪集团就拥有丽思卡尔顿、万丽、万豪、万怡等众多品牌，其中丽丝卡尔顿以豪华著称，万丽以优质著称，万豪以全方位服务著称。不同品牌代表产品的不同档次。使用个别品牌策略既能给企业带来利益，也可能给企业带来风险。企业应根据自身内部和外部的环境因素来决定是否运用个别品牌策略。

采取该策略的益处有：针对不同旅游产品和目标市场的特点，使用不同的品牌，可以更好地满足消费者的需要，给消费者带来多种利益；避免了市场上一种产品或服务营销失败给其他产品带来的负面影响；有利于旅游企业开展多元化经营；能使消费者认为企业在不断创新且规模大、实力强。

该策略的不足之处主要是：企业需要花费较高的宣传促销费用；同企业产品使用不同的品牌，可能会导致自有品牌间的竞争，结果使企业的总体销量难以提高。

该策略的使用条件是：企业规模大，实力雄厚，能承受较高的宣传促销费用；企业提供的产品或服务的类型较多，且规格、档次各不相同，各有不同的目标市场。

（2）统一品牌

它是指企业所有的产品都统一使用一个品牌名称。

这一策略给企业带来的利益是：企业可以节省大量的广告宣传和促销费用；有利于企业推出新产品，新产品可利用原有品牌的提携顺利进入市场并得到消费者认可；有助于企业创造品牌，企业可集中宣传一个品牌，因而更容易提高品牌的知名度。

该策略的不足之处是：如果各产品与服务的质量水平参差不齐，会影响整个品牌的声誉；有时会限制企业的多元化发展，如果该品牌发展和现有产品形象大相径庭的项目，则成功的概率很小。

该策略的使用条件是：只有当品牌知名度已较高、卓越声誉已经建立时，品牌才具有介绍和提携功能；各产品无论质量上还是形象上，都需要有较强的一致性。

（3）分类品牌

它是指企业按产品的类别分别命名，每一类产品使用一个品牌名称。如西尔斯公司就针对其经营的产品类别分别命名，它所经营的器具类产品冠以“肯摩尔”的品牌名称，经营的妇女服装类产品冠以“瑞溪”的品牌名称，经营的主要家用设备则冠以“家艺”的品牌名称。

（4）统一品牌加个别品牌

它是指企业针对不同的产品在分别命名的基础上，在每一个产品品牌的名称前都冠以企业名称。使用这一策略，既可以利用声誉远播的统一品牌来发展企业，又突出了个体间的差异，便于消费者识别。例如，美国凯洛格公司就采取了企业名称加个别品牌的做法，其生产的米饼称为“凯洛格米饼”，其生产的葡萄干则称为“凯洛格葡萄干”。国际酒店业著名品牌——假日品牌下有许多个别品牌，仅我国北京已有7家，即丽都假日、金都假日等。

（5）企业名称加个别品牌名称

如长城喜来登饭店，其中“长城”为个别名，“喜来登”为企业品牌；贝那通公司生产的适合各种消费者穿的服装，都用“贝那通”品牌，公司宣传的主题是“贝那通的联合色”，强调人类和平，暗示其产品适合不同肤色的消费者。

4. 品牌扩展策略

品牌扩展策略是指企业利用其成功品牌的声誉和形象向市场推出改良产品或改进产品。例如，美国桂格麦片公司继成功地推出桂格超脆麦片后，又利用该品牌及其标志，推出雪糕、运动衫等新产品。又如康辉旅行社在成功地推出“千名老人游大连”后，又利用该品牌及其标志推出了“千名老人游港澳”等线路。

五、旅游产品品牌管理

1. 管理旅游产品品牌，注重整体产品观念

从整体产品观念来看，旅游产品应包括核心产品、形式产品和延伸产品。具体来说，核心产品通常包括吃、住、行、游、购、娱六大要素；形式产品则包括旅游产品的品质、形态、价格、商标、旅游类型等；而延伸产品则包括在供给者和需求者交易过程前后所得到的任何附加服务和利益。对于旅游产品而言，旅游服务贯穿着旅游产品交易的全部过程，因此，在实施旅游产品品牌策略时应充分注重旅游前、中、后期的整个过程，注重产品的整体观念。

2. 管理旅游产品品牌，注重旅游企业的形象

所谓旅游企业形象，就是社会公众包括旅游员工心目中对旅游企业整体的评价，它是公众对旅游企业的发展史、创始人、主管人员、员工、团结气氛、行为准则、物质条件、产品、服务、旅游企业名称等的总体认知，反映了公众对旅游企业的整体特点、总的精神的了解和情感倾向。这种印象不仅来自于有形的、看得见摸得着的外显事物，同时也来自于长期为公众所感知和记忆的旅游企业的行为和表现的内在精神。

在品牌旅游产品的经营过程中，旅游企业的企业形象是传递、沟通、联络的工具。建立品牌旅游产品，应从旅游企业的角度出发，为了诱发顾客的消费行为和启发适合旅游企业预期目标的顾客偏好，旅游企业要加强与顾客的联络。并且，通过远比仅仅展示给顾客一件产品更为复杂的方式去影响其对现实的感觉。良好的企业形象能够引导和影响旅游员工的行为，这是旅游管理中关键的一环。企业形象与企业现实之间的相互吻合是旅游企业所追求的长期目标。

3. 管理旅游产品品牌，注重旅游产品的文化特征

在现代旅游市场中，由于激烈的竞争，旅游产品的更新换代很快。从品牌旅游产品的生产者角度来看，每一件品牌旅游产品的生命周期都不一样，如何有效地延长品牌旅游产品的生命周期，文化内涵是其关键所在。我国是一个拥有几千年灿烂文化的文明古国，具有悠久的历史文化，国外大多数的旅游者对中国传统文化的民俗、民族风情有着极大的兴趣，认为是人类文化的精品、旅游资源的瑰宝，因而愿意接受价格较高的中国文化旅游产品。

本模块小结

从市场营销的角度理解旅游产品的整体概念是正确制定旅游产品策略的基础。旅游产品的整体概念包括三个层次，即核心产品、形式产品和附加产品。旅游产品有着与一般产品不同的特点。

所有产品在市场上都不可能长盛不衰，都有从投放到被市场淘汰的过程。这个过程成为旅游产品的生命周期，包括投入期、成长期、成熟期和衰退期四个阶段，企业应根据不同阶段的特点制定相应的营销策略。

任何一个企业向市场提供的都不是单一的产品，而是产品组合。产品组合决策有扩大产品组合策略、缩小产品组合策略和完善产品组合策略等。品牌作为一种无形资产，已成为企业在竞争中取胜的关键，企业在经营中应加强旅游品牌的建设。

本模块参考浏览网址

1. http：//www. studa. net/market/060402/13310912. html
2. http：//www. go2eu. com/bbs/viewthread. php？ tid = 169465
3. http：//www2. sjzue. edu. cn/sjyjpk/scyx/jy2. htm
4. http：//jpk. sicnu. edu. cn/viewdoc. asp？ cno = 20081111&id = 61
5. http：//www. scopen. net/media_ file/2007_ 03_ 09/20070309112451. ppt

基础知识思考题

1. 旅游产品可分为哪几个层次？旅游产品主要包括哪些基本内容？它有哪些特点？
2. 一个旅游产品从开发到被淘汰要经过哪几个阶段？各阶段有什么特征？
3. 针对不同的旅游产品生命周期，应该采取什么样的营销策略？
4. 旅游产品的品牌有什么作用？

基本操作技能题

1. 试为一家旅游企业设计一个品牌标志，并说明所设计形象的理由。

2. 运用所学的旅游产品生命周期理论，选择当地一处旅游景点，分析其所处的生命周期阶段，并为其所处的生命周期阶段设计一份营销方案。

阅读分析题

桂林旅游——注入灵感

桂林的旅游业，从对外开放开始至今，已有了长足的发展，但与周边兄弟省相比，又显得落伍了。特别是尽管旅游宣传促销费用不断增长，旅游接待设施不断完善，旅游景点不断丰富，旅游市场却一直滑坡。如何整合现有资源，提高桂林旅游市场的竞争力，是一个至关重要的营销观念。

国内外众多的山水景观都借助桂林名气大做文章，使游人络绎不绝。如越南的“海上桂林”——下龙湾，河北涞水县“北方桂林”——野山坡的距马河景区，无不取得成功，而“山水甲天下”的桂林却不尽如人意。

纵观桂林旅游业发展历程，制胜的关键因素是桂林独特的山水风光，但是随着国内外“温冷地区”的崛起和促销宣传力度的加大，加上桂林旅游业市场自身发育的不规范等因素，使桂林的优势渐渐失去。

为使桂林旅游业的雄风再起，需从以下方面入手。

1. 整合营销塑造形象力是桂林旅游走出困境的重要因素

尽管桂林是驰名中外的风景游览城市和历史文化名城，但由于整体资源整合不理想，使桂林城市的定位不清晰，难以给游人留下一个具体可感的印象。游客对桂林山水赞不绝口，但对桂林的城市形象不敢恭维。社会在发展，人们的需求在不断变化，单一粗放的产品没有吸引力；旅游的质量、安全、舒适、便利和更多的精神内涵及展示个性的服务，将是现代旅游业发展制胜的关键因素。因此，桂林旅游形象的建立应伴随着旅游业的发展而不断丰富，确立明确的城市定位，从而实现与国际旅游城市接轨。

例如，导入城市CI工程，提升桂林对外形象，更大范围地引起新闻媒体的关注。其精神文明建设可通过“窗口”行业创“三优”等一系列活动塑造出“桂林精神”，打造一个全新的桂林形象。营造“人人都是旅游环境与资源”的全民意识教育氛围，使“满意在桂林”更上一层楼。以人为本，加强职业道德教育，培养一支政治思想好、业务过硬、作风优良的高素质旅游职工队伍，着力塑造旅游机关干部的公仆形象和职工的服务形象。

2. 加强产品的整合是桂林旅游发展不可缺少的因素

当前桂林的旅游产品主要有两大类，一为山水风情旅游观光项目；二为文物古迹历史专题项目。近年来，桂林在产品开发上投入了一定的财力，在原有的“三山两洞一条江”的基础上，形成了多元化格局。

漓江的泛光工程，极大地改变了桂林的夜间游览活动。新开发的冠岩景区打破了传统的岩洞游览模式，集观赏、娱乐、探险为一体，丰富了游岩洞的内容。漓江民俗风情园和“花园之夜”、“桂林之秀”等场所已成为旅游热点。桂林新建的动物观赏项目也已初具规模，已有的“蛇大王”、“鲜鱼世界”和新建的“桂林雄森熊虎山庄”，弥补了桂林过去无动物观赏项目的空白。新建成的尧山索道、滑道，开辟了桂林市高山旅游的新项目。

桂林有世界上最典型的喀斯特地貌，构成了最美的山水景观，营造了一种诗境家园般的旅游氛围。如能抓住这一主题，借助高科技手段来开发和完善现代游、娱、博览的旅游项目，将会使桂林旅游更上一个台阶，如修建桂林世界岩溶博物公园，集世界各地典型的喀斯特地貌奇观于桂林；采用高科技手段，动态模拟桂林山水形成过程及生物演化进程，既是游览项目，又是青少年进行科普教学的内容，融科学性、知识性、趣味性为一体，将游人带回到一亿多年前的自然世界，形成桂林旅游产品的独特性。

3. 整合销售力度是桂林旅游促销宣传的关键

多年来，桂林旅游促销的宣传一直在进行，如参加各种旅游博览会、交易会和自行举办山水旅游节。还在中央电视台是做过广告宣传，拍摄电视风光片，但效果不显著。为提高桂林旅游产品销售力，从以下几个方面入手：

（1）建立目标市场资料库，并进行分类分析，决定如何及何时与消费者（潜在消费者）接触，决定与消费者（潜在消费者）沟通什么诉求主题。

（2）根据传播目标，制定整合营销计划，决定用什么营销工具来完成，达到营销目的。

（3）重视市场调查，以科学决策为依据。据美国《幸福》杂志预测，未来旅游消费动向集中在时间、质量、健康、环境、家庭等方面。这个信息表明了应与消费者沟通什么以及桂林旅游市场未来发展的走势。

（4）不断挖掘直接营销诉求点，引导消费。如比尔·盖茨 1996 年乘船游漓江，游至兴坪，下船骑自行车到阳朔，这就是一个极好的诉求点。据此可开发和包装出一条“比尔·盖茨旅游线路”，着重宣传沿着盖茨与众不同的游法，去寻找其独特的思维方式，将会引起计算机爱好者和计算机迷的兴趣。

（5）以政府为龙头的公关营销，是促使销售力提高的有效措施。如 1997 年珠海市举行的国际航空展，在短短的几天内就汇集了 70 万人光临。桂林市不妨借助桂林的优势，加大政府公关的力度，制造事件营销。

（6）充分利用国际互联网的优势，进行网上促销。已研制完成并发行的《桂林旅游》多媒体光盘，倡导了“把桂林带回家”这一主题，这一促销工具直达率高，有效地实现了与消费者的沟通。

（资料来源于赵西萍等编著的《旅游市场营销学》，高等教育出版社 2002 年版）

1. 试分析桂林的旅游营销经营策略，并指出利弊。

2. 如果汇率上升，桂林该如何改变经营策略？为什么？

3. 桂林该如何进行产品推销？增加直销力度还是增加销售渠道？为什么？

模块八 8 旅游产品定价策略

基础知识目标

1.了解旅游产品定价目标。

2.掌握旅游产品定价方法。

3.掌握旅游产品定价策略。

基本技能目标

1.能够根据旅游产品的特点，选择合理方法进行定价。

2.在定价过程中，正确运用定价策略。

3.学会适时调整旅游产品的价格。

项 目 一

旅游产品定价目标

项目要求

了解旅游产品的定价目标及影响因素，掌握旅游产品价格的概念及定价步骤。

旅游产品的价格是旅游产品价值的货币表现，它是由旅游产品的内在价值和消费者附着在旅游产品上的心理价值两方面组成的。旅游产品价格的形成，受到一定的定价目标的制约或引导，并且受到其他诸多因素的影响。

一、旅游产品价格概述

旅游产品是商品，是人类劳动的结果，凝结了人类的一般劳动，满足旅游者游览、观光、休闲、度假等物质和精神需要的使用价值。因而，旅游产品在市场上也应和其他商品一样，需要通过交换而实现自身的价值。

1. 旅游产品价格概念

旅游产品价格，就是旅游者为满足自身旅游活动的需要而购买旅游产品的价值形式，它是由生产同类旅游产品的社会必要劳动时间决定的。

由于旅游者对旅游产品的消费与其他有形产品的消费不同：旅游者消费旅游产品是在一定时间内，消费不同旅游企业所提供的不同的单项产品或服务及其组合。旅游者在购买旅游产品时可能购买整体旅游产品，也可能是单个旅游产品，因此旅游产品价格表现为两种形式，即旅游包价和旅游单价。在旅游活动中，旅游通过旅游产品代理商或零售商购买的满足其完整旅游经历所需要的全部旅游产品的价格，称为旅游包价。有的旅游者没有通过旅游零售商或代理商购买旅游产品，而是直接与旅游产品生产者接触，采用零星购买、多次购买的方式，旅游者每次购买的只是旅游活动诸多环节中的某一项或几项产品，这时所支付的价格就是旅游单价，比如自助旅游者所购买的车船票的价格、旅游景点的门票价格、支付餐饮产品的价格、饭店客房的价格等。

2. 旅游产品价格体系

旅游产品价格体系主要有旅游产品的比价、旅游产品的差价和旅游产品优惠价。

（1）旅游产品的比价

旅游产品的比价是指不同旅游产品价格的比较关系，其形成的基础是生产不同旅游产品所耗费的不同社会劳动量的比例，即价值量的比例。旅游产品比价安排得合理，有利于旅游产品的生产与流通，从而有利于旅游市场的供求平衡。此外，合理的旅游产品的比价还能使各类旅游产品的生产者都能得到社会平均利润，有助于调动生产者的积极性，促进旅游经济的发展。

根据旅游产品之间的关系，旅游产品的比价可以分为两类：一类是具有互补关系的旅游产品之间的比价关系，如旅游产品中食、宿、行、游、购、娱各要素之间的比价关系，这类旅游产品比价合理化的前提是各类互补旅游产品之间质量、档次、数量、比例上的相互对应和一致；另一类是具有替代关系的旅游产品之间的比价关系，如一般旅馆、商务旅馆、汽车旅馆、度假村、农舍式旅馆等之间的比价关系，安排这类旅游产品的比价，要在遵循价值决定价格的基础上，着重考虑旅游市场的供求与产品的特色。如一个有特色的一般旅馆的床位价可能与一家星级饭店的床位价格相差不远，而农业旅游发展中的农舍式旅馆的价格与其他具有替代关系的旅游饭店的价格显然差异较大。

（2）旅游产品的差价

旅游产品的差价是指同种旅游产品由于购销环节、购销地区、购销时间或其他原因而引起的不同价格差额。旅游产品差价的大小，决定着旅游产品价格水平的高低，从而影响到旅游者和旅游经营者的经济利益。通常，旅游产品的差价主要有以下几种类别。

①批零差价。一般是指同种旅游产品在同一时间、同一市场的零售价格与批发价格的差额。由于零售产品比批发产品要多投入，所以，如果购买产品达到一定数量或购买多种旅游产品达到一定金额，就给予一定的价格折扣。它有利于鼓励和刺激旅游者扩大购买量，同时减少交易成本。

②同业优惠。指旅游产品批发商给予零售商的折扣，如旅游目的地饭店业给旅行社优

惠住房价和一定的佣金。同业优惠可以充分发挥中间商的销售职能作用，是稳定销售渠道的重要措施之一。

③季节优惠。指旅游企业在经营季节性波动较大的产品和服务时，常在淡季给予旅游者一定的价格优惠。它有利于旅游企业的设施和服务在淡季时被充分利用，有利于旅游企业的正常经营。

④支付优惠。是为鼓励旅游者以现金付款或提前付款而给予旅游者一定折扣的优惠，以加快资金的周转，减少资金的占用成本。

在旅游市场营销中，以上旅游产品价格体系常作为旅游企业价格调整的策略和措施，有针对性地主动适应市场供求关系变化。

二、旅游产品定价目标

定价目标是指企业通过制定一定水平的价格所要达到的预期目标。旅游产品的定价目标是旅游企业营销目标的基础，也是旅游企业选择定价方法和制定价格策略的重要依据。旅游产品定价目标一般可分为利润目标、销售额目标、市场占有率目标和社会责任目标。

1. 利润目标

利润是企业定价目标的重要组成部分，获取利润是企业生存和发展的必要条件，是企业经营的直接动力和最终目的，因此，利润目标为大多数企业所采用。由于企业的经营理念和经营目标不同，这一目标在实践中有以下两种形式。

（1）以追求最大利润为目标

最大利润有长期和短期之分，还有单一产品最大利润和企业全部产品综合最大利润之别。一般而言，企业追求的应该是长期的、全部产品的综合最大利润，这样，企业就可以取得较大的市场竞争优势，占领和扩大更多的市场份额，拥有更好的发展前景。当然，对于一些中小型企业、产品生命周期较短的企业、产品在市场上供不应求的企业等，也可以谋求短期最大利润。最大利润目标并不必然导致高价，价格太高，会导致销售量下降，利润总额可能因此而减少。有时，高额利润是通过采用低价策略，待占领市场后再逐步提价来获得的；有时，企业可以采用招徕定价艺术，对部分产品定低价，招徕顾客，带动其他产品的销售，进而谋取最大的整体效益。

（2）以获取适度利润为目标

它是指企业在补偿社会平均成本的基础上，适当地加上一定量的利润作为商品价格，以获取正常情况下合理利润的一种定价目标。

以最大利润为目标，尽管从理论上十分合理，但实际运用时常常会受到各种限制。所以，很多企业按适度原则确定利润水平，并以此为目标制定价格。采用适度利润目标有各种原因，有些企业以适度利润为目标，使产品价格不会显得太高，从而可以阻止激烈的市场竞争；有些企业为了协调投资者和旅游者的关系，树立良好的企业形象，而以适度利润为其目标。以适度利润为目标确定的价格，不仅使企业避免不必要的竞争，又能获得长期利润，而且由于价格适中，旅游者愿意接受，还符合政府的价格指导方针，因此是一种兼顾企业利益和社会利益的定价目标。

2. 销售额目标

这种定价目标是在保证一定利润水平的前提下，谋求销售额的最大化。在一定时期、一定市场状况下的产品销售额由该产品的销售量和价格共同决定，因此，销售额的最大化既不等于销量最大，也不等于价格最高。对于需求富有弹性的产品，降低价格而导致的损失可以由销售量的增加而得到补偿，因此旅游企业宜采用薄利多销策略，保证在总利润不低于企业最低利润的条件下，尽量降低价格，以促进销售，扩大盈利；反之，如果产品的需求缺乏弹性时，降价导致收入减少，也无法从增加的销售量中得以补偿，而提价则使销售额增加，因而旅游企业应该采用高价、厚利与限销的策略。

用销售额目标时，确保企业的利润水平尤为重要。这是因为销售额的增加，并不必然带来利润的增加。有些企业的销售额上升到一定程度，利润就很难上升，甚至销售额越大，亏损越多。因此，销售额和利润必须同时考虑。

3. 市场占有率目标

市场占有率是指企业的销售额占整个行业销售额的百分比，或者是指某企业的某产品在某市场上的销售量占同类产品在该市场销售总量的比重。市场占有率是企业经营状况和企业产品竞争力的直接反映。作为定价目标，市场占有率与利润的相关性很强，从长期来看，较高的市场占有率必然带来高利润。美国市场营销战略影响利润系统的分析指出：当市场占有率在10%以下时，投资收益率大约为8%；市场占有率在10%～20%之间时，投资收益率在14%以上；市场占有率在20%～30%之间时，投资收益率约为22%；市场占有率在30%～40%之间时，投资收益率约为24%；市场占有率在40%以上时，投资收益率约为29%。因此，以市场占有率为定价目标，具有获取长期较好利润的可能性。

市场占有率目标在运用时存在着保持和扩大两个互相递进的层次。保持市场占有率的定价目标是根据竞争对手的价格水平不断调整价格，以保证足够的竞争优势，防止竞争对手占有自己的市场份额。扩大市场占有率的定价目标就是从竞争对手那里夺取市场份额，以达到扩大企业销售市场乃至控制整个市场的目的。

在实践中，市场占有率目标被国内外许多企业所采用，其方法是以较长时间的低价策略来保持和扩大市场占有率，增强企业竞争力，最终获得最优利润。但是，这一目标的顺利实现至少应具备三个条件：一是企业有雄厚的经济实力，可以承受一段时间的亏损，或者企业本身的生产成本就低于竞争对手。二是企业对其竞争对手的情况有充分的了解，有从其手中夺取市场份额的绝对把握。否则，企业不仅不能达到目的，反而很有可能会受到损失。三是在企业的宏观营销环境中，政府未对市场占有率做出政策和法律的限制。比如，美国制定有《反垄断法》，对单个企业的市场占有率进行限制，以防止少数企业垄断市场。在这种情况下，盲目追求高市场占有率，往往会受到政府的干预，

4. 社会责任目标

社会责任目标是指以社会责任为着眼点制定旅游产品价格，而将利润目标位列相对次要位置，强调旅游的社会和生态效益最大化的目标。当前世界各国都倡导环境保护，与此相关的旅游产品的价格可以采用此种目标进行定价。比如，关于生态旅游产品的定价，国际惯例是根据旅游环境的承载能力来限制游客规模和确定旅游产品的价格，其主要目的不是盈利，而是关注旅游生态环境的可持续发展。

将定价目标分为利润目标、销售额目标、市场占有率目标和社会目标，只是一种实践经验的总结，它既没有穷尽所有可能的定价目标，又没有限制每个企业只能选用其中的一种。由于资源的约束，规模和管理方法的差异，旅游企业可能从不同的角度选择自己的定价目标。旅游行业内的不同企业有不同的定价目标，同一旅游企业在不同的时期、不同的市场条件下也可能有不同的定价目标，即使采用同一种定价目标，其价格策略、定价方法和技巧也可能不同。旅游企业应根据自身的性质和特点，具体情况具体分析，权衡各种定价目标的利弊，灵活确定自己的定价目标。

三、影响旅游产品定价的因素

旅游产品价格是旅游市场供求关系作用的结果，影响旅游市场供求关系的诸多因素都影响到旅游产品的定价决策。一般而言，影响旅游产品定价的因素包括旅游企业内部因素和外部因素。内部因素具体有旅游企业的营销目标、旅游产品成本、旅游企业营销组合、旅游产品自身的特点等；外部因素主要有旅游市场需求、旅游市场竞争状况、政府宏观管理、物价水平、汇率水平等。

1. 影响旅游产品定价的内部因素

（1）旅游企业的营销目标

旅游企业的营销目标直接影响着旅游产品的定价决策。其营销目标越明确，就越容易进行定价。旅游企业最常见的目标有利润最大化目标、市场占有率目标、销售额目标、社会责任目标等。旅游企业在市场营销中会根据不断变化的市场需求和自身实际，调整自己的营销目标，从而也会对旅游产品的价格进行调整。比如，旅游企业为了尽早收回投资成本，往往会制定较高的市场价格，以便能在短期内获得更大的利润。如果旅游企业为了在市场上有较大的市场份额，以便在较长时期有更大发展，就会制定比较低的价格。

（2）旅游产品成本

旅游产品成本是旅游产品价值的基础部分，它决定着旅游产品价格的最低界限。它由旅游产品生产过程和流通过程所花费的物质消耗和支付的劳动报酬组成。旅游产品的成本可以分为三种，即固定成本、变动成本和半变动成本。当旅游产品的价格大于旅游产品成本时，旅游企业就获得了利润；如果旅游产品价格低于旅游产品成本，旅游企业便出现亏损。营销人员必须了解，旅游产品的成本随时间和需求的变化而变化。旅游产品成本是影响旅游产品价格的最直接、最基本的因素。

（3）旅游企业营销组合

定价只是旅游企业借以实现其营销目标的诸多营销组合中的一个组成部分，价格一定要与产品决策、促销策略、分销决策等手段相互协调，形成一个统一而有效的营销计划。首先，定价体现了旅游产品的定位，因此产品决策影响着定价决策。其次，促销决策也往往要求以一定的价格变化作为辅助手段。同样，分销渠道的选择也影响到定价决策。对旅游产品定价时，营销人员应该考虑为中间商提供一定的利润比例，以保证中间商愿意为企业销售产品。所以，在制定价格时，一定要充分考虑各种营销组合情况。

（4）旅游产品自身的特点

旅游产品与其他产品一样也存在相互替代关系，尤其在旅游产品的各个构成要素方面。有许多同类产品，他们之间具有较强的替代关系，使得旅游产品的需求弹性较大，产品出现销价竞争的机会也更大。此外，单项旅游产品如客房、餐饮、舱位等价格的制定与包价旅游产品相比，往往具有较大的灵活性。产品综合程度越高，包括单项产品越多，营销人员对价格变动的控制能力越弱。

2. 影响旅游产品定价的外部因素

（1）旅游市场需求

旅游产品与其他产品一样都要遵循市场需求规律，即产品价格提高时，需求量会减少；旅游产品价格下降时，需求量会增加。

旅游产品的需求弹性大的旅游企业在制定价格策略目标并考虑需求因素的影响时，通常使用需求弹性来分析。需求的价格弹性、收入弹性对旅游产品的定价产生重要的影响。

①需求的价格弹性。需求的价格弹性是指在一定时期内某种商品的需求量变动对于该商品的价格变动的反应程度，是由于价格变动而相应引起的需求变动比率，它反映了需求变动对价格变动的敏感程度。价格需求弹性通常用弹性系数（E_d）来表示，该系数是产品需求量（Q）变化的百分比同其价格（P）变化百分比之比值。用公式表示为：

$$E_d = -\frac{Q/Q}{P/P}$$

如果价格上升而需求量下降，则价格弹性为负值。如果价格上升，需求量也上升，则价格弹性为正值。一般情况下，产品价格上升，需求量会下降，所以需求弹性系数一般是负值，通常用绝对值表示，亦即：当 $E_d<1$ 时，表示缺乏弹性；$E_d=1$ 时，表示单位弹性；$E_d>1$ 时，表示富有弹性。

价格弹性对企业收益有着重要影响。通常，企业销售量的增加会产生边际收益，而边际收益的高低又取决于价格弹性的大小。在现实生活中，不同产品的需求是不相同的，如果对需求有弹性的产品，那么其定价水平就特别重要。

现代市场营销学的搜寻论有助于进一步解释需求的价格弹性。该理论认为，顾客对价格的敏感度取决于购买时选择余地的大小。可选择余地越小，则需求越缺乏弹性；反之，如果顾客可选择余地越大，则需求弹性也越大。选择余地的大小来自顾客对产品有关信息和知识的获得程度以及他们对产品特征的认知，这些特征包括可寻找特征、经验特征和可信任特征。如果顾客能够根据可寻找特征评价产品，顾客选择的余地就比较大，产品需求就有较高的弹性。当然，对于大多数产品而言，它们更多的是拥有经验特征和信任特征。不过，价格本身就是一种可寻找特征。

所以，在缺乏产品信心的情况下，顾客往往把价格高低作为衡量产品质量的一个指标，而他们对价格的敏感性也就比较高。

②需求的收入弹性。需求的收入弹性表示在影响需求的其他因素给定的条件下，消费者收入的变动会引起需求量的变动。需求的收入弹性通常用弹性系数（E_1）来表示，该系数是产品需求量（Q）化的百分比同其收入（I）变化百分比之比值。用公式表示为：

$$E_1 = -\frac{Q/Q}{I/I}$$

在价格不变的条件下，收入的提高一般会引起需求的增加，因而需求的收入弹性一般为正。有些产品的需求收入弹性大（收入弹性大于1），这意味着消费者货币收入的增加，导致该产品的需求量有更大幅度的增加，这类产品称为奢侈品，如高档食品、首饰、娱乐用品等。而有些产品的需求收入弹性较小（需求的收入弹性小于1），这种产品随消费者收入的增加，而需求量增加的幅度较小，生活必需品就是如此。有些产品的需求收入弹性是负值，即当消费者收入增加时，对产品的需求反而减少，如某些低档食品、低档服装就有负的需求弹性，这类商品被称为劣等品。

（2）旅游产品市场竞争状况

市场竞争状况直接影响着企业价格策略的制定。在产品差异性较小、市场竞争激烈的情况下，企业制定价格的空间也相应缩小。总而言之，凡是旅游产品之间区别很小而且竞争较强的市场，都可以制定相当一致的价格。对于旅游企业来说，在市场上除了从竞争对手那里获得价格信息外，还要了解它们的成本状况，这将有助于企业分析评价竞争对手在价格方面的竞争能力。无疑，向竞争对手全面学习，对于任何企业都十分重要，旅游企业要借鉴竞争者如何确定其成本、价格和利润率，这将有助于企业制定适宜自己的价格策略。

（3）物价水平

旅游目的地物价水平的变化会带来旅游企业生产和经营成本费用的变化。当旅游目的地发生通货膨胀时，由于货币实际购买力水平下降，旅游企业必须提高旅游产品的价格，并且使产品价格上升的幅度大于通货膨胀率，才能保证不亏损。但是，旅游产品价格大幅度上升，会在一定程度上破坏旅游目的地的形象，损害旅游者的利益，从而使旅游者人数减少，旅游收入下降。

（4）汇率水平

汇率是两国货币之间的比价，即用一国货币兑换另一国货币的数量。入境旅游是国外旅游者流入旅游目的地国消费旅游产品的“出口贸易”，汇率的变化会对旅游产品的价格产生显著的影响。一般来说，汇率变动的影响主要通过旅游产品的报价形式反映出来。如果以目的地国家的货币对外报价，则该国货币贬值，汇率上升，对于旅游者有利，会引起前往该国的旅游者人数增加；反之，货币升值，汇率下降，可能造成旅游者人数减少。

（5）政府宏观管理

政府对旅游产品的价格管制，主要通过行政、法律以及货币供给等手段来调节和体现。政府对旅游产品的价格干预和管理的目的，旨在通过法律限制旅游企业的不正当竞争，避免牟取暴利和损害旅游者利益的行为。

一般情况下，市场需求影响顾客对产品价值的认识，决定着产品价格的上限；市场竞争状况调节着价格在上限和下限之间不断波动的幅度，并最终确定产品的市场价格。值得强调的是，在研究旅游产品成本、市场供求和竞争状况时，必须将它同旅游产品的基本特征联系起来。

阅读案例

一杯鸡尾酒值多少钱?

一位外地游客在某地一家规模不大的酒吧门前走过时，因较劳累加上服务小姐笑脸相迎，就走了进去。服务小姐笑容可掬地递上酒单，这位客人拿起酒单问道："怎么没有标价?"服务小姐答道："这只是对客人的尊敬。您放心，价格不贵。"这位游客于是就点了一杯鸡尾酒品尝起来。在准备结账时，服务小姐递上558元的单据。这位客人常去酒吧消费，经验告诉他"被宰"了，但看到服务小姐身后站着两位一脸严肃、五大三粗的保安，想想自己是外地人，于是他便很快买单，并请服务小姐写上他所要的那杯鸡尾酒的品名及单价，说是报销。服务小姐乐滋滋地收款后按实际情况开了发票。这位客人离开酒吧后，气愤地直奔消协……不久，这家"宰客"的黑吧被当地工商部门依法查封，这位游客也获得了赔偿。

四、旅游产品定价的步骤

要想制定科学合理的旅游产品价格，必须遵循一定的步骤。一般来说，旅游产品的定价可以按以下程序进行。

1. 目标市场旅游消费者的购买行为分析

目标市场是旅游企业开展营销活动的空间和获取利润的来源，目标市场需求及购买倾向是旅游企业定价的基础。因此，旅游企业在产品定价前，必须通过大量调查，获得目标市场旅游消费者购买行为的相关资料，在此基础上研究和分析目标市场中旅游者的消费偏好、购买能力、需求量以及对价格的敏感程度等状况，以便采取灵活的价格政策引导旅游者做出购买决策。

2. 估计旅游产品的成本

通过对目标市场旅游消费者的购买行为分析，可以确定旅游企业产品的供给总量和价格的上限，再通过了解旅游产品成本结构，寻找到旅游产品可以承受的价格下限，从而使旅游企业掌握旅游产品定价的空间范围。对单位旅游产品成本进行分析时，找出其最低成本，为旅游产品价格制定提供重要的参考依据。

3. 了解旅游企业所处的市场环境

旅游产品价格的制定还要考虑市场环境的变化。这里的市场环境包括旅游企业内部环境和旅游市场环境。对企业内部而言，供货商的价格是否稳定、供货时间是否及时、所供货物品种是否齐全，都关系到旅游企业能否顺利控制产品成本；对外部市场环境而言，旅游企业在制定价格时必须考虑旅游市场上自身所面临的来自各方面的挑战，如潜在竞争者可能制定的价格、目前竞争者制定的价格，社会文化环境因素等引起的人们消费心理的变化等。

4. 确定旅游产品的定价目标

旅游产品价格目标确定的是否科学关系到旅游企业能否生存与发展。因此，旅游企业在确定旅游产品的定价目标时，要充分考虑到影响旅游产品价格的各方面因素，如旅游企业自身的规模实力、旅游市场竞争状况、目标市场可能的变化等，结合企业的发展战略，确定符合自身旅游产品的定价目标。

5. 选择旅游产品的定价方法及相应的策略

旅游产品价格的确定要遵循客观规律，在全面、准确的调查与预测基础上，运用科学方法制定价格，旅游产品的价格水平就比较符合市场的需求。同时，要使旅游产品的价值能够得以实现，针对不同的旅游者的消费心理，巧妙地进行产品定价。

项目二

旅游产品定价的方法

项目要求

掌握旅游产品定价的方法，能运用定价方法对不同类型的旅游产品进行合理定价。

旅游产品的特性决定了它是一种特殊的产品，旅游者对旅游产品质量的评价只有在旅游全过程完成之后才能做出，而且更多的是凭借个人的主观感受，这就决定了在旅游者不了解旅游产品之前，价格成为旅游者购买决策的主要影响因素。旅游产品的特性表明了旅游产品的定价必须从需求的角度出发，但在我国现阶段，旅游产品的定价更倾向于成本导向定价法，定价是站在本企业的立场上，没有考虑市场需求和市场竞争。

旅游定价方法是旅游企业在特定的定价目标指导下，根据企业的生产经营成本、面临的市场需求和竞争状况，对旅游产品价格进行计算的方法。旅游定价方法的正确与否，直接关系着旅游定价目标能否顺利实现，关系着旅游业的经济效益能否有效地提高。通常，旅游定价方法有以下三种。

一、成本导向定价法

成本导向定价法是以旅游企业的成本为基础来制定旅游产品价格的方法，成本加上企业的盈利就是旅游产品的价格。成本导向定价法具体又分为以下几种。

1. 成本加成定价法

所谓成本加成定价，是指按照旅游产品的成本加上一定比例的加成来制定旅游产品的销售价格。加成的含义就是一定比例的利润。一般分为总成本加成定价法和变动成本加成定价法。

（1）总成本加成定价法

该定价方法是将旅游企业生产经营中耗费的固定成本加上总变动成本除以旅游产品产量得到单位产品成本，再加上按成本计算的一定比例的利润，即成为纳税前的价格，再加上应缴纳税金便形成旅游产品的售价，其计算公式如下：

$$P=\frac{(FC+VC)\ (1+r)}{(1-t)\ Q}$$

式中，P 为旅游产品价格，Q 为预计销售量，FC 为总固定成本，VC 为总变动成本，r 为成本加成率（利润率）；t 为营业税率。

例如：某宾馆有客房500间，全部客房年度固定成本总额400万元，单位变动成本为20元/（天·间），预计客房出租率为80%，成本利润率为30%，营业税率为5%，试确定客房的价格。

解：根据所给数据和公式，计算如下：

$$P=\frac{(FV+VC)\ (1+r)}{(1-t)\ Q}=\frac{(4000000+20\times 500\times 365)\ (1+30\%)}{(1-5\%)\ \times 500\times 80\%\times 365}$$

$$\approx 72\text{ 元（天·间）}$$

（2）变动成本加成定价法

变动成本加成定价法也称边际贡献定价法，就是旅游产品在定价时只考虑其变动成本，而不计算固定成本，在单位变动成本的基础上加上企业的预期边际贡献（边际贡献就是销售收入扣除补偿变动成本后的余额，预期的边际贡献就是补偿固定成本后企业的盈利），形成纳税前的销售价格，纳税前的价格加上应缴纳税金便形成旅游产品的售价，其计算公式如下：

$$P=\frac{AVC+MR}{1-t}$$

式中，P 为旅游产品价格；AVC 为平均变动成本；MR 为预期边际贡献；t 为营业税率。

如果旅游产品的销量足够大，旅游企业的当期固定成本已经收回，增加的旅游产品销量可以不考虑固定成本时，新增旅游产品的单价大于单位变动成本的余额就是对旅游企业的利润贡献，那么边际贡献大于零的定价可以接受。如旅游旺季一间双人客房按正常价格出售，增加一张床位的价格可按边际贡献方法定价。另一种情况是，旅游淡季时旅游产品供过于求，旅游企业低价销售产品没有盈利，但不销售则亏得更多。如一间客房房价成本价为100元/天，其成本构成为固定成本60元，变动成本40元，如不得已销售价降为90元/天，卖则亏10元/天，不卖则亏60元/天，故还是卖了为好。当然，如果售价低于40元/天，则不卖为好。因此，可以这样概括边际贡献定价法，它是指保证旅游产品的边际贡献大于零的定价方法，即旅游产品的单价大于单位变动成本的定价方法。

2. 盈亏平衡定价法

该定价法是指旅游企业在既定的固定成本、平均变动成本和产品估计销售量的条件下，实现销售收入与总成本相等时的旅游产品价格，也就是旅游企业不赔不赚时的产品价格。其计算公式为：

$$P = \frac{FC/Q + AMC}{1 - t}$$

式中，P 为旅游产品价格；Q 为预计销售量；FC 为总固定成本；AVC 为单位变动成本；t 为营业税率。

例如：某饭店有餐位200个，餐厅每天应摊销的固定费用为1800元，每餐位平均消耗原材料15元，预计餐位销售率为60%，该饭店营业税率为5%。试确定餐厅每餐位的销售价格。

解：根据计算公式和所给资料可得：

$$P = \frac{FC/Q + AMC}{1 - t} = \frac{1800 \times 200/60\% + 15}{1 - 5\%} = 31.85\ （元）$$

根据盈亏平衡定价法确定的旅游产品价格，是旅游企业的保本价格。低于此价格，旅游企业会亏损，高于此价格，旅游企业则有盈利，实际售价高出保本价格越多，旅游企业盈利越大。因此，盈亏平衡定价法常用做对旅游企业各种定价方案进行比较和选择的依据。

3. 目标成本定价法

目标成本是企业为谋求长远利益和整体利益，根据它所处的内外环境和条件及其变化趋势，拟定的一种“预期成本”。目标成本不同于实际成本，而是一种“影子成本”，一般低于现实成本。目标成本定价法就是以经过努力能够达到的预期成本为依据，加上一定的目标利润和应纳税金来制定价格的方法。其计算公式是：

$$P = \frac{C\ (1 + r)}{1 - t}$$

式中，P 为旅游产品价格：C 为目标成本；r 为目标成本利润率；t 为税率。

旅游企业采取较低的预期成本定价，必须努力扩大销量，使现实成本迅速降低，才能实现利润目标和长远利益增大。它主要适用于经济实力雄厚、营销能力强的旅游企业及新的旅游产品定价。

4. 千分之一法

由于饭店建筑所需投资通常占其总投资的60% ~70%，因此饭店的房价与造价之间有直接的关系。在制定旅游饭店的房价时，许多人认为饭店要获得一定利润，房价应占整个饭店造价的千分之一，这就是千分之一定价法。其计算公式是：

$$P=\frac{TC}{n\times 1000}$$

式中，P 为饭店每间客房的价格；TC 为饭店总造价；n 为饭店客房数量。

例如：某饭店总造价5000万元，有客房200间，按照千分之一法计算，每间客房的价格为250元。

【知识链接】

千分之一定价法

也称作千分之一经验公式或建筑成本定价法。由于大型饭店建筑的投资通常约占总投资的60% ~70%，因而房价与造价挂钩是饭店经营者考虑目标利润的着眼点。千分之一是指房价为平均客房建筑造价的千分之一。例如，饭店有100个客房，总投资为200万美元的千分之一是2000美元，即为100个房间的总价格，而每个房间的平均价则为20美元。千分之一法是在假定饭店平均开房率70%的条件下制定。在这个条件下，单房租收入就有可能赚取酒店毛利中的55%，扣除其他费用后，房租收入可以使饭店每年还本6%。然而，20世纪70年代后，饭店总投资受地价、建筑费用等的影响不断提高，千分之一法已显得保守、落后。因此，这种定价方法已转化为赫伯特定价法。

成本导向定价法是旅游企业生存所必需的，是市场经济发展的客观要求。因为旅游价格低于成本，旅游企业就会亏损，其生存就会面临严峻的挑战，长此以往，旅游企业就会被市场所淘汰。成本导向定价法计算简便，利于核算，同行业之间也可以比较，还给人以买卖公平的感觉。

但是，成本导向定价法只考虑了产品的成本，反映了以产定销的经营思想，没有考虑市场竞争、旅游需求及市场其他环境因素的变化，因而成本导向定价法灵活性差，不利于旅游企业获取最佳利润。成本导向定价法适合旅游市场还处于卖方市场或市场经营环境比较稳定的情况。

二、需求导向定价法

需求导向定价法就是旅游产品的价格不是以其成本，而是根据旅游者的需求程度、需求特点、旅游者的可支付能力以及旅游者对旅游产品价值的认识和理解程度来制定产品价格。需求强度大时定高价，需求强度小时定低价。这是因为旅游需求的大小是一个国家或地区能否发展旅游业的前提条件，如果没有客源，没有需求，旅游业不仅不能发展，而且不能生存。因此，旅游定价必须关注旅游需求。同时，旅游者愿意支付的价格高低不仅取决于旅游产品本身有无效用和效用的大小，而且取决于旅游者对旅游产品主观感受和评价的好坏。因此，分析旅游者对旅游产品价值的认识和理解状况，把握旅游需求强度，据此进行旅游产品价格的制定，就成为旅游产品定价方法的一个重要类别。这也是伴随着营销观念更新所产生的一种新的定价方法。

需求导向定价法反映了旅游需求，有利于旅游产品流通和旅游产品价值的实现。但由于这种定价方法与成本没有必然联系，供不应求时，价高利大；供过于求时，价低利微，甚至亏损。因此，旅游企业要注意不同供求状况下利润的合理分配。常用的需求导向定价法主要有以下几种类型。

1. 差别需求定价法

又称差别定价法或价格歧视，是指在旅游产品成本相同或差别不大的情况下，根据旅游者对同一旅游产品的效用评价差别来制定差别价格。主要有四种。

（1）同一旅游产品对不同旅游者的差别定价

如同一饭店对散客、团队客人、家庭客人的价格差异。

（2）同一旅游产品在不同地点的差别定价

同样的餐饮，在一艘船上的餐厅与在宾馆餐厅的价格不同，在餐厅享用与送到客房享用的价格不同；同样星级的宾馆饭店，接近交通线路或旅游景点或商业中心，其客房价格可定得高些。

（3）同一旅游产品在不同时间的差别定价

如淡旺季价格的不同（我国物价部门规定，旅游淡季综合服务费可比平季水平下浮30%～40%，旺季可比平季上浮6%），旅馆在周末与平时的价格不同。

（4）同一旅游产品在增加微小服务时的差别定价

如客房增加叫醒服务后的价格要高些，每天送一束鲜花可提高价格。

实施差别需求定价法应当注意几点：一是价格的平均水平不能低于运用成本加成定

价法制定的价格水平；二是旅游产品需求市场必须能够被细分，并且在不同的细分市场上能反映出不同的需求强度；三是分割市场和控制市场的费用不能超过区分需求定价法所能增加的营业收入；四是差别定价法不能引起旅游者的反感，要符合旅游者的效用价值评价。

2. 理解价值定价法

理解价值定价法是指以旅游者对产品价值的理解和认识程度作为依据来制定旅游产品价格的定价方法。这种定价方法是旅游企业按照旅游者在主观上对该产品所理解的价值，而不是产品的成本费用水平来定价。旅游企业利用市场营销组合中的非价格变数和产品的质量、广告宣传、额外利益等来影响、诱导旅游产品购买者，在他们的头脑中形成认知价值，然后据此来定价。企业在运用此法时，需要正确估计旅游产品购买者所承认的价值。

阅读资料

理解价值定价的典型

美国芝加哥的白房子旅馆是世界上最高级的八大小旅馆之一。白房子旅馆从三个方面将自己与芝加哥市中心的豪华宾馆区分开来：一是殷勤的服务。白房子旅馆能满足旅客各种奇怪的愿望。二是优越的地理位置。小旅馆所处的环境宁静、优雅。三是优质美味的食品。由于旅客把白房子旅馆看做是满足他们声望需求的豪华旅馆，所以，根据旅客的这种价值观念，白房子小旅馆一直定高价，仍保持高的出租率。

同样，爱尔兰农村有一个只有40间客房的小旅馆。这个小旅馆的客房清洁、高雅，供应优质食品和饮料，但没有电话；只有窄小的床，也没有其他娱乐设施。通过市场分析，管理者认为此旅馆可以出售别的旅馆无法出售的东西，那就是“没有东西”。他们发现，此旅馆可以享受与世隔绝的乐趣，不必接电话，也不必打网球或高尔夫，而可以品尝佳肴，舒适地休息。他们在报纸上刊登了一张两英寸大小的广告，广告中一个旅客睡在摇椅上休息。由于这个旅馆迎合了旅客休假的需要，从此以后，使自己和竞争对手区分开来。

3. 反向定价法

反向定价法是旅游企业依据旅游者能够接受的最终价格，计算自己从事经营的成本和利润后，逆向推算出产品的价格。这种定价方法不以实际成本为主要依据，而是以市场需求为定价出发点，力求使价格为消费者所接受。

三、竞争导向定价法

竞争导向定价法是指以竞争者各方面的实力对比和竞争者的价格作为定价的主要依据，以竞争环境中的生存和发展为目标的定价方法。市场经济是竞争经济，旅游企业不可避免地要遇到各种竞争因素，但由于不同的旅游企业由于主客观条件的不同，所要考虑的竞争程度不同。以竞争导向定价，就是为了竞争或避免竞争的直接冲突，其着眼点在竞争对手的价格上，而不管本身价格与成本及需求的变化。竞争导向定价法一般分为以下几种类型。

1. 率先定价法

这种定价法是指旅游企业根据市场竞争环境，率先制定出符合市场行情的旅游产品价格，以吸引游客而争取主动权的定价方法。在激烈的市场竞争中，特别是在市场需求表面停滞而潜在增长的情况下，谁率先制定出符合市场行情的旅游价格，谁就拥有了占领市场的有利武器，也就拥有了竞争取胜的基础。这是一动竞争的定价方法，一般为实力雄厚或旅游产品独具特色的旅游企业采用。

2. 同行业比较定价法

这种定价法是指以同行业的平均价格水平或领导企业的价格为标准来制定旅游产品价格的方法。这种定价方法既可使本企业与同行业的价格保持一致，在和谐的气氛中促进企业和行业的发展，同时企业也可得到平均的报酬。这种定价方法还使企业之间避开了价格之争，而集中在企业信誉、销售服务水平的竞争上。当本企业旅游产品的质量、销售服务水平及企业信誉与同行业其他企业相比有较大差异时，其定价可在比照价格基础上加或减一个差额。

3. 排他性定价法

这种定价方法是指旅游产品以较低的价格排挤竞争对手，抢占市场份额的定价方法。如果说同行业比较定价法是防御性的，那么排他性定价法则是进攻性的。其具体有两种类型。

（1）绝对低价法

本企业旅游产品的价格绝对低于同种旅游产品的价格，这样可以争取更多的顾客，排挤竞争对手；还可以使那些参与竞争的企业望而生畏，放弃参与竞争的念头。

（2）相对低价法

对某些质量好的名牌旅游产品，进行适当降低价格，缩小名牌旅游产品与一般旅游产

品的价格差异，以促使某些同类旅游产品降低价格，直至这些企业因无利可图而退出市场

4. 垄断定价法

这种定价方法是指旅游产品生产企业凭借对旅游产品的垄断地位制定产品价格的定价方法。当前，我国许多国家风景名胜区和那些具有垄断性资源的景区的定价就属于这种定价方法。

5. 密封投标定价法

在国内外，许多大宗商品、原材料、成套设备和建筑工程的买卖和承包，以及征召经营协作单位、出租出售小型企业，往往采用发包人招标、承包人投标的方式来选择承包者，确定最后价格。一般说来，招标方只有一个，处于相对垄断地位，而投标方有多个，处于相互竞争地位。标的物的价格由参与投标的各个企业在相互独立的条件下来确定。在买方招标的所有投标者中，报价最低的投标者通常中标，它的报价就是承包价格。这样一种竞争性的定价方法就称为密封投标定价法。

在投标方式下，投标价格是企业能否中标的关键性因素。高价格固然能带来较高的利润，但中标机会却相对减少；反之，低价格，利润低，虽然中标机会大，但其机会成本可能大于其他投资方。那么，企业应该怎样确定投标价格呢？首先，企业根据自身的成本，确定几个备选的投标价格方案，并依据成本利润率计算出企业可能盈利的各个价格水平。其次，分析竞争对手的实力和可能报价，确定本企业各个备选方案的中标机会。竞争对手的实力包括产销量、市场占有率、信誉、声望、质量、服务水平等，其可能报价则在分析历史资料的基础上得出。再次，根据每个方案可能的盈利水平和中标机会，计算每个方案的期望利润（每个方案的期望利润 = 每个方案可能的盈利水平 × 中标概率）。最后，根据企业的投标目的来选择投标方案。

项目三

旅游产品定价策略

项目要求

掌握旅游产品定价策略，并能在实际操作中灵活运用。

旅游定价策略是旅游企业在特定的经营环境中，为实现其定价目标所采取的定价方针和价格竞争方式，具体表现为对各种旅游定价方法的有效选择上。旅游定价策略与旅游定价方法两者相辅相成，共同为实现旅游定价目标服务。定价策略决定定价方法的选择，定价方法影响定价策略的落实。没有明晰的定价策略，定价方法的选择和调整就会变得僵化、呆滞或盲从，就很难准确地把握竞争时机，实现定价目标和经营目标。因此，研究和制定有效的旅游定价策略，是实现旅游定价目标的重要环节。

一、旅游新产品定价策略

任何产品都有一定的市场生命周期。在不同的生命周期，旅游企业应该根据不同的市场特征和产品特征，采取不同的定价策略。在旅游产品的导入阶段，旅游产品本身还不完善，销售额低，单位成本高，市场上旅游消费者少，主要是革新者和冒险者，旅游企业竞争对手比较少，旅游定价通常可以采用以下策略。

1. 渗透定价策略

渗透定价策略是一种低价格策略，即利用旅游者求实惠、求廉价的心理，以相对低廉的价格，力求在较短的时间内让更多的旅游者接受旅游新产品，从而获得尽可能大的市场占有率的定价策略。这种定价策略有利于旅游企业尽快打开销路，缩短导入期，争取旅游产品迅速成熟、完善；同时，还可以阻止竞争者进入市场竞争。但这种定价策略不利于尽快收回投资，影响后期进一步降价销售，而且遇到强劲对手时可能遭到重大损失。

渗透定价策略的适用条件：潜在旅游市场规模大；需求弹性大的大众化旅游产品；旅游企业供给能力强；潜在竞争者多。

渗透定价策略的优点：使旅游者获得超值价值；阻止或减缓竞争者加入，以保持和扩大市场份额；低价格吸引游客；有利于开拓市场。

渗透定价策略的缺点：如销路不畅，就没降价空间，而十分畅销，又不易提价；容易造成恶性价格战，造成市场混乱；影响旅游产品形象。

2. 撇脂定价策略

撇脂定价策略是一种高价格策略，又称取脂定价策略或提价策略，是指把旅游新产品的价格定得很高，以便在短期内获高利润的定价策略。这种定价策略优点在于，如果成功，可以迅速收回投资，也为后期降价竞争创造了条件，既可限制竞争者的进入，又符合旅游者对价格从高到低所持的客观心理反应。但是这种策略的风险较大，要求市场上存在高消费或者时尚性的需求。如果消费者不接受高价，则因销售量少而难于尽快收回投资。这种策略比较适合于旅游产品特色明显，而且其他旅游企业在短期内难于仿制或开发的旅游产品。

撇脂定价策略的适用条件：旅游产品新颖独特；生产技术或资源有垄断性；流行时间短，竞争压力小。

撇脂定价策略的优点：企业尽快取得较高营业额，以便回收研制成本；增强旅游企业的生产能力；从高价将至低价容易，反则难。

撇脂定价策略的缺点主要是刺激很多竞争者进入市场。

3. 满意价格策略

这是一种折中的定价策略，它介于撇脂定价策略与渗透定价策略之间，即根据旅游消费者在购买旅游产品时所期望的支付价格制定旅游产品的价格。这种旅游产品在投入市场后能保证获得一定的利润，也能被旅游者所接受，故成为满意价格策略。它适合于大众消费者，符合他们的购买能力和购买心理，比较容易建立较好的商业信誉。

满意价格策略的适用条件：需求弹性适中；不愿引起价格战；不愿以高价引起潜在竞争者加入；市场产销较为稳定。

满意价格策略的优点：减轻了价格竞争压力。

满意价格策略的缺点：无特色，既可能失去潜在顾客，又可能失去高额的利润。

二、心理定价策略

心理定价策略是为了刺激和迎合旅游者购买旅游产品的心理动机而定价的一种策略。旅游者尤其是对价格较为敏感的旅游者，在购买决策时，往往主要考虑的是价格因素。因此，根据人们行为的心理过程模式：需要→动机→行为→满足，围绕旅游者购买行为的心理反应而进行有效定价，以刺激旅游者购买旅游产品。常见的心理定价策略有以下几种。

1. 尾数定价策略

这种定价策略亦称非整数定价策略，即旅游产品按照一个零头尾数结尾的价格来定价。一般中低档旅游产品常用此定价策略，这是为刺激和迎合旅游者的求廉心理而采取保留恰当的价格尾数的定价策略。这种定价策略让旅游者感到旅游产品比较便宜，如 9. 80 元比 10. 00 元便宜，9. 19 元与 9. 99 元的价格心理差距比 9. 99 元与 10. 39 元的价格心理差距小。而且旅游者一般认为整数定价是概括性定价，定价不准确，而尾数定价是经过仔细计算后确定的价格，对旅游者负责，因而感到旅游产品的价格准确、可靠。

尾数定价策略的适用条件：符合旅游者心理；需求弹性大的旅游产品；价值较低的旅游产品；受传统文化和地方口音的影响，有一些吉利的数字或避讳的数字。

尾数定价策略的优点：旅游者心理愉悦；迎合了旅游者求吉利的心理。

尾数定价策略的缺点：旅游者会怀疑价格的真实性；旅游者怀疑产品的价值和质量；旅游产品销售者找零不方便。

2. 整数定价策略

这种定价策略是把旅游产品价格定为整数的一种策略。旅游者在购买旅游产品时也普遍存在着“一分钱一分货”、“便宜没好货，好货不便宜” 的心里。由于旅游产品的无形性，再加上消费的异地性，受旅游者职业、知识、阅历等方面的限制，要鉴别旅游产品的质量是很难的，于是，价格的高低往往成为衡量旅游产品质量好坏的重要标准。这种定价方法也可以满足旅游者实现自己的地位、声望、富有等心理需求。高档旅游产品常用此定价方法。比如，一件首饰原定价为 492 元，若改定为 500 元，则对于有能力购买首饰的旅游者来说，多付出 8 元是不在乎的，但价格高 8 元却使这件首饰的声望价格增加了许多，给旅游者带来了更大的心理满足。

整数定价策略适用于需求弹性适中的旅游产品。优点是简便易行，便于找零；缺点是计算不准确，价格有水分之感。

3. 习惯定价策略

旅游企业依照长期被消费者接受或者承认的已成为习惯的定价方法。有些旅游产品在长期购买使用中，旅游消费者已经接受了这种产品的属性和价格水平，消费者只愿意接受按以往价格购买旅游产品。

习惯定价策略适用于价格长期固定化的某些旅游产品。优点是有利于产品销售，符合旅游者习惯和心理承受能力；缺点是经营者往往通过降质降量等手段赚取利润，而且调整价格难度很大，即价格灵活性较差。

4. 声望定价策略

旅游企业有意识地把某种旅游产品的价格定得高些，以此来提高旅游产品和旅游企业的档次与声望，这种定价叫声望定价法。这种定价方法的依据在于：旅游者经常把价格的高低看做旅游产量高低的标志，所谓“便宜无好货，好货不便宜”正是这种心理的表现。同时，有一部分旅游者把购买高价旅游产品作为提高声望的一种手段。

常见的声望定价法有：一些高星级宾馆常有一套或几套价格很贵的客房，如总统套房，其目的主要是以此来提高整个宾馆的档次与声望；名胜古迹、历史上名人居住过的地方，其定价也常用声望定价法，如庐山上一些伟人、名人住过的别墅，虽然客房设施较差，但房费也很高；一些旅游产品的最低价不低于旅游者所愿意支付的最低价，否则，旅游者会怀疑旅游产品的质量，如一瓶高级香水定价在几十元以上可能有人购买，而定价在几元可能反而无人问津。

采用声望定价法，必须注意两个约束条件：其一，旅游企业有较高的社会声誉，其旅游产品必须是优质并有不断的改进，否则就不能维护和巩固旅游者对该产品的信赖；其二，价格不能超出购买者心理和经济上的承受力。

声望定价策略的优点：满足旅游者的求名心理；以价衬质，有利于树立良好的产品形象；有利于旅游企业取得超额利润。

声望定价策略的缺点：对大众企业不适应；给旅游者以“暴利企业”的形象。

阅读案例

声望的标志

香港的中艺公司是在香港经营中国旅游工艺品和服装的公司。该公司近年来由于经营有方而迅速发展。其主要经验之一就是采取声望定价策略。公司将少量商品定特价，以吸引世界各地来港的豪商巨富、名流显贵。他们曾将一块金表定价260万港元，在香港轰动一时。一些国家的总统、总理、国王和皇后也常常来店光顾，以致有“工艺精品，集中中艺”之说，使中艺公司得益甚多。

在世界民族工艺品市场上，中国景德镇瓷器饮誉世界。1985年，在巴黎世界博览会期间，有些法国人想购买景德镇生产的成套瓷器，但一看价格仅 300 法郎，就打消了购买的念头。后来外贸人员根据景德镇瓷器的国际声望，把价格提高到 2000 法郎，一些富人和收藏家蜂拥购买。

在印度尼西亚也出现过类似的情况。在旅游纪念品市场上，印尼妇女制作的“巴厘克”久负盛名，颇受欢迎。一位印尼商人就把“巴厘克”带到日本推销，举办了一次轰动一时的“巴厘克”时装表演，贵妇人光临欣赏，但竟无一人购买。后来，一日本销售专家掀开谜底，原来是定价太低，上层人士认为购买后有失身份。不久，印尼商人提价到原来的 4 倍，使“巴厘克”被一抢而空。

资料来源：冯冬莲，《旅游营销》，湖北人民出版社 2000 年版。

5. 分级定价策略

分级定价策略，也称系列定价策略。它是旅游企业以市场细分理论为基础，针对旅游者“一分钱，一分货”的心理，将同一产品的不同档次实行差别定价的策略。例如，同样的旅游线，可以划分为豪华、普通和特价三个档次，分别以不同的价格吸引不同的旅游者。

在对旅游产品制定分级定价时应注意以下两点：一是档次划分要适当，既不能过多，又不能太少；二是价格的差异既不能过大，也不能太少，使旅游者感到档次的差异，吸引与刺激消费者购买，达到增加收益的效果。

6. 招徕定价策略

招徕定价策略是指将某几种旅游产品的价格定得非常之高，或者非常之低，在引起旅游产品购买者的好奇心理和观望行为之后，带动其他旅游产品的销售。招徕定价运用得较多的是将少数产品价格定得较低，吸引顾客在购买“便宜货”的同时，购买其他价格比较正常的旅游产品。比如，旅游企业在某些季节或节假日以及在本地区举行的某些节庆活动时，往往会采取招徕价格策略，以特殊事件价格来吸引旅游者。

将某种产品的价格定得较低，甚至亏本销售，而将其相关产品的价格定得较高，也属于招徕定价的一种运用。在实践中，也有故意定高价以吸引顾客的。值得企业注意的是，用于招徕的降价旅游产品，应该与低劣、过时旅游产品明显地区别开来。招徕定价的降价旅游产品，必须是品种新、质量优的适销产品，而不能是处理品。否则，不仅达不到招徕顾客的目的，反而可能使企业声誉受到影响。

三、折扣定价策略

折扣定价是指对旅游产品的基本价格做出一定的让步，直接或间接降低价格，以争取顾客，扩大销量。折扣的形式有数量折扣、现金折扣、功能折扣与季节折扣等。

1. 数量折扣策略

这种策略是指旅游产品生产企业为了鼓励旅游产品购买者大量购买，按旅游者购买数量的多少，分别给予不同折扣的一种策略。购买数量愈多，折扣愈大。其目的是鼓励购买者大量购买旅游产品，或集中向本企业购买。

数量折扣策略包括累计数量折扣和一次性数量折扣两种形式。累计数量折扣是指在一定时间内，累计购买产品达到一定数量或金额，则按其总量给予一定折扣，其目的是鼓励顾客经常向本企业购买，成为可信赖的长期客户。如在旅游饭店内实行消费累计达到一定数量给予相应折扣的优惠，就属于这种策略。一次性数量折扣是指一次购买某种旅游产品达到一定数量或购买多种产品达到一定金额，则给予折扣优惠，其目的是鼓励大批量购买，促进产品多销、快销。

数量折扣的促销作用非常明显，旅游企业因单位产品利润减少而产生的损失完全可以从销量的增加中得到补偿。而且由于销量速度的加快，使企业资金周转次数增加，流通费用下降，产品成本低，从而导致企业总盈利水平上升。

运用数量折扣策略的难点是如何确定合适的折扣标准和折扣比例。如果享受折扣的数量标准定得太高，比例太低，则只有很少旅游产品购买者才能获得优待，绝大多数购买者将感到失望；购买数量标准过低，比例不合理，又起不到鼓励旅游产品购买者购买和促进旅游企业销售的作用。因此，旅游企业应结合产品特点、销售目标、成本水平、资金利润率、需求规模、购买频率、竞争者手段以及传统的商业惯例等因素来制定科学的折扣标准和比例。

2. 现金折扣策略

现金折扣是指旅游企业对旅游产品购买者在规定的时间内提前付款或用现金付款所给予的一定价格折扣的优惠策略。其目的是鼓励顾客尽早付款，加速资金周转；降低销售费用，减少经营风险。

采用现金折扣一般要考虑三个因素：一是折扣比例；二是给予折扣的时间限制；三是付清全部货款的期限。在西方国家，旅游的付款期限折扣表示为“3/20，Net60”。其含义是在成交后20天内付款，买者可以得到3%的折扣，超过20天，在60天内付款不予折扣，超过60天付款要加付利息。

由于现金折扣的前提是旅游产品的销售方式为赊销或分期付款，因此，有些企业采用附加风险费用、管理费用的方式，以避免可能发生的经营风险。同时，为了扩大销售，分期付支付的货款总额不宜高于现款交易价太多，否则就起不到折扣促销的效果。提供现金折扣等于降低价格，所以，企业在运用这种手段时要考虑旅游产品是否有足够的需求弹性，保证通过需求量的增加使企业获得足够利润。此外，由于我国的许多旅游企业和旅游者对现金折扣还不熟悉，运用这种手段的企业必须结合宣传手段，使购买者更清楚自己将得到的好处。

3. 功能折扣策略

功能折扣策略也称同业折扣策略，是指旅游企业根据各类中间商在旅游产品分销过程中所处的环节不同，其所承担的功能、责任和风险也不同，旅游企业据此给予不同的折扣，称为功能折扣。功能折扣的比例，主要考虑中间商在分销渠道中的地位、对旅游企业产品销售的重要性、购买批量、完成的促销功能、承担的风险、服务水平、履行的商业责任，以及产品在分销中所经历的层次和在市场上的最终售价等等。功能折扣的结果是形成购销差价和批零差价。

鼓励中间商大批量订货，扩大销售，争取顾客，并与生产企业建立长期、稳定、良好的合作关系是实行功能折扣的一个主要目的。功能折扣的另一个目的是对中间商经营的有关产品的成本和费用进行补偿，并让中间商有一定的盈利。

4. 季节折扣策略

季节折扣策略是指旅游企业在销售淡季，为鼓励旅游者购买旅游产品而给予的一种折扣优惠策略。旅游目的地的气候条件、传统节日以及客源市场的假期等因素造成旅游产品的季节性很强，为了调节供需矛盾，这些旅游产品的生产企业便采用季节折扣的方式，对在淡季购买商品的购买者给予一定的优惠，使旅游企业的生产和销售在一年四季能保持相对稳定。

季节折扣比例的确定，应考虑成本、储存费用、基价和资金利息因素。季节折扣有利于减轻库存，加速产品流通，迅速收回资金，促进企业均衡生产，充分发挥生产和销售潜力，避免因季节变化所带来的市场风险。

上述各种折扣价格策略增强了企业定价的灵活性，对于提高厂商收益和利润具有重要作用。但在使用折扣定价策略时，必须注意国家的法律限制，保证对所有顾客使用同一标准。

项目四

价格调整

项目要求

学会适时调整旅游产品价格。

旅游企业制定出产品价格以后，并不意味着大功告成。随着市场营销环境的变化，旅游企业必须对现行价格予以适当的调整。调整价格，可采用削价或提价策略。旅游产品价格调整的动力既可能来自旅游企业内部，也可能来自外部。倘若旅游企业利用自身的产品或成本优势，主动地对价格予以调整，将价格作为竞争武器，这称为主动调整价格。有时，价格的调整是出于应对竞争的需要，即竞争对手主动调整价格，而旅游企业也相应的被动调整价格。无论是主动调整，还是被动调整，其形式不外乎是削价和提价两种。

一、削价及提价策略

1. 削价策略

这是旅游产品定价者面临的最严峻且最具持续威胁力量的问题。旅游企业削价的原因很多，有企业外部需求及竞争等因素的变化，也有企业内部的战略转变、成本变化等，还有国家政策、法律的制约和干预等。这些原因具体表现在以下几个方面。

（1）旅游企业急需回笼大量现金

对现金产生迫切需求的既可能是其他产品销售不畅，也可能是为了筹集资金进行某些新活动，而资金借贷来源中断，此时，旅游企业可以通过对某些需求富有弹性的产品予以大幅度削价，从而增加销售额，获取现金。

（2）旅游企业通过削价来开拓新市场

一种旅游产品的潜在购买者往往由于其消费水平的限制而阻碍了其转向现实购买者的可行性。在削价不会对原消费者产生影响的前提下，旅游企业可以通过削价方式来扩大市场份额。不过，为了保证这一策略的成功，有时需要以产品改进策略相配合。

（3）旅游企业决策者决定排斥现有市场的边际生产者

对于某些旅游产品来说，各个企业的生产条件、生产成本不同，最低价格也会有所差异。那些以目前价格销售产品仅能保本的企业，在别的企业主动削价以后，会因为价格的被迫降低而得不到利润，只好停止生产。这无疑有利于主动削价的企业。

（4）旅游企业生产能力过剩

旅游产品供过于求，但是企业又无法通过产品改进和加强促销等工作来扩大销售。在这种情况下，企业必须考虑削价。

（5）旅游企业决策者预期削价会扩大销售，由此可望获得更大的生产规模

特别是进入成熟期的产品，削价可以大幅度增加销售，从而在价格和生产规模间形成良性循环，为企业获取更多的市场份额奠定基础。

（6）由于成本降低，费用减少，使企业削价成为可能

随着科学技术的进步和企业经营管理水平的提高，许多产品的单位产品成本和费用在不断下降，因此，企业拥有条件适当削价。

（7）旅游企业决策者出于对中间商要求的考虑

以较低的价格购进原材料，不仅可以减少中间商的资金占用，而且为产品大量销售提供了一定的条件。因此，企业削价有利于同中间商建立较良好的关系。

（8）政治、法律环境及经济形势的变化，迫使旅游企业降价

政府为了实现物价总水平的下调，保护需求，鼓励消费，遏制垄断利润，往往通过政策和法令，采用规定毛利率和最高价格、限制价格变化方式、参与市场竞争等形式，使企业的价格水平下调。在紧缩通货的经济形势下或者在市场疲软、经济萧条时期，由于币值上升，价格总水平下降，企业产品价格也应随之降低，以适应消费者的购买力水平。此外，消费者运动的兴起也往往迫使产品价格下调。

2. 提价策略

提价确实能够提高旅游企业的利润率，但由此会引起旅游企业市场竞争力下降、旅游者不满、经销商抱怨，甚至还会受到政府干预和同行的指责，从而对旅游企业产生不利影响。虽然如此，实际中仍然存在着较多的提价现象。其主要原因有以下几点。

（1）产品成本增加，减少成本压力

这是所有产品价格上涨的主要原因。是由于成本的增加或者是原材料价格上涨，或者是生产或管理费用提高而引起的。企业为了保证利润率不致因此而降低，便采取提价策略。

（2）适应通货膨胀，减少企业损失

在通货膨胀条件下，即使企业仍能维持原价，但随着时间的推移，其利润的实际价值也呈下降趋势。为了减少损失，企业只好提价，将通货膨胀的压力转嫁给中间商和旅游者。

（3）产品供不应求，遏制过度消费

对于某些旅游产品来说，在旅游旺季，由于旅游需求旺盛而接待能力又不能及时扩大而出现供不应求的情况下，可以通过提价来遏制需求，同时又可以取得高额利润，在缓解旅游市场压力、使旅游供求趋于平衡的同时，为增加旅游接待能力准备了条件。

（4）利用旅游者心理，创造优质效应

作为一种策略，旅游企业可以利用涨价营造名牌形象，使旅游者产生价高质优的心理定势，以提高旅游企业知名度和旅游产品声望。对于那些创新型旅游产品、接待能力受到限制而难以扩大的产品，这种效应表现得尤为明显。为了保证提价策略的顺利实现，提价时机可选择在四种情况：一是产品在市场上处于优势地位；二是产品进入成长期；三是季节性商品达到销售旺季；四是竞争对手的产品提价。

此外，在方式选择上，旅游企业应尽可能多地采用间接提价，把提价的不利因素减到最低程度，使提价不影响旅游产品的销售量和利润，而且能被潜在旅游者所接受。同时，旅游企业在提价时应采取各种渠道向旅游者说明提价的原因，配之以产品策略和促销策略，并帮助旅游者寻找节约途径，以减少旅游者不满，维护旅游企业形象，提高旅游者信心，刺激旅游者的需求和购买行为。

至于价格调整的幅度，最重要的因素是旅游者的反应。因为调整旅游产品的价格是为了促进销售，实质上是促使旅游者购买旅游产品。忽视了旅游者的反应，销售就会受挫，只有根据旅游者反应调价，才能收到好的效果。

二、旅游产品购买者对旅游产品价格变动的反应

不同市场的消费者对价格变动的反应是不同的，即使处在同一通过需求的价格弹性来分析旅游消费者对价格变动的反应，需求弹性大表明反应强烈，需求弹性小则表明反应微弱。但在实践中，价格弹性的统计和测定非常困难，其状况和准确度常常取决于消费者预期价格、价格原有水平、价格变化趋势、需求期限、竞争格局以及产品生命周期等多种复杂因素，并且会随着时间和地点的改变而处于不断地变化之中，使企业难以分析、计算和

把握。所以，旅游者对调价的反应，应多注重分析旅游者的价格意识。

价格意识是指旅游者对旅游产品价格高低强弱的感觉程度，直接表现为旅游者对价格敏感性的强弱，包括知觉速度、清晰度、准确度和知觉内容的充实程度。它是掌握旅游者态度的主要方面和重要依据，也是解释市场需求对价格变动反应的关键变量。研究表明，价格意识和收入呈负相关关系，即收入越低，价格意识越强，价格的变化直接影响购买量；收入越高，价格意识越弱，一般的价格的一般调整不会对需求产生较大的影响。此外，由于广告常使旅游产品购买者更加注意价格的合理性，同时也给价格对比提供了方便。

三、竞争者对价格变动的反应

虽然透彻地了解市场竞争者对价格变动的反应几乎不可能，但为了保证调价策略的成功，主动调价的企业又必须考虑竞争者的价格反应。没有估计竞争者反应的调价，往往难以成功，至少不会取得预期效果。

如果所有的竞争者行为相似，仅对一个典型竞争者做出分析，如果竞争者在规模、市场份额或政策及经营风格方面有关键性的差异，那么各个竞争者将会做出不同的反应，这时，就应该对各个竞争者分别予以分析。分析的方法是尽可能地获得竞争者的决策程序及反应形式等重要情报，模仿竞争者的立场、观点、方法思考问题。最关键的问题是要弄清楚竞争者的营销目标：如果竞争者的目标是实现企业的长期最大利润，那么，本企业降低，它往往不会在价格上做出相应的反应，而在其他方面做出努力，如加强广告宣传、提高产品质量和服务水平等；如果竞争者的目标是提高市场占有率，它就可能跟随本企业的价格变动而相应的调整价格。

在实践中，为了减少因无法确知竞争者对价格变化的反应而带来的风险，旅游企业在主动调价之前必须明确回答以下问题：本企业产品有何特点？本企业在行业中处于何种地位？主要竞争者是谁？竞争对手会怎样理解我方的价格调整？针对本企业的价格调整，竞争者会采取什么对策？这些对策是价格性的还是非价格性的？它们是否会联合做出反应？针对竞争者可能的反应，企业的针对策略又是什么？有几种可行的应对方案？在细致分析的基础上，企业方可确定价格调整的幅度和时机。

四、旅游企业价格调整的应对策略

竞争对手在实施价格调整策略之前，一般都要经过长时间的思考，仔细权衡调价的利弊，但是，一旦调价成为现实则非常迅速，并且在调价之前大多要采取保密措施，以保证发动价格竞争的突然性。在这种情况下，旅游企业贸然跟进或无动于衷都是不对的，正确的做法是尽可能迅速地对以下问题进行调查研究：竞争者调价的目的是什么？竞争者调价是长期的还是短期的？竞争者调价将对本企业的市场占有率、销售量、利润、信誉等方面有何影响？同行业的其他企业对竞争者调价行动有何反应？企业有几种反应方案？竞争者对企业每一个可能的反应则会持何态度？

在回答以上问题的基础上，企业还必须结合所经营的产品特征确定对策。一般说来，在同质产品市场上，如果竞争者削价，企业必须随之削价，否则大部分顾客将转向价格较低的竞争者；但是面对竞争者的提价，本企业既可以跟进，也可以暂且观望。如果多数企业都维持原价，最终迫使竞争者把价格降低，使竞争者涨价失败。

在异质产品市场上，由于每个企业的产品在质量、品牌、业务、包装、消费者偏好等方面有着明显的不同，所以面对竞争者的调价策略，企业有着较大的选择余地。第一，价格不变，任其自然。旅游者随价格变化而变化，靠旅游者对产品的偏爱和忠诚度来抵御竞争者的价格进攻，待市场环境发生变化或出现某种有利时机，企业再做行动。第二，价格不变，加强非价格竞争。比如企业加强广告攻势，增加销售网点，强化售后服务，提高产品质量，或者在包装、功能、用途、服务等方面对产品进行改进。第三，部分或完全跟随竞争者的价格变动，采取较稳妥的策略，维持原来的市场格局，巩固取得的市场地位，在价格上与竞争对手一较高低。第四，以优越于竞争者的价格跟进，并结合非价格手段进行反击。比竞争者更大的幅度削价，或者比竞争者小的幅度提价，或者强化非价格竞争，形成产品差异，利用较强的经济实力或优越的市场地位，居高临下，给竞争者以毁灭性的打击。

阅读案例

英国旅游市场上的价格之战

1985 年夏天，由于国外饭店成本的增加和汇率的下跌，英国到海外目的地包价旅游的平均公布价格比 1984 年提高了约 15%。结果几万个度假产品没有售出，竞争者之间在预定的最后时刻大幅削价，极其低廉的价格刺激起大量的最后时刻的预定。1986 年，由于汇率上升，油价下跌，饭店价格回落，汤姆森假日公司得以将平均价格降低 15% 以上，显著增加了它的供给容量。结果，因塔森（intasun）公司立刻效仿这一主要竞争对手实行降价，其他小一点的经营商也大多数被迫跟随。到 1986 年 7 月，汤姆森公司和因塔森公司总共提供了 300 多万个包价度假产品，销售量比 1985 年增加了 50%。

到 1991 年，英国的旅游经营商们经历了两年困难之后，在 1 月到 3 月的关键时期没能实现原计划的夏季预订量。这一年的头一个季度碰巧赶上海湾战争，战争出乎意料地引发了英国严重的经济衰退，这完全打乱了旅游经营商正常的现金流动。实行折扣价格的传统做法已不能影响这么大范围的危机，因塔森公司的所有者国际休闲集团（international leisure group）不得不停业清算。该集团无法维持经营成本，也无法说服银行为其贷款，以便支付因扩建航空公司债台高筑而日渐增高的债务成本。这样，很大一部分供给容量从英国的包价旅游市场突然撤出，结果价格变得坚挺起来，给当年幸存下来的企业带来了丰厚的意外收获。

本模块小结

旅游市场的外部市场竞争压力越来越大，旅游企业已无法仅仅凭自己的成本等定价，而必须考虑各种错综复杂的因素，从而确定旅游产品定价的目标。产品定价目标通常有利润目标、销售额目标、市场占有率目标、社会责任目标。影响旅游产品定价的因素有内部因素和外部因素。旅游产品定价的步骤有目标市场旅游消费者的购买行为分析、估计旅游产品的成本、了解旅游企业、选择旅游产品的定价方法及相应的策略、确定旅游产品的定价目标所处的市场环境。

旅游产品的定价方法有成本导向定价法、需求导向定价法、竞争导向定价法。

旅游产品的定价策略有旅游新产品定价策略，包括渗透定价策略、撇脂定价策略和满意价格策略；心理定价策略包括尾数定价策略、整数定价策略、习惯定价策略、声望定价策略、分级定价策略和招徕定价策略；折扣定价策略包括数量折扣策略、现金折扣策略、功能折扣策略、季节折扣策略。

旅游经营者时常要根据经营实际对旅游产品价格进行调整，这种调整包括削价和提价两种，经营者不仅要考虑旅游产品购买者对产品价格变动的反应，更要考虑竞争者对价格变动的反应，以便及时采取应对策略，把价格竞争变为价值竞争，从而实现旅游产品价值。

本模块参考浏览网址

1. http：//jpk. sicnu. edu. cn/viewolc. asp？cno =20081111&olcid =36
2. http：//www. docin. com/p –8290843. html
3. http：//bbs. yizheng. gov. cn/showpost. asp？threadid =91190

4. http：//bbs1. paipai. com/g40001c0i117753s0p0. html

5. http：//www. traveltrade. cn/quote_ zone. asp

6. http：//www. xiaoshan. gov. cn/ly/lydt/200902/t20090205_ 91070. htm

7. http：//news. sina. com. cn/c/2008 -05 -07/052513840943s. shtml

基础知识思考题

1. 简述旅游产品价格制定的步骤及影响因素。
2. 简述旅游产品定价的方法和策略。
3. 简述竞争者对旅游产品价格调整的反应，以及旅游企业的应对策略。

基本操作技能题

1. 了解旅游产品价格制定的步骤和方法，针对某旅游企业为其旅游产品定价。
2. 根据某旅游企业产品定价策略，分析其定价策略的优缺点。
3. 调查旅游购买者对于价格调整的反应，针对此反应，旅游企业应采取什么应对策略。

阅读分析题

降价竞争

某酒店是地处市中心的一家四星级豪华商务型酒店，由于近年来该市许多行业纷纷投资建造、改造酒店，客房数量急剧增加，造成酒店之间非常激烈的竞争，许多酒店采取了降低客房价格的措施。面对客房出租率下降的局面，该酒店的总经理一筹莫展，伤透了脑筋，为了应付竞争，他也决定相应的调低30%的客房价格，但是降价半年以来，酒店的出租率并没有增加，相反，客源结构发生了较为明显的变化，境外商务散客越来越少，酒店的设备损失现象更严重，成本增加，员工的业务技能也有下降的趋势，这些变化和酒店当初降价时希望稳定自己客源的想法相去甚远。

（本案例选自李任芷主编的《旅游饭店经营管理服务案例》，中华工商联合出版社2000年版）

1. 该酒店降价后为什么没有达到预期的目的？
2. 该酒店参与竞争的心态如何？价格是否是参与竞争的唯一方法？

模块九

9

旅游产品营销渠道策略

基础知识目标

1.了解旅游产品营销渠道的含义及新型旅游营销渠道的构建。

2.掌握旅游产品营销渠道的类型和功能。

3.掌握旅游中间商的类型和原则。

4.熟悉旅游产品营销渠道模式，旅游中间商的评价和激励，旅游分销渠道的调整。

基本技能目标

能根据旅游企业的具体情况，结合所学知识，从基础上分析、选择合适的旅游市场营销渠道，来销售旅游产品。

项目一

旅游营销渠道概述

项目要求

通过本项目的学习，掌握旅游营销渠道的含义、类型和功能；能够分析旅游企业的营销渠道选择，初步具备策划旅游渠道的能力。

旅游产品从旅游生产企业到旅游者的过程，是通过一定的渠道实现在“特定的时间”、“特定的地点”，以“特定的方式”提供给“特定的旅游者”，即通过旅游产品营销渠道实现产品转移。旅游销售渠道是旅游市场营销组合的主要因素之一，也是旅游产品实现其价值的重要环节之一，更是连接旅游产品生产者和目标顾客的桥梁。如果没有高效畅通、经济合理的销售渠道，再好的产品也无法实现大量的销售和盈利。因此，建立高效畅通而又经济合理的现代旅游分销渠道系统，将是我国旅游企业开拓旅游国内市场、国际市场的关键环节。旅游产品的生产经营活动与旅游消费者的购买、使用过程往往受多种因素的制约，在时间、空间上存在着一定的差异。同时，在客源量大、客源结构复杂的条件下，旅游企业除发挥自身的营销资源优势外，还必须运用旅游市场中的中介组织力量，整合市场渠道资源，形成产品价值链，促使旅游产品在广阔的空间为广大旅游消费者所知晓、理解、认可和购买。

一、旅游产品营销渠道的含义

旅游产品营销渠道是旅游企业管理者面临的最重要决策之一，在旅游市场开拓中占有举足轻重的作用。旅游产品营销渠道又称旅游分销渠道，它是指旅游产品从旅游生产企业向旅游消费者转移过程中所经过的一切取得使用权或协助使用权转移的中介组织和个人，也就是旅游产品使用权转移过程中所经过的各个环节连接起来而形成的通道。具体包含以下几方面的内容。

从旅游产品销售渠道的结构来看，旅游营销渠道是指旅游产品从旅游企业到旅游消费者所经过的一切组织机构，既包括旅游企业在生产现场直接向旅游者销售其旅游产品，也包括旅游企业依靠自身力量在生产地点以外的其他地方销售其旅游产品，还包括各种类型的旅游中间商，如旅游批发商、旅游代理商、旅游零售商等。只有这些结构以及它们之间的相互配合，形成各个流通环节的系统，产品才能从销售渠道的起点——生产者转移到销售渠道的终点——消费者。

从旅游产品营销渠道的功能来看，旅游营销渠道指使旅游产品及其使用权从旅游企业到消费者转移的所有活动。旅游产品必须从单项产品组合为整体产品后才能实现最终消费，因此，旅游中间商除担任流通职能，还肩负着对旅游产品进行深度加工即组装和整合的职能。

从旅游产品在营销渠道的转移过程来看，旅游产品分销渠道是指旅游产品由旅游企业到消费者所经过的途径。在实现销售及被最终消费的过程中，旅游产品的实体部分如旅游景点的景物、饭店等并没有发生移动，转移的只是旅游产品和服务一段时间内的使用权，而非永久使用权，更不是所有权。

二、旅游产品营销渠道的类型

在市场营销中，由于受旅游市场、旅游企业、旅游中间商以及旅游消费者等多种因素的影响，旅游产品从旅游企业转移到最终的消费者手中有不同的途径可以选择，形成多种多样的状态，即便是同一旅游产品，也有可能通过不同的营销渠道销售。一般来说，旅游产品的分销渠道有长渠道和短渠道、宽渠道和窄渠道、多渠道和单渠道等多种类型。

1. 长渠道和短渠道

根据间接渠道中介入中间商层次的多少，可将旅游产品营销渠道分为长渠道和短渠道。旅游产品从生产者开始直到旅游者购买者为止，整个过程的中间环节越多，营销渠道就越长；反之，营销渠道就越短。不经过任何中间环节，直接面对旅游者出售的销售渠道最短，这也就是人们常说的直接销售渠道，简称直销。例如，旅游消费者以散客形式直接到风景区或某条旅游线路上参观游览，不经过任何中间环节，这样的销售渠道就是直销。

项目实训

分组进行模拟训练，学生自己选择旅游产品，自己布置场景进行旅游产品的模拟直销训练。

分销渠道短，生产者承担的销售任务就多，信息传递快，销售及时，能较为有力地控制分销渠道（如控制价格、提供服务、进行宣传等）；分销渠道长，批发商、零售商就要完成大部分销售职能，信息传递慢，流通时间较长，旅游企业对分销渠道的控制就较为困难。

2. 宽渠道和窄渠道

根据企业一个时期内销售渠道中销售产品的中间商的数目、销售网点的数目及分配的合理程度、销售数量的多少，旅游产品营销渠道可分为宽渠道和窄渠道。在一个旅游产品的销售渠道中，如果经销或代理该产品的中间商越多，而且本企业和中间商在各自的目标市场区域内为方便旅游者购买而设立的销售点越多，则该销售渠道就越宽；反之，该销售渠道就属于较窄的销售渠道。

一般性和大众性的旅游产品主要通过宽渠道进行销售，从而可以大量接触旅游者，大批量销售旅游产品。如近年来我国兴起的赴新加坡、泰国、马来西亚的假日观光旅游等旅游产品。窄渠道对旅游产品生产企业而言，较易控制，但市场销售面也易受限制。因此，窄渠道一般只适用于专业性较强的或费用较高的旅游产品销售，如探险旅游和专项文化考察等旅游产品。

3. 多渠道与单渠道

根据旅游企业所采用的营销渠道类型的多少，旅游营销渠道又可分为单渠道和多渠道。有些旅游企业采用的渠道类型比较单一，如所有产品全部由自己直接销售或全部交给批发商经销，这称之为单渠道。有的旅游企业则根据不同层次或地区旅游者的不同情况而采用不同的营销渠道，如在本地采用直接渠道，对外地采用间接渠道，或同时采用长渠道和短渠道，这就称为多渠道。有时把采用多渠道的销售系统又称为双重销售系统。一般情况下，旅游企业生产规模较小或经营能力较强，可采用单渠道销售旅游产品；反之，则可采用多渠道，以便扩大产品的覆盖面，灵活地销售自己的旅游产品。

【知识链接】

各国旅游企业渠道介绍

以什么样的销售渠道，将产品和服务销售给最终顾客，是所有饭店营销战略的重要组成部分。所谓销售渠道，指帮助实现旅游产品或服务从供应商向消费者转移的一系列营销或销售组织。简单地说，它是指饭店（作为供应商）如何利用旅行代理商、旅游经营商、旅游批发商、免费电话以及其他方式，向顾客销售其服务。

处于同一地区国家的旅游分销渠道的差异不是很大。美国人一般通过旅行代理商购买国际旅游产品，而在购买国内旅游产品时，却较少通过代理商。亚洲人和欧洲人对于任何旅行活动，都倾向于实现进行广泛的咨询。日本人喜欢依赖有完全组团能力和国外分销网络的大旅游经营商。如果在对饭店的选择中，旅游代理商和旅游批发商是主要的决策者或影响因素，饭店的销售和销售工作就应该直接针对这些中间商。在许多国家，与旅游中间商合作来增加客房的销售是至关重要的。

和欧洲相比较，美国的旅游代理商较为独立，规模也较小，平均只有3~6名员工。在欧洲，集团式的旅游代理商联号比较常见，而且每个代理商拥有很多旅行顾问。例如，英国5家最大的跨地区代理商联号的销售额，占全部代理商的一半；瑞典两家主要代理商联号控制着85%的代理商联号市场，相当于全国零售总额的1/3。随着欧洲统一市场的形成，欧洲的旅游零售商将更加趋向于兼并联合。

日本的旅游行业由10家最大的旅游批发商控制，其中的5家也位于日本最大的前10位旅游代理商之中。日本游客购买一次旅行，可能会经过4家旅游批发商；而美国的平均数是1.6家。日本旅游代理商组织和销售旅游团，必须得到政府的批准，目前大约有800家代理商得到了许可执照。这一要求的目的是，为了保证向消费者提供的单个旅游项目和包价旅游的质量和完整性。因而，日本的旅游批发商和代理商非常重视保证其旅游产品的高质量标准。获得许可的旅游代理商将包价旅游批发给零售代理商。

向日本市场销售旅游产品，必须了解其严密和高度管制的销售渠道、保护消费者的法律、复杂的旅行设计和组织过程。因为，日本的旅游代理商一般经营完整的包价旅游产品，其中包括航空、住宿、地面交通、主题公园和城市观光等。在这种机制下，饭店要想单独向日本市场销售产品，可能不太合适，多数饭店需要和其他旅游供应商联合，来进入日本市场。

资料来源：http：//www. mswk. cn/article/showArticle. asp? ArticleID =31952。

三、旅游产品营销渠道的功能

1. 简化交易程序功能

旅游企业生产的产品，不仅要符合社会需要，而且必须及时地销售出去。如果所有产品全由生产企业负责直接营销，不但受到旅游企业自身资源和经营实力的制约，而且受到投入产出的经济可行性制约，无法在激烈的市场竞争中求得长期生存和发展，因此，旅游企业可以选择多方位的销售渠道。通过分销渠道，能够简化交易程序，节省直接销售时间，加速产品的销售，满足顾客的需要，从而使旅游企业的再生产过程得以顺利进行，战略目标得以实现。

2. 配套功能

除了帮助旅游企业销售旅游产品的主要功能外，旅游营销渠道还应兼有营销活动所需要的一些配套功能，如为顾客提供预定床位、办理保险、办理护照之类的服务，受理并协助解决顾客的投诉等；也可以通过销售渠道对目标市场进行较为详细的市场调研；可以在各个网点进行促销活动等，使销售渠道的功能更加全面和有效。

3. 信息反馈功能

旅游营销渠道可以收集和传播营销环境中有关潜在与现行顾客、竞争对手和其他参与者及力量的营销调研信息。旅游贸易中介机构（统称为旅游中间商）在销售市场上长期与旅游消费者频繁接触，消费者的真正需求及其对于旅游产品的意见、竞争对手的动态都是他们所熟知的，这些有价值的市场信息会通过旅游中介反馈给旅游企业，使企业能及时调整市场营销组合，完善产品，改进服务，实施有效的价格策略和促销手段，提高自身竞争能力。

4. 促销与销售功能

旅游贸易中介有着丰富的关于旅游业的信息与知识，多年的业务经验又使得他们熟悉市场，再加上专业化和规模化的经营，他们能很好地解决旅游产品和消费者之间在时间和空间上的分离问题。由于消费者分布的地理范围十分广泛，而旅游企业又相对集中，单纯依靠旅游企业自身来销售并不现实，借助于旅游贸易中介服务可以扩大市场覆盖面，提高销售效率。同时，旅游贸易中介依靠自身所特有的宣传、广告、咨询服务和其他多种形式开展促销活动，来激发消费者的购买欲望，促进市场需求的形成，加强旅游生产企业和旅游消费者之间的联系。

5. 承担风险功能

旅游贸易中介在执行渠道任务的过程中承担有关风险。旅游贸易中介作为旅游企业和消费者最直接的桥梁，在旅游产品销售的过程中，虽和旅游企业存在着共同承担风险的关系，但在实际销售中，仍然是中介直接对消费者的合法权益负责，在一定程度上成为承担风险的首要责任方。

项目二

旅游营销渠道模式

项目要求

通过本项目的学习，掌握旅游营销渠道的两种模式；能够独立进行直接销售旅游产品，能够分析旅游企业经营状况并为其设计营销渠道。

根据旅游产品在销售过程中是否涉及中间环节问题，一般认为旅游销售渠道存在着直接销售渠道和间接销售渠道两种基本模式。

一、直接营销渠道模式

直接营销渠道是指旅游企业将旅游产品直接出售给旅游消费者而不通过任何旅游中介组织，这种渠道又称为零级渠道。

1. 直接销售渠道的主要形式

（1）在生产者现场销售

这种模式是旅游产品生产者在经营场所向登门来访的游客直接出售其产品的传统销售方式，这种消费方式至今仍然被很多企业所采用。如餐馆、酒店、旅游景点、娱乐场所等旅游企业基本上都以此种销售为主。

（2）通过销售网点销售

这一形式是旅游企业在目标市场设立销售网点，面向旅游者销售自己的产品。这种方式以汽车租赁公司、铁路公司和部分航空公司为典型，旅游生产企业拥有并操纵自己的销售网点，所以仍然属于直接销售渠道的一种。

（3）消费者借助电话、传真、网络等方式预定和购买产品

旅游产品生产企业通过预定系统扮演零售商的角色，消费者只需通过电话、传真、网络等设施就可以预订自己所需要的旅游产品。一些饭店和旅游经营商较多地采用这种方式。

2. 直接销售渠道的特点

①不通过任何中介机构转手，故生产者可将产品以较高的价格（相对于批发商而言）零售给消费者。

②旅游企业直接和顾客交往，有利于直接获得旅游者的信息，有助于提高旅游产品的质量，有利于控制旅游产品的成熟过程和程度，有利于改善旅游企业的形象。

③波动性大，运营成本和市场风险比较高。如目前我国铁路和航空集团网络预定系统的实际成交率相当低，众多违约者对违约行为不以为然，也无健全的法律规范和约束交易双方的市场行为。又如饭店派车派人去车站、码头接客人，可能会空手而归。

④企业资源有限，对客源地情况不熟悉，没有必要也没有可能到处布点直接销售产品。

⑤除网络营销因全球互联网的迅速发展而飞速发展外，其他几种营销方式都难以实现旅游产品的大量销售。而没有一定的经营规模及相当大的市场份额，企业就很难长足发展。此外，有些国家和地区至今仍不允许外国旅游企业进入其市场。因此，尽管旅游产品生产者为提高直接销售的比例和盈利水平而期望有自己的零售网络系统，特别是顺应历史发展大趋势而越来越重视发展网络营销，但是却依然更多地选择间接销售渠道，即利用旅游中间商销售其旅游产品，以扩大市场份额、提高市场竞争力和经济效益。

二、间接营销渠道模式

由于旅游产品生产企业的规模不断扩展，企业的生产能力也日益扩大，需要销售出更多的旅游产品与之匹配；市场竞争也越来越激烈，企业之间相互争夺市场份额的“战争”不断加剧；消费者分布遍布全球，使得他们直接上门购买产品变得越来越不现实。这些因素，使旅游产品生产企业需要在生产场所之外建立更广泛的营销网络、更齐全的销售网点，使得潜在顾客在其方便的地方购买，从而产生更多对旅游产品的需求，这就产生了所谓的间接营销渠道。

间接营销渠道是指旅游企业通过两个或两个以上的旅游中间商向旅游消费者推销旅游产品的分销渠道。间接分销渠道是目前主要的旅游产品分销渠道。渠道越长，旅游产品市场扩展的可能性就越大，但旅游企业对产品销售的控制能力和信息反馈的清晰度就越差。

间接营销渠道按中间环节的多少和使用平行渠道的情况分为三种。

1. 一级营销渠道模式

一级营销渠道模式是指旅游企业→旅游零售商→旅游消费者。这种模式也可称为单层次销售渠道，即旅游产品只经过了一个中间商，由三点组成两个销售环节。这一模式中，中间商主要是从事旅游零售业务的旅游代理商或代理机构，旅游企业需要向旅游零售商支付佣金或手续费。这种营销渠道具有降低成本、减少开支，从而提高旅游企业经济效益的优点，但仅适用于营销批量不大、地区狭窄或单一的旅游产品。

2. 二级营销渠道模式

二级营销渠道模式是指旅游企业→旅游批发商→旅游零售商→旅游消费者。这种模式可称为双层次销售渠道，是指旅游企业通过旅游批发商，再经由旅游零售商将其产品转移到消费者手中的销售途径。这种模式由四个点组成三个销售环节。这种模式中，旅游企业只与旅游批发商发生直接业务关系，他将产品批量销售给旅游批发商，然后再由旅游批发商通过旅游零售商进行销售，有时也通过自行设立的网点进行销售。这种分销渠道在国际旅游中使用最为广泛，由于大型旅游批发商的规模、手段、网点比零售商大得多，而且销售地区较广，所以具有较为明显的优点。

案例讨论

2009 年 5 月 21 日，央视一套《焦点访谈》栏目报道了国内游客王惠英等一行人参加了到泰国的“零团费”旅游，遭遇当地导游和国内领队串通一气，胁迫游客参加自费项目，使游客利益受到损害一事。“零团费”和“负团费”一直是近些年来游客的“消费陷阱”，从旅行社角度讲，也是由于游客过度关注价格，恶性竞争导致的无奈结果。2009 年 5 月 1 日起，新的《旅行社管理条例》（以下简称《条例》）将正式实施。《条例》为规范旅游市场，做出“不得低于成本价揽客”、“重罚擅改行程”、“限制安排游客购物”等规定，叫停各类“零、负团费”出游线路。据南京的《现代快报》报道，“零负团”被禁后，南京的一些旅行社干脆歇业观望，还有一些中小型旅行社处于半关门状态，不少旅行社为了生存，在旅游线路上出现了价格上扬，但是价格涨了，顾客却少了，旅行社又在因生意差而叫苦不迭。

假如你是南京一家中小旅行社员工，针对目前状态应如何开拓新的市场，销售旅游产品？

3. 三级营销渠道模式

三级营销渠道模式是指旅游企业→本国旅游批发商→外国旅游批发商→外国旅游零售商→消费者。这种模式也可称为多层次销售渠道，是指旅游企业需要通过三层旅游中间商才能将其产品转移到旅游者手中的销售途径。这种模式基本上有五个点组成四个销售环节。目前主要广泛运用于我国的国际旅游业。外国旅游批发商现在还不能直接在我国经营包价旅游产品，我国的国际旅行社受多种因素限制又不能直接与外国旅游零售商合作，所以本国的旅游产品生产企业先将大量单项旅游产品发售给本国旅游批发商，经国内组合包装后，再批量发售给外国旅游批发商，最后通过旅游零售商出售给旅游消费者。随着网络技术和通信技术的高速发展，以及旅游市场政策开发力度的加大，这一多层次销售渠道模式将会逐渐被打破。

项目三

旅游中间商

项目要求

通过本项目的学习，了解旅游中间商的类型；掌握旅游中间商的概念及其几种主要类型的概念；能够分析中间商的特点及功能，为旅游企业选择合适的中间商。

旅游企业按照是否方便旅游消费者购买和是否能取得预期经济效益的基本原则，对分销渠道进行科学、合理的设计、组织和决策，其间必然要涉及在分销渠道的营造中是否选用中间商以及中间商的质量如何等问题。

一、旅游中间商的概念

旅游中间商是指介于旅游生产者和旅游消费者之间，专门从事旅游市场销售的中介组织或个人。旅游中间商所承担的职能和工作，使得旅游产品生产企业的市场营销活动变得更有效率。由于旅游中间商在旅游市场营销中的作用不一，旅游生产企业与这些中介组织和个人的责、权、利关系不同，因而旅游中间商的类型也就呈现多样化形态。

二、旅游中间商的类型

旅游中间商有两种划分方法，一种是根据商业性质划分为旅游批发商和旅游零售商，这种方法主要是针对旅游经销商划分的。另一种是根据产品在销售渠道中流动时有无所有权的转移划分为旅游经销商和旅游代理商。

1. 按商业性质划分

（1）旅游批发商

旅游批发商是这样的组织和个人：他们以较低的价格大批量从单项旅游产品生产者手中购买机票、车船票、门票、床位等单项旅游产品（实际操作中是先交付一定的预付款，以较低的价格大批量预定单项旅游产品），然后根据目标顾客的旅游需求将它们组装整合为不同的旅游路线，即整体旅游产品，再经过旅游零售商（实质上是销售代理）或者自己的零售系统或者专业媒介组织等，将整合的整体旅游产品以较高的价格销售给最终消费者。将单项旅游产品组装整合为旅游线路的过程，实质上是将初级旅游产品深度加工而转化为具有更高附加价值的整体旅游产品的过程。该深度加工过程所创造的价值具体体现在整体旅游产品与初级旅游产品的价格差上。除旅游批发商为深度加工初级旅游产品所发生的各种成本以及流通费用（主要表现为支付给旅游零售商的佣金等）之外，它还应该有盈余。该盈余部分，即为旅游批发商经过经营活动所获得的利润。

旅游批发商首先要进行旅游产品的策划工作。通常在业务开始之前的很长一段时间，旅游批发商就要仔细地进行市场研究，并开始着手准备对旅游产品的组合包装。他们需要与饭店和交通部门协商预定事项，确定相应的费用，为其组装的旅游产品确定适宜的价格；准备宣传材料，在不同媒体上刊登广告；向旅游零售商进行人员推销；建立市场，加强对其所经营的旅游产品的认知，吸引消费者的注意。另外，旅游批发商还要从事对旅游产品的管理，他们需要对市场进行预测，事先考虑到旅游过程中的细节问题，并制定相应的措施，根据市场需求来安排营销计划和策略。

在少数情况下，旅游批发商也对旅游者进行直接销售活动。此时，旅游批发商要对旅游者的整体旅游活动负责，旅游者旅行所必需的费用须全部计入所报价格中，包括了旅游者的食、宿、行、游、购、娱等活动乃至行李搬运费、消费等费用。

毫无疑问，旅游产品的供应企业也要处理好与旅游批发商之间的关系。为此，旅游产品的供给企业需要注意以下因素。

①本企业对于旅游批发商的吸引力。旅游产品的供给企业应全面分析企业各项资源，以确定自己对旅游团体的吸引力。企业所要分析的主要内容有：景点产品的吸引力、可进入性、配套服务设施状况、景点分布、地理位置；交通产品的安全性、时间性、容量、便利性；住宿产品的接待能力、服务设施、地理位置。

②市场细分。旅游消费者的需求千差万别，因人而异，没有一个旅游企业能满足所有旅游消费者的需求。一般来讲，旅游批发商也会因服务于不同的目标市场而分为不同的类

型。如以消费者的消费能力为细分依据，可将旅游批发商分为豪华型、中档型和经济型。不同类型的批发商对于旅游产品的要求也不同，旅游产品供给企业应根据企业战略，结合企业形象和宣传，根据市场细分原则选择适合本企业的旅游批发商。

③价格。旅游产品供给企业提供给旅游批发商的价格十分关键，直接影响到旅游批发商所获利润。因此，旅游产品供给企业要为旅游批发商制定合理的价格，既保证对旅游批发商和消费者有吸引力，又不致使自己无利可图。确定价格时常需考虑的因素有：住宿价格、餐饮价格、交通费用、导游费用、其他费用、优惠措施及竞争者的价格。

（2）旅游零售商

旅游零售商是指直接面向广大旅游者从事旅游产品零售业务的旅游中间商，他们与旅游者联系最为紧密。为适应旅游者的多种需要和要求，旅游零售商要熟悉多种旅游产品的优劣、价格和日程安排，要了解和掌握旅游者的经济支付水平、生活消费需要和方式等情况，以帮助旅游者挑选适宜其要求的旅游产品。同时，旅游零售商在市场营销活动中应具有较强的沟通能力和应变能力，要与旅游目的地饭店、餐馆、风景点以及车船公司、航空公司等接待旅游企业保持良好的联系，能根据旅游市场及旅游者的需要变化而相应的调整服务。

旅游零售商一般组织这样一些旅游活动：一是团体旅游。即有 15 名以上的旅游消费者一起参加旅游，可以节省旅游费用。二是包价旅游。三是派员陪同包价旅游。即在旅游消费者的旅游过程中由旅游零售商派领队陪同旅游，领队负责安排旅行日程及其他旅游相关事务。四是无领队包价旅游。旅游零售商不派员跟随消费者的旅游过程，给消费者一定的自由和灵活性。五是全部代办旅游。旅游零售商为某一团体、某一特殊事件，到某些特定地区组织包团旅游。

旅游零售商的工作和主要职责是：销售旅游产品，为顾客安排旅行线路，提供导游服务；为旅游消费者安排食宿、租用交通工具；代办旅行的中一些具体事项，如保险、护照签证等；对希望参加特殊旅游活动的消费者事先做好安排；积极向旅游消费者提供可靠的旅游信息；及时向生产企业反馈消费者的意见和建议。

旅游零售商对于旅游产品的需求数量较大，具体数量一般视其年接待量而定。一些规模较大的旅游零售商年接待量相当客观，成为一些旅游产品生产企业的主要业务来源。在旅游产品的价格问题上，为增加对旅游消费者的吸引力和增强竞争力，提高经营利润，旅游零售商会要求生产企业提供较低的价格。由于对于旅游产品的需求存在季节性，在需求的高峰期和非高峰期，旅游零售商对于旅游产品的需求会存在明显的差异：高峰期需求激增，供不应求；非高峰期则客源稀少，产品闲置。因此，旅游产品生产企业和零售商之间应联合起来协调供给与需求的失衡状态。在需求淡季，降低价格，增加产品特色，改进服务质量；在需求旺季，合理安排，保证产品质量，并通过适当提价来分散客源。

旅游产品生产企业与旅游零售商之间的合作关系对于双方都十分有利。要想形成这样良好的共享利益、共担风险关系，生产企业必须做好以下工作。

①加强与旅游零售商之间的沟通。旅游产品的生产企业积极向旅游零售商介绍和宣传本企业能提供的旅游产品、产品的特色和利益、即将推出的新服务项目等，并提供能展示旅游产品的印刷品、录像带和幻灯片，便于旅游零售商对旅游产品的促销。在旅游产品的服务、价格、内容调整之前，应及时通知旅游零售商，给他们足够的时间进行安排。

②做好对旅游消费者的接待工作。旅游消费者的购买决策在很大程度上受到旅游零售商意见的影响，如果最后消费者感觉到旅游产品并没有带给他们预期的利益，就会影响其对旅游零售商的看法，而这又会影响旅游零售商和生产企业之间的合作。所以，保证旅游产品的质量，提供消费者满意的服务是保证稳定客源的基础和前提。否则，即使旅游消费者购买了旅游产品也不会产生满意的购后评价，也就不会产生重复购买行为。

③采取激励旅游零售商的措施。旅游产品生产企业可以在旅游零售商之间开展销售竞赛，为旅游零售商安排免费旅游，按时支付报酬，提供额外奖励等，以提高旅游零售商销售旅游产品的积极性。

④保持与旅游零售商的合作关系。在现代市场营销观念的指导下，达成交易并不意味着销售工作的结束，只有保持与旅游零售商之间的长期合作关系，才能为今后多次的业务往来打下坚实的基础。旅游产品的生产企业可以通过经常与旅游零售商进行联络和接触，邀请他们参加一些企业组织的有关活动，在节假日适时致以问候等，来维持与旅游零售商的合作关系。

2. 按是否购买旅游产品所有权划分

（1）旅游经销商

旅游经销商又称为旅游经营商，他从各种旅游商品生产者那里大批量地购买单项旅游产品和服务，再把它们组合成包价旅游产品，投放市场。他的利润主要来源于旅游产品购进价与售出价之间的差额，拥有旅游产品的所有权，与旅游生产者共同承担市场风险。旅游经销商主要分为旅游批发商和旅游零售商两类。

（2）旅游代理商

旅游代理商是指接受旅游产品生产者和供给者的委托，在一定时间、一定区域内进行宣传、促销并代理销售其产品的旅游中间商。他的利润主要来源于为委托人和消费者提供服务而获取的佣金。旅游代理商的主要职能是在其所在地区代理旅游批发商和提供行、宿、游等旅游服务的旅游企业向旅游者销售各自的产品。旅游代理商不拥有产品的所有权，因而其承担的市场风险远小于旅游经销商。旅游企业一般在自己营销能力难以达到的地区，或是新产品投放期，产品销路不好的时候利用代理商寻求机会。它是旅游经销商的一种补充。

三、选择旅游中间商的原则

1. 经济的原则

追求良好的经济效益是旅游产品销售渠道选择的基本原则，也是一切营销决策的基本出发点，对旅游中间商的选择自然也应遵循这一原则。也就是说选择中间商时应将旅游中间商选择所可能引起的销售收入增长同实施这一中间商选择所需要花费的成本作比较，以评价中间商选择的合理性。只有收入增长大于成本支出，才符合企业追求经济效益的原则。

2. 控制的原则

旅游企业对所选择的中间商要能够实行有效的控制。因为旅游中间商是否稳定、销售业绩是否良好，对于旅游企业能否保有其市场份额、获得良好的经济效益至关重要。一般来说，在同一地区，选用唯一中间商即独家营销策略较合适，但同时风险也较大；选用多个中间商，风险相对较小，但旅游企业对中间商的控制力会降低。旅游企业应根据具体情况，按照有效控制的原则确定中间商的数目。同时也要考虑旅游企业与中间商的利害冲突及其处理的难易程度，同一渠道层次中间商关系协调的难易程度。如同一地区的中间商是否会发生冲突，发生冲突能否有效地协调解决。

3. 适应的原则

旅游中间商对企业而言是不完全可控的因素，所以选择中间商要遵循适应的原则。适应的原则包括三个方面：一是地区的适应性，即所选中间商的销售适应该地区旅游者的消费水平、购买习惯、市场环境等；二是时间的适应性，在产品导入期，旅游企业应选择较多的中间商，而在旅游产品的成熟期，旅游企业可以减少中间商的数量；三是旅游企业对中间商的适应，即根据各个市场中旅游中间商的不同状况而采取相应的营销渠道策略，旅游企业与中间商有着良好的合作关系。

总之，旅游企业按照适应性原则，在选择旅游中间商时，应保留适当的弹性，根据市场及其环境的变化，对旅游营销策略进行适当的调整，做到稳而不死、活而不乱，以便更有效地实现旅游企业的营销目标。

案例讨论

据《长江商报》2008 年 7 月 3 日报道，武汉远大制药和久安药业因参与“临床促销”被河南省卫生厅列为黑名单，引起有关企业高度重视。4 日，武汉远大制药相关负责人致电《长江商报》，称此次违规“临床促销”只是河南省总经销二级分销商的个人行为，且该二级分销商已被取消代理资格。该负责人还称，此次涉及的产品在河南实行区域代理销售模式，武汉远大制药并未在河南做终端推广工作，因此，违规行为与远大制药无关。

请你根据选择中间商的原则来分析在此次事件中武汉远大制药和久安药业选择中间商失败的原因。

项目四

旅游营销渠道的决策与管理

项目要求

通过本项目的学习，了解影响旅游营销渠道决策的因素；熟悉旅游营销渠道决策的策略；掌握旅游中间商的评价及选择；具备开发、管理旅游中间商的能力。

一、影响旅游营销渠道决策的因素

旅游企业在进行营销渠道类型决策时，会受到许多因素的影响和制约，旅游企业必须在充分考虑这些影响因素的前提下对可供选择的营销渠道进行评估和决策。一般情况下，影响不同类型的旅游营销渠道选择的因素主要有旅游产品、市场、企业自身和政策环境等。

1. 旅游产品

旅游产品是旅游企业进行营销渠道类型决策时首先必须考虑的因素。影响旅游产品销售渠道的产品因素主要有两个。一是旅游产品的性质和种类。不同类型的旅游产品在选择销售渠道时应有所不同，一般情况下，旅游景点、旅游汽车租赁公司、餐厅、汽车旅馆等类型的旅游企业大多以直接销售渠道为主渠道；而规模较大的旅行社、旅游饭店、旅游包机公司等类型的旅游和交通企业则多以间接销售渠道为主渠道。二是旅游产品的档次和等级。高档次、高等级的旅游产品往往由于成本高而价格昂贵，市场范围相对较小，而且购买对象往往更多地关注服务质量，此类产品应以高消费群体和回头客为主要目标市场，旅游产品的生产者对这类产品的销售多采用直接销售渠道，即使选用间接销售渠道也尽可能缩短销售渠道的长度；而大众化、较低档次的旅游产品，由于购买者多、市场覆盖面广、产品的标准化程度较高，采用间接销售渠道为主，直接销售渠道为辅，这样才能在较大范围内招徕更广大的客源。

2. 旅游市场

旅游市场十分复杂，有多种因素对旅游营销渠道类型的选择产生不同程度的影响。主要包括旅游市场规模、旅游产品生产者与目标市场的空间距离、旅游市场的集中程度、旅游者购买习惯等。

一般来说，旅游目标市场规模越大，为方便旅游者购买所需设立的销售网点就越多，就越有必要借助中间商的力量进行销售。在遵循经济效益原则的基础上，尽可能多地选择不同的销售渠道。相反，如果旅游目标市场很小，就比较适合采用直接销售渠道和较短的间接销售渠道。

目标市场空间上的距离远近也影响着销售渠道的选择。如果目标客源市场距离旅游产品生产者较远，如国际旅游客源市场，则有必要采用间接销售渠道。这不仅是因为选择直接销售渠道所支付的费用较高，无形中增加了企业的成本，而且还因为中间商对目标市场更为了解和熟悉，如无障碍语言、价值观和消费行为习惯相同等，更加有利于营销工作的开展。如果目标客源市场距离旅游产品生产者较近，如旅游企业所在区域内旅游客源市场，旅游者能够直接向生产者或产品的供给者咨询、购买旅游产品，而且生产者也较容易向目标市场的旅游者施加影响，则采用直接销售渠道比较合适。

旅游市场的集中程度越高，即在潜在旅游者比较密集的市场区域，一般适合采用直接销售渠道或单层次的销售渠道，不必设立过多的销售网点。如果在一定区域内的客源市场较为分散，就需要建立较多的销售网点，这时采用间接销售渠道就较为适宜。

在选择销售渠道模式的过程中，目标市场旅游者的购买习惯也是一个不可忽视的因素。如果目标市场旅游者喜欢直接购买，旅游企业应充分利用现代信息技术，以直接销售渠道为主；如果旅游者非常信赖当地的旅游零售商，那就应该充分发挥旅游零售商的作用。此外，旅游产品的季节性对销售的渠道选择也有一定的影响。

3. 旅游企业自身

旅游营销渠道的选择还必须考虑旅游企业自身的多方面情况，并进行实事求是的判断。首先，应考虑旅游企业的规模与组织接待能力。一般来说，大型旅游企业多采用间接销售渠道，而小型企业则以直接销售渠道为主。这主要是因为旅游企业自身规模决定着其实现盈利所需的客源量以及自身组织接待能力所决定其所能负荷的客源量。小型企业实现盈利所需要的或能够负荷的客源量相对有限，采用直销的方式就可能获得所需的客源量。

大型企业所需实现的销售量较大，需要采用多种营销渠道去争取足够企业生存和发展的客源量。其次，应考虑旅游企业的营销实力，包括企业的资金、人员水平和管理经验。资金实力雄厚、在营销队伍和营销管理方面具备较好条件的旅游企业，可自行设立较多的销售网点，即建立直接销售渠道，即使采用间接销售渠道，也能够更多从自己的意愿出发选择中间商。反之，则需要尽量依靠旅游中间商帮助销售。

4. 政策环境

各种政治和经济政策、自然的特征与变化都会对旅游企业的营销决策产生影响。一个国家在旅游市场方面的政策及经济环境的变化对旅游企业的营销渠道有很大影响。客源国和目的地国的政策法规，特别是有关旅游的政策法规是旅游企业选择其产品销售渠道时必须考虑的因素。例如，根据我国《旅行社管理条例》的规定，境外旅行商不能在我国设立经营性分支机构（只具有宣传、联络功能的办事处除外），从事招徕、组织我国公民赴境外旅游的业务只有经过审批的国内出国游组团社，才有权组织公民自费出国旅游。因此，现阶段境外旅游批发商无法在我国建立直接的销售渠道，即使要建立间接销售渠道，也必须从有资格的出国游组团社中选择合作者，受到的限制是很明显的。但随着我国旅游业改革开放的进一步深入，旅游业与国际接轨步伐的加快，这些限制政策将会逐步放宽或取消。

二、旅游营销渠道决策策略

旅游产品营销渠道形式的选择和设计，要以旅游企业的经营要求为出发点，以其营销目标为指导，即要能保证旅游产品及时到达目标市场中的旅游者，保持营销渠道具有较高的工作效率，并且营销费用支出较少，能取得良好的旅游经济效益和社会效益。因此，旅游产品营销渠道设计选择包括两方面的内容，即渠道长度的选择和渠道宽度的选择。

1. 营销渠道长度决策

营销渠道长度的决策分为两个层次。一是是否采用中间商，即决定采用直接营销还是间接营销。二是决定间接营销渠道的中间环节是多少。一般而言，旅游企业会同时采用两种营销模式。对近距离市场，企业自身营销能力能够达到的，多采用直接渠道。直接渠道应不必让利而使企业获得较大的经济效益，并且能够直接面对游客而便于收集资料，帮助企业提高产品和服务的质量，从而增强竞争力。而当企业自身营销能力很难建立足够的营销网点时，或企业进入新地区开辟新市场时，可借助各种类型的中间商，以求达到营销目标。长渠道能利用中间商对旅游市场的供求关系、旅游者需求特征及变化，掌握大量信息资源促销，利用中间商广泛的销售人力资源促销，利用中间商的大量广告宣传资源促销，并且节省企业大量的人力、物力、财力和时间，从而降低经营成本。

2. 营销渠道宽度决策

当企业决定采用间接营销渠道时，还应对每个环节中间商的数量进行选择。一般有以下三种策略。

（1）广泛性分销

又称密集分销，或称无限制分销。指旅游企业在客源市场范围内，选取尽可能多的中间商销售企业产品。这种策略的优点是可以扩大与旅游市场的接触面，广泛的渗透目标市场，方便顾客购买，有利于大量销售和扩大市场份额。生产规模大众化的旅游产品比较适合采用这种策略。但其不足是渠道费用较高，控制难度大，为争夺客源易引发渠道冲突。

（2）选择性分销

指旅游企业在客源市场范围内，选择若干个素质高、营销能力强、信誉好的中间商销售其产品。这种策略的优点是旅游企业与旅游中间商建立了广泛的联系，有利于旅游产品的扩大销售，有利于旅游企业树立鲜明的整体形象，提高知名度和美誉度。这类策略一般适用于档次高、专业性强的旅游产品。但因旅游企业和旅游中间商之间相互满意度选择的难度很大，因此完全实施这种营销策略也不容易。

案例讨论

九寨沟、黄龙、都江堰、青城山、卧龙大熊猫保护区……这一系列世界级的旅游景点，像一颗颗珍珠连缀在“天府之国”四川的九寨沟环线上。然而，2008年5月12日14时28分，一场山崩地裂的8.0级特大地震，使这条黄金旅游线顷刻间扭曲、中断，都江堰、青城山、卧龙等景区遭受重创，沿线旅游城镇、旅游基础设施受损严重……旅游大省顿时变得伤痕累累。更为严重的是，地震造成的负面“放大效应”迅速扩散。在往年的黄金季节5、6月里，四川旅游业几近陷于停滞。灾区旅游业遭到严重破坏，直接损失数百亿元。从2008年下半年开始，各地旅游景点逐步恢复开放。

请结合影响旅游营销渠道决策的因素和旅游产品营销渠道决策策略，来谈谈如何更快更好地发展这条黄金旅游线路，使之尽快恢复到震前水平？

（3）独家销售

指旅游企业在一定时间、一定地区之内只选择一家旅游中间商来销售其产品。实施这种策略时，双方要互相承诺，旅游中间商不再同时为别的旅游企业销售其产品，旅游企业也不再选择别的旅游中间商为其销售产品。这种策略的优点是双方利益关系比较紧密，利于互相沟通协调，调动中间商的积极性，成本也比较低。比较适合于客源量少的比较特殊的旅游产品。它的缺点是由于只采用了一家中间商，增加了经营风险。

3. 旅游中间商的评估

由于旅游中间商的类别多样，而且各自在目标市场、营销实力、信誉程度、合作意愿以及经营情况等方面各不相同，因此，旅游产品生产者在评价旅游中间商时，可以从以下几个方面进行。

（1）目标市场

旅游中间商的销售覆盖面所涉及的旅游者应该与旅游产品所确定的目标市场一致。旅游中间商的销售渠道或营业地点应在市场目标群体相对集中的区域。

（2）营销实力

主要包括旅游中间商的人力、物力和财力状况，服务质量以及开展营销工作的经验和实力等。同时，旅游中间商的经营规模意味着其销售网点的多少。在其他条件相同的情况下，应优先选择经营规模较大的旅游中间商。

（3）信誉程度

良好的信誉是旅游企业与旅游中间商建立合作关系时必须着重考虑的问题。旅游企业可以通过与该中间商建立合作关系的企业进行了解，也可以从银行等金融机构获取相关信息。

（4）合作意愿

旅游产品生产者与旅游中间商的合作关系是建立在双方自愿、互利互惠基础上的，是一种双向选择。因此，旅游企业在选择旅游中间商时必须考虑其合作的意愿，这直接影响旅游中间商未来销售本企业产品的积极性。

（5）经营情况

评估旅游中间商的重要程度，可以考虑在旅游中间商的经营过程中，本企业产品的销售量占旅游中间商总销售量的百分比，以及旅游中间商为竞争对手产品投入的资源与精力。

三、旅游营销渠道的管理

旅游营销渠道管理包括对直接营销渠道和间接营销渠道的管理。由于旅游产品生产者或供应者有能力完全控制直接销售渠道的运作，而对间接销售渠道的管理要相对复杂困难得多，而且间接销售渠道愈长、愈宽，管理越是复杂。因此，对旅游中间商的管理也是整个旅游产品销售渠道管理的关键。

1. 旅游中间商的激励

为了使旅游中间商最大可能地为本企业服务，并充分调动他们的工作积极性，旅游企业应不断了解他们的需求，并及时采取相应的激励措施。但激励旅游中间商应以适度激励为基本原则，应尽量避免过分激励和激励不足。

一般常用的激励手段主要包括五个方面：一是在定价时旅游企业充分考虑中间商的利益，并根据其财力、信用和订货数量等情况给予不同的折扣、佣金、奖励金和各种津贴等；二是旅游企业向旅游中间提供质量高、利润大、符合市场需求的产品；三是在中间商进行营销活动时，旅游企业为其提供人力、技术方面的支持，分担部分宣传费用；四是邀请旅游中间商考察旅游线路；五是为旅游中间商提供一定的资金资助，如售后付款、分期付款等；六是增加免费电话及宣传资料，便于中间商推销产品。

阅读资料

取信中介——向旅游机构承诺

通过旅游中间商来穿针引线，是假日饭店招徕大量顾客的重要手段。从假日旅店为旅行社做出的质量保证书中即可看出假日旅店对旅行社机构的关注和重视程度。质量保S证书的基础内容为：

（1）提供将旅行商作为重要客人的优惠接待计划。具体包括，在全球近900家假日旅馆承诺，为旅行商个人旅行提供房价表上价格的50%折扣。

（2）为代理商提供佣金计划。假日旅馆的旅行代理商佣金计划是，为分布在51个国家的1600多个假日旅馆进行预订的旅行代理商每月提供一次性的佣金支付。

（3）为旅行代理商提供通讯介绍。这一通讯是向旅行商介绍在假日里最新发生的事件而提供的。

（4）提供假日旅馆标准。作为世界有名的假日旅馆集团，它向顾客提供三星级饭店的质量内容。

（5）假日旅馆殷勤服务的承诺。如果旅行社介绍来的宾客认为某一家假日旅馆的产品和服务不符合假日旅馆承诺的标准，宾客可直接向值班经理反映或向总台的服务员反映，不管是白天还是晚上，假日旅馆承诺立即进行纠正，或对宾客不满意部分的产品与服务退款。

（6）假日旅馆的会议承诺。假日旅馆集团保证：旅行代理商介绍来的会议客人将享受他们所需要的旅店产品和服务。如果旅店提供的产品和服务不符合合同的要求，假日旅馆立即纠正到顾客满意为止，或者不对这一产品或服务收费。

（7）假日旅馆的预订承诺。如果代理商为宾客向一家旅店预定的客房，由于以前的顾客住着而没有空出，这家旅店将在另一家同样旅店为顾客提供客房，同时支付到另一旅店去的交通费用，还支付顾客通知家庭和公司住址变动消息的电话费。

2. 旅游产品销售渠道的调整

为适应多变的市场，旅游企业需根据自身的要求和中间商的表现，对营销渠道进行经常性调整，以实现最终的营销目标。旅游企业调整营销渠道的方法主要有以下四种方式。

（1）增减销售渠道中的中间商

在对中间商进行评价的基础上，对旅游中间商进行筛选，或根据竞争对手销售渠道的变化，对自己的中间商进行调整，从而保证旅游企业产品的销售量。

（2）增减某一销售渠道

在波动的旅游市场中，旅游企业有时会发现其销售渠道过多或部分销售渠道作用不大，从高效率的原则出发，可以适当缩减一些销售渠道；当发现销售渠道不足，不能使旅游产品有效地抵达目标市场时，则应增加销售渠道。

（3）改变部分销售渠道

旅游生产企业根据市场需要，改变部分销售渠道。比如，当旅游产品生产者和组织者在某一区域市场的销售量有较大发展，而自有品牌又能得到当地市场认可的情况下，为获得更大的经济效益，避免中间商过多地控制和威胁，可以考虑抛弃中间商，设立自己的分支机构进行直接销售，此做法改变了部分销售渠道。

（4）改变整个销售渠道

改变整个销售渠道意味着取消原来的销售渠道，建立新的销售渠道。通常发生在旅游企业无法解决原有销售渠道中存在的问题，整个销售渠道混乱或严重丧失功能；或者旅游企业的战略目标发生重大调整，需要对销售渠道进行重新设计和组建时，对整个旅游产品销售渠道进行改变，旅游企业必须认真细致地进行市场调研，充分论证，才能作出决策。

项目五

新型旅游营销渠道的构建

项目要求

通过本项目的学习，掌握几种新型营销渠道的概念、特点及功能；能够将新型营销渠道使用于现代旅游企业的营销管理中。

一、直复营销渠道

直复营销起源于美国。1872 年，蒙哥马利·华尔德创办了美国第一家邮购商店，标志着一种全新的营销方式的产生，但直至 20 世纪 80 年代以前，直复营销并不为人重视，甚至被看成是一种不正当的营销方式。进入 20 世纪 80 年代后，直复营销得到了飞速的发展，其独有的优势也日益被企业和消费者所了解。

直复营销的主要有以下几种类型。

1. 电话营销渠道

电话营销（tele marketing）是一个较新的概念，出现于 20 世纪 80 年代的美国。随着消费者为主导的市场的形成，以及电话、传真机等通信手段的普及，很多企业开始尝试这种新型的市场手法。

电话营销指通过使用电话，来实现有计划、有组织，并且高效率地扩大顾客群、提高顾客满意度、维护顾客等市场行为的手法。成功的电话营销应该使电话双方都能体会到电话营销的价值。

电话营销中的旅游产品包括产品定位、质量、价格、市场空间、知名度、美誉度、认知度等。并不是所有的旅游产品都适合做电话销售，如快速旅游消费品就不适合，因为它的利润比较低，客户群广，更加适合大众营销和现场销售。使用价值小、知名度低的旅游产品也不适合电话销售，因为电话销售看不到真实产品，这就使得消费者在购买决策时很犹豫。比如，一些知名度低的旅游纪念品就不适合电话销售，纪念品主要是销售收藏价值或者升值价值，在品牌知名度低的情况下消费者的购买行为是存在很大风险的，所以单纯的电话营销很难促成订单。价格过高的旅游产品也不太适合电话销售，价格越高，消费者要承担的风险就越高，在知名度低的情况下消费者不会冒这个风险。当然知名产品除外，因为拥有品牌的强力支持，做起电话销售会容易得多。电话销售还受到市场空间的限制，也就是市场的饱和度。如果市场空间很小，竞争很激烈，那最好的营销手段是更新旅游产品或者淘汰旅游产品，电话销售只会消耗精力、增加成本。电话营销给企业带来的益处是及时把握客户的需求，增加旅游企业的收益，保护与客户的关系等。

2. 直接邮购营销渠道

直接邮购营销是指经营者自身或委托广告公司制作宣传信函，分发给目标顾客，引起顾客对商品的兴趣，再通过信函或其他媒体进行订货和发货，最终完成销售行为的营销过程。这是最古老的直复营销形式，也是当今应用最广泛的形式。早在 1982 年，美国的邮购总额已达 400 多亿美元，占整个零售总额的 8%。但是从旅游产品来看，直接邮购渠道由于受到旅游产品生产和消费一体化的特性，旅游者对旅游产品拥有的是一段时间内的使用权而非所有权，直接邮购营销渠道并不普遍适用，只有少数旅游纪念品才会用此营销渠道。

3. 电视营销渠道

电视营销是指营销者购买一定时段的电视时间，播放某些产品的录像，介绍功能、告示价格，从而使顾客产生购买意向并最终达成交易的行为。其实质是电视广告的延伸。对于旅游产品（如某旅游地自然和文化景观）来说，由静态转为动态，直观效果强烈；通过旅游产品展示，使顾客注意力集中；接受信息的人数相对较多。电视营销的缺点是：制作成本高，播放费用昂贵；顾客很难将它与一般的电视广告相区分；播放时间和次数有限，稍纵即逝。

阅读资料

希尔顿饭店的营销模式

希尔顿饭店开展了一系列让旅行社更好地了解饭店的活动。

（1）强化预订系统。希尔顿的“私人旅行社预订专线”支持旅行社在全国范围内对希尔顿的免费查询和预订，有 40 名预订员专门为旅行社的预订服务。

(2) 加快佣金支付。希尔顿在全国范围内提供统一的旅行社预订佣金。佣金在客人离店后48小时内支付。

(3) 希尔顿热线。希尔顿热线免费为客户服务和会议管理系统24小时随时回答有关会议接待和费用的询问。

(4) 旅行社服务台。为旅行社提供一系列免费服务，如查询佣金、提供中央预订系统的预订情况和相关问题解答，饭店对旅行社的营销活动大力支持。

(5) 由9名旅游行业的教授和5名希尔顿的经理主管人员组成的旅行社顾问团为旅行社的活动提供咨询，确保旅行社和饭店关系的持续发展。

二、特许经营渠道

现代特许经营起源于1851年的美国，直到20世纪初，特许经营才变得较为普遍。特许经营是指旅游企业（成为授权人，如我国全聚德、美国麦当劳等）通过签订特许专卖合同，授权给其他企业（称为被授权人）使用其商号或品牌经销其产品的权力，被授权人则根据授权人所确定的经营方针和营销计划组织经营活动，并接受其监督，同时向授权人支付一定比例的特许费用。

特许经营的特点是：有利于降低渠道费用，快速渗透市场，扩大产品销售量和市场份额；但授权人必须是知名企业，同时要慎重授权并加强对被授权人的监督管理。

旅游企业常用的特许经营的渠道有两种主要类型。

1. 产品和商标型

在这种形式中，特许人通常是一个旅游生产商，同意授权受许人对特许产品或商标进行商业开发。特许人可能提供广告、培训、管理、咨询方面的帮助，但受许人仍作为独立的经销商经营业务。产品和商标型的特许经营渠道模式也被称为传统特许经营模式。

2. 经营模式型

经营模式型特许经营渠道又被称为第二代特许经营渠道，是最近一二十年发展较快的特许经营渠道模式。在这种形式中，特许人与受许人之间的关系更为密切，受许人不仅被授权使用特许人的商号，而且要接受全套经营方式，包括经营场所、产品或服务的质量控制、人员培训、广告、财务系统及生产产品所需的原材料供应等。这种经营渠道常见于餐馆、酒店等。

三、网络营销渠道

网络营销是指为实现旅游企业的营销目标，借助互联网、电脑通讯和数字交换等系统进行的一系列商务活动。主要包括网上的广告、订货、付款、客户服务和货物递交等售前、售中、售后服务，以及市场调查分析、财务核算及生产安排等活动。互联网作为信息技术发展的应用基础，使信息的交换和处理变得异常简单和便捷，而且突破了时空限制，成本也越来越低廉，使旅游产品生产者和消费者在互联网上直接沟通和交易成为可能。网络的发展将使得产品价值链重新构建，利润将重新分配，旅游企业将获得更高的利润，消费者可以进行更多的选择和获得更低的价格；网络提供的直接交换的潜力将同时增加旅游企业和消费者利益，因而旅游生产者更愿意直接销售给消费者，消费者也更愿意直接向生产者购买。随着信息技术的发展，旅游企业将逐步完善自己的销售网络，扩大对消费者的直销。

1. 旅游网络营销的优越性

网络营销渠道的使用，使旅游企业不再像使用传统营销渠道那样“一手交钱，一手交货”地面对面交易，旅游产品可以通过电子商务媒体和经营者进行非面对面的直接交流。

网络为旅游营销部门与旅游者之间的双向沟通提供了基础。网络的最大优势在于其丰富、快捷的信息流。通过各种旅游信息站点及主页，旅游供需双方可进行全天候的信息交流，以实现对旅游产品流通过程的有效控制。

在电子商贸活动中，旅游中间商的地位将大大削弱。过去许多旅游交易活动需要中间商的参与才得以有效完成，中间商控制一大部分旅游营销。现在凭借互联网，一方面，顾客拥有充分的信息来源，对景点、交通工具、酒店等各种旅游产品的选择范围更大；另一方面，旅游企业的信息处理和传输能力迅速增长，对市场的调研、细分和定位更深入可靠，并通过一对一的营销模式，实现了个性化服务。

充分利用互联网的优势，旅游企业在广告宣传手段上也取得了较大的突破。如饭店方面，目前参与网络预订系统的酒店在国内已有相当规模，旅游者随便打开一个搜索引擎的旅游网站，就可以预订到各大城市不同星级、不同价格水平的酒店。例如，杭州香格里拉酒店在携程旅行网上推出“香格里拉一日游”，一周内收到的预订尤其是来自周边城市的预订邮件、传真接连不断。

网络营销有助于建立面向游客的服务体系，实现直销的突破。为此，旅游企业必须从以下方面着手：介绍服务项目、服务特色、价格以及可为游客带来的独特利益的各类相关信息；通过邮件、传真以及其他方式帮助游客解决问题，减少游客查询信息和购买产品的货币成本和时间、精力等非货币成本；实行网上模拟服务，以确保网上交易的可靠性，降低游客的购买风险；根据游客提出的要求，采取个性化、特色化的追踪服务方式；尽可能减少中间渠道的服务。

2. 旅游网络营销的特点

国际互联网有五大重要特性，即互动性、虚拟性、私人性、全球性、永恒发展性（每次发展都是一次自我复制的过程，对用户而言将更有价值）。旅游网络营销创造性地继承了互联网的五大特性，表现出以下特点。

（1）交互性

旅游企业可以在网络上适时发布产品或服务信息，消费者则可根据旅游产品目录及链接资料库等信息，在任何地方进行咨询或购买，从而完成交互式的交易活动。另外，网络营销使供给双方的直接沟通得以实现，使得营销活动更加有效。

（2）时空性

互联网具有超越时空进行交换信息的特点，借助计算机网络，旅游企业能在更多的时间和更大的空间上开展营销活动，可在 24 小时提供全球性营销服务。

（3）拟人化

互联网上的促销是一对一的、理性的、消费者主导性的，而且是一种低成本与人性化的经营活动。通过信息提供和交互式交谈，旅游企业能与消费者建立一种长期良好的关系。

（4）高效性

借助网络，旅游企业可储存、分析大量的市场信息，向顾客传送信息的精确度也远超过其他媒体，并能迅速更新产品或调整价格，因而能及时有效地了解并满足顾客的需求。而且网络信息传输速度快，即便是跨国公司，在网络上交易也只需几分钟即可成交。

（5）综合型

网络营销由市场调研、广告宣传、实际销售、售后服务等环节构成，是一种全程的营销渠道。企业还可以借助网络对不同的营销活动进行统一规划和协调实施，并以统一的信息口径向消费者传达，避免由传达的不一致所产生的消极影响。

（6）经济性

通过互联网进行信息交换，一方面，可以减少印刷与邮递成本，节约办公用地租金、水电及各类人工成本；另一方面，还可减少在交换中由于多次迂回所带来的损耗。

3. 旅游网络营销对传统营销渠道的冲击

在网络营销条件下，传统的中间商将面临旅游企业通过互联网向消费者直销带来的威胁。他们必须调整相应的策略，转变角色，才能适应社会的需要。网络营销下的新中间商是指在电子信息网络上建立的起着连接生产者和消费者的桥梁作用的一个系统，它通过互联网来实现传统中间商的所有功能，具备一些传统中间商所没有的新功能。新中间商的存在和发展是电子商务发展的必然，他们可以实现更高效率的信息流、资金流、商物流，降低交易成本，提高交易效率。新中间商可以利用电子信息网络，十分方便地收集生产者和消费者的信息，定期把生产者和消费者的有关信息在他们之间传送，让生产者和消费者能够方便地获取商务信息，使新中间商的市场运营能形成一个良性的循环。新中间商可以通过电子信息网络广泛、方便地开展商务活动，实现网上交易。电子商务将使新中间商能为全世界范围内的旅游生产者和消费者提供服务，从而为新中间商创造大量的商业机会。

操作技能

种种迹象显示，风靡全球的电子商务将取代传统的旅游促销方式，将给旅游业带来新的发展契机，网络旅游商机无限。国内旅游网站的建设最早可以追溯到1996年。据国家旅游局相关人士介绍，目前我国已有300多个专业旅游网站，拥有注册会员百万人，中国旅游资讯网、携程网、易行旅游网等一批具有相当实力的旅游网站发展势头看好。这些网站可以比较全面地对各旅行社提供的服务路线提供全面的网上资讯服务，这些服务涉及旅游中的吃、住、游、购、娱等；而提供同等规模的资讯在传统旅游服务中是难以想象的。

请完全依托专业旅游网站，设计一条自主旅游的线路。

4. 旅游网络营销的管理要点

旅游网络营销是一种在线全程营销，它必须与企业的战略策划互相匹配、互相支持。在旅游网络营销的过程中，应注意从以下方面进行管理。

（1）确定目标受众，制作网络营销平台

主页版面设计、图文编排必须围绕企业的目标客户，而不是图片和文字的简单堆砌。只有具有针对性，企业的营销内容才能引起顾客的兴趣。

（2）全方位进行营销网点的推广

旅游企业应积极参与相关行业组织，并努力扩大企业的知名度，以便消费者在相关行业的网站上方便地搜索到企业的结点，实现链接。

（3）及时满足顾客多元化的信息需求

企业在设立网络结点时，不仅要正确、清楚，易于联想，而且要意识到网络营销的重点在于信息的提供，注意满足游客访问网站时的信息需要。为此，企业应及时更新页面，并为顾客提供有实用价值和吸引力的信息。

阅读案例

旅游网站的行业联合

广西华光旅游网非常重视行业间的横向联系，与“中国旅游资讯网”、“海南国际旅游网”、“上海大陆旅游资讯网”联合成立了“中国旅游联合体”，还与国家旅游局的“中国旅游网”建立了网上合作关系，与《中国旅游报》合作开办了“潇洒网上”栏目，成功实现了优势互补，扩大了影响。

（4）注重于顾客之间的信息互动

开展网络营销的旅游企业必须及时收集游客的反馈信息，并设立专门机构进行分析处理，利用电子邮件、电子公告板（BBS）与游客进行双向沟通。

（5）控制营销绩效

企业应及时统计本企业网站的访问次数与访问者信息，做好访问者资料整理、消费者分析及成本效益分析，以便及时修正网络营销策略。

总之，随着经济的发展，生活节奏的加快，人们消费观念的变化以及政府刺激消费政策的出台，人们的娱乐需求将日益增加，旅游市场前景看好。但同时对传统消费渠道形成一定的冲击，提出了新的要求。旅游渠道将向短宽化发展，零售商的地位逐渐强化，渠道成员间的合作将提上日程。旅游企业要抓住这些良好的时机和渠道发展动态，因地制宜，采取合适的销售渠道策略，从而提高运营能力。

本模块小结

旅游产品营销渠道策略是旅游企业营销组合中的四大要素之一，是旅游市场营销决策的一个重要内容。本章着重分析了旅游产品营销渠道的概念和类型，旅游中间商的种类和作用，旅游产品营销渠道的选择策略与渠道管理，以及新型营销渠道的构建等问题。通过对本章内容的学习，对旅游企业营销渠道及中间商的正确选择与管理有理论上的认识外，还能够帮助旅游企业选择营销渠道及中间商、熟练使用新型营销渠道，尤其是网络营销。

本模块参考浏览网址

http：//www. cjzlk. com/

基础知识思考题

1. 旅游代理商和旅游经销商有何区别？
2. 如何做好与中间商的合作？
3. 旅游产品销售渠道的类型有几种？试分析它们的优缺点和适用范围。
4. 旅游企业在选择销售渠道模式时主要应考虑哪些因素？
5. 在用新型旅游营销渠道消费时，你最偏好选择何种渠道进行消费？原因是什么？
6. 特许经营的特点是什么？
7. 网络营销的优越性有哪些？

基本操作技能题

1. 试拟定一份旅游企业营销渠道选择决策报告，分析说明该企业为什么要选择此种营销渠道。

2. 走访调查几家大型旅行社，了解他们如何组织旅游产品的销售，并写出书面报告。

3. 上网搜索旅游相关网站，并尝试与开展网络营销的旅游企业进行信息沟通，然后评价网络营销绩效，分析其原因。

阅读分析题

红罐王老吉品牌定位和营销战略

2002 年以前，从表面看，红色罐装王老吉（以下简称“红罐王老吉”）是一个活得很不错的品牌，在广东、浙南地区销量稳定，红罐王老吉饮料的销售业绩连续几年维持在1亿多元。发展到这个规模后，王老吉的管理集团——加多宝的管理层发现，要把企业做大，要走向全国，就必须克服一连串的问题，甚至原本的一些优势也成为困扰企业继续成长的障碍。

而所有困扰中，最核心的问题是企业不得不面临的一个现实难题——红罐王老吉当“凉茶”卖，还是当“饮料”卖？广东、浙南消费者对红罐王老吉认知混乱，企业急需通过广告提供一个强势的引导，明确红罐王老吉的核心价值，并与竞争对手区别开来。同时，红罐王老吉有淡淡的中药味，对口味至上的饮料而言，的确存在不小的障碍。还有推广概念模糊，如果用“凉茶”概念来推广，加多宝公司担心其销量将受到限制，但作为“饮料”推广，又没有找到合适的区别。因此，在广告宣传上不得不模棱两可。

2002年年底，加多宝公司委托成美公司先对红罐王老吉进行品牌定位。成美在研究中发现，红罐王老吉的“凉茶始祖”身份、神秘中草药配方、175年的历史等，显然是有能力占据“预防上火的饮料”这一定位。通过二手资料、专家访谈等研究表明，中国几千年的中医概念“清热祛火”在全国广为普及，“上火”的概念也在各地深入人心，这就使红罐王老吉突破了凉茶概念的地域局限。因此在维护原有的销售渠道的基础上，加大力度开拓餐饮渠道，在一批酒楼打造旗舰店的形象。重点选择在湘菜馆、川菜馆、火锅店、烧烤场等。

紧接着，成美为红罐王老吉制定了推广主题“怕上火，喝王老吉”，在传播上尽量凸现红罐王老吉作为饮料的性质。在第一阶段的广告宣传中，红罐王老吉都以轻松、欢快、健康的形象出现，避免出现对症下药式的负面诉求，从而把红罐王老吉和传统凉茶区分开来。

为更好地唤起消费者的需求，电视广告选用了消费者认为日常生活中最易上火的五个场景：吃火锅、通宵看球、吃油炸食品薯条、烧烤和夏日阳光浴，画面中人们在开心享受上述活动的同时，纷纷畅饮红罐王老吉。结合时尚、动感十足的广告歌反复吟唱“不用害怕什么，尽情享受生活，怕上火，喝王老吉”，促使消费者在吃火锅、烧烤时，自然联想到红罐王老吉，从而促成购买。

红罐王老吉的电视媒体选择主要锁定覆盖全国的中央电视台，并结合原有销售区域（广东、浙南）的强势地方媒体，在2003年短短几个月，一举投入4000多万元广告费，销量立竿见影，得到迅速提升。同年11月，企业乘胜追击，再斥巨资购买了中央电视台2004年黄金广告时段。正是这种急风暴雨式的投放方式，保证了红罐王老吉在短期内迅速进入人们的头脑，给人们一个深刻的印象，并迅速红遍大江南北。

在地面推广上，除了强调传统渠道的POP广告外，还配合餐饮新渠道的开拓，为餐饮渠道设计布置了大量终端物料。在传播内容选择上，充分考虑终端广告应直接刺激消费者的购买欲望，将产品包装作为主要视觉元素，集中宣传一个信息：“怕上火，喝王老吉饮料。”在频频的消费者促销活动中，同样是围绕着“怕上火，喝王老吉”这一主题进行。同时，在针对中间商的促销活动中，加多宝除了继续巩固传统渠道的“加多宝销售精英俱乐部”外，还充分考虑了如何加强餐饮渠道的开拓与控制，推行“火锅店铺市”与“合作酒店”的计划，选择主要的火锅店、酒楼作为“王老吉诚意合作店”，投入资金与他们共同进行节假日的促销活动。由于给商家提供了实惠的利益，因此红罐王老吉迅速进入餐饮渠道，成为主要推荐饮品。

这种大张旗鼓、诉求直观明确“怕上火，喝王老吉”的广告运动，直击消费者需求，及时迅速地拉动了销售；同时，随着品牌推广的进行，消费者的认知不断加强，逐渐为品牌建立起独特而长期的定位——真正建立起品牌。

红罐王老吉成功的品牌定位和传播，给这个有175年历史的、带有浓厚岭南特色的产品带来了巨大的效益：2003年，红罐王老吉的销售额比2002年同期增长了近4倍，由2002年的1亿多元猛增至6亿元，并以迅雷不及掩耳之势冲出广东；2004年，尽管企业不断扩大产能，但仍供不应求，订单如雪片般飞来，全年销量突破10亿元；2005年再接再厉，全年销量稳过20亿元；2006年加上盒装，销量近40亿元；2007年销量则高达90亿元。

1. 红罐王老吉能取得巨大成功，采用的销售渠道策略的主要优势是什么？

2. 随着王老吉的发展，请你指出企业若保持长久不衰，应采取哪些更有优势的销售渠道策略？

模块十 10

旅游营销沟通与促销组合策略

基础知识目标

1.了解旅游营销沟通与促销、旅游促销与沟通的概念及两者之间的辩证关系；熟悉旅游营销沟通与促销组合的基本内容及其功能。

2.掌握旅游广告、旅游人员推销、旅游营业推广、旅游公共关系、旅游网络沟通与促销的手段。

基本技能目标

1.熟练掌握并能够使用各种旅游营销沟通与促销的方法与手段。

2.具备旅游企业之间的信息沟通能力。

3.具备为旅游目的地或旅游企业设计促销方案的能力。

项目一

旅游营销沟通与促销

项目要求

通过本项目的学习，了解旅游促销与沟通的概念及两者之间的辩证关系。

一、从促销到营销沟通与促销

在传统的旅游市场营销理论中，旅游企业往往从企业角度而不是从旅游者的角度出发，把本企业各种信息发送给旅游者，这种促销模式没有根本摆脱生产观念或产品观念的束缚。

旅游营销沟通与促销和传统的促销手段有很大的差异，它把促销从旅游企业到旅游者这种单向推销行为转变为兼有促销功能的双向沟通行为。

旅游营销沟通与促销是旅游企业与旅游者之间的双向信息传递过程。作为卖方的旅游企业，其沟通的目的在于告知旅游者有哪些旅游产品存在及其可以满足他们哪些需要，在此基础上说服和刺激旅游者购买；通过沟通，了解旅游者对营销组合的反应，以便做出适应性调整。对于旅游者而言，通过卖方提供的沟通与促销信息，可以了解旅游产品的相关信息；通过信息反馈，还可把相关意见和建议传递给卖方，使卖方按自己的消费意愿设计旅游产品。由此可见，旅游企业沟通与促销的中心点在于沟通，同时兼有促销功能。

旅游沟通与促销工具很多，归纳起来有旅游广告、旅游公关宣传、旅游营业推广、旅游人员沟通与推销、网络沟通与促销等五大工具。

二、沟通的构成

旅游市场营销人员需要了解沟通的要素。沟通的构成要素有：信息发送者（即信息源）、编码、信息、媒体、解码、接收者、反应、反馈、噪音等。如图 10 - 1 所示。

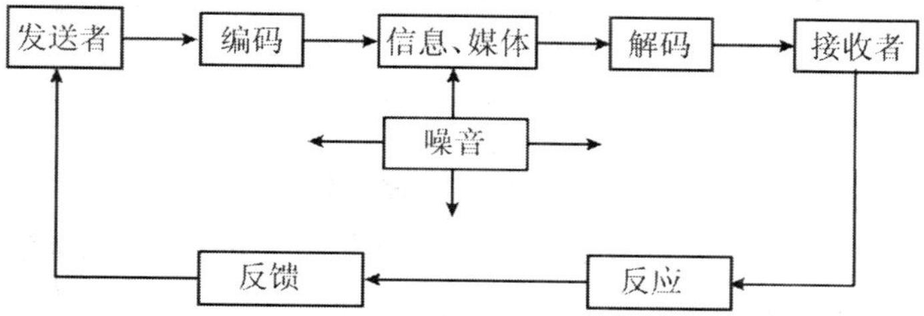

图 10 - 1　沟通构成

在以上沟通要素中，发送者与接收者表示沟通的主要参与者；信息和媒体表示沟通的主要工具；编码、解码、反应和反馈表示沟通的主要职能；噪音表示沟通系统中的噪音。

构成沟通的各要素的含义如下。

①发送者。又称信息源或沟通者，是指把信息发送给另一方的旅游经营者，旅游企业常常扮演这一角色。

②编码。指发送者把沟通内容编成符号形式的过程。这些符号可以是语言、文字，也可以是音像、图片等，因不同的传递而有所不同。

③信息。指发送者传递的一组旅游符号。

④媒体。指发送者向接收者发送信息所采用的沟通工具。

⑤解码。指受众确认发送者所传递的符号含义的过程。

⑥接收者。指接受发送者所传递的信息的人，他既是旅游信息传播的终点，又是旅游信息反馈的起点，是旅游营销沟通的另一主要当事人。

⑦反应。指接收者在接受旅游信息后所做出的一系列反应。

⑧反馈。指接收者在接受旅游信息后再把相关信息传送回去的行为。

⑨噪音。指在沟通过程中，因受到干扰或歪曲而导致接收者接受了与发送者所传递的信息不同的信息。

旅游信息发送者应明确接收者是谁，希望通过信息沟通引起接收者的什么反应。发送者既要掌握信息编码，又要考虑接收者的解码能力，还要建立适合的信息反馈管道。发送者还要审慎选择媒体，尽可能减少噪音干扰。信息沟通的效果与发送人、接收者所具有的经验条件密切相关，发送者与接收者的经验条件重叠程度越高，沟通效果越好。

三、旅游营销沟通与促销系统的构建

完整的旅游营销沟通与促销系统的构建，包括明确目标受众、确定信息传播所要达成的目标、设计所要传播的信息、选择信息传播媒体、确定沟通预算、衡量沟通效果、管理沟通过程等。

1. 明确目标受众

明确目标受众所要解决的问题是明确向谁沟通、对谁促销的问题。旅游营销信息发送者要有明确的目标受众，才有可能发送有针对性的旅游营销信息，才能有的放矢地提供信息并达到预期效果。信息发送者所要思考的问题有以下四个。

（1）说什么

要因目标受众而异、因地而异、因时而异。如可对关注旅游产品质量的目标受众说“质量一流”。

（2）如何说

即要怎么说。如旅游地海南省针对其旅游资源的独特性，宣传“椰风海韵醉游人”。

（3）什么时候说

即选择发布信息在什么时候为宜。如推出中秋赏月宴，应在中秋节到来前 15～20 天进行宣传促销为宜。

（4）由谁来说

即找到适合的组织和人士来说，选择对潜在旅游者购买决策者影响最大的组织和个人来说效果最佳。

2. 确定所要达成的目标

旅游企业作为旅游信息发送者，希望达成的最大目标是受众在收到旅游信息刺激后产生购买行动。按反应层次理论，潜在旅游者在付诸购买行动前，通常要经过知晓、认识、喜爱、偏好、确信和购买这些过程。

（1）知晓

知晓指受众对旅游信息发送者的产品、服务等营销组合知道的情形。一些旅游企业受众知晓面很广，如香格里拉、假日、希尔顿等酒店。

（2）认识

目标受众对旅游企业或旅游产品有所知晓但了解十分有限，对企业信誉和旅游产品的质量、特征、价格等了解不多。在目标受众对旅游信息有所了解的前提下，旅游信息发送者应加深、巩固目标受众的印象，提供他们所需要的更多的信息，以提高其认识程度。

（3）喜爱

受众对旅游企业和旅游产品有一定的知晓和认识后，就会有一个整体感觉。有的受众会感到很喜爱，有的受众则感到一般，有的无所谓，有的较反感，有的则很反感。旅游企业经营者应注意目标受众的喜爱状况，调整和改进沟通方案，使目标受众更为喜爱或改变其反感态度。

（4）偏好

受众已经喜欢某种旅游产品，并不一定说就比其他旅游产品更偏好。对于旅游信息沟通者而言，需要宣传旅游产品品牌、质量与价格，以提高目标旅游市场的潜在顾客对某种旅游产品的偏好程度。

（5）确信

确信是受众产生实际购买行为的最后一步。此时，沟通者应因势利导，进一步增强潜在顾客对某种旅游产品的信心，使他们相信企业，相信某种旅游产品，确信这种旅游产品是其“最爱”，选择购买这种旅游产品是明智之举。这一时刻是关键点，不少旅游企业在这一阶段功亏一篑。

（6）购买

购买指目标受众已确信某种旅游产品，但尚未产生实际购买行为。旅游企业的任务是通过信息沟通，引导目标受众进行最终购买。

3. 拟定旅游信息

旅游企业在明确了所要达成的沟通与促销目标以后，旅游经营者要拟定有效的信息。经营者都希望旅游信息一传递给目标受众就会使其购买，事实上，这种可能性极小，多数情况是目标受众接受信息后，须经历引起注意——提高兴趣——激发欲望——进行购买这几个阶段。

旅游企业经营者在拟定旅游信息时，要注意如下四个方面。

（1）旅游信息内容

旅游信息内容指作为旅游信息发布者，应该对目标受众表达什么，也被称之为诉求。诉求又分三种类型。

①理性诉求。指旅游信息沟通人根据目标受众对自身利益的关注而进行的诉求。理性诉求主要说明某项旅游产品会给目标受众带来什么样的利益，如产品品质优良、经济价值

高等。某旅行社为消除游客对购物“宰客”的疑虑，推出“纯旅游（即没有安排购物）”旅游线路并把这一信息向旅游市场传播，一段时间后颇受旅游者欢迎。

②情感诉求。指旅游信息沟通人激发目标受众某种内心情感以促其购买。如某旅行社推出一条新旅游线路，以“荒野、刺激”为沟通的主题，很受青年人的欢迎。情感诉求通常是利用人们的新奇感、荣耀感、欢愉感、同情感、羞耻感、罪恶感、恐惧感，以达到对受众的正面或负面的情绪诉求。有的旅游企业对于情感诉求的重要性认识不足，诉求主题过于标新立异，往往令游客反感。

③道义诉求。指旅游信息沟通人以社会规范为诉求，劝导旅游者宜做什么，不宜做什么。如某海滨浴场曾有一段时间因游人乱丢果皮、纸张等废弃物而受到污染，环境质量下降，为引导游客的行为规范，该海滨浴场打出了“除留下美好的感觉，什么也别留下——请把杂物扔到垃圾箱中”为内容的道义诉求广告，收效很好。

（2）旅游信息的结构

旅游信息结构会影响沟通的效果，旅游信息的拟定者都应尽可能设计出适宜的旅游信息结构。旅游信息的结构设计一般有如下几种方式。

①导论式。沟通者只把客观现象描述清楚，但自己不作结论，而由受众自己去判断并得出结论（当然是沟通者所希望的结论）。导论式避免了说教式的宣传，因而较容易被受众所认同。

②正面论证式。沟通者以正面方式介绍和宣传旅游产品的优点与特点。由于虚假旅游信息充斥旅游市场，诚信缺失问题较为严重，不少旅游者对正面宣传持怀疑态度。

③正反面对比式。沟通者既宣传旅游产品的优点，同时又以“白璧微瑕”的方式自揭其短。如某乡村小酒店推出一个主题：“没有电话、没有高尔夫球场、没有游泳池……只有乡间清新的空气、没有污染的果蔬……”正反对比，十分强烈，使城市人十分向往。

④选择表达顺序。沟通人经过精心安排，把最强有力的论点安排在旅游信息的适当位置。表达顺序有三种选择方式：其一，渐升式，即把最强有力的论点安排在旅游信息的最后；其二，渐减式，即把最强有力的论点安排在旅游信息的最前端；其三，中间突出式，即把最强有力的论点放在旅游信息中间。具体选择什么表达顺序，应审时度势。

（3）旅游信息的表达形式

沟通人还要注意旅游信息传达的形式。如在电视上播出时，要注意画面、音质等的感染力。

（4）沟通通路的选择

旅游信息通路分为人员通路和非人员通路两种形式。

①人员通路。又包括提倡者通路、专家通路、社会通路三种。提倡者通路，即发布旅游信息的营销人员在旅游市场与旅游者直接沟通。专家通路，即聘请在旅游知识或消费知

识等方面有专门知识的人士对目标旅游市场发表意见，进行独立的评述。社会通路，即由社会大众口头传播影响目标旅游市场购买者的一种通路，一般是购买者的亲朋好友等相关群体对某旅游产品及旅游企业的评论，这些人士与潜在购买者的交流对其购买决策往往产生较大影响。

②非人员通路。指运用媒体如广播、电视、报刊等，对目标旅游市场受众进行沟通，或通过特定的环境氛围的设计或特定事件，对目标旅游市场受众传递相关信息。如公关部门借助某项事件进行宣传，以达到特殊的沟通效果。

4. 选择信息传播媒体

根据产品的特点及受众的状况选择相应的广告媒体。

5. 沟通反馈

旅游信息沟通有广告、公关、营业推广、人员推销四大策略，网络沟通更是旅游沟通的“新宠”。在上述沟通策略中，各种不同的策略组合各有其优缺点。实际沟通效果如何，目标旅游市场受众的态度发生哪些有利于沟通者的变化，如何做得更好等等，旅游企业需要密切注意对这些沟通信息的反馈，调整改善沟通工具和沟通策略，以不断提高沟通效果。

6. 编制促销预算

旅游营销沟通需要一定的投入，要实现一定的目标，必须投入一定的促销费用。为使有限的促销费用更有效地发挥作用，编制科学的沟通预算是十分必要的。旅游企业编制沟通预算的常用办法有四种。

（1）量入为出法

量入为出法即指旅游企业应确定可以拿出多少资金用作促销费用。其优点是简便易行，不会超出企业所能承受的能力，有利于控制因沟通费用过高而把企业拖入“泥潭”，可避免所谓的“秦池”现象在旅游企业的重演。其不足之处是没有与旅游产品销售额挂钩，没有考虑竞争状况，没有与所要达成的目标挂钩。

（2）销售百分比法

销售百分比法即指旅游企业把销售额或销售价的一定百分比作为沟通与促销费用。其优点是既简便易行，又考虑了沟通成本与销售量、销售利润的关系，还会因销售额、销售价格的变化而具有弹性，可避免因沟通与促销费用盲目投入而带来的风险。其缺点是没有考虑竞争因素，预算编制的科学依据不足，把销售量和销售价看成是沟通与促销的原因而不是结果；没有考虑有更多的市场机会，可能会因为沟通经费投入不足而丧失市场机会。目前，旅游企业的沟通费用平均在2% ~5%左右。

（3）竞争对策法

竞争对策法是指旅游市场竞争十分激烈，有时旅游企业为在争夺市场时超过主要竞争对手，至少是不亚于竞争对手，在沟通费用安排上就参照主要竞争者的促销预算来编制本企业的促销预算。其优点是有利于与竞争对手在争夺目标受众方面在同一平台上进行对话。该方法的不足之处是过于看重沟通费用支出竞争而忽视其他方面竞争，没有考虑自身承受能力，可能带来较大风险。

（4）目标任务法

目标任务法是指旅游企业首先明确所要达到的目标以及为此而必须完成的任务，在此基础上测算所需要的费用。

7. 沟通与促销组合策略

在沟通与促销费用确定后，旅游企业还要把费用合理分配于广告、公关、营业推广和人员推销等具体沟通与促销方式中。各种沟通与促销方式作用不同，且又有一定的互补性、替代性。旅游企业在沟通预算费用的分配方面一般不搞平均切块，而是根据不同旅游产品、不同时期、不同目标受众而各有所侧重。

8. 对旅游信息的沟通与管理

旅游信息沟通是一项牵涉企业内、外部多方面的复杂工作，缺乏有效的计划、组织、监控、协调等管理手段，就会得不偿失。如有的旅游景点一年投入数十万元的沟通预算，而效果却不太理想，有的旅游景点投入同样的沟通费用，效果却大不一样，其中管理起了重要作用。

旅游沟通与促销管理的主要任务是根据旅游企业总体战略及阶段性目标，编制沟通计划并付诸实践，在人员、机制上予以保证，并对沟通全过程实行监控，及时纠偏，不断改进，防止出现大的疏漏，树立良好的产品形象和企业形象。

项目二

旅游广告

项目要求

通过本项目的学习，掌握旅游广告的基本内容及其功能，具备在旅游市场营销中实际运用旅游广告的能力。

一、旅游广告的概念、特点与作用

旅游广告是旅游企业与目标市场进行沟通并对目标市场进行促销的五种主要手段之一，它是旅游企业借助广告媒体说服接收者、实现经营目标的有效途径。

1. 旅游广告的概念

旅游广告是指旅游企业为了推销旅游产品，以付费的方式，通过各种媒介和形式向公众发布的有关信息的一种促销手段。目的是促使消费者认识、偏爱直至购买本企业的产品。旅游广告是一种非人员沟通与促销方式。

自从改革开放以来，我国越来越多的旅游企业认识到信息的重要性，广告作为传递信息的有效工具，自然成为发展速度最快的沟通方式，也越来越多的为企业所采用。因为旅游者已成为旅游市场的主导，其购买选择的余地越来越大，因此旅游企业要更加关注旅游者，不仅要提供符合市场需要的旅游产品，而且还要以广告等方式传播旅游产品的有关信息，使潜在购买者了解并产生信赖感，进而实施购买行为。

2. 旅游广告的特点

（1）传播广

旅游广告通过广告媒体将旅游产品的信息传播给广大旅游者，信息传播快、范围广，可以使旅游企业及产品迅速扩大影响。

（2）间接性

旅游广告通过传播媒体进行宣传介绍，广告主与广告的接受者不直接见面，因此，旅游广告的内容和方式对旅游广告效果的影响极大。

（3）效果好

旅游广告利用声音、色彩、影像等艺术和技术手段来表现旅游产品，因此，与其他促销手段相比，旅游广告具有更强的表现力和吸引力。

3. 旅游广告的作用

（1）提高认知度

旅游市场竞争激烈，旅游产品层出不穷。因此，旅游企业要通过旅游广告的传播，不断提醒旅游消费者关注本企业和本企业的产品，提高目标市场旅游者对产品和企业的认知度。

（2）增强美誉度

旅游广告尤其是公关广告可以帮助旅游企业树立企业的良好形象，增强美誉度，这样不仅能起到进一步扩大市场份额的作用，而且为旅游企业可持续营销创造极为有利的条件。

（3）促进购买

旅游产品是满足人们享受和发展需要的高层次产品，需求弹性较大。旅游企业通过大众传播媒介向目标受众广泛传递旅游产品信息，可以唤起潜在旅游者的旅游需求，强化显在旅游者的旅游需求，促进旅游者将需求最终转化为购买行为。

三、旅游广告决策

旅游广告是一种面向目标旅游市场、以付费形式所进行的沟通。在大量广告充斥的今天，要想让旅游广告一鸣惊人，产生轰动效应则比较困难。如何使旅游广告以最少的投入产出最佳的沟通效果，是旅游广告决策所面临的中心问题。要使旅游广告取得预期的成功，旅游企业需要精心组织与策划。旅游企业在进行广告策划时，一般要进行如下六项决策。

1. 旅游广告目标决策

旅游广告要有较好收效，必须有的放矢。旅游企业依据总目标和各个时期的具体目标，针对广告受众的特点，明确在一定的时期内广告要达到什么目标。旅游广告要达到的目标，是指在某个特定的时期要完成的与某些受众进行的一项特殊沟通任务。根据广告沟通对象和销售目标的不同，广告目标可分为以下三种类型。

（1）告知型目标

旅游企业利用广告媒体，告知受众本企业所提供的产品与服务项目的内容、价格、渠道、特色、服务项目、购买地点等，在新产品投放市场前后，旅游广告一般为告知型，目的是让旅游者对旅游新产品有一个初步认识。新旅游服务项目，有利于激发潜在消费者的初步需求和树立良好的市场形象。例如，当一家旅行社开发一条新线路，公司管理层往往使用整页的篇幅登广告，向市场传递有关该新服务的信息。

为提高旅游广告的吸引力，告知型广告可通过增加民族特色、地方特色、传播相关知识等内容来加深旅游者的印象。

（2）劝导性目标

劝导型广告多用于旅游产品成长期。此时市场竞争趋于激烈，旅游企业为展示优势，区别于竞争对手，必须强化受众对特定旅游产品的购买意愿，其目的在于唤起旅游者对本企业旅游产品的选择性需求。因此，劝导性的广告主要用于同类旅游产品展开竞争的阶段，可以表现为进攻性，也可以表现为防守型。例如，华美达旅馆的广告主题定为“走出假日旅馆，走进华美达客栈”。这则广告暗示华美达会提供比假日更多的价值，具有一定的进攻性。

（3）提醒性目标

提醒型广告目的在于提醒受众，保持旅游者对特定产品的记忆，唤起旅游者对特定旅游产品的需要。如春天来了，城郊的旅游点提醒人们去郊游。提醒型广告多用于处于成熟期、衰退期产品的广告，对于已有一定知名度的产品较为适用。例如，有一幅旅游广告画，整个画面无一字，仅有一幅用广角镜头拍摄的照片，夕阳下的科罗拉多大峡谷宁静而壮美。去过大峡谷的游客看到这幅画，心中无不为之唤起美好的回忆。这样就达到了使消费者记住或重新记住广告的效果，以促使意欲购买者完成购买行为，并刺激老顾客重复消费的欲望。

2. 旅游广告预算决策

广告费用预算可有以下四种不同的选择方案。

（1）销售百分比法

根据过去经验，按计划销售额的一定百分比确定为广告费用。好处是简便易行，缺点是实际操作中过于呆板，不能适应市场变化。

（2）目标任务法

明确广告目标后，选定广告媒体，再计算出为实现这一广告目标应支出的广告费用。这种方法在实际操作中难度较大，因为广告目标很难用数字来精确计算。

（3）竞争对抗法

它是根据竞争对手的广告宣传情况，来决定自己的广告费用支出的一种方法。

（4）倾力投掷法

企业在不能测定广告目标和广告效果的情况下，常常采用有多少费用就做多少广告的办法，它的风险比较大。

随着旅游市场竞争的激烈，国际、国内旅游企业广告费用的投入有不断增加的趋势，旅游广告预算决策难度加大。

3. 旅游广告信息决策

旅游企业的产品和服务种类繁多，如果旅游广告信息面面俱到，受众会感到无所适从，经营者想强调一部分重点，但往往又难以把握关键点所在。创意在广告质量中处于中心地位，它的作用从销售效果上表现出来。因此，设计广告内容时要遵循易看、易读、易解和易记的原则。在构思旅游广告时，必须设法达到以下要求。

（1）真实性

旅游广告在形式上要体现艺术性，以达到增强感染力的效果，但在内容上必须体现真实性，做到形式与内容的完美结合。旅游购买行为中的许多教训使旅游消费者变得越来越聪明，旅游者法制意识、维权意识的增强，使虚假旅游广告难以大行其道。

广告真实性是旅游企业诚信的重要组成部分，关系到企业的市场形象。旅游广告的真实性要求旅游企业对旅游产品的性能、质量、保证措施、价格等所作的承诺应当真实，不能虚夸。经营者不应提出让旅游者产生过高期望而企业又无力兑现的承诺。

（2）简洁性

旅游广告要求以简洁、通俗而文雅的语言，传达旅游产品和企业的有关信息。一些旅游企业在设计广告时，语言冗长且无主次之分，干扰了广告所要表达的主题，影响了广告所要达到的效果。

（3）一致性

旅游企业进行旅游广告策划时，企业标志、商标、字体、色调、广告画面要基本保持一致，并在广告中连续使用，使旅游企业的品牌和标志在旅游市场上得到广泛认知，广告受众甚至从标志符号中就能得知是什么旅游企业、什么产品，这就是所谓的一致性要求。一致性还要求广告宣传在风格上的内外协调统一。一些旅游企业根据一致性要求甚至做到建筑风格、员工制服、办公用品的图案、企业徽章、字体、标志物、标志色等的协调一致，收到了很好的整体广告宣传效果。

（4）形象性

旅游广告形式要生动活泼，表现方式要有较强的感染力，能吸引受众注意，激发需求欲望。

如今铺天盖地的广告每天都在争夺人们的注意力，具有艺术美和文化美、表现手法生动形象、烘托力强的旅游广告，不仅有利于推广旅游企业和企业产品，而且还会带给受众视觉上和听觉上的享受。如深圳世界之窗的广告："你给我一天，我给你一个精彩的世界"就以其形象化的语言深深打动了游客。目前，经营者对旅游广告的形象性越来越重视，相应的广告创意手法也越来越多，概括起来主要有以下六种。

①借喻法。通过比喻的方式来表达旅游企业所要宣传的内容。借喻法或是借用受众熟悉的事物比喻不熟悉的事物，把旅游信息描绘得具体、直观；或是用某一鲜明形象比喻旅游产品的某些特征。

②对比法。对比法是指通过对比的方式来烘托出所要宣传的企业或旅游产品。运用对比法时忌揭别人所短衬己所长、忌借攻击对手来映衬自己，如某生态旅游景点为吸引城市游客，刻意把闹与静、紧与松、"水泥森林"与自然森林进行对比，烘托出"世外桃源"的意境，与滇、川、藏交界的"香格里拉"策划有异曲同工之妙。

③怀旧法。一些历史较为悠久的旅游企业和旅游景点，利用人们的怀旧情绪策划广告以吸引游客。如井冈山的旅游广告策划突出"红军摇篮"，吸引许多游客来井冈山旅游、接受革命传统教育。

④民族特色法。越是民族的就越是世界性的，不少企业在策划旅游广告时，以民族特色吸引旅游者。如喜来登中国酒店集团推出的海外广告展示了一条龙，说明位于龙的故乡、具有中国特色的喜来登酒店欢迎每一位来宾。

⑤温情法。以温馨的气氛和语言烘托氛围，传达给旅游者的信息是"人在旅途，却享受家庭之温馨"。酒店类广告通常强调带给游客"家外之家"的感觉，希望以"温馨处处"的氛围吸引客人入住。

⑥自信法。宣传在广告策划中，以稍加夸张的手法把自己的自信传播给游客，增强游客对本企业的信心。需要注意的是，自信不等于自负，更不是欺诈，广告设计忌过分夸张。

4. 旅游广告策略

常见的旅游广告策略有：从旅游市场角度出发的广告策略，从旅游产品角度出发的广告策略，针对旅游者心理的广告策略，攻防广告策略，锥形透射和整体广告策略等五类。

（1）从旅游市场角度出发的广告策略

旅游广告必须适应市场，科学引导消费。因此，经营者要从市场角度出发来进行旅游广告设计，旅游广告要符合目标市场的要求，要能抓住目标顾客的关注点、兴奋点，针对不同目标市场设计不同风格的广告。如推介西藏旅游线路，可把广告设计的重点放在蓝天、白云下绿草地上的布达拉宫，风格独特的异域风情。

（2）从旅游产品角度出发的广告策略

旅游企业向旅游市场受众宣传产品的功能与特色。其一是差别广告策略，主题是“人无我有、人有我优、人优我特”，凸显旅游产品的与众不同；其二是系列产品广告策略，将旅游产品组合成一个系列进行广告推介，各产品广告相互配合，产生整体广告宣传效果；其三是品牌广告策略，针对旅游者认牌消费的特点，通过广告宣传培植名牌，进一步扩大现有名牌的知名度和美誉度。

（3）针对旅游者心理的广告策略

这一策略是指根据旅游者心理设计旅游广告，它又包括两种具体策略。

①广告迎合心理策略。旅游广告根据旅游者的心理需求予以巧妙迎合，如“酷热的夏天难耐，去××避暑胜地是您冷静的选择”。不同旅游者或同一旅游者不同时期的关注点不同，旅游广告策略应予以调整，如针对许多旅游者担心购物被“宰”的心理，有的旅行社打出了“绝无购物”的所谓“纯旅游”广告，就迎合了“拒绝被宰”的心理。

②广告猎奇心理策略。对旅游者求新、求异、求特心理进行广告设计，抓住旅游者求奇追异的心理来推介旅游产品。这类广告忌荒诞无稽。

（4）攻防广告策略

攻防广告策略包括攻式广告策略和防御型广告策略两种形式。

①攻式广告策略。这是指旅游企业通过各类广告宣传，在广告覆盖面、广告密度、广告受众知晓度等方面赶超竞争对手，以取得沟通与促销的优势。

②防御型广告策略。这是指旅游企业为保护市场，通过维持现有广告覆盖而、广告密度、广告受众知晓度等进行防御，防止竞争对手击败自己的广告策略。

（5）锥形透射和整体广告策略

选择优势旅游产品组合成锥形阵容，以最具优势的产品作为锥尖，集中进行广告宣传的策略，待突破市场取得成效后再进一步巩固旅游市场。如国家旅游度假区湄州岛，既有“阳光、沙滩、闲鸥”等秀丽的海滨风光，更有上亿妈祖文化的敬仰者，广告宣传大打“妈祖”牌无疑是明智选择，如果仅仅推介湄州岛自然风光，则难以获得理想的广告效果。

整体广告策略是指旅游营销管理人员将企业形象与旅游产品形象结合起来进行广告宣传的策略。其特点是：在广告范围上进行全方位推介，在广告内容上既宣传企业又推介旅游产品，在广告媒体选择上把各种媒体组合起来使用，形成立体层次的广告宣传网络。

5. 旅游广告媒体决策

旅游广告媒体决策是指旅游企业营销管理人员选择适当的媒体，以最少的广告费用投入获得最大的广告效益，具体包括三个内容。

（1）广告触及面、展露频率及展露影响度决策

旅游广告触及面是指在一定时间内有多少受众接触到旅游广告。旅游广告展露频率是指在一定时间内平均每个受众接触旅游广告的次数。展露影响度是指某一特定媒体展露质量和展露价值，反映了特定媒体与特定目标市场旅游者的密切程度。如针对青年人的广告，在"××青年"杂志上刊登，若该杂志有30万读者，其展露价值就是30万人，而如果在读者群体为老年人的杂志上刊登这一广告，其展露价值则可能为零。需要说明的是，触及面和展露频率一般为相互制约关系；所选择的媒体针对性越强，广告效果越好。

（2）旅游广告媒体选择决策

旅游企业通过选择最佳广告媒体，把旅游广告信息有效传递给目标受众。广告媒体种类繁多，主要有报刊、杂志、广播、电视、网络等。各种广告媒体都有其比较优势，也都有不足。要正确选择旅游广告媒体，首先要了解各媒体的不同特性。各种媒体之特征比较见表10－1

表10－1　不同广告媒体的特征比较表

媒体	优点	缺点
报纸	灵活、及时、本地市场覆盖面大，能广泛地被接受，可信度高	保存性差，复制质量低，传阅者少
电视	综合视觉、听觉和动作，富有感染力，能引起高度注意，触及面广	成本高，干扰多，瞬间即逝，观众选择少
直接邮寄	接收者有选择性，灵活，在同一媒体内没有广告竞争，人情味较重	相对来说成本较高，可能造成滥寄"垃圾邮件"的印象
广播	大众化宣传，地理和人口方面选择性较强，成本低	只有声音，不如电视那样引人注目，非规范化收费结构，展露瞬间即逝
杂志	地理人口可选性强，可信并有一定的权威性，复制率高，保存期长，传阅者多	有些发行数是无用的，版面无保证
户外广告	灵活，广告展露时间长，费用低，竞争少	观众没有选择，缺乏创新

在明确各类媒体优缺点后，旅游营销管理人员在选择广告媒体时还要考虑如下因素。

①目标旅游市场的顾客的爱好。如对知识水平高的青年，网络广告效果可能更好，对本地市民，选择当地电视台或晚报，效果可能更好。

②旅游产品特点。旅游产品特点不同，选择的媒体也应有所不同，如2002年韩日世

界杯期间，一些酒店推出的球吧广告在体育类媒体上发布比在一般媒体上发布效果更为理想；再如中低档酒店餐饮广告最好选择面向本地市民的媒体。

③旅游广告信息自身特点。时效性要求强的旅游广告，宜选择广播、报纸为广告媒体，反之则可选择杂志或直接邮寄为广告媒体。

④广告费用高低。一般电视广告费用最高，广播最低。不过，广告费用应与广告效果结合起来考虑，不仅要看广告费用绝对数，更要看其所带来的直接和间接效益。

⑤单一媒体和多种媒体广告。一般选择多种媒体广告比选择单一媒体广告效果更好。

（3）旅游广告时机决策

旅游企业须选择最佳广告时机，以实现最佳广告效果，并在一定时期内安排广告密度和强度。从广告密度上看，有集中式、连续式、间断式三种；从广告强度上看，有水平式、上升式、下降式、交错式四类。

6. 评价旅游广告效果

广告效果的评价是指运用科学的方法来鉴定所做广告的效益。广告效益包括三个方面：一是经济效益，是指广告促进商品或服务销售的程度和企业的产量、利税等经济指标增长的程度；二是广告的心理效益，这是指消费者对所做广告的心理认同程度和购买意向、购买频率；三是广告的社会效益，这是指广告是否符合社会公德。

广告效果的测定方法有很多种，具体可通过以下手段进行。

（1）售后检验

这是最直接、也是用处最多的一种方法。它把广告发布后企业产品的新销售量和广告发布前的销售额比较，从其中得出广告的促销功能。其优点是简便易行，立竿见影，直接和企业销售量挂钩；不足之处是无法把广告促销的效果和同时作用的其他促销办法，如人员促销、公共关系等的效果区分开来。计算公式如下：

$$\text{广告效果}=\frac{\text{销售量增加额}}{\text{广告费用增加额}}$$

$$\text{广告效果比率}=\frac{\text{销售量增加额}}{\text{广告费用增长率}}$$

（2）调查检验

调查消费者，询问顾客，做一些广告并向读者提供一些好处，鼓励他们对广告做出评论。可以把同一则广告发布在不同的媒体上（电视、报纸、广播等），询问哪一种效果好；也可以同时发布在报纸上，准备两则广告，今天刊登一则广告，明天刊登另一则广告，然后询问哪一种广告效果较好，再决定取舍。

技能训练

学生自己评价一则旅游广告，并说出理由。

（3）回忆检验

一般来说，不给对方任何提醒或暗示，只是在受试者记忆大海中检查所做广告深入人心的程度。其优点在于能提供有关广告深入人思想程度方面的材料，而且还可以检测消费者是否领会了广告制作人员企图表达的广告主题、广告设计意图与受众的接受认同程度是否一致；缺点是费用大，受试者记忆兴趣和记忆程度有差别。

阅读案例

红花餐馆的成功之路

1935 年，洛奇先生在日本开了一家餐馆，取名红花餐馆。1959 年，他的儿子小洛奇来到美国，几年后继承父业，在曼哈顿中心建造了一个有 40 个座位的普通日本红花餐馆。由于红花餐馆采用地道的日本乡村客店风格，又由日本厨师当着客人的面烹调，独有的风格再加上洛奇成功的经营，使红花餐馆非常成功，他很快就开办了三家红花餐馆，每年盈利 130 万美元，到 1970 年，他已经拥有了七家联营餐馆。

小洛奇经营红花的秘诀除了把握特色、加强组织领导和降低成本以外，很重要的一点就是广告宣传与公关。他在促销方面投入了可观的人力、物力、财力资源，广告费用占营业额的 8% ~10%。负责促销的董事格仑·西蒙也是擅长其职的。他善于别出心裁，从不在报纸娱乐版登广告，因为那儿广告太多，易被其他广告和其他餐厅的广告所干扰、冲击，而失去吸引力，不能使消费者记忆。因而他采用视像广告，配合新颖生动的说明词，引人入胜。他进行了大量的市场调查工作。弄清了顾客的消费动机和需求，在《纽约时报》、《纽约杂志》、《妇女服饰》等上面做了大量广告，虽无“餐馆”两字，却使红花餐馆拥有了极高的知名度。他在每一个城市做广告，在每一个城市的娱乐指南上做广告。

格伦认为，他的工作就是“保卫公司的形象”，公司应“是一家迅速成长的具有动力的日本餐馆集团公司”。他认为，目的不在于“红花”出现的次数和人们接触的次数，而是“我们在构筑大厦，每提到一次日本红花，就是构筑房屋的一个构件。有的目的和结果是把客人吸引到餐馆来，有的则为我们带来了可能的财务利益，或物品，或朋友，或其他”。

事实证明，每天的印刷出版物、电台或电视上都有日本红花的宣传，这是了不起的。他们采取多种方式，如在超级市场表演，为庆祝活动提供饮食服务，招待青年人团体用餐，给会议客人赠送火柴盒，向女士俱乐部赠送东方筷子，给公关宣传人士和专栏作家酬劳，安排洛奇接受记者采访……一位持怀疑态度的作家心悦诚服地说："至少有25个原因使人们喜欢到日本红花用餐。"他后来列举了31条原因，其中就包括"经常有兴高采烈的公关联谊活动"和"非同寻常的广告宣传及概念"。

分析提示

在本案例中，格伦·西蒙对于红花餐馆的发展兴旺可谓功不可没。格伦充分认识到了广告促销对于餐饮行业的重大意义，提出了"是一家迅速成长的具有动力的日本餐馆集团公司"的响亮口号。红花餐馆的成功，在于广告投放使得普通消费者对其商标能够辨认、熟记。

在本案例中，应当注意以下几方面的问题，即：广告促销对于红花餐馆的发展是如何起到重要作用的？格伦应用的广告促销组合策略使用了哪些我们已经讲过的促销手段？强调"红花"的品牌形象而非突出其餐饮经营优势，这样做道理何在？对于我们有何启示？

项目三

旅游人员推销

项目要求

通过本项目的学习，掌握旅游人员推销的基本内容及其功能，具备旅游人员推销在旅游市场营销中的实际运用能力。

旅游人员推销是指旅游企业推销人员具有直接性、灵活性、针对性等特点。旅游人员推销是旅游企业对目标市场进行沟通的有效手段。

一、旅游人员推销的概念、特点与作用

1. 旅游人员推销的概念

旅游人员推销是指旅游企业通过派出推销人员与客户直接交谈，进行面对面的陈述，以推销产品，促进和扩大销售的一种促销活动。由于推销人员与客户"面对面"进行沟通与促销，因此具有其他沟通与促销手段难以比拟的优势，但它也是一种成本较高的沟通形式，特别是随着人工成本的上升，沟通成本中的人工费用还将有进一步提高的趋势。

在人员推销活动中，推销人员、推销对象和产品是三个基本要素。其中，推销人员、推销对象是推销活动的主体，产品是推销活动的客体。通过推销人员与推销对象之间的沟通、洽谈，将产品推销出去，从而达成交易，实现销售产品的目的。与非人员推销相比，人员推销最大的不同点是与潜在用户的直接接触。此时，信息沟通是双向的，推销人员可

以马上得到反馈并做出相应的反应。所以，人员推销的过程既是一个产品转移的过程，也是一个信息沟通的过程。

2. 旅游人员推销的特点

（1）最直接

推销人员在旅游中间商和旅游消费者的直接接触中，可以通过自己的言语、形象、特有的各种宣传资料等，直接向顾客解说、展示，通过交谈进行思想沟通，并当面回答顾客所提出的有关产品的各种问题。

（2）最有效

人员直接推销可以把有关产品的信息直接传递给游客，可以当面展开商谈事宜，甚至可当面成交。这样，就大大减少了旅游产品销售的途径和时间。

（3）最灵活

旅游人员推销与客户保持着最直接的联系，可以在不同环境下根据不同潜在顾客的需求和购买动机，以及客户的反应调整自己推销的策略与方法，可以解答客户的疑问，使客人产生信任感。

3. 旅游人员推销的作用

旅游人员推销与非旅游人员推销相比，具有不可替代的作用。

（1）信息的双向沟通

在人员推销过程中，一方面，推销人员将有关产品的特性、功能、用法、价格及售后服务等方面的信息介绍给顾客；另一方面，推销人员通过交谈，观察和了解到顾客对产品的性能、质量、价格、服务等方面的意见和态度，并及时反馈给企业，以便企业更好地满足消费者的需求。

（2）针对性强

与非人员推销相比，人员推销更具有针对性。一方面，推销人员直接针对潜在的消费者施展各种推销技巧，带有一定的倾向性，目的是推销产品，促成购买；另一方面，推销人员与消费者直接接触，针对产品提供各种服务，帮助消费者解决问题，满足他们的需求。针对性强，可以减少浪费，促销的效果也比较明显。

（3）方式灵活

在推销过程中，推销人员不仅可以通过面对面的交谈观察到消费者的态度和反应，揣摩其购买心理的变化过程，还可以及时发现问题，调整自己的促销重点和方式、方法，从不同层面适应不同消费者的需求，以促成销售。

（4）保持友谊协作的长期性

推销人员在与消费者直接见面、长期交往的过程中建立了深厚的友谊。而企业与消费者之间密切的关系，对推销人员产生的亲切感和信任感，都易于使消费者对企业增进了解、对产品产生偏爱，有助于建立长期、稳定的买卖关系，促进产品的销售。

当然，在采用人员促销的方式时，也应该注意到人员推销占用人数多，费用大，因而成本也较高。同时，人员管理也比较困难。因此，企业需要综合运用其他的促销方式，制定恰当的促销策略。

二、旅游人员推销决策

旅游人员推销决策包括旅游推销队伍的组织、推销人员报酬设计、推销队伍策略和推销队伍管理等方面的决策。

1. 旅游推销队伍的组织

旅游推销队伍是旅游企业人员推销的主体，旅游推销人员是旅游企业的销售代表。在客户眼中，推销人员还是旅游企业的象征。旅游企业组织一支高素质、高效率的推销队伍，是做好人员推销工作的关键。在旅游推销队伍的组织过程中，以下两项工作值得重视。

（1）明确推销队伍任务

旅游销售队伍的任务要围绕企业的战略目标和具体沟通与推销目标而确定。为实现企业目标，推销队伍肩负着在企业和客户之间进行双向信息沟通并为客户提供售前、售中、售后服务及谈判、签约等重要使命。

（2）确定推销队伍规模

旅游推销人员能直接为企业带来效益，企业也需要支付人力成本及相关销售服务费用。旅游企业要以利润最大化为前提，实行推销人员数量的最佳配置。企业规模不同、性质不同、目标旅游市场不同，推销队伍规模也就有大有小。旅游企业确定旅游推销队伍规模可采用如下方法。

①销售额法。按销售总额确定推销队伍规模，这是最常见的方法。

②成本—利润法。按人员推销成本及所产生的相应销售利润的一定比例确定推销队伍规模。

③工作负荷法。按客户大小、所需访问次数及每次访问所需时间来确定推销队伍规模。

④竞争法。比照同行竞争对手确定推销人员队伍的规模。

（3）确定推销人员结构

推销人员组织结构的确定关系到旅游企业推销人员的市场活动和服务范围。旅游企业在推销人员队伍确定后，还要使队伍结构优化。确定推销人员组织结构的模式有四种形式。

①地区型结构模式。这是最简便易行的模式，即按地理区域配备旅游企业的推销人员。其优点是：推销人员对地理环境熟悉、对客户熟悉，费用也较节省，同时还可避免同一企业不同推销人员重复访问同一客户所带来的负面影响。不足之处：从客源的角度考虑不够，容易造成因推销人员过剩而导致浪费或因推销人员配备不足而导致销售潜力开发不足的问题，还有可能因推销人员对旅游产品的偏好而影响一些品种的产品销售。

②产品型结构模式。旅游企业生产或提供许多产品，企业在组织营销队伍时，可按产品线组织销售队伍，每个推销小组或推销人员只负责推销其中一种或少数几种旅游产品。这种结构模式适合于产品线多、关联性不强但专业性强的旅游产品，如有的国际旅行社既有专门销售国内旅游线路的推销人员，又有专门销售国际旅游线路的推销人员。产品型推销队伍组织结构模式的优点是专业化经营。不足之处是：同一企业不同推销人员销售不同旅游产品，可能会因地区重叠而造成浪费；各推销员对本企业其他旅游产品知之不多；顾客欲购买同一企业不同旅游产品有时要跑几个地点，购买旅游产品不方便。

③客户型结构模式。即旅游企业按客户的不同来组织推销队伍。每个推销小组或推销人员只负责一类或几类客户，如酒店把客人分成团队客人、散客、大客户、小客户等，并相应配备专门人员分别进行推销。客户型结构模式适用于需求较为集中或需求差异大的客户。其优点是有利于搞好客户关系，但推销人员费用较高，易出现与产品型结构模式相类似的问题。

④复合型结构模式。为充分发挥前三种推销队伍结构模式的长处，避免单一结构模式的不足，旅游企业可采取两种或三种结构模式进行组合，形成复合型推销队伍结构模式。如可按地区—客户、产品—客户、地区—产品、地区—产品—客户来安排推销队伍结构。

2. 推销人员报酬设计

报酬设计关系到旅游企业和推销人员的利益，以“多赢”的思路科学设计推销人员报酬，可调动推销人员的积极性和创造性，对促进旅游产品销售起着重要作用。旅游推销员报酬有固定报酬、变动报酬、津贴、福利四个部分。

固定报酬是指付给旅游推销人员的固定工资；变动报酬指付给旅游推销人员的奖金，一般以销售额和利润额为基础来计算；津贴是付给旅游推销人员在推销旅游产品时所发生的费用补贴，如电话费津贴、制服津贴、招待费津贴等；福利是旅游企业对推销人员提供的医保、劳保、失业保障等。

从报酬制度上看，推销人员报酬有薪金制、佣金制、薪金—佣金混合制和选择型薪酬制四种形式。

（1）薪金制

薪金制是指旅游企业根据推销人员的岗位和所承担的工作任务支付的固定报酬。其优点是：报酬设计工作较简化，推销人员较有安全感。不足之处是：容易造成“大锅饭”现象，对推销人员没有起到物质激励作用，不利于调动推销人员的积极性。

（2）佣金制

佣金制是指旅游企业根据推销人员所完成的销售量或利润多少支付报酬的一种方法。其优点是：把报酬与推销业绩挂钩，有利于最大限度地调动推销人员销售产品的积极性，有利于充分发挥推销人员的才干。不足之处是：推销人员为追求销量和利润而常常会采取“高压”推销手段，易引发客户的不满；推销人员不愿承担与个人利益无关、但对旅游企业关系重要的工作，如信息收集、客户服务等；推销人员压力大，工作缺乏“安全感”。

（3）混合制

混合制是指旅游企业把薪金制与佣金制结合起来使用、支付推销人员报酬的方法，即旅游企业既按一定办法支付推销人员薪金（一般称为底薪），又按推销人员所完成的销售量或所实现的利润支付佣金。“底薪”与“佣金”比例是否适当是关键。混合制既可扬薪金制和混合制之长，又可避两者之短。

（4）选择型薪酬制

选择型薪酬制不是一种新型的报酬支付办法，不过却赋予推销人员选择薪酬支付办法的权力。旅游企业推出选择型薪酬制时，先设计三种薪酬办法，再由推销人员根据岗位特点和自身特长来选择任何一种薪酬制，这种选择型报酬办法更能发挥推销人员的特长和潜力。

3. 推销队伍策略

推销人员访问客户、与客户接洽有四种形式，如表10－2所示。

表10－2　推销人员与客户接洽的四种形式

形式	内容	适用范围
一对一	一名推销人员与一名客户洽谈	重点客户、大客户
一对多	一名推销人员与多名客户洽谈	对购买小组
组对组	推销小组与购买小组的客户洽谈	对购买小组
推销会议	参会推销人员与参会买方洽谈	旅游交易会、旅游博览会

4. 推销队伍管理

旅游企业在运用人员推销策略时，须对推销队伍进行有效管理。一些旅游企业因对推销队伍管理不善，不仅人员推销业绩较差，而且推销人员流动率极高，流出去的推销人员带走了许多客户，造成了企业客户资源的流失。推销队伍的管理包括推销人员的选拔与培训、推销人员的激励、推销人员的评价等。

（1）推销人员的选拔

旅游人员推销策略成功与否，关键在于推销人员。在企业实际推销业绩中，存在着“二八”规律，即20%的推销人员往往创造了80%的业绩，而另外80%的推销人员却只能创造20%的业绩。怎样招聘到优秀的推销人员，成为旅游企业的难题之一。

一些旅游企业在选拔推销人员时主观随意性较大，缺乏科学、客观的选拔标准，所组建的推销人员队伍素质低，不能实现企业的目标。因此，建立科学的选拔机制，用好的机制选拔符合需要的推销员就显得十分重要。

根据旅游企业特点和推销工作需要，确定推销人员选拔的基本标准。这些标准包括职业道德、知识水平、能力与心理素质等。选拔的范围应尽可能大些，一般应面向社会招聘，选拔考核的方式既要有基础知识方面的笔试，还应有面试，以考核应聘人员的仪表、口语表达能力和应变能力，有时还要进行心理测试。通过考核，择优选聘理想的推销人员。

（2）推销人员培训

旅游企业招聘推销人员后，还要进行必要的岗前培训。培训内容一般包括八个方面。

①旅游企业基本概况。包括企业概况、组织架构、企业文化等。通过培训，增进推销人员对旅游企业的了解和对企业文化的认同。

②旅游产品情况。包括旅游产品的种类、质量、特色等。通过培训，增进推销人员对旅游产品的了解。

③客源情况。包括客源总体情况、客源结构、需求特点、主要客源等。通过培训，使推销人员了解客源市场。

④同行竞争者的情况。包括同行竞争对手有哪些、主要的竞争对手是谁等。通过培训，使推销人员了解本企业的比较优势和比较劣势所在。

⑤价格、渠道的情况。包括旅游产品盈亏临界点的价格、销售渠道有哪些、主渠道是哪几条等。通过培训，增加推销人员对旅游产品的价格和渠道状况的了解。

⑥推销知识与技巧。包括推销学、礼仪学、心理学、口语表达等知识和推销技术等。通过培训，为推销人员打下知识基础，提高推销能力。

⑦推销人员职责。包括推销产品、信息收集与反馈、客户咨询与服务等。通过培训，使推销人员明白应该做什么、不应该做什么。

⑧推销工作程序。包括推销制度、方法、工作步骤等。通过培训，增进对所在旅游企业推销制度、方法、工作步骤等的了解，使推销工作程序化、规范化。

对旅游人员的培训形式可灵活多样，根据需要和可能既可采取脱产培训形式，也可采取不脱产学习形式；既可以送出去培训，也可以把有关营销专家请进来举办讲座，还可以通过优秀推销人员现身说法等互相交流。

（3）对推销人员的时间管理

将客户分成若干等级，根据客户重要程度安排访问次数的多少和访问时间的长短，避免时间的浪费。

（4）对推销人员的激励

有效的激励机制既是调动旅游推销人员积极性的手段，又是鞭策推销人员成就一番事业的“助推器”。激励的方式既有物质激励方式又有精神激励方式，集中体现在五个方面。

①奖金奖励。旅游企业根据推销人员完成销售定额或利润定额按一定比例支付奖金。

②权限激励。旅游企业根据有关规定，授予推销人员一定权限，给予一定的随机处置的权力，如把旅游产品价格一定幅度浮动权赋予推销人员，在旅游旺季时对旅游推销人员优先保障其所需的旅游产品，给旅游推销人员一定额度招待费使用权、一定范围内的旅游纪念品发放权等；对优秀推销人员进行选拔，符合晋升条件的提拔到更高一级岗位，拥有更高权限，让其发挥更大的作用。

③荣誉激励。旅游企业对推销业绩突出的推销人员给予适当的荣誉。有的旅游企业通过评选最佳推销员等方式来激励推销员。

④情感激励。旅游企业应尊重推销人员的劳动，尽可能改善推销人员生活和工作环境，及时解决推销工作中遇到的疑难问题。旅游企业的高层主管应经常深入推销员队伍，了解其生活和工作的情况，倾听其呼声。

⑤事业激励。提供必要的进修机会，积极支持推销人员在实现企业价值的同时实现个人价值，协助推销人员成就一番事业。

阅读案例

外出旅游

许多亚洲公司或多或少都受到长期把旅游作为一种刺激的日本人的影响。然而由于费用较大，加上旅游时间不能算在办公时间之内，旅游不像给予现金、红利这一方法那样在亚洲受欢迎。但是它却被作为一种推动士气、提高产量和增加销售额的方式广泛利用。一家马来西亚的木材公司 AP 租用了一架波音 737 飞机，而且将他的 250 名员工送往布里斯班去享受一切费用全免的 6 天旅行，妻子和孩子，甚至是从来没有离开过沙巴区的，也从来没有通行证的家庭佣人也可以一同前往。由于有了这些旅游上的奖励，员工的跳槽率从 30% 下降到了 3%。

(5) 推销人员的评价

旅游企业对推销人员进行准确评价是一项复杂的工作。评价指标主要体现在业绩指标和品德指标两个方面，这两个指标不能完全割裂而应辩证统一。

业绩指标既包括推销人员在一定时期所带来的销售额和销售净利润，还包括推销人员每天平均访问客户次数、平均每次访问时间、平均每次访问费用与业绩之比，一段时期内所得到的新客户数、流失老客户数，销售业绩的纵向比较与横向比较，对客户服务情况，客户满意程度、客户投诉率等。

职业道德指标是不可或缺的“软”指标，一些所谓“能干”的推销人员，通过损害客户利益和企业利益的方式追求个人短期利益的高回报，其“业绩”越高、个人得到的利益越多，对客户和企业损害的程度越严重。

三、旅游推销人员的推销步骤

旅游推销人员推销要按照一定的步骤进行，推销过程的每一个步骤都值得重视。推销步骤的按部就班和推销方法因人而异是取得良好业绩的必要条件。推销步骤主要有七个方面。

1. 锁定潜在客户

旅游推销人员首先要寻找推销对象即客户。推销人员可以通过多种渠道寻找潜在客户，如可从上游旅游供应商、下游旅游中间商处寻找潜在线索，从潜在客户的行业组织寻找线索，从电话簿中寻找线索，从报纸杂志、广播电视、互联网等媒体中寻找线索，从政府驻外机构处寻找线索，等等。

有了潜在客户以后，推销人员还须进行筛选，剔除没有价值的线索，发现并锁定有价值的客户。

2. 访问前准备

旅游企业推销人员在访问客户前要做必要的准备，包括尽可能了解访问对象的需求特点、性质、所在机构的情况、购买风格、主要决策人等。推销人员还要考虑选择对客户适宜的访问方法，如电话访问、登门访问等。确定访问时机也很重要，如正赶上客户出差、开会或工作繁忙，就不宜上门造访。

3. 接近客户的方法

旅游企业推销人员接近客户时，为避免吃“闭门羹”，需要给客户以良好的“第一印象”，包括得体的着装、适合的开场白、恰如其分的谈话内容，争取润物细无声地被客户接纳。

4. 讲解与示范

旅游产品基本上是无形产品，旅游推销人员无法向客户提供现场实物展示，就需依靠讲解和图片等示范来吸引客户。旅游企业推销人员在讲解示范时可借鉴如下三种方式。

（1）固定法

推销人员事先背下文字部分，在讲解时照本宣科，同时以图片资料等方式辅助进行讲解示范。

（2）公式法

推销人员先与客户讨论，再根据其特点把客户分成若干种类型，对不同类型的客户采用既定的讲解示范方法。

（3）需求满足法

旅游推销人员多倾听客户意见，抓住客户真正需要的关键点和解决客户心存疑虑的主要问题，分别找到适合不同客户需求的最佳卖点进行推销。

在具体做法上，可采取五种策略影响客户：可通过强调本企业所提供的旅游产品在质量、品牌、价格、服务等方面的优势来打动顾客；通过专门知识说服客户；通过与客户建立良好的关系来维系顾客；通过适当的服务感动客户；通过建立良好的个人形象赢得客户。

5. 应对异议

旅游企业推销人员在向客户推销时，一般情况下客户不管是否有兴趣都会提反对意见，有的客户甚至已做出了购买决定，还挑旅游产品、服务、价格等方面的“毛病”，以此要求推销人员提供更多的优惠。因此，推销人员要善于应对各种反对意见。首先，对本企业所提供的旅游产品要心中有数、要有信心；其次，把客户反对意见看成是“常态”，甚至把反对意见看成是客户对旅游产品感兴趣的另一种折射；再次，不直接反驳，最好是列出现象让客户自己得出结论。

6. 达成交易

旅游企业推销人员要善于捕捉时机，把客户的购买愿望转化成实际购买行为。一些经验丰富的推销人员往往能很好地把握“火候”，一旦时机到来，他们总会用肯定的询问诱导客户成交。如某企业要组织团体旅游，推销人员会这样问：“贵公司把旅游团发团时间定在××时还是××时?”。

7. 客户追踪

推销人员在授权范围内代表旅游企业与客户签约后，并不等于推销工作的结束。推销人员要把有关信息传递给客户，并把交易情况通报所在企业，以便各部门齐心协力准备好为客户服务。现代旅游企业特别重视对回头客的争夺，因此一笔交易的达成，还意味着新一笔交易的起点。所以推销人员在达成交易后还要追踪客户是否满意。

撰写访问报告并上交企业、建立客户档案，这是推销后续工作的重要内容。客户资源折射的是旅游企业的核心竞争力，推销人员流动性大，特别是掌握大量客户资源的推销员更是同行竞争对手“挖人”的重点。一些旅游企业不重视建立销售档案，推销骨干被“挖走”后带走了大量客源，使企业在一段时期内颇伤元气。

技能训练

学生以组为单位，自己准备材料，自己布置场地进行一次模拟推销练习。

项目四

旅游营业推广

项目要求

通过本项目的学习，掌握旅游营业推广的基本内容及其功能，具备在旅游市场营销中实际运用旅游营业推广的能力。

一、旅游营业推广的概念及作用

营业推广又称销售促进。旅游营业推广是旅游企业对目标市场进行沟通促销的另一种有效手段。

1. 旅游营业推广的概念

旅游营业推广是指旅游企业在特定时间、在一定的预算内，对某一目标旅游市场所采取的能够迅速刺激购买欲望以达成交易的临时性促销措施。与旅游广告、公关和人员推销等方式不同的是，旅游营业推广限定时间和地点，以对购买者一定奖励的形式促进其购买。这些奖励或是金钱或是实物产品或是附加服务，以此来快速激发需求。

2. 旅游营业推广的作用

（1）有利于加速旅游产品进入市场的进程

旅游产品在投入期，市场还缺乏了解，通过旅游营业推广可加速潜在购买者知晓、认知和了解的过程，有利于旅游产品在短期内在旅游市场上占有一定的份额。如一些刚开业的酒店区别不同产品，在一定时期内予以打折酬宾，以快速占领一定的市场份额。

(2) 有利于诱导重复购买

通过一定的物质刺激，有利于争取回头客，使现实型旅游者转为常客型旅游者。不少旅游企业通过再购买优惠形式吸引回头客，如有的酒店规定对第二次入住的客人，客房按门市价打八五折；还有的酒店通过提供额外的附加服务争取回头客。

(3) 有利于增加旅游产品销售

通过营业推广可使现有顾客增加购买量，能吸引潜在顾客加入购买，还有利于吸引回头客，从而增加旅游产品的销售量。

(4) 有利于更好地应对竞争

旅游市场竞争是全方位的竞争，有时可能与竞争对手打促销战，有时有可能打广告战，有时还可能打人员推销战，也有可能打公关战，还有可能打营业推广战。旅游企业可扬长避短与对手进行营业推广竞争，有时会把原本用于广告竞争的一部分预算转用于营业推广，通过给购买者更多的实惠刺激其购买。

(5) 带动关联旅游产品销售

旅游营业推广不仅会吸引购买者增加某品牌的购买，而且还会带动相关联产品的销售。如一些酒店对住店客人在康乐产品价格方面予以优惠，不仅带动了客房销售，而且还带动了餐饮等产品的销售。

旅游企业运用营业推广进行促销时，应认识到有些目标客户依靠营业推广难以实现。如旅游营业推广难以改变处于衰退期旅游产品的销售大幅下降的趋势，只可能稍稍延缓销售下降的幅度；再如旅游营业推广难以建立品牌忠诚，只可能在短时期刺激购买，一旦营业推广期结束，可能会面临销售冷淡期。因此，一些营销专家认为，不宜过分依赖营业推广招揽生意。

二、旅游营业推广决策

旅游营业推广决策是旅游企业促销决策的重要组成部分。

1. 明确营业推广的目标

旅游企业首先要明确旅游营业推广所要达到的目标，这一目标应与旅游企业整体目标相符合。营业推广所达到的具体目标要根据所选定的目标旅游市场对象而定。例如，针对旅游者的营业推广的目标是增加使用量、促进购买相关产品、使潜在旅游者变成现实旅游者，或是鼓励其增加经销（代销）量或协助进行促销活动或是为了鼓励推销人员积极推销某些旅游产品。

2. 确定营业推广的对象与方法

旅游营业推广对象有旅游者、旅游中间商和推销员等三种，对象不同，方法也各异。

（1）针对旅游者的营业推广类型

针对旅游者的营业推广常见的有如下六种类型。

①优惠提供旅游产品。旅游企业以一定的优惠价提供旅游产品。

②赠送旅游纪念品。旅游企业通过赠送旅游纪念品的方法进行营业推广，如旅游公司向团队客人赠送太阳帽、旅行包等。

阅读案例

麦当劳里的营业推广

麦当劳的麦斯比（McSnoopy）在中国香港所打的一场促销战是一个产生巨大影响的促销实例。从1997年9月开始，即在亚洲经济危机期间时，它每卖出一套套餐，就向消费者提供一只价值只有6港元的身穿各种民族服装的塑料小娃娃。所以，在麦当劳的店前，人们常常为了28种洋娃娃而排起长队。他们大多数是相信在经济衰退的环境买洋娃娃是一项有益投资的成年人，包括从普通劳动者到股票经济人。一家名为TST的商店甚至以高价120港元，即约为零售这些洋娃娃的总收益的700%的价格出售全套洋娃娃。在洋娃娃的供销高峰时间，每天都有关于这方面争夺战的报道。仅仅为了能够得到洋娃娃，收藏迷们还另买几份高价值的套餐，即使把买来的食品丢进垃圾箱也在所不惜。这吸引了年纪较大的穷人，他们怀着可能捡到被丢弃的套餐的心情，也在麦当劳店门口排起了长队。

③抽奖。旅游企业通过抽奖方式对旅游者进行营业推广，旅游者购买旅游产品可参加抽奖。如一家酒店餐饮部推出名片抽奖活动，凡来消费的客人可把名片扔进抽奖箱中，每月抽奖一次，中头奖者可免费携带两名家庭成员住总统套房一天，并提供免费套餐，这种推广方式颇受用餐者的欢迎并产生了轰动效应。

④赠折价券。为吸引回头客，一些旅游企业对来消费的客人赠送折价券。折价券不可兑付现金，也不可凭此领取相应金额的实物，但可作为下次来企业消费冲抵相同金额的现金。

⑤免费试用。旅游企业通过邀请特定的旅游者免费旅游或免费试住、品尝等方式进行营业推广。

⑥会员卡。旅游企业把宾客组织化，旅游者交纳一定的会费后即成为会员，价格上可享受一定优惠。

（2）针对旅游中间商的营业推广

针对中间商的营业推广，常见的有如下四类。

①折扣。旅游产品提供者根据与旅游中间商的协议，在房费、餐饮费用、景点门票、交通费用等方面予以一定的减免，如有的旅游酒店对旅行社组织的团队客人房价予以50%优惠等。

②广告津贴。旅游产品提供者通过与中间商联合广告的形式促销产品，旅游产品生产者补贴中间商一部分广告费用；或以广告津贴的形式委托中间商做一定的广告宣传。

③旅游交易会、展览。通过参加旅游产品交易会和展览，旅游产品提供者对中间商进行营业推广。

④赠品。旅游产品提供者给中间商一定的赠品予以奖励，一般采取赠品印花形式，达到一定量时可兑付赠品。

（3）针对推销员的营业推广

针对推销员的营业推广，常见的有如下两类。

①销售竞赛。组织推销员之间或小组之间进行销售竞争，达到一定销售目标即予以一定的物质奖励和精神奖励。如有的酒店评选月度、季度、年度最佳销售人员，给当选者发放奖金和证书，以调动推销人员的积极性。

②销售奖励。销售奖励的形式有奖金、奖品、免费旅行等，旅游企业按事先的约定发给销售人员奖金和奖品，组织销售人员奖励性旅游。

3. 制定营业推广方案

旅游企业进行营业推广，必须有一个科学而切实可行的方案。旅游营业推广方案是旅游企业营业推广活动的具体安排，包括规模与强度、对象、途径、时间及费用等内容。

（1）旅游营业推广规模与强度

一般而言，旅游营业推广规模越大，对潜在旅游者产生的影响面就会越大，强度越高，刺激程度就会越强。但从成本效益的角度看，规模大、强度高，不见得就能达到最佳投入产出比。有时营业推广强度过高，还可能引起受众的抵触情绪。

（2）旅游营业推广对象

旅游营业推广对象指要明确旅游企业进行营业推广的对象，是经销商、代理商、潜在旅游者，还是推销人员，谁是重点，由谁去完成，强度如何，等等。

（3）旅游营业推广途径

旅游营业推广形式多样，多种形式又可通过多种途径来实施，如既可通过赠券形式，也可采取赠物形式，还可采取抽奖形式等进行营业推广。在实际经营中，旅游企业往往针对不同的目标市场采取不同的营业推广途径。

（4）旅游营业推广时间

旅游企业营业推广时间长短要适宜。营业推广时间太长不一定妥当，如一家三星级酒店一年365天标准客房都打五折，仅卖138元/天，客人却并不怎么买账。营业推广时间也不能太短，太短则刺激作用有限。

旅游营业推广时机的选择也很重要。由于旅游产品季节性强，一般在旺季到来前就要进行营业推广，销售高峰期也是营业推广的高潮期，如果错过时机，营业推广效果往往很差，而且因旅游产品“过时”，不仅不能吸引旅游者购买，反而对企业有负面影响。

（5）旅游营业推广费用

要根据旅游推广的目标、规模强度、途径、时间等来确定旅游营业推广预算。旅游营业推广费用要与带来的效益进行比较。

4. 旅游营业推广的实施与控制

旅游营业推广方案制订之后不能只停留在方案阶段，而要有条不紊地组织实施。在实施前有时还要进行测试，以防止发生重大失误，在试验可行后方可付诸实施；在实施过程中还要进行必要的控制，发现问题及时解决，不断改进营业推广方案，力求达到最佳效果。

（1）旅游营业推广方案测试

旅游企业在进行重大营业推广活动前，往往会选择一定范围进行小规模测试，测试结果证明方案较为有把握时才全面付诸实施。如果发现方案存在重大缺陷，则要重新制定，如发现方案存在一部分问题，待修改完善后才能付诸实施。

（2）旅游营业推广实施

旅游营业推广方案在经过测验并完善后应按计划组织实施，把方案化为具体行动。

（3）旅游营业推广控制

在旅游营业推广方案实施过程中，往往还会出现这样或那样的问题，一旦出现重大纰漏又未能及时发现并矫正，将会出现不良后果甚至损失惨重、影响极坏。

阅读案例

免费自助餐带来的后果

C酒店新开辟能容纳100多位客人同时就餐的中式自助餐厅，拟在国庆节开业，为制造轰动效应，开业前三天在店内外张贴“国庆节中午免费提供自助餐”的营业推广海报，并在海报显著位置写上“天下真有免费的午餐”。开业当天11点前，餐厅外已挤满了人，而酒店营销部和餐饮部却无察觉。11点整，餐厅准时开门，人们蜂拥而入，许多没抢到座位的食客只好站着就餐，没有找到筷子的客人甚至用手拿食物吃；食物不够，有的客人甚至跑到厨房去拿，终因拥挤不堪，把餐厅的玻璃大门都挤破了，场面一片混乱。此时，酒店领导才知道情况不妙，忙派保安去维持秩序，但于事无补，最后只好请110帮忙才控制了局面。原本希望通过提供“免费的午餐”来制造轰动效应，结果却搞得难以收场。

5. 旅游营业推广效果评价

旅游营业是否达到了预期效果，只有进行评价后才能知道。有两种评价方法可以采用，即销售量（利润）前后变化比较评价法和推广对象调查法。

（1）销售量评价法

销售量评价法指从销售量评价营业推广效果。根据《实效促销》的看法，营业推广对销售量的影响有四种典型情况。旅游市场营销可以加以借鉴。

①稳定上升型。在营业推广期内销售量不断增加，营业推广结束后能保持营业推广期间的销售量，这是最理想的状况，也是较少见到的情况。

②平起平落型。在营业推广期内销售量增加，营业推广期结束后，销售量又回到原先的水平。消费者没增加购买量，只是改变了购买时间。

借鉴这一观点，旅游企业发现类似情况后较明智的做法是：对季节性或时间性不强的旅游产品可不进行营业推广，改用其他方式进行促销；对季节性或时间性强的旅游产品，可通过营业推广进行“错峰”，使旅游企业在旅游产品销售方面总体上达到“均衡销售”。

③大起小落型。营业推广期内销售量增长快，营业推广结束后有所减少，但总体上销售量增加超过了销售量减少的数量。根据这种状况，旅游企业可以在上一个营业推广期结束后，开展新一轮营业推广活动。

阅读案例

度假酒店的“错峰”营业推广

某景区W酒店为城郊型度假酒店，周平均开房率为60%左右。周五、周六、周日为高峰期，开房率几乎都为100%，住房供给不足，不得不婉拒客人，而周一、周二、周三入住客人则较少，开房率仅为25%左右，周四入住率为45%左右。为改变客房销售不均状况，W酒店设计了一套针对客房的营业推广计划，即周四维持现有房价不变，周五、周六、周日房价上浮50%，周一、周二、周三房价下调25%。实施这一营业推广方案一段时间后，W酒店周一、周二、周三的客房开房率上升到50%左右，周四的开房率仍为45%左右，周五、周六、周日的开房率为70%左右。周平均开房率仍为60%左右，但由于平均房价提高，酒店收入增加，而且客人的满意度上升，酒店经营高峰期压力减轻。“错峰”式营业推广取得了理想效果。

④小起大落型。营业推广期间销售量增加的数量还不如营业推广过后销售减少的数量。旅游企业要密切注视这种情况的发生。一旦出现这一情况，应停止新一轮旅游营业推广活动，以免得不偿失。

（2）旅游营业推广利润评价

旅游营业推广是一种费用投入，自然也要求回报。在旅游营业推广期间，旅游产品的边际利润会有所下降，因此要得到应有的补偿。为此，营业推广期间的销售量要达到一定的水平，其中，营业推广期间所要达到的最低销售量是重要评价指标。此处所说的旅游产品最低销售量是指可以全部补偿营业推广费用的销售量，超过最低销售量所带来的利润就是促销利润。旅游产品最低销售量的计算公式如下：

$$最低销售量 = \frac{非促销正常销售量 \times 非促销期正常的边际利润}{促销期的边际利润}$$

项目五

旅游公共关系

项目要求

通过本项目的学习，掌握旅游公共关系的基本内容及其功能，具备在旅游市场营销中实际运用旅游公共关系的能力。

一、旅游公共关系的概念及作用

旅游公共关系是一种“柔性化”的沟通与促销方式，其目的主要不是为了销售产品，而是通过与社会和企业内部的“对话”来提升形象，内求团结和协调、外求理解与支持，为企业发展赢得良好的内外部环境。它是企业沟通与促销的第四大行之有效的策略。

1. 旅游公共关系的概念

旅游公共关系是指旅游企业运用各种传播手段与社会公众沟通信息，使旅游企业和公众互相了解，以取得公众的理解、支持和合作，建立和保持良好的企业形象，为旅游企业的营销活动创造一个和谐的外部环境。与旅游营业推广相比，公共关系注重的是长期效果，属于间接传播促销手段。

2. 旅游公共关系的作用

旅游公共关系是一种长期的活动，旅游企业追求的是长期稳定的关系，以真诚合作、平等互利、共同发展为原则，协调和改善旅游企业的社会关系环境。其作用主要有收集信息、参考咨询、协调关系和服务社会四个方面。

（1）收集信息

在变幻莫测的市场环境中，来自各方的信息是旅游企业生存和发展所必不可少的资源。通过公共关系的手段监测企业外部和内部的环境，收集的有关信息都会直接或间接地影响旅游企业的经营决策。比如，微观环境中产品的形象信息，就是消费者对本企业产品的综合反映和评价；旅游企业的形象信息，就是旅游企业的外部公众对旅游企业的意见、期望等。宏观环境中的政治、经济、文化和科学技术等方面的重大变化，也是重要的信息。

（2）参考咨询

旅游公共关系一方面收集信息，了解旅游企业的产品、旅游企业的行为与公众的需求、期望是否一致；另一方面对收集到的各种信息进行综合研究，及时向旅游企业的经营管理者提供参考咨询，帮助决策者分析和判断经营方案的可行性、适应能力和应变能力，同时提供可靠的依据。比如，旅游公共关系从全局和社会的角度参与企业经营目标的确定，通过外部和内部各种信息的反馈来修改和完善目标，以适应不断变化的市场。

（3）协调关系

旅游公共关系将旅游企业的有关信息及时、准确、有效地传递给特定的公众对象，有利于美化企业的形象，提高企业的信誉；有利于企业与公众相互理解，消除误会，排除矛盾，维护企业的声誉；有利于协调旅游企业与外部的关系，以及企业内部的关系，包括企业与员工的关系、企业内部不同部门之间的关系等，增强企业的凝聚力。

（4）服务社会

旅游公共关系以一定的利益关系为基础，既要主客体双方平等互利、共同发展，也要协调和兼顾公众的利益，以维护和发展良好的社会关系。所以，公共关系通过广泛、细致、耐心的宣传教育以及对全体社会公众优惠性、赞助性的服务，来表明企业的良好社会道德和社会责任，使社会公众通过自己的亲身感受来诱发对企业的好感，进而对企业的产品、行为等产生认同和接受。这使企业的生存和发展有了良好的外部环境，便于企业在激烈的竞争中获胜。

二、旅游公共关系的基本原则

1. 以诚取信的原则

旅游企业要在公众心目中树立良好的形象，关键在于诚实。只有诚实，才能获得公众信任的回报。如果旅游企业以欺骗的方法吹嘘自己，必然失去公众的信任。

2. 公众利益与旅游企业利益相协调的原则

旅游企业的生存发展离不开社会的支持，诸如劳动力、资金、生产资料的提供及政府的宏观调控。因此，旅游企业为社会公众提供产品和公关活动时，必须将公众利益与企业利益结合起来。

旅游公共关系不同于旅游广告，旅游广告是付费形式，借助媒体传播旅游企业和旅游产品信息。旅游公共关系也不同于旅游人员推销，人员推销的主要职能在于通过推销人员与客户的接触沟通来达成交易。旅游公共关与旅游营业推广也有明显的区别，旅游营业推广是通过临时性、带奖励性质的刺激方式来促销。旅游公共关系并不着眼于旅游产品的销售，而是协调企业内部关系及内部和外部之间的关系，内求团结、外树形象，谋求有利于企业发展的内部环境和外部社会环境。

三、旅游公共关系策略

旅游公共关系具有搜集信息，沟通信息、广结人缘，处理纠纷、树立形象、扩大销售等职能。

1. 搜集信息

旅游公关的重要职能之一就是搜集旅游企业所需要的相关信息，主要包括旅游企业形象信息搜集、旅游产品形象信息搜集和旅游企业公关信息搜集等。

（1）旅游企业形象信息搜集

旅游企业形象信息搜集包括社会公众对旅游企业诚信经营的评价、经营管理水平的评价、人员素质的评价、旅游服务水平的评价，以及这些评价与同行相比的差异等。这些是对旅游企业社会形象各个侧面的评价，所搜集的评价信息是旅游企业提升形象的决策依据。

（2）旅游产品形象信息搜集

旅游产品形象信息搜集包括社会公众对旅游服务质量评价和对旅游产品印象度、知名度、美誉度评价等。只有旅游产品受旅游者欢迎，旅游企业才有生存与发展的空间。因此，搜集产品形象信息并采取相应的营销措施，有助于维护、改善和提高旅游产品的市场形象。

（3）旅游企业内部公关信息搜集

化解旅游企业内部矛盾、理顺企业内部各种关系，是旅游企业公共关系的主要任务之一。管理者要重视员工的意见与建议，了解员工的所思所想，了解员工对管理层的看法、对企业的期望，增强旅游企业内部的团结，形成较强的凝聚力和向心力。

2. 沟通信息、广结人缘

旅游公共关系的重要职能是通过与社会“对话”和内部信息沟通，创造企业发展的“人和”环境。

旅游企业利用广播、电视、报纸、杂志、电影、网络等各种媒介及展览、会议、赞助活动、联谊活动、走访、游说等进行信息沟通，把旅游企业各类信息及时传送给特定的受众，以扩大旅游企业和旅游产品知名度。通过信息反馈，增进旅游企业和外部公众的相互了解，加深外部公众对企业的印象，消除误解以至改变态度，努力营造旅游企业的“人和”环境。

旅游企业通过沟通信息，协调内部管理层之间、上下级之间、二线与一线之间、员工之间、部门之间的矛盾冲突，消除隔阂、融洽感情，增强管理层的团结，增强部门之间的配合和上下级之间的协调，增强二线为一线、一线为游客服务的合作精神，增强旅游企业凝聚力，增强员工的归属感。

3. 公关纠纷处理

旅游企业应对各种投诉、妥善处置公关纠纷事件也很重要。尽管旅游企业都力争避免公关纠纷事件的发生，但在实际经营中，公关纠纷事件往往难以避免，公共关系的重要职能就是妥善处理公关事件，方法主要有以下几种。

（1）善于倾听

首先要有畅通的“管道”，保障公关纠纷事件的主体“投诉有门”；其次要认真倾听客人的投诉。旅游者在诉说过程中发泄了“冤气”，不满情绪会有所降低。

（2）调查事实、判明是非

查清公关纠纷的事实，弄清真相，判别是非，是妥善解决公关纠纷的前提。

（3）求同存异、化解矛盾

旅游者投诉有几种典型情况：第一种是有理且要求合理的投诉；第二种是有理但要求过度的投诉；第三种是无理投诉。第二种公关纠纷事件较难处理，一般的程序是在倾听意见、了解事实真相后，还需做好真诚致歉、交换意见、取得谅解、合理补偿、了解反应、总结提高等工作。

4. 树立形象，扩大销售

良好的社会形象的基础是诚信，包括经营上坚持“多赢”理念、旅游产品质量稳定、价格合理等。在此基础上，通过公共关系传播，扩大旅游企业和旅游产品的知名度和美誉度，不断为本企业的品牌形象增添光环。在公关活动中，及时反馈有损于旅游产品和旅游企业形象的各种意见，及时反馈各方面所提出的有利于改善和提高形象的有价值建议，提醒决策层及时矫正营销短期行为，以良好的产品形象和企业形象呈现在旅游市场上。

四、旅游公共关系方法

旅游公关方法种类繁多，旅游企业营销人员可运用多种公关手段，开展针对新闻界、社会公众、企业内部员工的公关活动。

1. 新闻公关

新闻公关指利用或策划有吸引力的新闻事件，吸引媒体报道以扩大企业影响。旅游企业可通过新闻报道、人物专访、报告文学、记事、特写等形式，利用各种新闻媒介对企业进行宣传。新闻宣传无需付费，由于新闻界是站在旅游企业和旅游者之外的第三者立场上，能客观公正地提供信息，可信度高，能达到广告难以起到的作用。旅游公共关系的新闻宣传活动还包括对不良舆论的处理。

新闻公关的关键是与新闻界建立良好的合作关系，尽可能满足新闻界的合理要求。旅游企业要掌握新闻特点，及时为新闻单位提供其感兴趣的新闻。在利用或策划新闻事件时，切忌胡编滥造，炮制假新闻。

2. 参与社会公益活动公关

旅游企业是社会的一分子，在从事生产经营的过程中，也应积极参加广泛的社会公益活动，以赢得社会公众的拥护。例如，参与上级和社会组织的各类文化、娱乐、体育活动；参与免费产品咨询、维修、保养等服务活动；参与赞助办学、扶贫、救灾等公益性的活动等，在奉献爱心的同时，树立企业的社会形象。

3. 印制各种宣传资料公关

企业可通过举办展览会，用实物、图片、录像等向公众介绍企业的发展历程，展示企业的经营成果，以此扩大企业的影响；精心设计或选择一些有象征意义、有收藏价值的公关纪念品。还可通过出版内部刊物、产品宣传小册子来进行公关宣传；通过设计企服、企徽和带有企业标志的名片等能展示形象的形式进行公关宣传，加深公众对企业的影响。

阅读案例

香港旅游业的成功

香港旅游业利用公共关系广告的宣传是非常成功的。香港特区政府旅游协会拍过一部题目叫《在神秘的大幕后面》的旅游宣传片，该片反映了香港的旅游资源、人文特色。西方的观众从片中得到的信息是，香港是一个充满东方神秘色彩的城市，你要领略东方的文化特色，不一定到中国内地，也不一定到泰国、韩国，你到中国香港就会一览无余。而东方的观众从片中得到的信息是，香港是一个充满了活力的现代化国际大都市，你要领略现代化国际大都市的风采，你不需要到巴黎、纽约，就到香港吧。一部片子成功地向东、西方不同文化背景的游客推销了香港的旅游形象。中国香港政府还把这部片子赠送给各国电视台在旅游栏目里播放；每年暑假，香港政府把录像带赠送给留学生，让他们把录像带带到他们留学的国家。据香港旅游协会统计，投入1元港币的旅游宣传费，可以赢得200元港币的旅游综合收入。

4. 专题公关

专题公关有开幕式公关、开放参观公关、展览公关、联谊公关等四种形式。

（1）开幕式公关

旅游企业通过开业及有关专项活动的开幕式进行公关宣传，达到展示企业风采、扩大社会影响的效果。

（2）开放参观公关

旅游企业特别是酒店利用向社会公众开放参观来公关。

（3）展览公关

旅游企业通过展览形式进行公关，以达到扩大影响的目的。

（4）联谊活动公关

旅游企业通过与社区、共建单位、合作单位、友好支持单位等的代表和旅游者代表等开展联谊活动进行公关。

阅读案例

金陵饭店：中国饭店业的明珠

六朝古都南京，一座高达37层的白色大厦巍然矗立在市中心。她，就是驰名中外的南京金陵饭店。

金陵饭店给宾客提供了一个清静安谧的环境。大厦前，绿树环绕，清泉喷涌。古典式花园玲珑别致，幽雅舒适。房间内光线柔和，色彩协调，隔音性能良好。登上36层的旋转厅，纵目远眺，南京美景尽收眼底。

崛起于20世纪80年代的金陵饭店，是我国唯一由自己借贷外汇、自己建造、自己经营管理的大型现代化宾馆。开业前，日本《朝日新闻》曾断言："中国人能否管理好这样一个国际一流饭店，是中国四个现代化在饭店业的试金石。"

7 年过去了，"金陵"以其一流的设施和一流的服务，自立于世界饭店业之林，成为中国饭店业的一颗熠熠闪光的明珠。

"金陵"为何能在短短的时间内名扬四海？公关起了什么作用？

密特朗宴席赞"金陵"——试营业美名扬中外

南京是旅游的温点城市，国内外宾客来游览的不多。这对于拥有 800 多个房间的金陵饭店来说，争取客源便成了一大难题。

1983 年 4 月，金陵饭店试营业，37 层的大厦还只能开放 1 层，四周连脚手架也未拆除。就在这时，一个消息传来：法国总统密特朗带庞大的记者团要访问南京。金陵饭店总经理立即意识到，这是一次进行饭店形象宣传的极好机会。经过一番努力，"金陵"承揽了这一接待任务。

筹备工作在紧张地进行。饭店外廓几天内粉刷一新，延伸 30 多层的脚手架迅速拆除，并对服务人员进行专门的法语礼仪训练，所有的通讯设备一一备齐。从总经理到全体员工，几乎对每一个细节都作了周密的考虑。

5 月 6 日，密特朗和随行的近 200 名记者抵达南京。江苏省领导在金陵饭店举行盛大的欢迎宴会。席间，一道道具有法国风味的菜肴端上餐桌，法国贵宾在相隔万里的中国吃到了美味的"家乡菜"，一种"宾至如归"的感觉油然而生。酒至方酣，宴会厅的灯光突然暗淡，20 多位公关小姐每人手捧点着蜡烛的大蛋糕，分成两排缓缓向宴会桌走来。烛光在夜幕中闪着欢乐的光芒，公关小姐向贵宾们致以祝贺。外国记者被眼前这奇妙的情景吸引住了，他们纷纷用摄像机、照相机拍下这难忘的场面，有的还用广播向国外做了现场广播。密特朗总统在宴会上说："饭店刚开业就如此有吸引力，象征着南京市的欣欣向荣。"一时间，饭店成了外国记者的发稿中心，记者们竞相向世界各通讯社发稿。金陵饭店美名远扬！

请来记者作"智囊"精心设计"金秋乐"

几十平方米的大型国画光彩夺目，白帆点点，波光粼粼，茶馆酒楼依稀可辨。画面前，江南水乡打扮的姑娘穿红着绿，手捧佳肴托盘，敬请嘉宾。1987 年 10 月，金陵饭店举办的江南水乡主题晚会，拉开了大型"金秋乐"活动的序幕。

谁也没料到，这项独具匠心的活动是由新闻记者帮助筹划的。

金陵饭店开业以来，每年在秋天旅游旺季都要为住店宾客举办一些活动。如何使这一活动不落俗套，别致新颖，给客人留下美好的印象？这年 8 月，金陵饭店邀请30多位有经验的记者出谋划策。记者们集思广益，精心设计了一整套活动方案，并给这次活动取名“金秋乐”。

于是，金陵饭店围绕一个“乐”字，安排了丰富多彩的活动，如“金秋游园晚会”、“水上芭蕾”、“外国留学生演唱中国歌曲比赛”、“金陵名厨荟萃食品周”、“虎画展销”、“璇宫中秋赏月”等等，饭店成了中外游客的一座乐园。他们品尝着各种秦淮风味小吃，观赏中国的民间艺术，兴趣盎然。一位英国旅游团的领队头天将37名队员全部带来参加活动，散场时急忙询问第二天的入场券是否要涨价？当得到满意回答后，第二天又率全团前来。

“金秋乐”持续一个月，组织了15项专题活动，参加活动的中外宾客达42万人次，国内外许多报纸、广播、电视做了广泛报道，在社会上产生了强烈反响。

公关小姐妙语动人——台湾客人转怒为喜

俗话说：“一句话能把人说笑，一句话也能把人说跳。”公关人员能否恰当地运用语言，直接关系着饭店的形象。金陵饭店就发生过这样一件事。

1988年10月的一天上午，一个福建口音的台湾客人来到公关部售票台前：“我要3张后天去上海的91次软座票。”公关小姐有礼貌地将订票单取出，帮客人登记，当写到车次时，抬头问了一声：“先生，万一这趟车订不到，311、305次可以吗？”“不行！不行！我就要91次。”“万一买不到呢？”客人发火了：“什么万一不万一，你们为客人服务就不能这样说。”

这时，另一位公关小姐灵机一动，接上话头：“我们一定尽最大努力设法给您买到。”客人脸上顿时露出了笑容，满意地离开了售票处。

第二天早上，这位客人来取票，公关小姐笑脸相迎：“先生，您的运气真好！车站售票处明天91次车票好紧张，只剩3张，全给我拿来了，看来先生您要发财了。”客人喜笑颜开地转回房间，提了一包糖边走边说：“托你们的福，我请你们吃喜糖。”他取了票，开开心心地走了。

饭店公关部从这件小事中得到启发：语言是交流思想、沟通情感的工具，但不同的语言会产生不同的效果。因此，公关部门很注重培养公关人员的语言能力，掌握说话技巧。

“金陵”情暖宾客心——宾客离别恋“金陵”

不少到过金陵饭店的宾客，往往情不自禁地会产生一种流连忘返之感。是什么东西像磁石一样吸引着他们呢？这可概括为一个“情”字。

有一次，美国一个旅游团来到南京，该团的陪同告知，旅游团来华后对已去两地的吃、住条件不大满意，要求金陵饭店做好接待，饭店对该团成员名单及情况仔细做了研究，对这些客人吃、住做了精心安排。他们从登记卡上发现该团的一位团员的生日就在进店的当天。

机会来了！公共关系部定做了一盒生日蛋糕，布置康乐中心作好演奏生日歌的准备。正当客人开怀畅饮时，一名身穿红色旗袍的公关小姐将蛋糕送上桌，饭店总经理作了简短的生日祝词，然后生日快乐歌欢快的旋律响起，客人们拍着手，高兴地唱了起来，这天的晚宴给客人们带来了欢愉。

离开南京时，美国客人在留言簿上写道："我们爱金陵饭店，你们服务小姐的优质服务，给我们留下了美好的回忆。有机会来南京，还要住金陵饭店。"

"以诚待客，情暖人心。"金陵饭店的这条服务宗旨赢得了公众的信赖。几年来，来自世界各地的宾客，无论是总统、总理、部长，还是商人、教授、记者，无不对金陵留下深刻的印象。

1. 金陵饭店为何能在短短的时间内名扬四海？这其中，公关销售起了什么作用？

2. 请考虑公关销售工作手段和宣传时机的选择。

项目六

网络沟通与促销

项目要求

通过本项目的学习，掌握网络沟通与促销的基本内容及其功能，具备在旅游市场营销中实际运用网络沟通与促销的能力。

网络不仅为旅游企业带来了新型的销售渠道，而且也为旅游企业带来了一种全新的沟通与促销方式，它越来越受到经营者们的关注。

一、网络沟通与促销的含义

旅游企业在开展沟通与促销活动时充分运用网络这一新型营销工具。这里的网络不仅包括企业部门与部门之间的局域网络，同时也指旅游企业与外部相联系的互联网络。

二、网络沟通与促销的功能

网络沟通与促销具有搜集信息、一对一的互动式沟通、扩大销售等职能。

1. 搜集信息

旅游企业可以通过局域网络收集企业内部各部门之间的信息，也可以通过互联网络进行广泛的信息搜集，了解内部员工以及旅游者的意见、建议。

2. 一对一的互动沟通

一般的，传统的沟通由于受各种条件所限，大多数是通过信息大量复制、大量传播的大众媒介进行，而网络可以让企业实现一对一的沟通。这种一对一的沟通是互动的，它不仅仅是企业向旅游者发布信息，更重要的是通过网络实现信息的双向沟通。旅游企业与旅游者之间可以通过电子邮件进行彼此的交流，也可以通过互联网络上的网上论坛对共同关注的问题进行探讨，达到有效地沟通。

3. 扩大销售

网络沟通与促销可以通过一对一的信息交流，使旅游企业充分了解旅游者需求，针对不同的旅游者设计不同的产品，或者是针对不同的旅游者采取不同的促销方法，甚至设计互动广告来加强促销力度，达到扩大销售的目的。

总之，网络促销有传统促销所不能替代的优点，网络在营销中的普及使用在目前还存在一定的困难，旅游营销人员要正视目前网络在沟通与促销中所发挥的作用，并根据实际情况适时发挥网络在这方面的作用。

阅读案例

马里奥特饭店网络的营销战略

能居安思危、未雨绸缪的管理者，不会放弃网络这个具有生机的营销利器。

1996年，美国的《饭店》杂志评出了全球十佳饭店网站，仅有3家豪华饭店连锁集团入围。其中，马里奥特排名第5位，位居所有豪华饭店集团之首。

自1995年6月假日饭店集团首次将电脑预定网络与互联网相连以来，各大饭店集团纷纷推出各自的网上预定业务。在马里奥特推出网上服务的第一年，预定额已超过100万美元，与同行相比，业绩骄人。但马里奥特并未就此满足，在运行一段时间后，马里奥特对其网站进行了一系列重要的改进，目的是使访问者能更快、更有效地浏览。1997年6月，马里奥特网站重新推出后，其月访问量几乎翻了一番，从19.5万人次增加到35万人次，网上预定金额在头一个月就突破了100万美元，全年网上收益在1500万美元以上，比1996年增加了15倍。1998年，预定额达到3500万美元左右。

马里奥特网站的成功，一方面得益于互联网商业迅猛发展的大趋势，但更重要的是马里奥特网站“顾客至上”的设计思想和丰富及时的内容。

马里奥特网站的主要特点体现在以下几个方面：

第一，交互式地图系统。马里奥特是接待业界内第一家提供在线交互式地图和定位系统的公司。上网浏览的顾客可以利用这种地图系统，确定美国国内任何一家马里奥特成员饭店的位置。一旦确定好地点，顾客就可以放大或缩小画面，以目睹全貌或细节。浏览者还可以在地图画面覆盖范围内很方便地将自己感兴趣的公司、旅行代理商、娱乐场所等信息搜集、整理出来。另外，只要输入出发点和目的地，系统就会自动给出大概的驾车时间和往返的最佳路径，并可输出大量的当地信息。

第二，简捷的预定流程。马里奥特采用了非常可靠的服务器，以确保机密、敏感的信用卡安全无误。而且只需区区几分钟，顾客就能顺利安全地完成预定，并获得确认号码。

第三，常客奖励计划。马里奥特不仅给购买本公司产品和服务的顾客提供奖励，同时把这种优惠给予购买其服务伙伴公司的产品和服务的顾客。这些包括维萨（Visa）、美国运通（American express），赫兹（Hertz，美国最大的租运公司）、美国电报电话公司（AT&T）等著名企业集团。通过这种手段，马里奥特与他们形成了密切的战略联盟关系，使双方的销售能够相互促进，从而大大提高了各自的市场竞争能力。

马里奥特的这些举措，受到了广大旅游者，尤其是公务旅游者的热烈欢迎。1998 年，8.24 万名世界各地的经常旅行者评出了全球最受欢迎的两个饭店计划，马里奥特的常客奖励计划就是其中之一。同时，这个计划还被《在飞机乘务客内部》和《国际商务旅行者》的读者评为年度最佳饭店奖励计划。

第四，旅行代理商区域。旅行代理商是马里奥特的重要顾客，马里奥特充分考虑他们的需要，专门为他们划出一块区域，该区域包含所有对搜索有用的相关信息和服务，代理商只需在该区域中某个地方输入自己的“国际运输协会式”（LATA）号码，即可获得完全的预定佣金。

模块小结

本章对旅游营销沟通与促销、旅游促销与沟通的概念及两者之间的关系进行了辩证，指出了旅游市场营销沟通与促销组合策略的基本内容及其功能，并指明了旅游从业人员应掌握的旅游广告、旅游人员推销、旅游营业推广、旅游公共关系、旅游网络沟通与促销等手段。

本模块参考浏览网址

1. http：//www. aatrip. com/anli/mudidi/200511/1998. html
2. http：//www. globrand. com/column/zhengzg/
3. http：//jpkc. zjbti. net. cn/scyxx/lyal03. htm

4. http：//jpk. kf－8. com/jxzl－alxb－f. asp？showid＝6

基础知识思考题

1. 旅游公共关系的含义和促销作用是什么？促销方式有哪些？

2. 举例说明营销因素的作用。

3. 有人提出，因为旅游企业的形象是相对稳定的，所以不能把“公共形象”当作市场营销战略的一部分。你的看法如何？

4. 在本地区或本城市找出一家有代表性的旅游企业，进行旅游企业形象调查。用“形象评估工具图”、“形象内容间隔图”将上述调查用曲线图表示出来。

5. 旅游营销中常见的促销手段有哪些？各自的优缺点是什么？

6. 你认为在目前的旅游市场中可以采取哪些促销手段？

基本操作技能题

1. 请你为一家旅行社策划一次促销活动。

2. 请为你所在的旅游城市策划一则旅游广告。

3. 进行一次模拟人员推销。

4. 策划一次旅游节庆的推广活动。

阅读分析题

迪斯尼的成功促销

谈到美国的旅游景区，许多人可能不知道尼亚加拉瀑布或科罗拉多大峡谷，但是恐怕没有人会不知道迪斯尼乐园。早在1964年，美国总统约翰逊在授予公司创始人沃特·迪斯尼国家自由勋章时，就曾赞许道：“作为一名艺术家，沃特·迪斯尼在旅游娱乐业领域，已经创造出了一个美国大众文化的奇迹。”如今，迪斯尼与可口可乐、麦当劳、玛利莲·梦露一起，被称为美国娱乐消费的“四大天王”。

迪斯尼的促销之道可总结为以下五点。

（1）卡通电影树立品牌形象。从1928年《威利蒸汽船》里倾倒世人的欢乐天使米老鼠开始，70余年来，迪斯尼不断创造出人见人爱的卡通形象，无论是唐老鸭、三个小猪、白雪公主、辛巴还是花木兰、木须龙，无不是光彩夺目、熠熠生辉的超级巨星。然而，走红的并不只是卡通形象自身，作为传递欢乐的载体，迪斯尼公司也在传递着它的品牌内涵，树立着它的品牌形象。

（2）浪漫而神奇的童话王国。1955年第一家迪斯尼乐园在洛杉矶建成，以后又在佛罗里达、日本和巴黎相继建立了迪斯尼乐园。在每一家乐园里，欢乐如同空气般无所不在，无论是建筑风格、娱乐项目，无不努力营造一个超凡脱俗的梦幻世界。

在这里，孩子们可以延续他们童话故事中的美梦，而成年人可以拾起他们未泯的童心，体会真实与纯洁。迪斯尼乐园还尽量使用现代化的电子设备，每年补充更新娱乐内容和设施，使乐园成为一个容纳新鲜、纯真的“欢乐王国”。

（3）服务营销，沟通无限。迪斯尼公司找到了欢乐的四项要素：安全、礼貌、优美和效率，并由此升华出“迪斯尼礼节”。围绕这四项要素的要求，迪斯尼斥巨资训练员工，以提供优良的服务，并专门成立了迪斯尼大学。公司还在整个组织机构中统一服务绩效，通过顾客建议和投诉系统等了解顾客的满意情况，力求以服务创造市场。

（4）迪斯尼频道传播迪斯尼信息。1983 年，迪斯尼创建了“迪斯尼频道”，专门用来播放迪斯尼制作的影片、卡通及电视节目。1994 年通过与中国台湾博新公司、英国天空电视台签约及收购大都会——美国广播公司，使迪斯尼走向了世界。到 1994 年，该频道的订购人数升到了 400 万人。

（5）迪斯尼形象遍地开花。迪斯尼通过特许经营发展玩偶消费品，每年利润近 1 亿美元。同时，玩偶消费品又成为迪斯尼公司营销其卡通形象的重要手段。例如，1995 年《玩具总动员》上映之前，迪斯尼公司动用了一切它所能使用的传媒和途径对其进行宣传，包括迪斯尼频道、迪斯尼商店、迪斯尼的宣传画册、迪斯尼的合作伙伴 Burgerking（汉堡王快餐连锁店）。而该片上映之后，主角玩偶又出现在玩具商店中，出现在圆领衫、书包上，这样，卡通片又促进了迪斯尼商品的销售。1993 年，在推出了《谁杀了兔子罗杰》之后，迪斯尼乐园中马上开了一个重现电影场面的立体娱乐点——卡通城。

迪斯尼成功开展促销的原因有哪些？

模块十一 11 旅游市场营销管理

基础知识目标

1.了解几种营销组织结构和形式。

2.掌握营销计划的主要内容及其实施步骤。

3.熟悉旅游企业内部营销管理的相关知识。

基本技能目标

1.学会分析营销实施中遇到的问题，会制订营销计划。

2.能够对旅游企业进行战略分析。

3.初步具备全面管理旅游营销活动和营销团队的能力。

项目一

旅游企业营销组织

项目要求

通过本项目的学习，了解旅游企业营销组织的任务、形式及发展趋势；能够分析旅游企业的营销组织形式。

现代旅游市场规模不断扩大，竞争主体日趋复杂，游客需求千差万别，旅游企业要实现一定的营销目标，必须组织和动员所有部门和全体员工共同努力、相互配合、有效合作。为此，需要借助一定的组织系统来实施，可以说，营销组织是旅游企业营销管理的组织保证。

旅游营销组织是指旅游企业为了实现营销的目标和企业的任务，通过职能分配和人员分工，并授予企业人员相应的权力与职责而进行的协调旅游营销活动的有机体。它是旅游企业营销管理活动的实施主体，也是旅游企业营销管理的基础和重要保证。

一、旅游企业营销组织的任务

旅游营销组织是旅游企业进入市场的桥梁，它的任务就是以满足旅游消费者的需求为中心，指导和协调旅游企业的经营活动，以确保旅游企业经营目标的顺利实现。具体来讲，旅游营销部门的任务包括制定、实施营销计划，并协调相关部门的工作，以保证旅游企业能在恰当的时间、恰当的地点，以恰当的价格向恰当的旅游消费者提供恰当的产品。

1. 计划与管理性任务

（1）市场调研

市场调研包括组织调研项目，收集、处理、分析和加工调研信息。具体的调研工作可由市场营销部门承担，也可委托外界相关的市场调研机构进行。

（2）市场预测

市场预测包括对营销环境、市场规模、市场增长率、市场变化趋势等的预测，并对预测结果进行分析和修正。

（3）拟定营销计划

市场营销计划包括拟定目标市场战略和策略，设计营销组合方案等。

（4）产品的促销

旅游产品促销包括确定旅游信息沟通的对象和目标、设计促销信息、选择信息沟通渠道、进行促销预算、决定促销组合、衡量促销效果等。具体包括旅游广告、人员推销、公共关系、营业推广、网络营销等。

（5）产品的分销

产品的分销是指根据旅游产品的特点，选择适当的渠道模式，确定销售渠道的长度、宽度；选择合适的旅游中间商，管理并激励高质量、高效率的旅游中间商。

（6）营销预算的制定

在旅游市场调研、预测的基础上，利用量入为出法、收入百分比法、竞争对等法、目标任务法等预算方法，测算出在确保目标利润的前提下计划期的营销费用和收支状况。

（7）控制和评价营销结果

根据所制定的计划目标，对计划期内的每一项计划措施的执行情况进行评价，及时发现问题并采取措施进行纠正。计划结束后，通过总体工作评价来总结经验教训，为以后的工作积累经验。

2. 执行性任务

执行性任务主要包括以下四个方面。

（1）举办和出席业务洽谈和贸易会

旅游企业的营销组织有选择性地参加一些业务洽谈和贸易会，适时地把企业的部分营销计划通过业务洽谈和贸易会传播出去，并在洽谈会和贸易会上捕捉商机。

（2）开展针对旅游中间商的推销性外联工作

企业的营销组织在总体营销战略指导下，积极拓展旅游中间商，开展以沟通与促销为主导的外联性工作，以扩大中间商的选择范围，为旅游企业选择最合适的中间商。

（3）与旅游中间商建立联系，并定期访问

企业的营销组织对已经建立的旅游中间商进行定期访问，以了解中间商能够在经销或代理本企业产品过程中所遇到的问题，倾听中间商的心声，及时改进营销工作。

（4）利用广告、公共关系等进行促销活动

旅游企业的营销组织部门要根据营销计划的安排，开展促销活动，以达到加强与目标公众沟通、销售产品、树立企业和产品形象等目的。

3. 协调性任务

主要是与有关部门如营业部、财务部等进行协调，就与旅游营销有关的问题进行沟通，以确保营销计划的顺利执行。另外，也将顾客消费后的信息反馈及时传达到相关部门，便于相关部门作出适当的调整。

阅读案例

缺乏协调酿恶果

顾先生是一家中型旅行社的总经理。他的办公桌上放着一份由几十名旅游者联合签名的投诉信。信中抱怨到，他们受该旅行社发行的旅游小册子的吸引参加了该社推出的假日旅游，结果却大失所望：下榻饭店的客房没有图册照片中的鲜花和水果，第一晚用餐时，客人发现餐位和食物供应量不足。原来，饭店餐厅从销售部接到的通知中，该团总共40人，而实际人数却是46人。全陪导游在来时路上大力推荐介绍的某一景点，到达后却被当地导游告知临时取消。组团社和接团社的导游为此争执不下。后来增加参观一个景点，却又因交通堵塞让游客在半山腰中等了近一个小时。这条旅游线路本来前景不错，但现在看来，顾先生觉得有必要召集营销经理和其他主管好好商量一下解决各环节的配合问题。

二、旅游企业营销组织的形式

现代旅游营销的组织形式是多种多样的，但主要有以下四种基本的营销组织形式。

1. 职能型组织

这是最常见的市场营销组织模式。它在市场营销副总经理的领导下，集合各种市场营销专业人员。市场营销副总经理负责协调各个市场营销职能科室、人员之间的关系。

职能组织模式的主要优点是简便易行，职能内的活动效率较高。其缺点是：随着旅游产品品种的增多和市场的扩大，相互协调比较困难，就会导致某些产品或市场无专人负责，而且每个职能部门都强调自己的重要性，因而相互竞争，不利于旅游企业内部协调，这样组织也就难以发挥应有的效果。其组织形式见图 11－1。

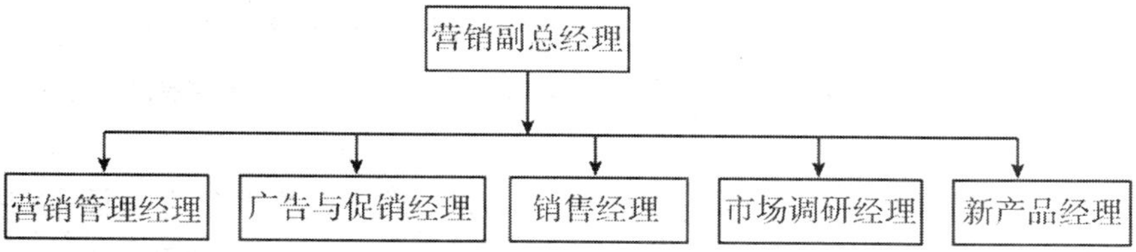

图 11－1　职能型营销组织

2. 地区型组织

地区型组织就是旅游企业根据地理区域安排自己的营销组织，从较大区域依次到较小区域，确定一定的管理幅度，安排销售人员，形成一个严密的销售网络的组织形式。如中国某大型旅行社的地区式组织就是在营销副总经理下设多个地区市场部门，如华中市场部、华东市场部、华南市场部、华西市场部、东北市场部等。

地区型组织的优点是：专门的市场有专门的部门和专门的人员负责；缺点是可能导致部门多和人员多。这种组织形式适宜于销售范围大、推销任务复杂的旅游企业。见图11－2。

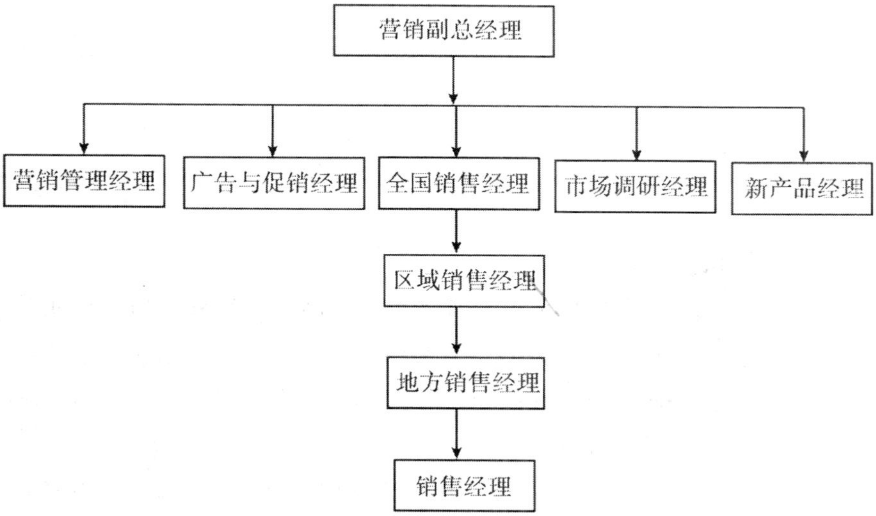

图 11－2　地区型营销组织

3. 产品管理型组织

一些旅游企业经营多种业务或多品牌产品，由于各种产品或各种品牌的差异性较大，因此，这些旅游企业常按产品或品牌建立营销组织。也就是由营销副总经理统一领导，协调各职能部门的活动，其中由一产品经理管理若干个产品线经理，产品线经理又管理若干个具体产品的经理。在产品管理型组织形式中，产品经理发挥着重要作用，如：制定产品的长期竞争策略；制定产品年度销售计划；与广告代理商和经销商共同策划广告活动；激励销售人员和经销商对产品进行销售；收集产品、顾客、经销商的有关信息；促进产品的改进和新产品的开发等。

产品管理型组织的优点：一是由于每一产品都有专门的经理负责，因此便于接近市场、了解市场，便于制定合理的营销组合策略；二是产品经理几乎涉及业务经营的各个方面，因此有利于产品经理的培养和锻炼。其缺点：一是产品经理的权力与责任不对称，责任太大，而权力太小，因而不能很好地完成任务；二是营销费用较高。这种形式适宜于那些产品种类多、差异性大的旅游企业。见图 11－3。

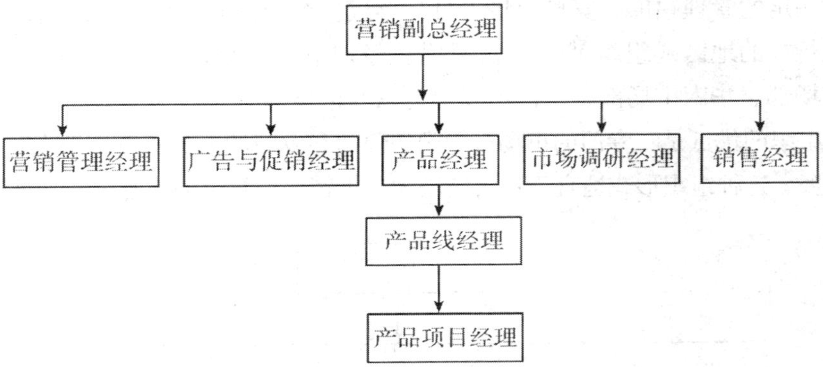

图 11－3　产品管理型营销组织

4. 市场管理型组织

许多大型的旅游企业将产品出售给不同的细分市场，这时就可以采取市场管理型组织。所谓市场管理型组织就是由企业营销副总经理统一领导，协调各职能部门的营销活动，其中，市场经理监督若干个细分市场的经理。这种组织结构类似于产品管理型组织形式，所不同的是面对不同类型的市场，如某一饭店的市场管理组织包括客房部、餐饮部和娱乐部等。市场经理的职责是分析其服务的市场的变化趋势和对旅游新产品的需求，并制定中长期营销计划和年度计划。

市场管理型组织形式的主要优点是：旅游企业克服了产品或地区型组织彼此分立的弊端，围绕特定旅游消费的需要开展一体化的营销活动，即这种形式的营销活动同旅游者更加贴近了；之外，它还充分地体现出“以消费者为中心”的营销观念。主要缺点是：市场经理的责任大而权力小，难以完成其使命；费用较高。见图 11－4。

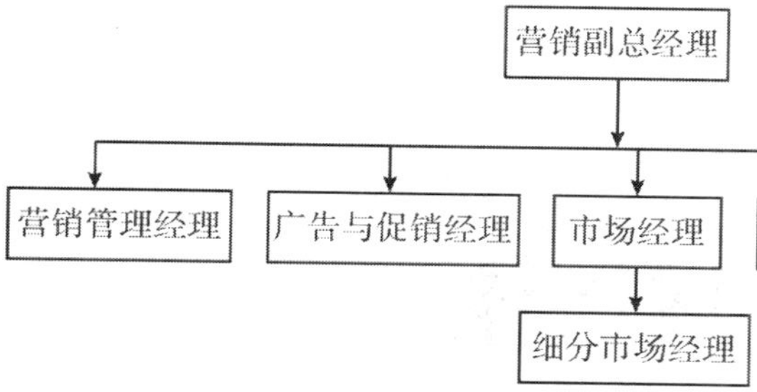

图 11－4　市场管理型营销组织

二、旅游企业营销组织的发展趋势

随着网络经济下旅游企业营销的特点以及营销组织的环境、战略、职能等的变化，旅游企业营销组织在结构上必然有与之相适应的变化。旅游企业组织结构的变化主要体现在管理层次与幅度、分工形式、关键职能、集分权程度、规范化程度、制度化程度、专业化程度以及人员结构等因素上，总的看来有以下特点。

1. 组织结构偏平化

在网络环境下，旅游企业高层管理人员可以通过网络及时而准确地获得更多的直接信息。扁平化、网络状的组织有利于抓住市场机会，更果断地进行决策。

2. 组织结构柔性化

在网络环境下，由于技术水平和人员素质的提高，导致了工作单元的合并以及业务流程的并行处理。为了与动态的环境相匹配，常常成立一些临时性的以任务为导向的团队式组织，快速有效地围绕目标与任务合理配置各种资源，充分体现企业营销组织的灵活性，并由此导致组织结构的柔性化，从销售主导型组织转变为游客主导型组织。游客既是旅游企业营销工作的终点，更应成为营销工作的起点。旅游企业的每个部门都应把自己看成是整体营销的一个环节，自觉配合、协调互动，共同完成营销目标。

3. 组织结构的无边界化

由于信息技术的广泛应用，以及企业营销组织管理网络化，使人们迅速跨越界限进行工作交流和工作转换，导致营销组织内部、与企业其他业务部门之间的界限逐渐被打破，旅游企业营销组织与客户之间的障碍被消除。

4. 组织结构的虚拟化

在网络环境下，旅游企业营销组织更有条件在掌握营销核心能力的基础上，依靠其他组织进行旅游产品的设计、促销等非核心营销业务。掌握核心营销能力或者核心营销资源，如企业品牌、营销传播等，可以使旅游企业营销组织将营销资源集中到高附加值的业务上。

项目二

旅游市场营销的计划

项目要求

通过本项目的学习，掌握旅游市场营销计划的内容；能够独立完成旅游企业营销计划的制定。

旅游市场营销计划是对旅游目的地或旅游企业市场营销活动方案的具体描述，即通过对目前市场发展态势以及自身地位和实力的分析，确定今后发展目标、营销战略和行动方案的过程。反映这些既定目标、战略计划和行动方案的书面文件，便是该目的地或旅游企业的市场营销计划。在不断变化的市场环境中，为了使自己的市场营销战略决策不至于迷失方向，在激励竞争中生存和发展，任何旅游企业都不得不对自己的业务活动进行系统地规划，寻找有利的经营机会，制定有效的经营策略，策划具体的行动方案，从而使业务的开展有据可依，以避免营销活动的盲目和混乱。

一、旅游市场营销计划的内容

一份市场营销计划重要的不是篇幅大小，而是说明目标、战略和执行计划必需的成本。无论何种类型的市场营销计划，原则上都应简明扼要，言简意赅。但一份科学的、可行的市场营销计划，至少包括以下要素和内容。

1. 背景或现状及其分析

（1）背景与现状描述

提供与市场、产品、竞争、分销以及现实环境有关的背景资料，主要几个方面。

①市场的基本情况。包括市场规模与增长（以单位或金额计算）；过去几年的总量和总额；不同地区和不同细分市场的情况；消费者或用户在需求、观念及购买行为方面的动态和趋势等。

②过去几年产品销售的价格、利润及差额。

③主要竞争者。包括他们的规模、目标、市场占有率、产品质量、市场营销战略和战术，以及任何有助于了解其意图、行为的资料。

④各分销渠道的销售情况、相对重要性及其变化。主要经销商及他们经营能力的变化，对他们进行激励所需的投入、费用和交易条件。

⑤该产品（品牌）在市场营销宏观环境中的影响因素、现状及未来变化趋势。

（2）机会和威胁、优势与弱点分析

通过机会与威胁分析，阐述来自外部的能够左右企业未来的因素，以便考虑可以采取的行动。对所有机会和威胁，要有时间顺序，并分出轻重缓急，使更重要、更紧迫的能受到应有的关注。通过优势与弱点分析，说明企业资源、能力方面的基本特征。优势是企业用于开发机会、对付威胁所具备的内部因素，弱点是企业必须改进、完善的某些内部条件。

【知识链接】

市场营销机会的类型包括深度发展机会、联营扩展机会和多种经营发展机会。其中，深度发展机会又包括市场渗透机会、新产品开发机会和多样化经营机会；联合扩展机会也有三种类型：横向联营、后向联营和前向联营；多种经营发展机会包括利用现有设施和服务技术的机会、利用同一市场的经营机会和跨行业的经营机会。

（3）指出企业面临的主要问题和对未来的主要假设

将机会与威胁、优势与弱点分析的结果，用来确定计划中必须强调、突出的主要方面。在这些方面进行的决策，有助于形成有关市场营销的目标、战略和战术。

2. 战略目标与任务

（1）战略目标与任务的关系

战略目标是指在一定时期内，市场营销工作的服务对象和预期成效。这是制定市场营销战略首先必须明确的问题。只有在目标明确的前提下，一切营销决策和策略才具有明确的方向和现实的意义。任务和目标二者不可分割，都是营销战略的基础和出发点。目标是任务的具体化，而任务则是实现目标的途径。

对于具体的旅游企业而言，其任务具体表现为企业的经营范围和领域，这是企业寻求和判断战略机会的活动空间和依据。在开始时企业的任务通常比较明确，但随着时间的流逝，组织逐渐扩大，增加了新产品、新市场时，它的任务就会变得模糊起来，或者任务可能很明确，但对于新的环境条件已失去了相关意义。任何一个企业在确定其具体任务时，都必须明确回答以下几个根本性问题：本企业是做什么的？本企业的主要市场在哪里？谁是本企业的主要顾客？顾客的需要是什么？本企业应如何满足这些要求？通过准确回答这些基础性问题，就能够明确地判定企业的任务。

（2）任务应该具有的特点

①长久性。在《营销近视》一文中，莱维特提出，企业经营必须被看成是一个顾客满足过程，而不是一个产品生产过程。产品是短暂的，而基本需要和顾客群则是相对稳定的。任何技术都有可能随着时间的推移而陈旧老化，被市场淘汰，而市场上的某种需求却是长久存在和不断发展的。马车公司在汽车问世后不久就被淘汰，但是，同样一个公司，如果它明确规定公司的任务是提供陆路交通工具，它就会从马车生产转入汽车生产。对于一个旅行社来说，它的任务是提供能够满足各种不同需求的产品。因此，商务活动发达时可以开发商务旅游产品，休闲成为时尚时可以开发休闲旅游产品。这样，任务就具有相对的长久性，使企业营销活动不至于失去目标。

②可行性。在制定以市场为导向的业务范围时，管理者要避免两种倾向：过于狭隘或过于广泛。过窄不利于企业潜力的发挥，过宽会分散企业力量而难以达到预期目标。如超过30万间客房的世界最大的旅游连锁企业——美国假日旅馆有限公司，在若干年前，把自己的业务范围从“旅游业务”转向“旅游行业”，而旅馆业只是后者的一个组成部分。为了实现这一任务，它收购了特拉尔威斯有限公司——美国国内名列第二的公共汽车公司和三角洲轮船有限公司。而事实上，假日集团无力管理这些公司。1975年，它放弃了特拉尔威斯公司，同时为三角洲公司找到了买主。假日旅馆有限公司坚持经营住宿业，终于在这一行业独占鳌头。这就是多元化和专业化的区别。确定任务必须充分考虑企业的实力。

③激励性。企业制定的任务要明确，要对全体员工有鼓动性。旅游企业的主题产品是员工对顾客的直接服务，如果员工认为自己的工作是有意义的，是在为人们的生活作出贡献，那么他所提供的服务将饱含感情和敬业精神，也一定能达到高效优质。这就要求旅游企业制定的任务具有激励作用，能够鼓舞员工士气，激发工作热情，最大限度地调动起他们的主观能动性和创造性。

④明确性。旅游企业制定的任务必须具体而明确，而且要强调互相配套服务的方针政策和完成这些任务的途径、方法和手段。例如，员工应该怎样对待客人？如何对待中间商和供应商？如何对待竞争者？如何对待公众？等等。企业在重大问题上有共同的、具体的、可操作的行为准则，才能保证企业上下齐心协力，并在实际工作中达到任务规定的预期目标。

（3）从任务到目标

企业任务确定以后，应该把任务具体化为每一个管理层次的目标。企业经营的目标不是单一的，而应该是一个综合、多元、分层、量化的目标体系。在不同时期、不同环境下，企业目标的内容也不尽相同。但从总体上讲，企业的经营目标都应该包括利益目标、贡献目标、发展目标、营销战略目标、风险分散目标、创新目标等。其中，营销战略与企业总体战略目标关系最为密切。企业任务要体现市场导向这一现代经营观念，因而营销战略是实现现代企业总体战略的关键部分，营销战略目标的实现是达到企业总体经营目标的前提条件。

3. 战略选择

为了实现目标，企业必须选择相应的战略，以文字表达或列表加以详细说明。

（1）确定目标市场

目标市场即企业或其品牌、产品准备进入的细分市场。不同的细分市场在顾客偏好、对市场营销行为的反应、盈利潜力，以及企业能够或者愿意满足其需求的程度等方面各有特点。企业必须善于识别它的首要目标市场、次要目标市场乃至更为次要的目标市场。首要目标市场指已经具备充分的购买条件和欲望的顾客，是企业市场营销活动的“主战场”；次要目标市场是指可能有购买能力，但是尚未准备就绪且欲望不足的潜在顾客；更为次要的目标市场包含了目前缺乏购买能力，但是购买的可能性或许会增加的一些群体。进行市场营销管理就是要在精心选择的目标市场上，慎重分配资源和力量。

（2）完成市场定位

企业需要通过市场定位说明它所提供的利益和价值与竞争者有什么区别和不同，借以向目标市场显示，自己更值得信任和购买。定位的实质是差异化，它是吸引现有的或潜在的顾客购买的基础，需要市场营销组合创造性地加以体现。企业可以通过“内容”，即“提供什么”形成差异化；也可以通过“背景”，即“如何提供”达到目的，它是企业为帮助顾客“感受”内容的差异化而做的努力；还可以通过“基础设施”，即提供的辅助物，包括技术或人员用以支持内容和背景的差异化。

（3）确定市场营销组合

对选定的细分市场，根据定位的要求，分别制定运用产品、价格、分销和促销等市场营销手段的基本构想并加以整合。通常，在对目标市场发展市场营销组合时，会有多种方案可供选择，因此要辨明主次，从中选优。

（4）完成预算

说明执行有关市场营销战略所需的适量的费用及其用途和理由。决定目标、战略和战术以后，企业可以编制一份类似损益报告的辅助预算。在预算书的收入栏中列出预计的单位销售数量，平均净价；在支出栏中，列出分成细目的生产成本、储运成本以及各种市场营销费用。收入与支出的差额，就是预计的赢利。

在制定战略过程中，市场营销部门必须与其他有关部门、人员讨论和协商，听取他们的意见和建议，争取他们的理解、支持和合作。缺乏沟通，常常会使部门之间、计划人员和操作人员之间产生矛盾，导致战略与计划难以操作、不能落实，成为一纸空文。

经上级主管批准、同意，市场营销战略将成为有关部门、有关环节安排和进行采购、制造、使用资金和人力资源及市场营销管理的依据。

4. 战术或活动方案

战略必须具体化，形成整套的战术或活动，成为日程上的内容。也就是进一步从做什么、何时做、花费多少成本以及达到什么要求等方面，全盘考虑市场营销战略实施中涉及的各个因素、每个环节及所有内容。必须把具体的战术或活动用图表等形式反映出来，标明日期、费用和责任人，使整个战术行动方案一目了然，便于执行和控制。

5. 控制方法

控制部分主要说明如何对计划的执行、进度进行管理。常用的做法是把目标、预算按月或季度分开，便于上级主管及时了解各个阶段的销售实绩，掌握未能完成任务的部门、环节，分析其原因，并期限让其做出解释和提出改进措施。

有些市场营销计划的控制部分还包括针对意外事件的应急方案。在应急方案中，应扼要列举可能发生的各种不利情况，发生的概率和危害程度，应当采取的预防措施和必须准备的善后措施。

二、旅游市场营销计划的制定

营销计划在旅游企业经营活动中的作用日益突出，它不仅为旅游企业经营指引了方向，还为旅游企业实现营销目标乃至总体目标规定了具体的内容和步骤。旅游市场营销计划的制定过程如图 11 - 5 所示。

1. 确定企业任务

制定市场营销计划的第一步是确定旅游企业的任务是什么。确定任务即说明企业的目的，企业的目的或任务决定了企业的发展方向。确定企业任务时需要解决以下几个问题：企业是做什么的？企业应做什么？顾客是哪些人？顾客预想的价值是什么？等等。

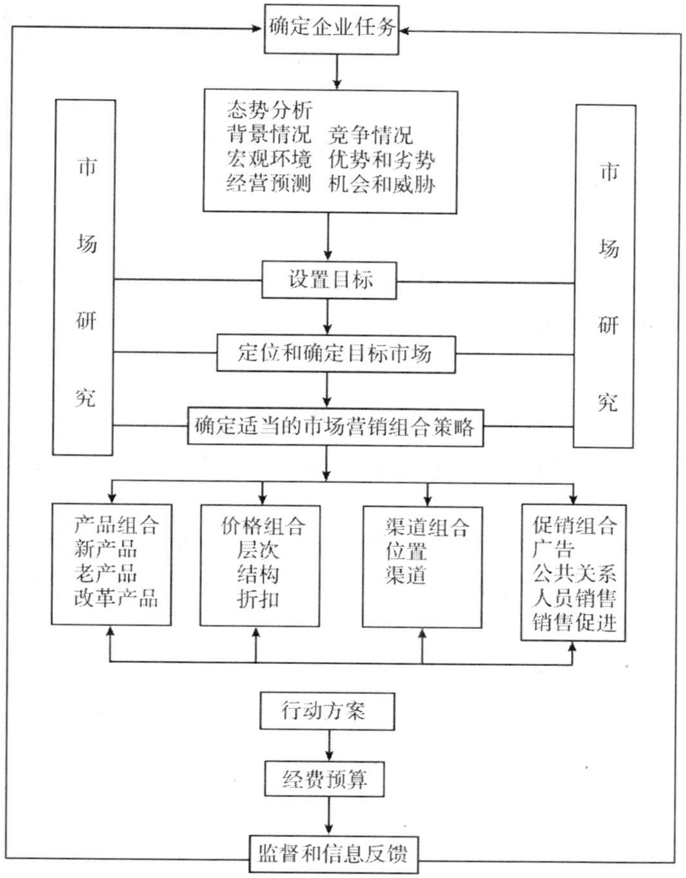

图 11－5　市场营销计划制定的基本过程

2. 态势分析

制定市场营销计划的第二步是态势分析，包括以下几个方面。

（1）背景情况

对企业进行分析，包括总收入、市场占有率、顾客数、成本、利润，以及其他类似的分析。

（2）宏观环境分析

旅游企业必须在宏观的外部环境中经营，人口统计、经济、生态、技术、政治和文化等很多因素都会对企业经营产生影响。

（3）经营预测

企业在设想宏观环境没有发生较大变化的情况下预测企业的整体经营情况。

（4）竞争情况

旅游企业应分析所处的竞争环境，分析企业有哪些竞争对手，这些竞争对手在哪些方面会和本企业形成竞争。

（5）优势和劣势分析

在上述分析的基础上，再结合对本企业的位置、有形设施、形象、声誉、财务结构等方面的综合分析，确定企业自身的优势和劣势。

（6）机会和威胁分析

确定企业现在所处的环境和自身情况，分析企业所面临的机会和威胁，把市场环境发生变化的因素变为对旅游企业有益的因素。

3. 设置目标

旅游企业的市场营销目标是在分析企业市场营销现状并对未来的风险和机会预测的基础上制定的，是旅游市场营销计划中的核心部分，一般要确定以下两个目标。

（1）财务目标

旅游企业都应有一定的财务目标，既要确定一个稳定的长期投资收益率，也要确定企业在本年度内所获取的利润目标等。

（2）市场营销目标

旅游企业的财务目标必须转化为市场营销目标，因为只有通过一定的营销目标才能最终实现企业的财务目标。旅游企业常见的市场营销目标主要通过销售量、销售收入、市场占有率、营销渠道覆盖范围、旅游消费者对旅游产品的了解程度等指标体现出来。

项目实训

上海春秋航空公司成立于2005年，注册资金总额为8000万元人民币，由中国最强的国内旅行社——春秋航空旅行社创办。在航线与销售网络建设方面，公司经营上海飞珠海、厦门、昆明、海口、三亚、桂林、温州、青岛等30多个城市的航线。但同时，春秋航空销售渠道管理中存在如下问题：

（1）直销网络未具规模，难以满足市场需求。春秋航空不设代理商，由春秋航空办事处和旅行社组成的销售网络是春秋航空公司最主要的销售渠道之一。除了上海大本营拥有50个网点外，其他30多个省会城市和旅游城市只有少数几个网点，销售力量不足，难以满足旅客需求。

（2）网络销售还不完善，还未被大部分目标旅客所认知。网络销售虽作为春秋航空公司主要倡导的销售方式，但网络销售服务还不完善，它虽采取了一系列措施鼓励乘客网上订票，但仍未被大部分旅客所认知，还未发挥主渠道的作用。

针对春秋航空公司出现的营销问题，制定一个简单地向其他地区销售产品的营销计划。

4. 市场营销策略

制定市场营销计划的第四步就是提出具体的市场营销策略，并把这些策略写成文字方案，这就是市场营销论证。旅游企业希望通过市场营销论证赢得竞争中的胜利。这关系到应采取什么措施来实现企业的目标。前面所有的步骤虽然是重要的，但只为实际的市场营销策略提供了背景。确定市场营销策略任务后的步骤虽然也是重要的，但主要是致力于如何完成策略任务。

市场营销策略由三个方面组成：产品定位、确定目标市场、确定适当的市场营销组合。产品定位是旅游企业试图在顾客心中建立的产品或服务的某种可识别的特殊形象。因此，必须制定能够创造和保持比竞争对手更加理想的形象和等级策略。旅游企业不可能向所有的人提供服务，因此必须对本企业的市场进行选择，从而确定目标市场。根据对目标市场的认识，可以制定针对每个市场的不同市场营销组合策略，即选择适当的产品、价格、渠道和促销方法，或者其他类型的市场营销组合。

5. 市场研究

在制定市场营销计划过程中，市场研究不是一个真正的独立步骤，但确实是一个贯穿全过程的不可分割的部分。市场研究既是对内的又是对外的。收集和分析内部资料，以说明企业处于哪个阶段以及过去是如何做的，揭示其长处和短处；而外部资料提供的机会和威胁信息，则表明企业未来的发展方向。对消费者的研究特别重要，因为它揭示顾客和潜在顾客对旅游企业的看法，以及他们所追求的服务和产品组合。

6. 行动方案

旅游市场营销计划的具体内容确定后，还必须规定详细的行动方案，即工作程序，具体内容主要包括：企业要做什么？由谁来负责？什么时候做？何时完成？成本费用是多少？

7. 预算

市场营销计划预算基本上是计划中的盈亏说明。在收入方，它说明可以实现的总收入；在支出方，它表明贯彻执行计划所需要的开支。预算一旦被批准，就成为执行计划的指导原则。

8. 反馈和控制系统

制定市场营销计划的最后一个环节是有关跟踪计划的进展过程。这是完成计划和提供继续执行计划的依据。反馈系统判断目标达到的标准，主要包括：销售量和收入分析、市场份额分析、用于销售分析的市场营销费用以及对顾客态度的调查等。

项目三

旅游市场营销执行与控制

项目要求

通过本项目的学习，熟悉旅游市场营销执行与控制的内容、过程和方法；具备管理旅游市场营销活动的能力。

一、旅游市场营销执行

旅游市场营销计划的实施是一个系统工程，是将营销计划变为具体行动的过程。行销计划的提出和制定仅仅解决了旅游企业的市场销售活动应该“做什么”和“为什么做”的问题，它只是营销管理过程的开始。而要想有效地调动旅游企业的全部资源，将其投入到日常业务活动中，就必须将旅游市场营销计划变为具体的市场营销方案，这就是解决企业市场营销“谁来做”、“何时做”、“何地做”、“怎样做”的问题。美国的一项研究表明，90%被调查的计划人员认为，他们制定的计划没有成功，是因为没有得到有效的执行。

要想使营销计划得以顺利实施，首先，必须使企业营销系统中的各级人员协调一致；其次，营销部门还必须与财务、人事、采购等部门密切配合。此外，企业外部有关的个人和组织，如供应商、零售商、广告代理商、广告媒体以及调研公司等，对企业计划的实施也有重要影响。从影响旅游市场营销计划的诸多因素出发，成功地贯彻实施旅游市场营销计划的过程一般要经过以下几个步骤。

1. 旅游市场营销执行中的问题与原因

企业在实施市场营销计划的过程中，不能获得预期成效，主要有以下几个方面的原因。

（1）计划脱离实际

企业的市场营销战略和市场营销计划通常是由上层的专业设计人员制定的，而执行则要依靠市场营销人员。由于这两类人员之间往往缺少必要的沟通和协调，导致下列问题的出现：第一，企业的专业计划人员只考虑总体战略而忽视执行中的细节，结果使计划过于笼统而流于形式；第二，专业计划人员往往不了解计划执行过程中的具体问题，所定计划脱离实际；第三，专业计划人员和市场营销人员之间没有充分的交流与沟通，致使他们并不完全理解需要执行的计划，以至经常感到困难；第四，脱离实际的计划导致计划人员和市场营销管理人员的相互对立和不信任。

（2）长期目标和短期目标相矛盾

市场营销计划中的战略部分通常着眼于企业的长期目标，涉及今后 3 ~5 年的经营活动。但企业对执行这些战略的市场营销人员却通常用短期工作绩效进行评估，导致市场营销人员常选择短期行为。

（3）因循守旧的惰性

企业当前的经营活动往往是为了实现既定的战略目标，新的战略目标如果不符合企业的传统和习惯，就会遭到抵制。新旧战略的差异越大，执行新战略可能遇到的阻力也就越大。要想执行与旧战略截然不同的新战略，有时需要打破企业传统的组织结构，创造一个新的推销机构。

2. 旅游市场营销执行过程

（1）制定行动方案

为了有效地实施市场营销战略，必须执行详细的行动方案。这个方案应该明确市场营销战略实施的关键性决策和任务，并将执行这些决策和任务的责任落实到个人或小组。另外，还应包含具体的时间进程表，定出行动的确切时间。

（2）建立营销组织机构

旅游市场营销组织结构是旅游市场营销计划贯彻实施的主要力量，建立和强化市场营销组织，对推动旅游市场营销活动的开展起着决定性作用。组织将战略实施的任务分配给具体的部门和人员，规定明确的职权界限和信息沟通渠道，协调企业内部的各项决策和行动。具有不同战略的企业，需要建立不同的组织结构。

另外，贯彻执行旅游市场营销计划的营销组织结构应保证与企业的营销计划、营销战略一致，与企业自身的特点、要求和环境一致，这样才能保证旅游市场营销计划的顺利实施，达到预期目标。

（3）涉及决策和报酬制度

实行多元化经营和产品的市场覆盖面较广的旅游企业，不可能实行高度集中统一的管理制度，而要适应市场变化的要求，需实行分权管理。与此相应，还必须涉及有利于市场营销计划贯彻执行的报酬制度。就企业对管理人员工作的评估和报酬制度而言，如果以短期的经营利润为标准，则管理人员的行为必定趋于短期化，他们就不会有为实现长期战略目标而努力的积极性。因此，不仅要调动企业员工实现短期营销目标的积极性，还要调动其实现长期目标的积极性，促使旅游企业员工行为的合理化。

（4）开发人力资源

旅游市场营销计划的实施，最终要通过人员的推动和努力来体现，并且，营销计划的执行在不同程度上涉及企业的所有员工，所以人力资源的开发至关重要。这涉及人员的考核、选拔、安置、培训和激励等问题。在考核选拔管理人员时，要注意将适当的工作分配给适当的人，做到人尽其才；为了激励员工的积极性，必须建立完善的工资、福利和奖惩程度。此外，企业还必须决定行政管理人员、业务管理人员和一线工人之间的比例。

（5）建设企业文化

企业文化是指一个企业内部全体人员共同持有和遵循的价值标准、基本信念和行为准则。企业文化已成为企业的重要战略资源，成为市场竞争中的重要竞争手段，它对企业经营思想和领导风格、对员工的工作态度和作风等方面起着决定性的作用。通过企业文化建设，逐渐形成共同的价值标准和基本信念，保证旅游市场营销计划在相应的企业文化和管理风格的氛围中得到的无形力量支持。

二、旅游市场营销控制

旅游市场所受的影响因素日益复杂，旅游市场变化也就更为频繁，因而旅游企业在针对未来不确定的市场环境拟定营销计划时，所制定的计划难免与实际实施情况有一定的出入和偏离。为维护和保证旅游市场营销计划的严肃性和科学性，在计划实施过程中就应有相应的控制程序，对计划本身或计划的实施进行必要的调整，以保证旅游企业营销目标的实现。因此，旅游市场营销控制就是采取行动，使营销活动的结果与期望的结果更接近的过程。

1. 旅游市场营销控制的主要问题

在旅游企业营销活动过程中，营销控制问题主要包括以下六个方面。

（1）企业决策当局对营销部的控制

营销部的各项活动及其成效，直接影响企业的生产经营、财务、人事等部门的活动和成效。因此，企业决策者对营销部门的活动、成效进行最有效的控制就成了最主要的营销控制问题。

（2）营销部门对企业其他部门的控制

企业营销部门的工作必须得到其他部门的密切配合和支持才能顺利地进行。这就需要营销部门建立与其他部门间更有效的沟通系统，促使企业的各部门都能朝着同一方向，致力于企业的整体利益。

（3）营销部门对中间商的控制

中间商的行为不一定总是有利于企业的营销活动，因此，营销总监就会碰到如何对中间商实行较好的控制这一问题。比如，那些对企业贡献大的中间商，企业应给予适当的奖励；相反，对那些不守信用的中间商，应考虑放弃，或采取必要的惩处。

（4）营销部门对营销人员的控制

企业营销总监还会碰到如何控制营销人员，如销售经理、公关经理等的问题。营销总监可以通过设置良好的权责关系、预算制度、成效审查制度、报酬制度等，来执行这项营销控制工作。

（5）营销部门对营销计划成效的控制

由于旅游营销环境中的各种因素，如市场、竞争、需求等不断变化，从而使旅游营销计划的实际成效和预期成效发生偏差。为此，营销总监需要对营销计划的执行结果加以控制。

（6）营销部门对营销方案的控制

这种控制问题与营销部门所采取的营销方案，如饭店新产品开发计划、主要广告活动或新市场开拓等有关。它属于如何在预定期限及预算内进行这些方案的问题。

2. 旅游市场营销控制的方式

根据菲利普·科特勒的营销理论，营销控制有四种类型，见表 11－1。其基本原则同样适应旅游企业。

（1）年度计划控制

旅游企业开展年度计划，目的是保证年度计划中所设定的指标（如销售收入、盈利等指标）的完成，其核心是目标管理。一般有四个程序：在年度计划中规定各业务部门每月

表 11－1　营销控制的四种类型

营销控制的类型	主要负责人	营销控制目的	营销控制方法
年度计划控制	高层管理者 中层管理者	检查计划目标是否实现	销售分析、市场占有率分析、财务分析、顾客态度分析
盈利能力控制	营销会计人员	检查企业哪些业务赢利，哪些业务盈亏	产品地区、顾客群、销售渠道等赢利分析
效率控制	直线和职能管理层 营销会计人员	评价和提高经费使用率，评价营销费用使用效果	销售队伍、广告和分配等效率
战略控制	高层管理者 营销审计人员	检查公司是否在市场、产品和渠道等方面有最佳机会	营销有效性评价手段 营销审计

或每季度的目标；管理者严密注视月度或季度进度；如发现较大差距，管理者应探查其原因；采取纠正或补救措施，必要时需调整计划。

管理者在核查年度计划、实行监控时常用以下五种方法。

①销售额分析。销售额分析就是将实际销售额和计划销售额进行对比和评价。对比可以从两方面入手：若销售总额下降，就需找出原因；若是地区销售额与计划数相差较大，就应该查明是执行过程中存在问题，还是计划订得不合理，以便采取改进措施。

②市场份额分析。旅游企业为了了解自己与竞争对手的处境，必须了解自己的市场份额。如果市场份额下降，则意味着本企业落后于竞争对手。

③利润分析。通过检查不同产品、不同销售地区和不同销售渠道的实际获利情况，以决定营销活动的扩大或缩小。

④营销费用分析。用来确定营销费用开支是否合理，以克服不合理的开支。也可以按照不同地区，不同市场、不同产品达到的销售额与相应的费用开支进行比较，以确定这些方面费用支出的差异。

⑤顾客满意度分析。通过各种渠道收集顾客和中间商的反应，使旅游企业全面了解产品和服务在顾客和中间商心目中的地位和形象，改进企业的管理和服务工作。

（2）盈利能力控制

旅游企业在实行计划控制外，还需要对不同旅游产品、不同地区、不同细分市场、不同销售渠道等方面进行盈利控制，以便决定增减哪些产品，开拓或放弃哪些细分市场，扩展或缩减哪些销售渠道。企业盈利能力的主要考察指标包括以下几个。

①营销成本。旅游企业营销成本直接影响企业利润，它包括：旅游产品直接推销费用，包括推销人员的工资、奖金、差旅费、培训费、交际费等；旅游产品促销费用，包括

广告媒体成本、印刷费用、奖励费用、展览会费用等；营销管理费用，包括营销管理人员工资、办公费用等。这些成本连同企业生产成本构成旅游企业总成本，直接影响旅游企业的经济效益。其中，与销售额直接相关的称为直接费用，与销售额无关的称为间接费用，有时两者也很难严格区分。

②主要盈利指标。旅游企业考察盈利能力的指标有两个：

第一，销售利润率。一般来说，企业将销售利润率作为评估企业获利能力的主要指标之一。销售利润率是指利润与销售额之间的比率，表示每销售 100 元使企业获得的利润，其公式是：

销售利润率 = 本期利润 / 销售额 ×100%

由于各旅游企业的负债比率大不相同，而对销售利润率的评价又需通过与同行业平均水平来进行对比。所以，在评估旅游企业获利能力时，最好将利息支出加上税后利润，这样能大体消除由于举债经营而支付的利息对利润水平产生的不同影响。因此，修正后的销售利润率计算公式是：

销售利润率 =（本期利润 - 利息 - 税收）/ 产品销售收入净额 ×100%

第二，资产收益率。这是指旅游企业所创造的总利润与该企业全部资产的比率。其公式是：

资产收益率 = 本期利润 / 资产平均总额 ×100%

与销售利润率的情况一样，为了在同行业间有可比性，资产收益率也可以用如下公式计算：

资产收益率 =（本期利润率 - 利息 - 税收）/ 资产平均总额 ×100%

其分母之所以用资产平均总额，是因为年初和年末余额相差很大，如果仅用年末余额作为总额，显然不合理。

（3）效率控制

营销效率控制的任务是提高诸如人员推销、广告、销售促进、分销等市场营销活动的效率。必须注意能表明这些功能运作效率的特定的主要比率。效率控制可以从以下几方面来考虑。

①推销效率。即销售人员每天的平均访问次数、访问成本、访问销售额、访问签订合同百分比等。如发现访问次数过于频繁，访问成本升高的情况，应及时缩减。

②广告效率。主要通过对目标顾客的广告成本和顾客对广告内容与效果的意见来改进广告效率，确定广告目标、广告定位，达到以最低的费用取得最高的广告效率。

③促销效率。通过对各项促销方式的分析，寻找效率高的形式，如对展览成本、陈列成本、优惠成本等加以比较，以选择成本低而效用高的促销方式。

（4）战略控制

战略控制是旅游市场营销计划中的高层次计划执行控制方式，它主要是对企业的市场营销环境、营销目标、营销战略、营销组织、营销方法和人员、程序等方面进行系统、全面的客观评价，通过检查、分析，发现企业市场营销中存在的机遇和问题，从而为改进和完善其旅游市场营销活动提供战略性的决策依据。由于旅游市场环境变化迅速，因而旅游战略控制是一项经常化的工作。归结起来，旅游市场营销战略控制的内容主要有以下几个方面。

①旅游营销环境控制。即对旅游市场、旅游者、竞争者和其他直接影响企业营销活动的因素进行检查，同时对经济、技术、政治和社会等宏观间接因素进行分析。

②旅游营销策略控制。即对旅游企业营销目标、战略以及当前和预期的营销环境程度进行检查、分析。

③旅游营销组织控制。即对营销组织在预期环境中实施组织战略的能力进行检查、分析，包括营销部门、财务部门、采购供应部门的能力以及企业内部信息沟通的情况。

④旅游营销系统控制。即对旅游企业收集信息、拟定计划、控制营销活动过程进行检查、分析。

⑤旅游营销效率控制。即对旅游营销中有关单位、产品的获利能力和各项营销活动的成本收益进行检查、评价。

⑥旅游营销职能控制。即对旅游营销中营销组织的每一因素及其策略运用进行检查、分析。

本模块小结

本章对旅游市场营销战略的概念、特点、内容以及战术进行了系统地归纳，指出了旅游市场营销战略的目标取向；描述了旅游营销计划的内容及编写旅游营销计划包括的确定旅游企业任务、旅游企业态势分析、设置市场营销目标、制定市场营销策略、市场研究、营销计划的行动方案、市场营销计划预算、反馈和控制系统等八部分；总结了旅游市场营销的执行与控制的概念、内容、方法。

本模块参考浏览网址

1. http：//www. bob123. com/lunwen23/14940. html
2. http：//jpk. kf－8. com/
3. http：//www. gznc. edu. cn/jpk/lyxy_ scyx/main. htm
4. http：//mkt. cce. cn/edu/yxgl/200902/01－8855_ 2. html

基础知识思考题

1. 如何制定旅游市场营销策略?
2. 对旅游市场营销计划的控制有哪几类?其控制要点是什么?
3. 旅游市场营销计划的制定是怎样完成的?
4. 实施旅游市场营销计划要经过哪几个步骤?分析说明为什么需要这些步骤。

基本操作技能题

1. 解决了温饱问题的中国农民的消费观念正在发生变化，旅游热在经济发展的广大农村悄然兴起。农民旅游客源市场是一个潜力巨大的新兴旅游市场。黄金周外出旅游已经不是城市人的专属，越来越多的农民朋友们正加入到浩浩荡荡的旅游大军中。现某大国际旅行社准备开发所属城市的农民旅游市场。请你针对农民旅游市场制定一份市场营销计划。

2. 综合一种饭店市场营销战略模式，谈谈其主要内涵及应用原理。

阅读分析题

城市营销从旅游开始

焦作，地处河南省西北部，是中国优秀的旅游城市。焦作曾是一座典型的资源型城市，因煤而建，因煤而兴，也因资源的日益枯竭而进入低谷。但从1999年起，焦作开始把目光由地下资源转向地上山水资源，先后投入近35亿元大力发展旅游产业，形成了以云台山、青天河、神农山、青龙峡、峰林峡等五大景区和焦作影视城、嘉应观、陈家沟等十大景点为代表的焦作山水游新格局。“焦作山水”也因此作为新兴的中国旅游知名品牌享誉全国。“焦作现象”背后所蕴含的城市营销故事和经验也成为业内外人士争相学习与借鉴的范例。

那么，焦作究竟采取了哪些旅游市场营销计划?又是如何将这些营销计划实施到具体市场的呢?

1. 包装总体形象，推出“焦作山水”

焦作发展旅游并没有经验，但他们善于借“外脑”——邀请了包括规划、营销、投融资等方面的专家前往焦作，经过“把脉诊断”、布局谋划，得出了山水旅游资源是焦作旅游最大的卖点和特色之结论。“焦作山水”因此被确定为焦作旅游的品牌形象，把“焦作山水甲中原”作为起步之际的营销宣传口号。随之，“焦作山水”便作为焦作旅游主体品牌形象频频出现在所有有关焦作旅游的宣传资料和新闻推介资料上，并通过多种渠道开始面向主要目标客源市场进行宣传推介，拉开了“焦作山水”作为焦作旅游品牌形象的营销帷幕。

2. 出奇招聚人气，施妙计揽团队客人

焦作没有走传统的电视、报刊等媒体广告推介的老套路，他们想了个点子：提前向焦作市民预告焦作所有景区免费消息，同时组织焦作各旅行社以极低的价格（仅几元）将市民拉到各景区。一时间，云台山、神农山、青天河等景区人满为患，市民们还按照预先安排，当有人询问时就充当北京、天津、河北、山西等地的游客，这招果然很灵，省内外旅行社纷纷前来踩线，并很快组团前来旅游。焦作旅游这个“骗”来人气的奇招在短时间内不仅使本地居民对自身的旅游资源有了良好的认识，更带动了外地旅行社的积极性，为“焦作山水”品牌营销的前期运作奠定了坚实的基础。

3. 激励旅游企业，扶持旅游专列

为奖励旅行社，政府专门制定了组织旅游专列、团队赴焦作旅游的奖励政策，对组织、招徕客源的组团社给予打折优惠和现金等手段。同时，焦作市旅游局采取主动服务，无偿帮助旅行社联络目标客源市场组团社、协调铁道部门、组织旅游专列接待安排、策划设计适合不同客源市场游客的旅程及线路等，从2001年4月山西长治开出的“入焦旅游第一列”开始，到陆续开设的北京、天津、武汉、福州、宁夏、唐山等方向的旅游专列，焦作旅游在短短的几年间共引进了旅游专列和团队数百个，甚至一天就引来3趟旅游专列，大大活跃了焦作旅游市场。

4. 品牌锻造提升，媒体强势宣传

除采用常规手段来扩大“焦作山水”影响力之外，焦作旅游对于一些具有“瞬间聚焦”效应的活动也特别关注，如作为主要协办单位参与的“中国旅游十大风云人物评选活动”，不仅从活动本身获了益，更是借活动影响力使“焦作山水”知名度得到了提升。“焦作山水”、“焦作现象”、“焦作服务”品牌形象的推出都包含了焦作人的执著与汗水。他们充分利用各种新闻媒体强势宣传“焦作山水”、“焦作现象”、“焦作服务”，坚持使焦作旅游做到周周有报道、月月有新闻的同时，推动了焦作旅游继续攀升新的台阶。

通过以上营销计划的制定和实施，焦作山水声名鹊起，“焦作现象”蜚声海内外，城市知名度越来越高。2003年3月31日，“焦作山水”和云台山被评为中国旅游知名品牌；2004年1月8日，焦作市被国家旅游局正式授予“中国优秀旅游城市”称号；2004 年 2 月 13 日，云台山、青天河、神农山、峰林峡、青龙峡五大园区共同被评为云台山世界地质公园，入选全球首批世界地质公园行列。2004 年 9 月 12 日，“焦作现象”国际研讨会在北京人民大会堂举行，新闻媒体纷纷以“解读焦作现象”为主题进行宣传报道，掀起了“焦作现象”探究的热潮。2004 年 11 月 21 日至23 日，在“2004 世界旅游推广峰会”上，峰会组委会颁发给焦作市旅游局“卓越客户服务奖”这一被国际旅游业认可的荣誉奖项。2005 年 9 月，经全国中小学教材审定委员会初审通过，焦作市城市转型的经验被编入普通高中地理课程教科书。2006 年 2 月 17 日，世界旅游评估中心和世界旅游推广峰会全球秘书处授予焦作“世界杰出旅游服务品牌”，焦作成为国内唯一一个获此殊荣的城市。经过几年的艰苦创业，焦作市从一个黑色的“煤城”发展成为中国优秀旅游城市，全市经济发展驶入了“快车道”，走出了一条符合焦作实际、具有焦作特色的经济转型之路。

1. 在焦作发展旅游过程中，总结出哪些独特的营销计划？
2. 焦作在旅游市场营销计划的实施过程中利用了哪些优势？

参考文献

[1]［英］Chris Cooper，John Fletcher 等．张俐俐，蔡利平等译．旅游学——原理与实践．北京：高等教育出版社，2004

[2]［英］AV. Seaton，M. M. Bennett．张俐俐，马晓秋等译．旅游产品营销——概念、问题与案例．北京：高等教育出版社，2004

[3] 梁彦明．服务营销管理．广州：暨南大学出版社，2004

[4] 王文君．饭店市场营销原理．北京：中国旅游出版社，1999

[5]［美］菲利普·科特勒．俞利军译．营销学导论．北京：华夏出版社，1999

[6] 于由．旅游市场营销．杭州：浙江大学出版社，2006

[7] 吴金林主编．旅游市场营销（第一版）．北京：高等教育出版社，2001

[8] 李鼎新，岳福琴主编．旅游市场营销．北京：科学出版社，2005

[9] 马勇，刘明俭主编．旅游市场营销（第二版）．沈阳：东北财经大学出版社，2002

[10] 梁昭主编．旅游市场营销．北京：中国人民大学出版社，2006

[11] 曾国安．战略市场营销．沈阳：东北财经大学出版社，2001

[12] 郭国庆主编．市场营销学．武汉：武汉大学出版社，2004

[13] 刘汉清．游景区品牌迎新分析．中国营销传播网，2003－02－14

[14] 梁骥主编．旅游市场营销．大连：大连理工大学出版社，2006

[15] 章晓懿．超越市场策略营销新说．上海：华东理工大学出版社，2002

[16]［美］唐纳德·R·莱曼，拉塞尔·S·温纳．汪涛译．产品管理．北京：北京大学出版社，1996

[17] 赵西萍等．旅游市场营销学．北京：高等教育出版社；2002

[18] 张玉明，陈鸣主编．旅游市场营销．广州：华南理工大学出版社，2005

[19] 张俐俐主编．旅游市场营销．北京：清华大学大学出版社，2005

[20] 韩勇，丛庆主编．旅游市场营销学．北京：北京大学出版社，2006

[21] 吴金林主编．旅游市场营销（第二版）．北京：高等教育出版社，2003

[22] 李祝舜．旅游心理学．北京：机械工业出版社，2005

[23] 吴健安．市场营销学（第二版）．北京：高等教育出版社，2004

[24] 高凤荣．市场营销基础与实务．北京：机械工业出版社，2007

[25] 李胜，冯瑞．现代市场营销学．北京：机械工业出版社，2009